Paul Tillichs ›Systematische Theologie‹

Paul Tillichs ›Systematische Theologie‹

Ein werk- und problemgeschichtlicher Kommentar

Herausgegeben von Christian Danz

DE GRUYTER

ISBN 978-3-11-045223-5
e-ISBN (PDF) 978-3-11-045301-0
e-ISBN (EPUB) 978-3-11-045322-5

Library of Congress Cataloging-in-Publication Data
A CIP catalog record for this book has been applied for at the Library of Congress.

Bibliografische Information der Deutschen Nationalbibliothek
Die Deutsche Nationalbibliothek verzeichnet diese Publikation in der Deutschen
Nationalbibliografie; detaillierte bibliografische Daten sind im Internet über
http://dnb.dnb.de abrufbar.

© 2017 Walter de Gruyter GmbH, Berlin/Boston
Fotonachweis: Universitätsarchiv TU Dresden, Fotosammlung
Druck und Bindung: CPI books GmbH, Leck
♾ Gedruckt auf säurefreiem Papier
Printed in Germany

www.degruyter.com

Vorwort

Paul Tillichs *Systematische Theologie* (1951–1963) gehört ohne Frage zu den wichtigsten und einflussreichsten theologischen Werken des 20. Jahrhunderts. In den drei Bänden seiner Dogmatik fasst er den Ertrag seines theologischen Denkens zusammen. Der vorliegende Band bietet einen werk- und problemgeschichtlichen Kommentar zu diesem Hauptwerk protestantischer Theologie. Die Kommentierung möchte dem Leser die Ausführungen Tillichs vor dem Hintergrund der Entwicklung seines Denkens erschließen und auf diese Weise zur eigenständigen Aneignung des Textes Anstöße geben.

Ohne die vielfältigste Hilfe und Unterstützung wäre der Band nicht zustande gekommen. An erster Stelle habe ich den Beiträgern zu danken, dass sie sich der Mühe des Schreibens sowie der Diskussion ihrer Texte auf einem Workshop an der Evangelisch-Theologischen Fakultät der Universität Wien im März 2016 unterzogen haben. Frau György Empacher-Mili (Wien) hat dankenswerter Weise die Texte des Bandes durchgesehen und formal vereinheitlicht. Die Register hat Herr Friedrich Schumann (Wien) erstellt. Ihm danke ich ebenso wie dem theologischen Cheflektor des Verlags de Gruyter Dr. Albrecht Döhnert für das Interesse, das er dem Projekt von Anfang an entgegen gebracht hat, sowie die wie gewohnt sehr gute Zusammenarbeit.

Wien, September 2016   Christian Danz

Inhalt

Vorwort — V

Christian Danz
Paul Tillichs *Systematische Theologie*
 Eine werkgeschichtliche Einleitung — 1

Michael Murrmann-Kahl
Einleitung (I 9–83) — 15

Werner Schüßler
Die Vernunft und die Frage nach der Offenbarung (I 87–127) — 35

Erdmann Sturm
Die Wirklichkeit der Offenbarung (I 129–189) — 65

Folkart Wittekind
Das Sein und die Frage nach Gott (I 193–245) — 93

Jörg Dierken
Die Wirklichkeit Gottes (I 247–332) — 117

Stefan Dienstbeck
Die Existenz und die Erwartung des Christus (II 25–106) — 143

Georg Neugebauer
Die Wirklichkeit des Christus (II 107–194) — 171

Peter Schüz
Das Leben, seine Zweideutigkeiten und die Frage nach dem unzweideutigen Leben (III 21–133) — 197

Christian Danz
Die Gegenwart des göttlichen Geistes und die Zweideutigkeiten des Lebens (III 134–337) — 227

Jörg Lauster
Die Geschichte und die Frage nach dem Reich Gottes (III 341–411) —— 257

Harald Matern
Das Reich Gottes innerhalb der Geschichte und als Ziel der Geschichte (III 412–477) —— 277

Literaturverzeichnis —— 305

Namenregister —— 327

Sachregister —— 329

Christian Danz
Paul Tillichs *Systematische Theologie*
Eine werkgeschichtliche Einleitung

Die zwischen 1951 und 1963 in dem Verlag The University of Chicago Press erschienenen drei Bände der *Systematic Theology* Paul Tillichs gehören ohne Frage zu den wichtigsten und einflussreichsten theologischen Werken der zweiten Hälfte des 2. Jahrhunderts.[1] In ihr fasst der deutsch-amerikanische Theologe den Ertrag seines theologischen Denkens zusammen, dessen Anfänge bis in die Zeit vor dem Ersten Weltkrieg zurückreichen. In seiner dem ersten Band beigefügten Vorrede weist der Autor selbst auf die komplexe Entstehungsgeschichte seines theologischen Hauptwerkes hin. „Es liegt eine gewisse Ironie in der Tatsache, daß dieses Buch, für das ich indirekt und direkt seit der Mitte der zwanziger Jahre in Vorlesungen an deutschen Universitäten gearbeitet und das ich zuerst in deutscher Sprache gedacht habe, nun ins Deutsche zurückübersetzt werden mußte." (I 7 f.) Die in dieser Dogmatik durchgeführte Deutung des Wesens des Christentums hat nicht nur eine Werkgeschichte im Rücken, sie ist auch in zwei sehr unterschiedlichen akademischen Wissenschaftskulturen und Denktraditionen entstanden. Das macht das Verständnis des Werkes nicht einfach. Den Gedankengang, seine argumentative Entfaltung und Begründung vor dem Hintergrund der Problem- und Werkgeschichte dem Leser zu erschließen, ist das Anliegen des vorliegenden Kommentars zu Tillichs theologischem Hauptwerk. Im Folgenden wird zunächst die werkgeschichtliche Entwicklung von Tillichs *Systematischer Theologie* vor ihrem problemgeschichtlichen Hintergrund skizziert und sodann in bündiger Kürze deren Aufbau und Struktur vorgestellt.

---

[1] Paul Tillich, Systematic Theology, 3 Vol., Chicago 1951–1963; dt.: Systematische Theologie, 3. Bde., Stuttgart 1955–1965. Die *Systematische Theologie* wird in diesem Band ausschließlich mit Angabe des Bandes sowie der Seitenzahl zitiert. Belege aus der englischen Ausgabe werden mit Bandangabe sowie Seitenzahl und einem hochgestellten kleinen ^{e} angegeben. Die Werke Paul Tillichs werden nach folgenden Ausgaben und Siglen zitiert: Gesammelte Werke, hg. von Renate Albrecht, 14 Bde., Stuttgart 1959–1975 (GW sowie Bandangabe und Seitenzahl); Ergänzungs- und Nachlaßbände zu den Gesammelten Werken von Paul Tillich, hg. von Ingeborg Henel u. a., bisher 19 Bde., Stuttgart, dann Berlin 1971ff. (EW sowie Bandangabe und Seitenzahl); Main Works/Hauptwerke, hg. von Carl Heinz Ratschow, 6 Bde., Berlin/New York 1987–1998 (MW sowie Bandangabe und Seitenzahl).

1 Die *Systematische Theologie* im Kontext der Werkgeschichte

Die *Systematische Theologie* ist zwar der einzige publizierte Gesamtentwurf einer Dogmatik von Tillich, aber nicht die einzige ausgeführte Konzeption. Eine erste hatte bereits der junge Theologe im Jahre 1913 ausgearbeitet.[2] Mit ihr nimmt er Stellung zu den zeitgenössischen Debatten über die ‚Krisis des Historismus' (Ernst Troeltsch), mit denen er während seines Studiums in Berlin, Tübingen, Halle an der Saale sowie wieder in Berlin konfrontiert war.[3] Am Ende des 19. Jahrhunderts hatte sich das moderne Geschichtsdenken nicht nur in allen Kulturwissenschaften durchgesetzt, es wurden auch die Folgeprobleme der Historisierung aller Normen und Wahrheiten zunehmend deutlich. Schon Friedrich Nietzsche hatte mit seiner 1874 erschienen zweiten *Unzeitgemässen Betrachtung* mit dem Titel *Vom Nutzen und Nachtheil der Historie für das Leben* darauf aufmerksam gemacht, dass die zur Wissenschaft gewordene Historie, also die sich im 19. Jahrhundert etablierende moderne Geschichtswissenschaft, das Leben hemmt.[4] Zusammen mit der sich um 1900 beschleunigenden Modernisierung der Gesellschaft führte dies zu einem gesteigerten Bewusstsein über die Krise der modernen Kultur. In der Theologie schlug sich der angedeutete Hintergrund in den Debatten über die Absolutheit des Christentums nieder.[5]

Tillich nimmt zu den Kontroversen vor dem Hintergrund der um die Jahrhundertwende einsetzenden Idealismus-Renaissance Stellung, einer Option, die sich auch bei Troeltsch andeutet. Der junge Theologe wurde mit ihr während seines viersemestrigen Studienaufenthalts in Halle zwischen 1905 und 1907 durch den

---

[2] Tillichs erster Systementwurf wurde aus dem Nachlass im Jahre 1998 in einer – leider – völlig unzureichenden Fassung ediert, da die Herausgeber von einer kritischen Maßstäben genügenden Textkonstitution Abstand genommen und Materialien aus unterschiedlichen Nachlassheften Tillichs zu einem Text zusammengestellt haben. Vgl. Paul Tillich, Systematische Theologie von 1913, EW IX 278–434.
[3] Zum Bildungsgang Tillichs vgl. Wilhelm Pauck/Marion Pauck, Paul Tillich. Sein Leben und Denken, Bd. 1: Leben, Stuttgart/Frankfurt a. M. 1978, 15–52.
[4] Vgl. Friedrich Nietzsche, Vom Nutzen und Nachtheil der Historie für das Leben, in: ders., Kritische Studienausgabe, Bd. 1, hg. von Giorgio Colli/Mazzino Montinari, Berlin/München ²1988, 245–334.
[5] Vgl. nur Ernst Troeltsch, Die Absolutheit des Christentums und die Religionsgeschichte (1902/1912), mit den Thesen von 1901 und den handschriftlichen Zusätzen (= Ernst Troeltsch, Kritische Gesamtausgabe, Bd. 5), hg. von Trutz Rendtorff in Zusammenarbeit mit Stefan Pautler, Berlin/New York 1998.

Privatdozenten der Philosophie Fritz Medicus bekannt.[6] Sie schlägt sich in ersten Versuchen nieder, eine Gestalt modernegemäßer Theologie im Anschluss an die Philosophie Johann Gottlieb Fichtes auszuarbeiten. Die Schwierigkeiten, mit denen dieses Unternehmen konfrontiert war, insbesondere die Fassung des Freiheitsbegriffs, vermochte er jedoch erst durch seine Aneignung der Philosophie Schellings zu lösen, mit der er sich seit 1909 im Zusammenhang mit der Arbeit an seiner theologischen Dissertation beschäftigte.[7] Die von dem Leonberger angeregte Konstruktion des Geistbegriffs durch dessen Lehre von den Potenzen, die damit verbundenen freiheitstheoretischen und geschichtsphilosophischen Implikationen stehen im Hintergrund der 1913 ausgearbeiteten Systematischen Theologie.[8] Sie dient gleichsam der Selbstvergewisserung Tillichs im theologischen Diskurs seiner Zeit.

Das erste theologische System des jungen Theologen ist in drei Hauptteile gegliedert: Apologetik oder Fundamentaltheologie, Dogmatik und Ethik, wobei jeder Teil wieder triadisch strukturiert ist.[9] Die Apologetik dient der Begründung des theologischen Prinzips, und sie entfaltet dieses im Durchgang durch den absoluten Standpunkt sowie den der Reflexion. Das Prinzip der Theologie ist das Paradox, und es enthält drei Momente, ein absolutes, ein relatives und die Einheit dieser beiden Momente.[10] Es fungiert ebenso als Grundlage der Dogmatik, wie es diese in drei Teile strukturiert. Entsprechend dem ersten, absoluten Moment des theologischen Prinzips handelt die Dogmatik zunächst vom *Hervorgang der Welt aus Gott bis zum vollendeten Widerspruch.* Thematisch werden hier die Verhält-

---

6 Vgl. hierzu Friedrich Wilhelm Graf/Alf Christophersen, Neukantianismus, Fichte- und Schellingrenaissance. Paul Tillich und sein philosophischer Lehrer Fritz Medicus, in: ZNThG 11 (2004), 52–78; Georg Neugebauer, Tillichs frühe Christologie. Eine Untersuchung zu Offenbarung und Geschichte bei Tillich vor dem Hintergrund seiner Schellingrezeption, Berlin/New York 2007, 146–155.
7 Vgl. hierzu Christian Danz, Freiheit als Autonomie. Anmerkungen zur Fichte-Rezeption Paul Tillichs im Anschluss an Fritz Medicus, in: Michael Hackl/ders. (Hg.), Die klassische Deutsche Philosophie und ihre Folgen, Göttingen 2017 (im Druck).
8 Vgl. Paul Tillich, Die religionsgeschichtliche Konstruktion in Schellings positiver Philosophie, ihre Voraussetzungen und Prinzipien, EW IX 156–272; ders., Mystik und Schuldbewußtsein in Schellings philosophischer Entwicklung, GW I 13–108; ders., Gott und das Absolute bei Schelling, EW X 9–54.
9 Zu Tillichs erstem Systementwurf vgl. Stefan Dienstbeck, Transzendentale Strukturtheorie. Stadien der Systembildung Paul Tillichs, Göttingen 2011, 37–234; Folkart Wittekind, „Allein durch den Glauben". Tillichs sinntheoretische Umformulierung des Rechtfertigungsverständnisses 1919, in: Christian Danz/Werner Schüßler (Hg.), Religion – Kultur – Gesellschaft. Der frühe Tillich im Spiegel neuer Texte (1919–1920), Wien 2008, 39–65, bes. 40–46; Neugebauer, Tillichs frühe Christologie, 252–289; Doris Lax, Rechtfertigung des Denkens und ihre kulturelle Gestaltung. Grundzüge der Genese von Paul Tillichs Denken dargestellt und erläutert an vier Schriften aus den Jahren 1911–1913, Göttingen 2006.
10 Vgl. Paul Tillich, Systematische Theologie von 1913, EW IX 314–318 (§§ 22f.).

nisse von Gott und Welt, Gott und Sünde sowie Gott und Geschichte. Sodann geht Tillich zur Christologie über, dem zweiten, konkreten Moment des theologischen Prinzips. Es wird unter der Überschrift *Das Eingehen Gottes in die Welt des Widerspruchs* behandelt. Die inhaltliche Durchführung setzt mit der Herrlichkeit Jesu Christi ein, geht dann weiter zur Niedrigkeit Jesu Christi und mündet schließlich in die Erhöhung Jesu Christi. Der abschließende dritte Teil ist der *Rückkehr der Welt zu Gott bis zur vollendeten Einheit* gewidmet und thematisiert Pneumatologie sowie Ekklesiologie und Eschatologie. Das von der Dogmatik entfaltete theologische Prinzip findet schließlich im dritten Hauptteil der Systematischen Theologie seine Anwendung auf die Kultur. Das erfolgt in dem ebenfalls dreigliedrigen Teil unter dem Titel Theologische Ethik.

Vieles von dem, was in dieser Systematischen Theologie anklingt, wird Tillich später aufnehmen und weiter aufbauen. Allerdings erfolgt das, auch da, wo gleichsam wortwörtlich Passagen und Figuren übernommen werden, auf einer völlig veränderten prinzipientheoretischen Grundlage. Das erste System expliziert das theologische Prinzip in der Spannung von absolutem Wahrheitsbegriff, der gleichsam den übergeordneten Rahmen der Konstruktion bildet, und dem relativen Moment. Was Tillich hier im Anschluss an seine Dissertationen zu Schelling als Religion bestimmt, besteht im Grunde genommen in der Einführung des theologischen Paradoxes in die Geschichte, d. h. der Rückkehr der Welt zu Gott. „Die Sphäre des Paradox ist die Religion; denn die Religion ist die Rückkehr der Freiheit zur Wahrheit, des Relativen zum Absoluten ohne Aufhebung der Freiheit und Relativität." (EW IX 315) Das Einzelne und Konkrete in der Geschichte, welches in dem frühen Entwurf bereits im Blick ist, kommt damit lediglich als ein Durchgangsmoment in den Blick.[11] Während und nach dem Ersten Weltkrieg hat Tillich die prinzipientheoretischen Grundlagen des frühen Systementwurfs modifiziert.[12] Das blieb nicht ohne Folgen für die Konzeption der Dogmatik.[13]

---

[11] Vgl. Wittekind, „Allein durch den Glauben", 44.

[12] In den letzten Jahren ist der Übergang von der cum grano salis wahrheitstheoretischen Konzeption des Frühwerkes zu der sinntheoretischen Fassung der Nachkriegsschriften vielfach thematisiert worden. Vgl. Folkart Wittekind, ‚Sinndeutung der Geschichte'. Zur Entwicklung und Bedeutung von Tillichs Geschichtsphilosophie, in: Christian Danz (Hg.), Theologie als Religionsphilosophie. Studien zu den problemgeschichtlichen und systematischen Voraussetzungen der Theologie Paul Tillichs, Wien 2004, 135–172; Christian Danz, Theologie als normative Religionsphilosophie. Voraussetzungen und Implikationen des Theologiebegriffs Paul Tillichs, in: ders. (Hg.), Theologie als Religionsphilosophie. Studien zu den problemgeschichtlichen und systematischen Voraussetzungen der Theologie Paul Tillichs, Wien 2004, 73–106; Dienstbeck, Transzendentale Strukturtheorie, 235–247.

[13] Vgl. Paul Tillich, Die Theologie als Wissenschaft, in: Vossische Zeitung Nr. 512 (1921), 2. 14; ders., Berliner Vorlesungen I (1919–1920), EW XII. Vgl. hierzu Georg Raatz, Kulturwissenschaft

Tillich, nach dem Ersten Weltkrieg an der Berliner Universität als Privatdozent tätig, erhielt durch Vermittlung des preußischen Kultusministers Carl Heinrich Becker zum 1. Mai 1924 einen Lehrauftrag an der theologischen Fakultät der Universität Marburg.[14] Im Sommersemester 1925 las er über Dogmatik und setzte diese Vorlesung an der Technischen Universität Dresden fort, an der er zum 1. Mai 1925 eine Professur für Religionswissenschaft erhielt.[15] Grundlegend für die Konzeption dieser Dogmatik, deren Publikation Tillich am Ende der 1920er Jahre ins Auge gefasst hat, ist eine sinntheoretische Transformation seiner frühen Wahrheitstheorie.[16] Das führt zu einer anderen Strukturierung der Dogmatik im Unterschied zur *Systematischen Theologie von 1913*. Der übergeordnete Bezugsrahmen, der dort als absoluter Wahrheitsgedanke gefasst wurde, verschwindet bzw. wird aus der Perspektive der Sinnakte reformuliert. Die Verschiebungen sind schon in den Prolegomena der Dogmatik sichtbar, in denen der Offenbarungsbegriff traktiert wird.[17] Er wird in Auseinandersetzung mit Friedrich Gogarten auf der einen und Adolf von Harnacks Wesensbestimmung des Christentums auf der anderen Seite entwickelt.[18] Der Gegenstand der Dogmatik ist die Offenbarung Gottes in der Geschichte. Diese wird als *„Durchbruch des Unbedingten in das Bedingte"* (EW XIV 19) verstanden. Die Bestimmung zielt auf ein Reflexionsgeschehen im Bewusstsein. Deshalb ist die Offenbarung *„weder Verwirklichung noch Zerstörung der bedingten Formen, sondern ihre Erschütterung und Umwendung"*

---

oder Sinnlehre? Zur Genese von Paul Tillichs wissenschaftssystematischem Begriff der Theologie zwischen 1917 und 1923, in: Tillich und Nietzsche. International Yearbook for Tillich Research, Vol. 3, Wien 2008, 141–173.
14 Zu den Hintergründen von Tillichs Wechsel von Berlin nach Marburg vgl. Werner Schüßler/ Erdmann Sturm, Historische Einleitung, in: Paul Tillich, Dogmatik-Vorlesung (Dresden 1925– 1927), EW XIV, XXI–XLIV.
15 Die Vorlesung wurde erstmals im Jahre 1986 von Werner Schüßler ediert. Vgl. Paul Tillich, Dogmatik. Marburger Vorlesung von 1925, Düsseldorf 1986. Eine weitere Edition der Vorlesung erfolgte in der Werkausgabe Tillichs. Vgl. Paul Tillich, Dogmatik-Vorlesung (Dresden 1925–1927), EW XIV.
16 Zu Tillichs Sinntheorie und ihrem problemgeschichtlichen Hintergrund vgl. Ulrich Barth, Die sinntheoretischen Grundlagen des Religionsbegriffs. Problemgeschichtliche Hintergründe zum frühen Tillich, in: ders., Religion in der Moderne, Tübingen 2003, 89–123.
17 Die Prolegomena der Dresdener Dogmatik thematisieren in 25 Paragraphen zunächst den Begriff der Dogmatik (§§ 1–3), sodann die Offenbarung als Gegenstand der Dogmatik (§§ 4–13), schließlich die Norm (§§ 14–16), die Form (§§ 17–22), den Aufbau (§ 23) sowie den Zweck der Dogmatik (§§ 24 f.). Vgl. hierzu Danz, Theologie als normative Religionsphilosophie, 99–106.
18 Vgl. Friedrich Gogarten, Ich glaube an den dreieinigen Gott. Eine Untersuchung über Glauben und Geschichte, Jena 1926. Adolf von Harnack, Das Wesen des Christentums. Sechzehn Vorlesungen vor Studierenden aller Fakultäten im Wintersemester 1899/1900 an der Universität Berlin gehalten, hg. von Claus-Dieter Osthövener, Tübingen ³2012.

(ebd.). Die Verwendung des Offenbarungsbegriffs als Grundlage der Dogmatik resultiert aus der neuen prinzipientheoretischen Grundlegung der Theologie. In den Fokus treten dadurch die konkreten Formen, in denen sich die Religion als ein unableitbares Geschehen in der Geschichte verwirklicht.

Die materiale Dogmatik gliedert Tillich in drei Teile, die jeweils wiederum in drei Unterabschnitte untergliedert sind: *Das Seiende als Natürliches in der vollkommenen Offenbarung, Das Seiende als Geschichtliches in der vollkommenen Offenbarung* und *Das Seiende jenseits von Natürlichkeit und Geschichtlichkeit in der vollkommenen Offenbarung*. Ausgeführt ist allerdings lediglich der erste Teil, der zweite bricht nach dem Unterabschnitt B ab. Von dem Rest sind nur die Leitsätze überliefert. Tillich behandelt in der Dogmatik-Vorlesung der 1920er Jahre die Schöpfungslehre vor der Gotteslehre und im Anschluss an diese die Sündenlehre.[19] Das entspricht der von ihm in den 1920er Jahren – in Folge seiner mit Karl Barth und Friedrich Gogarten geführten Kontroverse über das Paradox[20] – eingeführten Unterscheidung im Offenbarungsbegriff zwischen Grund- und Heilsoffenbarung.[21] Die im zweiten Teil ausgeführte Christologie wird als theologische Geschichtsdeutung konstruiert und thematisiert zunächst die Offenbarungs- unter Einbeziehung der Kulturgeschichte und sodann die Christologie als reflexive Darstellung der vollkommenen Offenbarung. Tillich diskutiert hier Christus als Bild des Glaubens von sich selbst, welcher zwar in die Geschichte eingebunden, aber nicht aus dieser ableitbar ist.[22]

Tillich trug sich schon in den 1920er Jahren mit dem Gedanken, seine Dogmatik zu veröffentlichen. Am 17. Juni 1926 schloss er einen Vertrag mit dem Otto Reichl Verlag in Darmstadt über ein zweibändiges Werk mit dem Titel *Die Wis-*

---

19 Vgl. Martin Fritz, Mut und Schwermut der Kreatur. ‚Schöpfung' nach Tillich, in: Roderich Barth/Andreas Kubik/Arnulf von Scheliha (Hg.), Erleben und Deuten. Dogmatische Reflexionen im Anschluss an Ulrich Barth, Tübingen 2015, 79–106.
20 Vgl. Paul Tillich, Kritisches und positives Paradox. Eine Auseinandersetzung mit Karl Barth und Friedrich Gogarten, GW VII 216–225, Karl Barth, Von der Paradoxie des „positiven Paradoxes". Antworten und Fragen an Paul Tillich, GW VII 226–239; Paul Tillich, Antwort, GW VII 240–243; Friedrich Gogarten, Zur Geisteslage des Theologen. Noch eine Antwort an Paul Tillich, GW VII 244–246.
21 Vgl. hierzu Folkart Wittekind, Grund- und Heilsoffenbarung. Zur Ausformung der Christologie Tillichs in der Auseinandersetzung mit Karl Barth, in: Jesus of Nazareth and the New Being in History. International Yearbook for Tillich Research, Vol. 6, Berlin/Boston 2011, 89–119.
22 Vgl. Tillich, Dogmatik-Vorlesung, EW XIV 339–334 (§ 55). Vgl. hierzu Christian Danz, Christologie als Selbstbeschreibung des Glaubens. Zur Neubestimmung der Christologie bei Karl Barth und Paul Tillich, in: Kerygma und Dogma 58 (2012), 132–146.

*senschaft vom religiösen Symbol (Dogmatik).*²³ Dem ersten Band, der 1927 erscheinen sollte, war die *Grundlegung* zugedacht, dem zweiten der *Aufbau*. Aus dem Publikationsprojekt wurde jedoch nichts. Allerdings gab Tillich den Publikationsplan nicht auf. Er arbeitete das Manuskript um und bot vier Jahre später dem Otto Reichl Verlag das Werk unter dem Titel *Die Gestalt der religiösen Erkenntnis (Dogmatik)* an. Unter diesem Titel wurde das zweibändige Werk in den Verlagsanzeigen *Reichls Bücherbuch* für 1932 angekündigt.²⁴ Diese Fassung seiner Dogmatik, von der im Nachlass zwei Manuskriptversionen überliefert sind, trug Tillich im Wintersemester 1927/28 sowohl in Dresden als auch in Leipzig vor.²⁵ Publiziert wurde auch diese Dogmatik nicht. Sie bricht – das lassen die Gliederung sowie 171 Leitsätze der Vorlesung erkennen – ebenso wie die frühere Dresdener Vorlesung in der Christologie ab.²⁶ Gegenüber der Konzeption von 1925 weist die Dogmatik vom Ende der 1920er Jahre signifikante Verschiebungen auf. Zunächst wird die vormalige geistphilosophische Grundlegung zunehmend durch eine anthropologische überlagert.²⁷ Sodann wird der Begriff neues Sein von Tillich zur Explikation der Christologie herangezogen, der dann auch im zweiten Band der späteren *Systematischen Theologie* als Grundbegriff fungiert.²⁸

Zum Sommersemester 1929 wurde Tillich an die Universität Frankfurt am Main auf einen Lehrstuhl für Philosophie und Soziologie berufen. Die theologische Dogmatik trat damit aus seinem akademischen Arbeitsfeld. Erst in New York am Union Theological Seminary, wo er aufgrund seiner zum 13. April 1933 erfolgten Beurlaubung von seiner Frankfurter Professur seit 1934 als Gastprofessor tätig war, widmete er sich in den Lehrveranstaltungen wieder der theologischen Dogmatik. Zum Wintersemester 1936 begann er den viersemestrigen Vorlesungszyklus *Advanced Problems in Systematic Theology*, den er in den folgenden Jahren regelmäßig wiederholte.²⁹

---

23 Vgl. Schüßler/Sturm, Historische Einleitung, EW XIV, XXXf. Der Verlagsvertrag findet sich im Paul-Tillich-Archiv der Andover-Harvard Theological Library, Box 801. Vgl. auch Erdmann Sturm, Editorischer Bericht zu: Das System der religiösen Erkenntnis, in: Paul Tillich, Das System der religiösen Erkenntnis, EW XI 76–78.
24 Vgl. Schüßler/Sturm, Historische Einleitung, EW XIV, XXXIV–XXXVI.
25 Paul Tillich, Das System der religiösen Erkenntnis, EW XI 79–116 (1. Version). 116–174 (2. Version).
26 Vgl. Paul Tillich, Die Gestalt der religiösen Erkenntnis, EW XIV 395–431.
27 Vgl. Paul Tillich, Der Ort der religiösen Erkenntnis (Prolog), EW XIV 435–440.
28 Vgl. Tillich, Die Gestalt der religiösen Erkenntnis, EW XIV 428: „*3. Das neue Sein und sein Verhältnis zur Zweideutigkeit des Seienden*".
29 Paul Tillich, Advanced Problems in Systematic Theology. Courses at Union Theological Seminary, New York, 1936–1938, EW XIX.

Die New Yorker Dogmatik Tillichs ist im Unterschied zu den deutschen Fassungen der 1920er Jahre in vier Hauptteile untergliedert. Einsetzend mit dem Abschnitt *Revelation and Reason* wendet sich der zweite Teil *God and the world* zu, der dritte *Christology and human existence* und der abschließende vierte Teil *The Kingdom of God and History*. Die vierteilige Dogmatik von 1936 bringt ähnlich wie die deutschen Fassungen keinen eigenen Teil, welcher der Pneumatologie gewidmet ist. Tillich schließt die Eschatologie direkt an die Christologie an und behandelt die individualitätsbezogenen Aspekte der Geistlehre in der Christologie und die allgemeinheitsbezogenen in der Eschatologie. Auch eine ontologische Erörterung der Gottesidee bietet die Vorlesung in dem Abschnitt über Gott und die Welt nicht. Erst ab dem Zyklus, der im Studienjahr 1940/41 einsetzte, wird die Konzeption um eine eigenständige Pneumatologie erweitert. Das nunmehr fünfteilige System lässt auf den der Christologie gewidmeten Teil als Part IV *Life and the Spirit* folgen und endet mit der Eschatologie.[30] Schon zuvor hatte Tillich bei der Wiederholung der Vorlesung vom Wintersemester 1938 bis 1940 eine Umstellung vorgenommen. Bot der erste Vortrag der Dogmatik noch die Reihenfolge *Revelation and Reason* etc., so wird dies nun umgeändert in *Reason and revelation*, *The World and God*, *Human existence and the Christ* und *History and the Kingdom of God*. Die ‚Frageseite' der Korrelation rückt nun an die erste Stelle, und erst dann folgt die theologische ‚Antwort'.

Die *Systematic Theology*, deren erster Band im Jahre 1951 bei The University of Chicago Press erschien, ist aus den New Yorker Vorlesungen hervorgegangen.[31]

2 Aufbau und Gliederung der *Systematischen Theologie*

Paul Tillich hatte im Jahre 1947 mit dem Verlag The University of Chicago Press einen Verlagsvertrag über eine zweibändige *Systematic Theology* abgeschlossen.[32]

---

[30] Vgl. hierzu Erdmann Sturm, Historische Einleitung, in: Paul Tillich, Advanced Problems in Systematic Theology. Courses at Union Theological Seminary, New York, 1936–1938, EW XIX, XXI–LVII, hier XXIVf.
[31] Zur Textgeschichte der *Systematic Theology* vgl. Christian Danz, Textgeschichtliche Einleitung zur deutschen Übersetzung der *Systematischen Theologie*, in: Paul Tillich, Systematische Theologie, Bd. 1/2, Berlin/Boston (2017).
[32] Vgl. hierzu Friedrich Wilhelm Graf, Zur Publikationsgeschichte von Paul Tillichs „Systematic Theology". Teil 1, in: ZNThG 30 (2016), 192–217; Teil 2, in: ZNThG 31 (2017).

Darüber berichtet er seinem Freund Max Horkheimer in einem Brief vom 14. August 1947. Hier heißt es:

> Vorige Woche habe ich die Einleitung mit 230 Seiten (wie diese) fertiggestellt und den ersten Hauptteil angefangen. Löwe und der Ihnen bekannte Prof. Roberts, der mein Haus gemietet hat, waren sehr beeindruckt. Ich glaube, es ist sehr lebendig geschrieben. Die Thesen-Form ist verschwunden. Aber der Probleme sind so viele und gewichtige, daß ich nicht weiß wie ich durchkommen werde. Die [University of] Chicago Press hat mir 2 B[än]de mit insgesamt 250 000 Wörtern angeboten.[33]

Eine zweibändige Fassung seiner Dogmatik, die er schon in seiner deutschen Zeit zweimal erwog, ließ sich jedoch nicht realisieren, so dass sich Tillich im Sommer 1955 für eine dreibändige Konzeption entschied.[34] Die Grundlage der veröffentlichten Version der *Systematic Theology* bilden die New Yorker Vorlesungen, die Tillich von seinen Sekretärinnen abtippen und von seinen Assistenten John Dillenberger und Cornelius Loew stilistisch in englischer Sprache überarbeiten ließ.

Die dreibändige *Systematische Theologie* ist wie der Vorlesungszyklus *Advanced Problems in Systematic Theology* in der Fassung seit 1940/41 in fünf Teile untergliedert, dem eine *Einleitung* vorangestellt ist. Der erste Teil behandelt *Vernunft und Offenbarung*, der zweite *Sein und Gott*. Es folgen als dritter Teil *Die Existenz und der Christus* sowie viertens *Das Leben und der Geist* und *Die Geschichte und das Reich Gottes* als abschließender fünfter Teil. Die *Einleitung* der *Systematischen Theologie* behandelt vier Themen: *A Der Standpunkt, B Das Wesen der Systematischen Theologie, C Der Aufbau der Theologie* und *D Methode und Aufbau der systematischen Theologie*. Die in der Marburger und Dresdener Vorlesung noch in den Prolegomena traktierte geschichtliche Offenbarung als Gegenstand der Theologie wird damit, wie es sich schon in den New Yorker Vorlesungen anbahnt, in den ersten Teil verschoben. Das hat wiederum zur Folge, dass die *Einleitung* der *Systematischen Theologie* von den traditionellen dogmatischen Prolegomena stark abweicht. In den Fokus rücken gleichsam methodische Überlegungen zum Charakter der systematischen Theologie, die frühe Überlegungen zum Wissenschaftsverständnis aufnehmen, wie sie etwa in *Das System der*

---

[33] Brief Paul Tillichs an Max Horkheimer vom 14. August 1947, in: Max Horkheimer. Gesammelte Schriften, Bd. 17: Briefwechsel 1941–1948, hg. von Gunzelin Schmid Noerr, Frankfurt a. M. 1996, 873–875, hier 874.

[34] Vgl. II 7. Im ersten Band der *Systematischen Theologie* schreibt Tillich noch in der *Vorrede* der ersten Auflage der deutschen Übersetzung (1955): „Es ist meine Hoffnung, daß im Laufe von 1–2 Jahren der zweite Band erscheinen und gleichzeitig in England und Deutschland veröffentlicht werden kann. Er wird in drei Teilen: ‚Die Existenz und der Christus'; ‚Das Leben und der Geist'; ‚Die Geschichte und das Reich Gottes' das System zum Abschluß bringen." (I 7)

Wissenschaften nach Gegenständen und Methoden von 1923 ausgeführt sind.[35] Erst vor deren Hintergrund nimmt sich der Autor den Fragen nach den Quellen, dem Medium und der Norm der systematischen Theologie an, wobei die Schriftlehre als ein Aspekt unter anderen erörtert wird.[36]

Gegenüber dem traditionellen Aufbau der protestantischen Dogmatik weist die *Systematische Theologie* noch weitere Verschiebungen auf, wie die bereits in der Dresdener Vorlesung begegnende Vorverlagerung der Schöpfungs- vor die Gotteslehre.[37] In der *Systematischen Theologie* wird jene in der Ontologie des zweiten Teils unter der Überschrift *Sein und Gott* behandelt. Die Anordnung des dogmatischen Stoffs, die Tillich seit seinen New Yorker Vorlesungen von 1940/41 in fünf Teile strukturiert hat, überlagert sich auf vielfältige Weise, was es wiederum schwer macht, die Aufbaulogik des dreibändigen Werkes zu rekonstruieren. In diesen Zusammenhang gehört auch die Bemerkung am Anfang der *Einleitung*, es sei eine Konsequenz des Zirkelcharakters der Theologie, dass die Entfaltung des dogmatischen Stoffs nicht als eine Ableitung zu verstehen sei und damit nach pragmatischen Geschichtspunkten erfolge.[38]

Die Aufgabe der systematischen Theologie bestimmt Tillich als eine Interpretation der christlichen Botschaft.[39] Entsprechend der in der *Einleitung* skizzierten Methode der Korrelation ist der Stoff so angeordnet, dass die Symbole der christlichen Botschaft auf Analysen der menschlichen Situation, die von der Theologie zu leisten ist, bezogen werden.[40] Daraus ergeben sich die fünf Teile der

---

[35] Vgl. Paul Tillich, Das System der Wissenschaften nach Gegenständen und Methoden, GW I 111–293. Vgl. auch ders., Das Problem der theologischen Methode, EW IV, 19–35.
[36] Vgl. I 44–65.
[37] Solche Verschiebungen gegenüber dem Aufbau der traditionellen protestantischen Schuldogmatik werden in dem Kommentar diskutiert.
[38] Vgl. I 18: „Die Lehre vom theologischen Zirkel hat eine methodische Konsequenz: weder die Einleitung noch ein anderer Teil des theologischen Systems ist die logische Grundlage für die anderen Teile. Jeder Teil hängt mit dem anderen zusammen. Die Einleitung setzt die Christologie und die Lehre von der Kirche voraus und umgekehrt. Die Anordnung richtet sich lediglich nach praktischen Gesichtspunkten."
[39] Vgl. I 10ᵉ: „The ‚scientific' theologian wants to be more than a philosopher of religion. He wants to *interpret* the Christian message generally with the help of his method." (Hervorh. C. D.) Die deutsche Übersetzung ändert den Sinn der Aussage grundlegend ab. Vgl. I 17: „Der Theologe will mehr sein als ein Religionsphilosoph. Er will die christliche Botschaft mit Hilfe seiner Methode allgemeingültig *begründen*." (Hervorh. C. D.)
[40] Vgl. I 80f.: „Der Aufbau des theologischen Systems ergibt sich aus der Methode der Korrelation. Die Methode fordert, daß jeder Teil des Systems einen Abschnitt enthält, in dem die Frage durch eine Analyse der menschlichen Existenz überhaupt entfaltet und einen weiteren Abschnitt, in dem die theologische Antwort auf Grund der Quellen, des Mediums und der Norm der syste-

Systematischen Theologie. Diese Strukturierung der Gliederung ist jedoch noch von einer anderen überlagert. Sie resultiert aus der Unterscheidung von Essenz und Existenz, die Tillich seiner Konzeption zugrunde legt. Tillich weist in seinem Hauptwerk an mehreren Stellen darauf hin, dass der erste und der letzte Teil des Systems einen anderen Status haben als der zweite, dritte und vierte Teil, die der Gotteslehre, der Christologie sowie der Pneumatologie gewidmet sind. Zwar wäre es zweckmäßig, so der Autor, die materiale Dogmatik mit „dem Teil ‚Sein und Gott' anzufangen, weil dieser Teil die Grundstruktur des Seins entwirft und die Antwort auf die in dieser Struktur liegenden Fragen gibt", aber „verschiedene Überlegungen machen es nötig, mit dem erkenntnistheoretischen Teil ‚Vernunft und Offenbarung' zu beginnen" (I 82). Faktisch werden in diesem Teil ja auch die Themen traktiert, die in der traditionellen protestantischen Dogmatik in den Prolegomena abgehandelt werden und von Tillich in der Dresdener Vorlesung auch noch dort thematisiert wurden. Ebenso sei die Abtrennung des fünften Teils *Die Geschichte und das Reich Gottes* von dem vierten – *Das Leben und der Geist* – aus rein pragmatischen Gründen erfolgt. „Der fünfte Teil des theologischen Systems ist eine Erweiterung des vierten Teils und ist nur aus Gründen der Tradition und der Zweckmäßigkeit von diesem getrennt." (III 341)[41] Für den Hauptteil des Stoffs ergibt sich damit eine cum grano salis trinitarische Struktur, einsetzend mit der Theologie, sodann der Christologie und schließlich endend mit der Pneumatologie.[42] Allerdings verschränkt Tillich diese Strukturierung mit seiner Unterscheidung von Essenz und Existenz. Demnach thematisiert die der Gotteslehre zugeordnete Ontologie die Essenzstrukturen, die der Lehre vom Christus vorangehende Reformulierung der Sündenlehre die Existenz und schließlich die Geistlehre die ‚Verbindung' von Essenz und Existenz im Leben. Das wiederum hat für eine Interpretation der Aufbaulogik der *Systematischen Theologie* eine wichtige Konsequenz, auf die deren Autor selbst hinweist.

> Ein dritter Teil [sc. der vierte, der *Das Leben und der Geist* behandelt] beruht auf der Tatsache, daß die Essenz- und Existenzmerkmale Abstraktionen sind und in Wirklichkeit in der komplexen und dynamischen Einheit erscheinen, die ‚Leben' genannt wird. Die Macht des wesenhaften Seins ist in zweideutiger Weise in allen existentiellen Verzerrungen gegenwärtig. Das Leben, das heißt das Sein in seiner Aktualität, zeigt in allen seinen Prozessen diesen Charakter. Deshalb muß dieser Teil des Systems eine Analyse vom lebendigen Menschen (in Verbindung mit dem Leben im allgemeinen) und von der Frage nach der

---

matischen Theologie gegeben wird. Diese Einteilung muß durchgehend aufrecht erhalten werden. Sie ist das Rückgrat im Aufbau des vorliegenden Systems." Vgl. den Kommentar zur Stelle.
41 Vgl. auch I 82f. II 11.
42 Vgl. I 82: „Diese drei Teile stellen den Hauptteil der systematischen Theologie dar. Sie umfassen die christlichen Antworten auf die Fragen der Existenz."

> Zweideutigkeit des Lebens geben, und er muß die Antwort geben, die ‚göttlicher Geist' heißt. (I 81f.)[43]

Wenn sowohl die Gotteslehre als auch die Christologie der *Systematischen Theologie* Abstraktionen darstellen, da Essenz- und Existenzmerkmale im Leben stets zusammen vorkommen, dann liegt der Schwerpunkt des Werkes in den Ausführungen zum Lebensbegriff und zum göttlichen Geist. Tillichs Aussage, die Christologie sei die Mitte seines Systems,[44] müsste somit vor dem Hintergrund der pneumatologischen Ausführungen verstanden werden.

3 Zum Aufbau des Kommentars der *Systematischen Theologie*

Der vorliegende Kommentarband zur *Systematischen Theologie* Paul Tillichs bietet eine Erörterung des Argumentationsgangs jedes einzelnen Abschnitts vor dem Hintergrund seiner problem- und werkgeschichtlichen Entwicklung. Auf diese Weise werden dem Leser wichtige Zusammenhänge erschlossen. Jedem Abschnitt des Kommentars ist eine Bibliographie beigegeben, die grundlegende weiterführende Forschungsliteratur anführt. Dadurch soll eine eigenständige Vertiefung und Auseinandersetzung mit der *Systematischen Theologie* angeregt werden. Der Kommentar berücksichtigt die *Einleitung* des Werkes sowie die zehn Abschnitte der fünf Hauptteile. Von jedem Beitrag werden zunächst die werkgeschichtlichen Zusammenhänge in einer problemgeschichtlichen Perspektive erörtert und sodann in einem eigenen mit *Kommentar* überschriebenen Teil die jeweiligen Abschnitte der *Systematischen Theologie* in ihren grundlegenden Argumentationsstrukturen, Voraussetzungen und Implikationen erläutert.

Die Textgrundlage des Kommentars bildet die deutsche Übersetzung der *Systematischen Theologie*, die zwischen 1955 und 1966 zunächst im Evangelischen Verlagswerk Stuttgart und seit 1987 im Verlag Walter de Gruyter Berlin/New York erschien. Deren erster Band, der 1955 veröffentlicht und kurz nach der Drucklegung von Tillich zurückgezogen wurde, wird in der zweiten Auflage aus dem Jahre 1956 herangezogen. Die Zitation der *Systematischen Theologie* erfolgt in diesem Band durch Bandangabe und Seitenzahl sowohl im Haupttext als auch in den

---

[43] Vgl. hierzu Christian Danz, Religion als Freiheitsbewußtsein. Eine Studie zur Theologie als Theorie der Konstitutionsbedingungen individueller Subjektivität bei Paul Tillich, Berlin/New York 2000, 275–286.
[44] Vgl. II 7.

Fußnoten (zum Beispiel: I 12). Da die deutsche Übersetzung der *Systematic Theology* von der englischen Ausgabe abweicht, wird in dem Kommentar bei strittigen Fällen auf die englische Fassung verwiesen.[45] Das erfolgt durch Bandangabe, Seitenzahl sowie ein hochgestelltes ^{e}. Zum Beispiel: I 12^e, I 12/6^e oder I 72^e/88. Alle weiteren Schriften Tillichs werden, sofern nichts anderes vermerkt, nach folgenden Siglen zitiert:

- Gesammelte Werke, hg. von Renate Albrecht, 14 Bde., Stuttgart 1959 – 1975 (GW sowie Bandangabe und Seitenzahl).
- Ergänzungs- und Nachlaßbände zu den Gesammelten Werken von Paul Tillich, hg. von Ingeborg Henel u. a., bisher 19 Bde., Stuttgart, dann Berlin 1971 ff. (EW sowie Bandangabe und Seitenzahl).
- Main Works/Hauptwerke, hg. von Carl Heinz Ratschow, 6 Bde., Berlin/New York 1987 – 1998 (MW sowie Bandangabe und Seitenzahl).
- Religiöse Reden, 3 Bde., Stuttgart 1952 – 1964 (RR sowie Bandangabe und Seitenzahl).

Verweise im Kommentar zu einem Abschnitt der *Systematischen Theologie* auf andere Passagen werden mit *Vgl. den Kommentar zur Stelle* angegeben. Eine Bibliographie am Ende des Bandes führt die Quellen sowie die Forschungsliteratur zur *Systematischen Theologie* an.

---

45 Vgl. hierzu Danz, Textgeschichtliche Einleitung zur deutschen Übersetzung der *Systematischen Theologie*.

Michael Murrmann-Kahl
Einleitung (I 9 – 83)

Problem- und werkgeschichtlicher Hintergrund
Problemgeschichtlicher Hintergrund

Paul Tillichs *Einleitung* in sein Hauptwerk und ‚summum opus' der amerikanischen Zeit *Systematische Theologie* überrascht durch seinen verhältnismäßig geringen Umfang. Auf nur 75 Druckseiten (in der deutschen Fassung des Evangelischen Verlagswerks Stuttgart) werden in vier Teilen der eigene theologische Standort (A), das Wesen der systematischen Theologie (B), der Aufbau der Theologie in ihren Disziplinen (entspricht einer knappen theologischen Enzyklopädie, (C) und schließlich die Methode, Struktur und Gliederung der eigenen *Systematischen Theologie* (D) besprochen.[1] Seinen inhaltlichen Schwerpunkt finden diese Ausführungen bekanntlich in der sogenannten *Methode der Korrelation*.

Das Merkwürdige dieser knappen *Einleitung* zeigt sich, wenn man sie mit möglichen Gestalten der dogmatischen Prolegomena in anderen Dogmatiken vergleicht. Weder findet sich im traditionellen Sinne eine Schriftlehre[2] noch – wie in der klassischen modernen Theologie seit Schleiermacher – eine grundlegende allgemeine Religionsphilosophie,[3] erst recht natürlich keine einschlägige Offenbarungslehre im Sinne der Selbstauslegung des Wortes Gottes (wie in Karl Barths *Kirchlicher Dogmatik*) noch schließlich eine Reflexion auf den Status (Wahrheits- bzw. Hypothesencharakter) dogmatischer Sätze (wie bei Wolfhart Pannenberg). Insofern ist diese *Einleitung* sehr beredt in all dem, worüber sie schweigt.

In diesem Zusammenhang fällt überdies auf, dass Tillich, der 1945 immerhin beansprucht, „den Amerikanern eine gut ausgearbeitete Theologie zu geben, die sie niemals hatten",[4] kaum offensiv auf den amerikanischen Kontext seiner Zeit

---

[1] Die amerikanische *Introduction* kennt ebenfalls die vier Teile A bis D, zählt aber die arabisch nummerierten Unterabschnitte anders als die deutsche Ausgabe als 1.–13. durch: I 3–68ᵉ.
[2] Die Bedeutung der Schrift wird aber im vierten Teil unter den „Quellen" (I 44–51) erörtert: sie sei die „grundlegende", aber nicht einzige Quelle der systematischen Theologie (neben der Kirchen- und Dogmengeschichte, Religions- und Kulturgeschichte), die der historischen Kritik in Abgrenzung vom Biblizismus unterliegt.
[3] Theologie sei „mehr als Religionsphilosophie" (I 17), so jedenfalls in Tillichs Selbstverständnis.
[4] Paul Tillich und Max Horkheimer im Dialog, hg. von Erdmann Sturm, in: ZNThG 1 (1994), 275–304, hier 297.

eingeht.⁵ Hier wären zum Beispiel die Brüder Niebuhr zu nennen, die beide den Einfluss Karl Barths in den USA repräsentieren: Richard Niebuhrs (Yale) *The Kingdom of God in America* (1937) und *The Meaning of Revelation* (1941) und Reinhold Niebuhrs (New York) *The Nature and Destiny of Man* (1941–1943) nehmen dessen Kritik an der ‚liberalen' Theologie auf und wenden sich von dem bisher in den USA vorherrschenden ‚Social Gospel' ab. Man kann vermuten, dass sie mit Tillichs Kritik an der ‚Neoorthodoxie' entsprechend mitgemeint sind.⁶

Wenig eindeutig ist schließlich die Einordnung der *Systematischen Theologie* in die Entwicklungsgeschichte Tillichs selber. Stellt sie ein in sich geschlossenes Werk dar oder enthalten die drei Bände selber Brüche und Neuansätze?⁷ Am Ende der deutschen Zeit wird immerhin bei Tillich bereits die Abwendung von der bisher leitenden Geschichtsphilosophie und der Übergang zur Anthropologie und Ontologie greifbar, die sich auch in der Bezeichnung ‚Existenzanalyse' niederschlägt. Zudem wird diese anthropologische Umorientierung in der amerikanischen Zeit an dem prinzipiellen Definitionsversuch des Menschen als „finite freedom" sichtbar,⁸ der im Emigrantenzirkel der ehemaligen ‚Frankfurter' Theoretiker allerdings höchst umstritten geblieben ist.⁹

---

5 Diese „Rezeptionsverweigerung des Emigranten" sei Tillichs eigentümliche und zugleich erfolgreiche Strategie gewesen: diejenige eines politischen Pragmatismus, „verbunden mit der Verweigerung der intellektuellen Anpassung", die ihn „sehr schnell in den USA als Theologen populär" gemacht habe: so Friedrich Wilhelm Graf, „Old harmony"? Über einige Kontinuitätselemente in „Paulus" Tillichs Theologie der „Allversöhnung", in: ders., Der heilige Zeitgeist. Studien zur Ideengeschichte der protestantischen Theologie in der Weimarer Republik, Tübingen 2011, 343–380, hier 371.
6 Dazu Jan Rohls, Offenbarung, Vernunft und Religion. Ideengeschichte des Christentums, Bd. I, Tübingen 2012, 958–960. Vgl. ders., Protestantische Theologie der Neuzeit, Bd. II, Tübingen 1997, 385–387.
7 Ulrich Barth hält zum Beispiel die Christologie des Neuen Seins für eine „Zwischenepisode" zwischen den geistchristologischen Anfängen von 1911 und der Geist-Christologie des dritten Bandes der *Systematischen Theologie*: ders., Hermeneutik der Evangelien als Prolegomena zur Christologie, in: Christian Danz/Michael Murrmann-Kahl (Hg.), Zwischen historischem Jesus und dogmatischem Christus. Zum Stand der Christologie im 21. Jahrhundert, Tübingen ²2011, 275–305, hier 303 Anm. 78.
8 Paul Tillich, Man and Society in Religious Socialism, in: Christianity and Society 8 (1943), 10–21; (dt.) ders., Mensch und Gesellschaft im religiösen Sozialismus (1943), in: ZNThG 3 (1996), 259–277, hier 264: *„Die Struktur des Menschen ist die Struktur der endlichen Freiheit.* […] *Der Mensch ist endliche Freiheit.* […] *Die ganze Lehre des Menschen ist die Beschreibung einer solch erstaunlichen und einzigartigen Struktur wie der der endlichen Freiheit."* Vgl. ebd., 277.
9 Dazu Theodor W. Adorno contra Paul Tillich, hg. von Erdmann Sturm, in: ZNThG 3 (1996), 251–299, hier 277–299.

Werkgeschichtlicher Kontext

Methodische Ausführungen kann man in allen Werkphasen Tillichs feststellen.[10] Von den insgesamt fünf Systementwürfen ist nur der letzte, eben die *Systematische Theologie* von Tillich selbst publiziert worden, alle anderen wurden erst posthum zugänglich gemacht: die *Systematische Theologie von 1913*,[11] die 1925 in Marburg begonnene, sogenannte Dresdener Dogmatik,[12] ein geplantes zweibändiges Werk *Das System der religiösen Erkenntnis*[13] und das Projekt, für das die Gliederung vorliegt, aus dem Jahr 1928 *Die Gestalt der religiösen Erkenntnis (Dogmatik)*.[14]

1 In der *Systematischen Theologie von 1913* arbeitet Tillich noch auf dem Boden der identitätsphilosophischen Prämissen Schellings. Im ersten Teil, der Apologetik, verhandelt er das *theologische Prinzip*, demzufolge die Religion aus der Polarität von Absolutem und Relativem bestehe. Die Religion ist also der Ort, „wo das Absolute sich herablassen kann zum Relativen, das Relative sich über sich selbst erheben zum Absoluten" (EW IX 315).[15] Die Aufhebung dieses Gegensatzes soll als lebendige Synthese vollzogen werden. Das theologische Prinzip in der Einheit des Urteils von göttlichem Nein und Ja ist ersichtlich von der Rechtfertigungslehre her inspiriert.[16] Es bestimmt auch noch ausdrücklich Tillichs erste, nach dem Krieg im Sommersemester 1919 in Berlin gehaltene Vorlesung *Das Christentum und die Gesellschaftsprobleme der Gegenwart*.[17]

---

10 Vgl. John Clayton, Art.: Tillich, Paul (1886–1965), in: TRE, Bd. 32, Berlin/New York 2002, 553–565, hier 558; Werner Schüßler/Erdmann Sturm, Paul Tillich. Leben – Werk – Wirkung, Darmstadt 2007, 178 f.
11 Paul Tillich, Systematische Theologie von 1913, EW IX 278–434.
12 Paul Tillich, Dogmatik. Marburger Vorlesung von 1925, hg. von Werner Schüßler, Düsseldorf 1986; Neuausgabe: ders., Dogmatik-Vorlesung (Dresden 1925–1927), EW XIV.
13 Paul Tillich, Das System der religiösen Erkenntnis, EW XI 76–174.
14 Paul Tillich, Die Gestalt der religiösen Erkenntnis, EW XIV 395–431.
15 Dazu Gunther Wenz, Metaphysischer Empirismus. Der späte Schelling und die Anfänge der Tillich'schen Christologie, in: Peter Haigis/Gert Hummel/Doris Lax (Hg.), Christus Jesus – Mitte der Geschichte!? Beiträge des X. Internationalen Paul-Tillich-Symposions Frankfurt/Main 2004, Berlin 2007, 11–32.
16 Auf den bestimmenden Einfluss von Martin Kähler auf Tillich weist Gunther Wenz, Rechtfertigung und Zweifel, in: Christian Danz/Werner Schüßler (Hg.), Religion – Kultur – Gesellschaft. Der frühe Tillich im Spiegel neuer Texte (1919–1920), Wien/Berlin 2008, 85–116, hier 90–94. 106–115, hin.
17 Paul Tillich, Das Christentum und die Gesellschaftsprobleme der Gegenwart (1919), EW XII 27–213, hier 40–52. Vgl. dazu Michael Murrmann-Kahl, Theologisches Prinzip und Modernitätserfahrung in *Das Christentum und die Gesellschaftsprobleme der Gegenwart*, in: Christian Danz/Werner Schüßler (Hg.), Religion – Kultur – Gesellschaft. Der frühe Tillich im Spiegel neuer Texte (1919–1920), Wien/Berlin 2008, 137–154.

2 Auf einem sehr abstrakten Niveau hat Tillich die Methodendiskussion in den zwanziger Jahren in seinem Entwurf eines Wissenschaftssystem geführt, zu einer Zeit allerdings, da diese Art der Wissenschaftssystematik eigentlich schon an ihr Ende gelangt war.[18] Im *System der Wissenschaften nach Gegenständen und Methoden* (1923) wird der Versuch unternommen, vor einem neukantianischen Hintergrund alle empirischen Wissenschaften, Natur- und Geisteswissenschaften, und die Theologie zu ordnen. Dabei ist als Prinzip die Idee des Wissens selbst leitend, und alle Wissenschaften werden als „Schöpfungen des Geistes" angesehen. Die Idee des Wissens wird in Denken und Sein aufgespannt, ist also bipolar verfasst: das Denken richtet sich auf das „Sein", und das Sein repräsentiert den widerständigen Pol, das Fremde fürs Denken. Entsprechend lautet dann der Satz des Geistes: „Das Denken ist selbst Sein." (GW I 119)[19] Tillich folgert daraus die Dreiheit von Denk- (Logik und Mathematik), Seins- (inhaltlich die Naturwissenschaften, aber auch Soziologie, Geschichte und Philologie!) und normativen Geisteswissenschaften (mit der Theologie als „theonomer Sinnnormenlehre").

Den Geistwissenschaften angemessen ist die sogenannte *metalogische Methode:* für sie werden solche logische Formen gesucht, „die unbeschadet ihrer logischen Richtigkeit die Erfüllung mit dem allseitig erfaßten Seinsgehalt ausdrücken" (GW I 122).[20] Tillich konstruiert sinntheoretisch ein Gefälle der endlichen Formen hin zum unbedingten Sinngehalt. Dieses Gefälle bietet sozusagen den Motor für die laufende Wissensproduktion in den Einzelwissenschaften. Entscheidend ist dabei, dass trotz der „Sehnsucht aller bedingten Formen nach dem Unbedingten" (GW I 221) gerade keine unbedingte Form existiert;[21] sonach bleibt aller endlichen Gestaltungen zum Trotz der unbedingte Sinngehalt unerreichbar. An dieser Stelle ist dann auch die Religion zu verorten, die gerade keine eigene Sinnsphäre neben anderen darstellt, sondern vielmehr die „unmittelbare Richtung auf das Unbedingte" (GW I 228) *in* allen Sinnsphären ausdrücklich macht.

Tillich kontextualisiert seine metalogische Methode selbst zwischen ‚Kritizismus' (Neukantianismus?) und ‚Phänomenologie' (Edmund Husserls?) und will die Intention beider kombinieren: dadurch soll „einerseits die Beziehung aller

---

18 Zum Hintergrund und als Überblick: Paul Ziche, Orientierungssuche im logischen Raum der Wissenschaften. Paul Tillichs *System der Wissenschaften* und die Wissenschaftssystematik um 1900, in: Christian Danz (Hg.), Theologie als Religionsphilosophie. Studien zu den problemgeschichtlichen und systematischen Voraussetzungen der Theologie Paul Tillichs, Wien 2004, 49–68.
19 Vgl. GW I 113–121. 210. 217. Vgl. auch Gunther Wenz, Subjekt und Sein. Die Entwicklung der Theologie Paul Tillichs, München 1979, 111–120.
20 Vgl. GW I 256.
21 Vgl. GW I 227.

Sinnformen auf die unbedingte Form nach Art der kritischen Methode, andererseits die Eigenbedeutung jeder Sinnform nach Art der Phänomenologie anerkannt" (GW I 238) werden. Entscheidend ist die bleibende Asymmetrie von unbedingtem Gehalt und bedingten Formen. Insofern diese Methode alle endlichen Denkformen (Autonomie) auf das unendliche und unausschöpfbare Sein oder den Gehalt oder den unbedingten Sinn bezieht (Theonomie) und dabei diese Richtung aufs Unbedingte von der Religion in allen Sinnsphären thematisiert wird, bezieht Tillich schon hier indirekt das, was später den Pol des Menschen oder die ‚Frage' ausmacht (hier sinntheoretisch: die autonomen Formen) auf den absoluten Pol (unbedingten Sinngehalt). Auf der wesentlich abstrakteren Ebene der Wissenschaftstheorie konstruiert er bereits eine Art ‚Korrelation' zwischen Gott (unbedingtem Gehalt) und Mensch (endlichen Formen), wenn auch in ganz und gar entgegenständlichter Art und Weise (gemessen an den konkreten Vorstellungen der christlichen Religion).

3 In den noch in der Marburger Zeit ausgearbeiteten Prolegomena der Dresdener Dogmatik (§§ 1–3) wird dagegen mit dem Nietzsche-Zitat „[i]n jedem Angriff ist klingendes Spiel" begonnen, denn die Dogmatik handelt von dem, *„was uns unbedingt angeht"* (EW XIV 1). Die daraus folgenden dogmatischen Sätze werden als „konkret-normative Sätze" näher bestimmt und von allgemein-wissenschaftlichen und historischen Sätzen (inhaltlich wird damit Schleiermachers *Glaubenslehre* kritisiert) abgegrenzt. In Tillichs Verständnis erhebt seine Dogmatik einen „unbedingten, für jeden Menschen und für den ganzen Kosmos [...] gültigen Wahrheitsanspruch" (EW XIV 10). Von daher überrascht es nicht, dass die so konzipierte Rede vom Unbedingten unmittelbar auf die Offenbarung selber führt: denn jede solche Redeweise beruhe *„auf Kundgebung des Unbedingten an uns"* (EW XIV 14).[22] Die Prämisse dieser ganzen, im engeren Sinne dogmatischen Argumentation Tillichs setzt hier den von vornherein eingenommenen Standpunkt einer Offenbarungstheologie voraus. Im Blick auf die späteren Weichenstellungen bleibt zu prüfen, ob diese Voraussetzung nicht unverändert im Spiel geblieben ist.

4 Es leidet keinen Zweifel, dass Tillichs zentrale, spätere Korrelationsmethode der *Systematischen Theologie* außer den bereits genannten unmittelbaren Kontexten methodischer Reflexionen in den 1920er Jahren noch weitere, unausgesprochene Subtexte enthält. Aus den bisherigen Ausführungen lässt sich schon erschließen, dass der Auseinandersetzung mit Ernst Troeltsch und Karl Barth eine Schlüsselstellung zukommt.

---

22 Vgl. EW XIV 37–53.

4.1 Ein möglicher Anknüpfungspunkt könnte in Troeltschs Methodenaufsatz von 1900 gesehen werden.[23] In *Ueber historische und dogmatische Methode in der Theologie* bricht Troeltsch eine Lanze für die rein historische Arbeit auf allen Feldern der Theologie, in Exegese, Kirchengeschichte und eben auch der systematischen Theologie. Diese Methode wird bekanntlich mit den drei Termini Kritik, Analogie und Korrelation näher beschrieben. Unter *Kritik* ist die Einsicht gefasst, dass alle historischen immer nur Wahrscheinlichkeitsurteile sein können. Die Kritik verwendet unter anderen auch die *Analogie* als die „Übereinstimmung mit normalen, gewöhnlichen oder doch mehrfach bezeugten Vorgangsweisen und Zuständen", um solche Wahrscheinlichkeiten zu eruieren. Aus dieser „Allmacht der Analogie" folgt die „prinzipielle Gleichartigkeit alles historischen Geschehens" (wohlgemerkt: keine Gleichheit!).[24] Aus diesem konsequent durchgeführten historischen Bedingtsein resultiert die Einsicht, dass alles mit allem zusammenhängt. Die sogenannte *Korrelation* bezeichnet deshalb „die Wechselwirkung aller Erscheinungen des geistig-geschichtlichen Lebens"; das dazu passende Bild ist der historische Fluss, in dem alles fließt und, wie bedingt, zugleich auch immer bedingend ist.[25] Die Korrelation spricht das durchgängige ‚ab alio esse' aller historischen Erscheinungen aus, hier kann man nirgendwo auf eine supranaturale Eingriffskausalität rekurrieren. Aufgrund des solchermaßen verursachten Historismus-Relativismus muss man in der Tat von einer völligen „Revolution unserer Denkweise"[26] sprechen, die die Anwendung der historischen Methode in der Theologie auslöst, zumal jegliche Wesensbestimmung erst auf der Basis der konsequent angewandten Methode vorgenommen werden kann. Dann muss man so vorgehen, dass „man die Verflechtung des Christentums in die allgemeine Geschichte beachtet und sich an die Aufgabe seiner Erforschung und Wertung nur von dem großen Zusammenhange der Gesamtgeschichte aus begibt".[27]

Tillich knüpft zwar an diese Historismusdebatte um Troeltsch in den 1920er Jahren an und könnte den Terminus *Korrelation* (im Sinne von *Wechselwirkung*) tatsächlich auch von daher bezogen haben. Indes fällt es trotzdem schwer, Tillichs

---

[23] Ernst Troeltsch, Ueber historische und dogmatische Methode in der Theologie, in: ders., Zur religiösen Lage, Religionsphilosophie und Ethik (Gesammelte Schriften, Bd. 2), Tübingen ²1922, 729–753. Die hier gegebene Datierung „1898" ist falsch. Vgl. dazu die Interpretation von Christian Danz, Paul Tillich (1886–1965), in: Gregor Maria Hoff/Ulrich H. J. Körtner (Hg.), Arbeitsbuch Theologiegeschichte Bd. 2: 16. Jahrhundert bis zur Gegenwart, Stuttgart u. a. 2012, 285–301, hier 295–299.
[24] Troeltsch, Ueber historische und dogmatische Methode, 731 f.
[25] Ebd., 733.
[26] Ebd., 735; vgl. 733 f. 737.
[27] Ebd., 738.

eigene Korrelationsmethode ausgerechnet auf Troeltsch abzubilden:²⁸ denn zum einen geht es Tillich durchgängig gerade um die Überwindung des Historismus-Relativismus, wie er in Rezensionen und Nachrufen auf Troeltsch vielfältig ausgedrückt hat.²⁹ Die prinzipielle Möglichkeit (und Offenheit) der Korrelationsmethode von Botschaft und Situation wird gerade nicht genutzt, um nicht nur die Gegenwart, sondern auch deren historische Tiefendimension zum Tragen zu bringen.

> Mustert man die *Systematische Theologie* durch, so fallen die historischen Rückbezüge aber weithin aus, kommen nur von Fall zu Fall zur Sprache, und dann auch nur sehr allgemein. [...] Nur das gegenwärtige geistig-kulturelle Umfeld in der ersten Hälfte des 20. Jahrhunderts mit der Entstehung und Ausbildung der Lebens- und Existenzphilosophie [...] wird näher reflektiert. Anders als Troeltsch verzichtet Tillich aber darauf, den für ihn gegenwärtigen Komplex der „Situation" als Ergebnis und vorläufigen Endpunkt einer längeren geschichtlichen Entwicklung in den Blick zu bringen.³⁰

Zum anderen wäre auch Troeltschs Korrelationsverständnis nachgerade kontraproduktiv, weil Tillich trotz der Relation von Gott und Mensch gerade auf die jeweilige Selbständigkeit der Relate hinaus will. Denn bei allem Frage-Antwort-Verhältnis soll weder die Frage durch die Antwort, noch die Antwort durch die Frage bedingt sein. Genau das aber müsste unter dem Terminus *Wechselwirkung* angenommen werden. Aller äußerlichen Formulierungsgleichheit zum Trotz verbirgt sich also eine völlig andersgeartete Struktur hinter dem Begriff der Korrelation. Man kann sich abschließend fragen, welche Argumentationsgewinne sich hätten ergeben können, „wenn Tillich seine systematischen Reflexionen in

---

28 Vgl. Friedemann Voigt, Historische und dogmatische Methode der Theologie, in: Ulrich Barth/Christian Danz u. a. (Hg.), Aufgeklärte Religion und ihre Probleme. Schleiermacher – Troeltsch – Tillich, Berlin/Boston 2013, 213–228, hier 225–228, bes. 227: „Eine Theologie der historischen Methode im Sinne Troeltschs ist Tillichs Kulturtheologie nicht geworden."
29 Vgl. Michael Murrmann-Kahl, „Tillichs Traum" – Paul Tillich liest Ernst Troeltschs Historismusband, in: Ulrich Barth/Christian Danz u. a. (Hg.), Aufgeklärte Religion und ihre Probleme. Schleiermacher – Troeltsch – Tillich, Berlin/Boston 2013, 193–212, hier 198–203. Troeltsch selbst hat von Tillich nur den Kairos-Aufsatz von 1922 in seinem *Historismus und seine Probleme* beachtet, Tillichs *Kairos* freilich im Sinne seiner eigenen „Kultursynthese" umgedeutet: dazu Friedrich Wilhelm Graf, „Kierkegaards junge Herren". Troeltschs Kritik der „geistigen Revolution" im frühen zwanzigsten Jahrhundert [1987], in: ders., Der heilige Zeitgeist. Studien zur Ideengeschichte der protestantischen Theologie in der Weimarer Republik, Tübingen 2011, 139–160, hier 158.
30 Hermann Fischer, Tillichs Verhältnisbestimmung von Glaube und Vernunft in theologiegeschichtlicher Perspektive, in: Wie viel Vernunft braucht der Glaube? International Yearbook for Tillich Research, Vol. 1, Wien 2005, 17–36, bes. 26–36, hier 27. Fischer weist auch zu Recht auf die klischeehafte und stereotype, antiliberale Kritik Tillichs an der „bürgerlichen Gesellschaft" hin, vgl. ebd., 34f.

methodisch überprüfbarer Weise auf die historischen Traditionsbestände bezogen und dementsprechend seine Offenbarungstheorie wie sein Korrelationsmodell differenzierter ausgearbeitet hätte".[31]

4.2 Eine weitere Konstante neben dem Überbietungsanspruch gegenüber dem Historismus bildet die Auseinandersetzung mit Karl Barth. Tillich teilt zwar dessen offenbarungstheologisch geleitete Religionskritik[32] und die Intention, die alleinige Souveränität Gottes zum Zuge zu bringen,[33] will diesen Zusammenhang aber am Ort des Menschseins aufzeigen. Im sinntheoretischen Zuschnitt seiner Theorie diente dafür die ontologische Voraussetzung des absoluten Sinngrundes und -abgrundes, der mittels autonomer, bedingter Formen in jeweils unabschließbare Gestaltungen des unbedingten Gehalts eingehen soll (vgl. oben 2.). Die Methode der Korrelation kann entsprechend wiederum als der Versuch interpretiert werden, am Ort des Menschseins (qua Existentialanalyse) die Unbedingtheit Gottes aufzuweisen, ohne sie zu tangieren (Tillich würde sagen: dämonisch zu verzerren). Insofern schlägt sich Tillich auf die Seite all deren (wie Emil Brunner, Rudolf Bultmann), die einen Anknüpfungspunkt für die Offenbarung auf Seiten des Menschen für notwendig erachten.

> Der Gedanke, daß der Mensch als solcher „Frage" nach Gott sei, war in der evangelischen Theologie nach dem ersten Weltkrieg weit verbreitet und vertrat gewissermaßen die Funktion der alten „natürlichen Theologie" in einer Zeit, in der die theoretische Beweiskraft der Gottesbeweise fragwürdig geworden war, die aber an der darin ausgedrückten Erhebung des Menschen zum Gedanken Gottes festhalten wollte.[34]

Diese Funktion, die Intention der natürlichen Theologie unter den Bedingungen der Offenbarungstheologie einlösen zu wollen, wird von Tillich mehrfach festgehalten. In seinem rückblickenden Präzisierungsversuch der Korrelationsmethode im zweiten Band der *Systematischen Theologie* heißt es ausdrücklich:

> Der Mensch als Mensch kennt die Frage nach Gott. Er ist von Gott *entfremdet*, aber *nicht* von ihm abgeschnitten. Das gibt dem, was traditionsgemäß „natürliche Theologie" genannt wird, eine *begrenzte Berechtigung*. Natürliche Theologie ist sinnvoll, soweit sie eine Analyse der menschlichen Situation gibt und aus ihr die Frage nach Gott entwickelt. (II 20; Hervorh. M. M.-K.)

---

[31] Ebd., 35.
[32] Folkart Wittekind, Grund- und Heilsoffenbarung. Zur Ausformung der Christologie Tillichs in der Auseinandersetzung mit Karl Barth, in: Jesus of Nazareth and the New Being in History. International Yearbook for Tillich Research, Vol. 6, Berlin/Boston 2011, 89–119, hier 105.
[33] Ebd., 107. Vgl. Rohls, Protestantische Theologie, Bd. II, 485.
[34] So Wolfhart Pannenberg, Systematische Theologie, Bd. I, Göttingen 1988, 130, mit Verweis auf Tillich; er nennt das allerdings kritisch eine „pathetische Abstraktion".

Diese Einschätzung wird auch in der Lagebeschreibung aus dem Jahr 1949 verwendet (zwei Jahre vor Erscheinen des ersten Bandes der *Systematischen Theologie*).³⁵ Ausdrücklich wird das Problem im Aufsatz *Natural and Revealed Religion* traktiert und am Ende zusammen mit der Methode der Korrelation statuiert: „Natural theology must be denied, but its intention can be saved."³⁶ In *Was ist falsch in der „dialektischen" Theologie?*, ebenfalls aus dem Jahr 1935, kritisiert Tillich Barths Abweis eines jeglichen Anknüpfungspunktes für die Offenbarungstheologie.³⁷ Inhaltlich hat Tillich diesen Streit bekanntlich schon in den 1920er Jahren mit Karl Barth geführt, namentlich mit seinem Festhalten an der Differenz von Grund- und Heilsoffenbarung. Tillich behauptet hier gegen Barth „das allgemeingültige Gegebensein des Absoluten als einer begründenden Voraussetzung allen Wissens".³⁸ Dieser Debattenlage ist er auch in der amerikanischen Zeit treu geblieben.

Die Methode der Korrelation lässt sich also auf die Auseinandersetzung mit Karl Barth (und entsprechend in den USA mit den Brüdern Niebuhr) einleuchtend abbilden: der Terminus benennt die Intention, den Sinn der früheren (bis Kant und Schleiermacher) natürlichen Theologie unter den Bedingungen einer modernen Offenbarungstheologie festzuhalten, ohne sich in die Fehler und Aporien der Tradition zu verstricken. Darum ist die einseitige Forcierung nur des Wortes Gottes oder Kerygmas abzuweisen. „*Korrelation* ist die Übertragung seines theologischen Programms eines kritischen *und* positiven Paradoxes von 1923 ins Methodische. Dieses Vorgehen ist in seinem Grundmuster verblüffend einfach und steckt doch voller Schwierigkeiten."³⁹ Denn die Methode muss als Einheit von Unabhängigkeit (Selbständigkeit von Gott und Mensch je für sich) und Abhängigkeit (Frage-Ant-

---

35 Paul Tillich, The Present Theological Situation in the Light of the Continental European Development, (dt.) ders., Zur gegenwärtigen theologischen Lage, EW IV 85–96, hier 91: „Wenn wir [...] jede Art von Korrelation leugnen und die völlige Unabhängigkeit der Botschaft von allem Menschlichen betonen, erhebt sich die Frage, wie dann die Botschaft empfangen werden kann. Auf diese Frage weiß die Theologie der Diastase keine Antwort [...] Natürliche Theologie und Religionsphilosophie sollten zu einer Analyse der Fragen werden, die in der Struktur der menschlichen Existenz und der Existenz überhaupt enthalten sind."
36 Paul Tillich, Natural and Revealed Religion [1935], in: ders., Ausgewählte Aufsätze, hg. von Christian Danz/Werner Schüßler/Erdmann Sturm, Berlin/New York 2008, 265–275, hier 273. Zur Auseinandersetzung mit Barth vgl. ebd., 267–271.
37 Paul Tillich, Was ist falsch in der „dialektischen" Theologie?, GW VII 247–262.
38 Wittekind, Grund- und Heilsoffenbarung, 99; vgl. ebd. 111. 106: „Tillich hält gegen Barths erkenntniskritischen Einwände an der Konzeption der Allgemeingültigkeit der Gottesoffenbarung für die Welt fest."
39 Hermann Fischer, Die Christologie als Mitte des Systems, in: ders. (Hg.), Paul Tillich. Studien zu einer Theologie der Moderne, Frankfurt a. M. 1989, 207–229, hier 222.

wort-Beziehung) entwickelt werden, soll sie denn beiden Polen – Gott und Mensch – gleichermaßen genügen. Tillichs Selbstauskunft zufolge soll diese Korrelationsmethode durch die Auseinandersetzung mit Martin Heidegger initiiert worden sein;[40] dieser Hinweis lässt sich allerdings nicht konkretisieren.

Freilich trägt der Sachgehalt von Wechselwirkung möglicherweise nicht das aus, was Tillich sich von ihm versprochen hat, da diese dazu neigt, die jeweiligen Relate dann doch in die Dialektik von Wirkung und Gegen-Wirkung zu verwickeln und ihnen ihre Selbständigkeit zu rauben. Funktionieren kann sie aber überhaupt nur aufgrund einer strikt theo-logischen Voraussetzung, eines essentiellen Identitätspunkts:[41]

> Er gehört zum essentiellen Sein des Menschen, zur Einheit seiner Endlichkeit mit der Unendlichkeit [...]. Sein Vermögen, nach der Unendlichkeit, zu der er gehört, zu fragen, ist ein Symptom sowohl für die essentielle Einheit als auch für die existentielle Getrenntheit des endlichen Menschen von der Unendlichkeit; in der Tatsache, daß er danach fragen muß, zeigt sich, daß er davon getrennt ist. (I 75 f.)

5 Den unmittelbaren Vorläufer der publizierten Fassung der *Systematischen Theologie* bildet historisch genetisch der viersemestrige Vorlesungszyklus, den Paul Tillich seit 1936 in New York mehrfach gehalten hat: *Advanced problems in Systematic Theology*. Hier gibt es eine kurze Einleitung, die auf die Aufgabe und Methode der *Systematischen Theologie* zu sprechen kommt.[42] Für Gott findet sich bereits die später prominente Formel „What us concerns unconditionedly" (EW XIX 4).[43] Tillich tastet sich in der Gliederung an das neue Konzept so heran, dass er sich von den drei Teilen der traditionellen Glaubensbekenntnisse leiten lässt: Gott (Vater) – Sohn – Heiliger Geist. Anhand dieser Vorgabe entwickelt er die Dreiheit von „God and the world", „Christology and human existence" und „The Kingdom of God and history". Hier wird auch noch ganz unbefangen (und m. E. korrekt mit dem Relationsbegriff) davon gesprochen, dass in diesen drei Hauptstücken die systematische Theologie besteht: „the three are different ways *of our relation* to what concerns us unconditionedly" (EW XIX 5; Hervorh. M. M.-K.). Dem wird dann noch ein eigener Teil zur Offenbarungsthematik vorgeschaltet, weil diese Beziehung des unbedingten Betroffenseins nichts anderes als der Zusammenhang von Offenbarung und Vernunft ist.[44] Es springt einem an dieser Vorgehensweise ins

---

40 So Clayton, Tillich, 555.
41 Hervorgehoben von Fischer, Die Christologie, 222–225.
42 Paul Tillich, Advanced Problems in Systematic Theology (1936–1938), EW XIX 3–8.
43 Später „ultimate concern".
44 Vgl. EW XIX 4 f. 7 f.

Auge, dass zum einen inhaltlich die eigentliche Pneumatologie noch fehlt (*Geschichte und Reich Gottes* ist bereits vorgebildet) und dass vor allem zum anderen der methodische Aufbau noch genau umgekehrt erfolgt: von der göttlichen Antwort hin zum menschlichen Fragepol! Das wirft dann allerdings die grundsätzliche Überlegung auf, ob die Umkehrung der Korrelationsmethode im Spätwerk mehr als den Versuch darstellt, den prinzipiell offenbarungstheologisch geleiteten Zugang wie schon in der Dresdener Dogmatik nur zu kaschieren.[45] Ist also Tillichs Zugang tatsächlich so verschieden von Barths Offenbarungs- und Bultmanns Existentialtheologie, wie gerne suggeriert wird?

6 Die nächste Parallele und Vorform zur *Einleitung* stellt Tillichs Methodenaufsatz von 1946/47 *The Problem of Theological Method* dar, der schon wesentliche Grundzüge vorwegnimmt.[46] In den sieben Unterabschnitten wird die Methodenfrage thematisiert, das Verhältnis von Religionsphilosophie zur Theologie, das sogenannte positive Element in der theologischen Methode, das später unterm Stichwort des theologischen Zirkels erscheint, das Verhältnis zur Bibel (historische Kritik und Bildchristologie) und zur Erfahrung (als dem Medium), das rationale Element und schließlich die Methode der Korrelation. Auch hier wird im Schematismus von Frage/Antwort gehandelt und zu Recht die Voraussetzung des In-Beziehung-Setzens beider genannt:

> Antworten können nur gegeben werden, wo der Fragende und der Antwortende *eine gemeinsame Basis* [„a common ground"] haben. Die apologetische Theologie setzt eine *universale Offenbarung* voraus, auf die sie hinweisen kann, weil sie von beiden Seiten anerkannt wird. (EW IV 31; Hervorh. M. M.-K.)[47]

Inhaltlich wird die Korrelation als die „wechselseitige Abhängigkeit [„mutual interdependence"] von Frage und Antwort" benannt. „Wir können also sagen, daß die Fragen in bezug auf das letztgültige Anliegen des Menschen den Inhalt der Antworten in sich tragen und die Antworten durch die Form der Fragen geprägt werden." (EW IV 33) Das ist freilich schon eine sehr starke und ungeschützte Aussage über diese Wechselwirkung, und man kann Tillichs spätere Abschwächungen so deuten, dass er mögliche Missverständnisse und Gefahren, die in

---

[45] Erst seit dem Vorlesungszyklus von 1938/39 erscheinen die Korrelationsbegriffe in der publizierten Abfolge: Erdmann Sturm, Historische Einleitung, in: Tillich, EW XIX, XXI–LVII, hier XXIIIf.
[46] Paul Tillich, The Problem of Theological Method, in: ders., Ausgewählte Texte, hg. von Christian Danz/Werner Schüßler/Erdmann Sturm, Berlin/New York 2008, 301–312 (dt. Das Problem der theologischen Methode, EW IV 19–35).
[47] Vgl. EW IV 33f. Das entspricht auch schon den Stellungnahmen Tillichs in seiner deutschen Zeit gegenüber Karl Barth.

dieser Überlegung stecken, auszuschließen sucht. Der Sache nach wird diese Korrelationsmethode aber schon am Ende des in der amerikanischen Zeit frühen Aufsatzes von 1935 *Natural and Revealed Religion* entwickelt, wenn Tillich auf eine „living interdependence between question and answer, answer and question" ausblickt, und sein eigenes theologisches Konzept als eine Theologie mit zwei Polen charakterisiert: „the question of human existence and the answer of divine revelation"![48]

Kommentar

A Der Standpunkt (I 9–15)

Tillich bestimmt seinen eigenen Standpunkt im Kontext der und in Konkurrenz zu zeitgenössischen Theologien dezidiert als apologetische bzw. antwortende Theologie (I 12–15.40). Es geht ihm darum, „eine theologische Methode zu finden, bei der Botschaft und Situation auf eine solche Weise aufeinander bezogen sind, daß keine von beiden beeinträchtigt wird" (I 15). Insofern stellt der Horizont seines Entwurfs zunächst einmal die Abgrenzung von der Offenbarungs- und Kerygmatheologie Karl Barths und Rudolf Bultmanns dar. Gleichwohl eröffnet Tillich sein Werk durchaus mit der Barth verwandten Feststellung, Theologie sei „eine Funktion der christlichen Kirche" und positioniert sie in der Spannung zwischen „der ewigen Wahrheit ihres Fundaments und der Zeitsituation, in der diese Wahrheit aufgenommen werden soll" (I 9). Die Polarität von Frage und Antwort scheint an dieser Stelle im Sinne der quasi substantialistisch beanspruchten „ewigen Wahrheit" doch ein wenig unterbelichtet zu sein.

B Das Wesen der Systematischen Theologie (I 15–37)

Der sogenannte *theologische Zirkel* benennt die Tatsache, dass der Theologe – im Unterschied zum Philosophen – selber in der Situation des Glaubens stehen, mithin also existentiell durch die christliche Botschaft betroffen sein muss. Damit kehrt die Position der Dresdener Dogmatik wieder (I 15–18). Als Gegenstand der

---

[48] Tillich, Natural and Revealed Religion, 273 (dt. GW VIII 47–58). Den wohl ältesten Beleg enthält Tillichs Projekt *Die Gestalt der religiösen Erkenntnis* aus dem Jahr 1928, EW XIV 395–431, hier 398, wo die ontologische Betrachtung des menschlichen Seins bis zur Frage getrieben werden soll nach dem „Jenseits des Seins", so dass „die Antwort auf diese Frage vernommen werden kann". Vgl. Schüßler/Sturm, Paul Tillich, 179.

Theologie insgesamt definiert Tillich zunächst formal „das, was uns unbedingt angeht" und präzisiert dies inhaltlich in dem Sinne, es handle sich dabei um *„das, was über unser Sein oder Nichtsein entscheidet"* (I 21). Dabei geht er davon aus, dass sich dieses Unbedingte selbst für den Betroffenen erschließt (I 19, vgl. 78). Er verwendet dabei ausdrücklich den seitens der Offenbarungstheologen verfemten Religionsbegriff als die allumfassende Funktion im menschlichen Geistesleben (I 23).

Folglich muss er das Verhältnis von Theologie und Philosophie zueinander näher bestimmen, und er tut dies im Sinne von existentieller Betroffenheit (I 31) (Besonderheit) und struktureller Allgemeinheit: „Die Philosophie beschäftigt sich mit der Struktur des Seins an sich, die Theologie mit dem Sinn des Seins für uns." (I 30) Der hier unterstellte „Dualismus von Divergenz und Konvergenz" (I 34) führt Tillich an dieser Stelle zur Behauptung, Theologie und Philosophie hätten weder eine gemeinsame Basis noch gäbe es eine gemeinsame Synthese beider (I 35 f.). Die Divergenzen betreffen die Unterschiede in der Erkenntnishaltung, in den Quellen und im Inhalt. Konvergenzen sieht Tillich aber darin, dass auch der Philosoph wie der Theologe existentiell betroffen ist und sich der Theologe ebenso wie der Philosoph kategorial ausdrücken muss. Entweder werde darum auf der philosophischen (ontologische Strukturanalyse) oder auf der theologischen Basis gestritten (I 35). Im Hinblick allerdings auf die Voraussetzung der Korrelationsmethode selbst (vgl. 6. und unten D) erscheint diese Aussage aber als selbstwidersprüchlich.

C Der Aufbau der Theologie (I 38–44)

In der kurzgefassten theologischen Enzyklopädie arbeitet Tillich mit der Dreiteilung von historischer, systematischer und praktischer Theologie. Aus der materialen Norm – Jesus Christus als das, was uns unbedingt angeht – ergibt sich die Grundpolarität von „absolut Konkretem" und „absolut Universellem" (I 24). Daraus folgt das Ineinander des „historischen und des konstruktiven Elements" in allen theologischen Disziplinen (I 38). Bei der historischen Theologie fällt auf, dass im Duktus der Kulturtheologie das Spektrum über die klassischen Disziplinen der Exegese und Kirchengeschichte auf die allgemeine Religions- und Kulturgeschichte erheblich erweitert wird (I 38 f.). Die systematische Theologie wird in natürliche Theologie bzw. autonome Religionsphilosophie, Apologetik und Dogmatik unterteilt und für die Lösung der hier auftauchenden Probleme auf die Methode der Korrelation verwiesen (I 39–42). Die praktische Theologie wird dagegen auf die „technische Theorie" der historischen und systematischen Theologie zur Anwendung auf das Leben der Kirche beschränkt („angewandte Erkenntnis" [I 42 f.]). Das ist eine Auffassung, die freilich der Komplexität der praktischen Theologie unter den Bedingungen der Moderne kaum gerecht wird.[49] Die Differenziertheit der Schleiermacherschen Enzyklopädie mit ihren drei Hauptstücken der philosophischen, historischen und praktischen Theologie und ihren Binnenunterscheidungen (die Dogmatik wird hier bekanntlich der historischen Theologie zugeordnet) wird von Tillich bei weitem nicht erreicht.[50]

D Methode und Aufbau der Systematischen Theologie (I 44–83)

Dieser vierte Teil behandelt die Quellen (ausgerichtet auf die eigene Theologie der Kultur [I 50]), das Medium (Erfahrung), durch das Inhalte der Theologie existentiell empfangen werden (in kritischer Aufnahme Schleiermachers [I 53. 57]), die materiale Norm (das „Neue Sein in Jesus, dem Christus, als das, was uns unbedingt angeht" [I 62, vgl. 23 f.]),[51] den rationalen Charakter (Vorblick auf die ekstatische Vernunft, die vom Unbedingten ergriffen ist [vgl. I 135–139]), schließlich die Methode der Korrelation und mündet in die Gliederung der eigenen *Systematischen Theologie* in fünf Hauptteilen (I 44–83). Diese Abfolge gleicht der traditionellen Anordnung der Dogmatik, der zufolge (abstrakte) Gotteslehre, Sündenlehre und Christologie, Pneumatologie nacheinander erörtert werden. Der Gotteslehre wird ein Teil zum Thema Vernunft und Offenbarung vorangestellt, der allerdings zwischen dem Charakter der Prolegomena und eines dogmatischen Hauptteils changiert, die eschatologische Dimension an die Pneumatologie als Kulturtheologie angehängt.

Tillichs eher kryptische Anweisung, der zufolge „weder die Einleitung noch ein anderer Teil des theologischen Systems […] die logische Grundlage für die anderen Teile" sei und dennoch alle Teile miteinander zusammenhängen (I 18), entbindet nicht von der grundsätzlichen Frage nach der Architektonik seiner *Systematischen Theologie:* soll man sie von vorn nach hinten oder umgekehrt interpretieren? Stellen die ersten beiden Teile (Offenbarungs- und Gotteslehre) nicht Abstraktionen dar, die erst aufgrund der Christologie als dem Herzstück der

---

49 Vgl. dazu ausführlich Volker Drehsen, Neuzeitliche Konstitutionsbedingungen der Praktischen Theologie, Gütersloh 1988.
50 Vgl. Friedrich Schleiermacher, Kurze Darstellung des theologischen Studiums zum Behuf einleitender Vorlesungen (1811/1830), hg. von Dirk Schmid, Berlin/New York 2002.
51 Bereits hier findet sich Tillichs Plädoyer für die paulinische Geist-Christologie als Leitfaden seines eigenen Entwurfs (vgl. dazu den 4. Hauptteil der Pneumatologie, III 171–190) gegenüber der Rechtfertigungslehre und in Abhebung von Karl Barth: I 63 Anm. 1.

Dogmatik und der eigentlichen Existenzanalyse des Menschen als endlicher Freiheit vollständig interpretiert werden können? Oder, die andere Möglichkeit: muss man die anderen Teile nicht von der gerade für Tillich zentralen Pneumatologie und Kulturtheologie her verstehen? Über solche Interpretationsspielräume des als „nicht deduktiv" angegebenen Systems schweigt sich die Einleitung leider aus und reduziert die Darstellung nur auf äußerliche, „praktische Gründe" (I 18. 82 f.).

Inhaltlich macht den Schwerpunkt der Einleitung zweifellos die Methode der Korrelation aus (I 15. 40. 61. 73 – 80), die zum Inbegriff von Tillichs theologischem Standpunkt geworden ist (und letztlich ein Synonym seiner „apologetischen Theologie" [II 22]), auch wenn sie bis heute schwer greifbar bleibt.[52] Tillich beschreibt seine Methode der Korrelation mit den Worten, sie erkläre „die Inhalte des christlichen Glaubens durch existentielles Fragen und theologische Antworten in wechselseitiger Abhängigkeit" (I 74). An dieser Stelle kann die Vermutung geäußert werden, dass diese Wechselseitigkeit Tillich dazu bewogen haben könnte, den Terminus Korrelation (von Troeltsch) heranzuziehen (vgl. oben 4.1.). Näher besehen wird zu diesem Verhältnis von (menschlicher) Frage und (göttlicher) Antwort folgendes Verfahren ausgeführt: die Methode gebe idealerweise

(a) „eine Analyse der menschlichen Situation",
(b) „aus der die existentiellen Fragen hervorgehen", und
(c) sie zeige, dass „die Symbole der christlichen Botschaft die Antworten auf diese Frage sind" (I 76).

Aus dieser Aufstellung erhellt, dass eine Relation mit zwei Relaten zugrunde gelegt wird: Gott und Mensch.[53] Sie ist aber insofern dreigliedrig, als das eine Relat: Mensch in sich aufgespalten wird in eine allgemeinverständliche (philosophisch allgemeine [I 78; vgl. II 21]) Analyse der menschlichen Situation und in die sich daraus ergebenen Probleme, in die im engeren Sinne theologische (auch: existentielle) Zuspitzung, die bereits auf die mögliche Antwort durch die göttliche Offenbarung hinweist.

> Die Analyse der menschlichen Situation bedient sich des Materials, das die menschliche Selbstinterpretation auf allen Kulturgebieten verfügbar gemacht hat. [...] Der Theologe *ordnet* diesen Wissensstoff in bezug auf die von der *christlichen* Botschaft gegebenen *Antwort*. (I 77; Hervorh. M. M.-K.).

---

52 Vgl. den erneuten Präzisierungsversuch in II 19 – 22.
53 I 75: „Aber obgleich Gott in dem Abgrund seines Seins vom Menschen in keiner Weise abhängt, ist Gott in seiner Selbstoffenbarung gegenüber dem Menschen abhängig von der Weise, wie der Mensch diese Offenbarung empfängt."

Denn die Voraussetzung seitens des Theologen bleibt, dass der Kern der Antwort im „Logos des Seins, wie er in Jesus als dem Christus sich kundgetan hat", immer schon vorliegt (I 78). Demnach nimmt der systematische Theologe die Antworten des Offenbarungsgeschehens entgegen „*aus* den Quellen [sc. Bibel u. a.], *durch* das Medium [sc. Erfahrung], *unter* der Norm [sc. dem Neuen Sein in Jesus Christus]" (ebd.). Denn: „Gott ist die Antwort auf die in der menschlichen Endlichkeit beschlossenen Frage." (I 79)

Tillich spitzt diesen Sachverhalt also auf die Pointe zu, dass die Frage(n), die der Mensch stellt, er selber sei (I 76; II 20). Insofern ist diese Vorgehensweise ganz richtig als die „Einheit von *Abhängigkeit* und *Unabhängigkeit* zwischen existentiellen Fragen und theologischen Antworten" bestimmt (II 19). Denn einerseits soll die vollkommene Unabhängigkeit und Souveränität Gottes sichergestellt werden[54] – dieses strikt theo-logische Motiv teilt Tillich mit Karl Barth –, andererseits müssen aber zugleich Gott und Mensch in irgendeiner Weise doch aufeinander bezogen sein, andernfalls die Offenbarung sinnlos würde.

In der Abgrenzung von anderen konkurrierenden Methoden erweist sich die Korrelationsmethode präziser bestimmbar: gegen die supranaturalistische, naturalistische (oder humanistische) und dualistische (I 79 f.). Tillichs Kritik an ihnen läuft darauf hinaus, dass sie jeweils einen der beiden Pole verabsolutieren. Supranaturalistisch wird die christliche Botschaft als „Summe geoffenbarter Wahrheiten" missverstanden, ein Vorwurf, der sich in der zeitgenössischen Theologie besonders an Barth richtet. Der Ableitungsversuch der Antwort aus „der menschlichen Existenz heraus" wird auf Schleiermacher und die ‚liberale' Theologie abgebildet. Als „dualistisch" versteht Tillich den Aufbau eines supranaturalistischen Überbaus auf einen naturalistischen Unterbau (wie zum Beispiel die traditionellen Gottesbeweise), was mit der Tradition der natürlichen Theologie in Zusammenhang gebracht wird. Tillichs eigene Methode der Existentialanalyse (I 80, vgl. II 20) soll also diese drei Irrwege eines Offenbarungspositivismus, der Religionsphilosophie und der natürlichen Theologie umgehen.

Einschränkend muss man dennoch bemerken, dass diese Beschreibung insgesamt begrifflich vage geblieben ist: pointiert formuliert ist Tillichs Methode der Korrelation weder eine Methode noch eine Korrelation. Zum Methodischen fehlt ihr die intersubjektive Handhabbarkeit und Nachvollziehbarkeit, so dass mit

---

54 Vgl. II 19 f.: „Die existentielle Frage, nämlich der Mensch in den Konflikten seiner existentiellen Situation, ist nicht die Quelle der Offenbarungsantwort, wie sie durch die Theologie formuliert wird. Man kann die göttliche Selbstmanifestation nicht aus einer Analyse der menschlichen Situation ableiten. [...] Denn Gott wird offenbar nur durch Gott." Zugleich gilt aber auch: „Wir können keine Antwort verstehen, die nicht Antwort auf eine Frage ist, die wir gefragt haben." (II 20)

denselben Prämissen jeder arbeiten und zu analogen Resultaten kommen könnte. Zur Korrelation fehlt der Relation die weiteren Relationen als Relate:[55] Tillichs Verfahren reduziert sich maximal auf die Relation zweier Relate (nicht: Relationen!), nämlich von Gott und Mensch, die sich im intendierten Verhältnis der Identität von Identität und Differenz befinden sollen.

In Anbetracht der Schwierigkeiten, die Methode der Korrelation zu präzisieren, kann man dann auch so vorgehen, dass man Tillichs Durchführung seines Verfahrens selber anhand der *Systematischen Theologie* beobachtet. Einleuchtend wird dies zum Beispiel im zweiten Band vorgeführt: zunächst wird der Mensch allgemein als *endliche Freiheit* bestimmt. Anschließend werden die mit dieser Endlichkeit gegebenen Probleme und Aporien plastisch herausgearbeitet: dies übernimmt eine breit reformulierte Hamartiologie. Angesichts der vorgeführten faktischen Identität von Endlichkeit, Freiheit und Entfremdung (von Gott!), treibt die Tragik des endlichen Seins geradezu zur Frage nach einer möglichen Einheit von Essenz und Existenz unter den Bedingungen existentieller Entfremdung. Die Antwort, die das Christentum darauf geben kann, ist die Erscheinung dieser Einheit im Auftreten Jesu Christi, und genau deswegen knüpft sich (für den Theologen!) an Jesus als dem Christus die Erfahrung des Neuen Seins. Aufgrund der Aporie existentieller Entfremdung kann Tillich aufzeigen, wie auf diesem Boden der endlichen Freiheit die universale Frage nach dem Neuen Sein entsteht als der Einheit von Essenz und Existenz unter Entfremdungsbedingungen. Damit ist die christologische Frage aufgewiesen, auf die die Offenbarung Gottes antwortet.[56]

In Tillichs Methodenaufsatz von 1946/47 (vgl. oben 6.) findet sich diese Vorgehensweise schon sehr schön beschrieben, wenn es heißt: „Das Symbol des Christus und seines Erscheinens unter den Bedingungen der Existenz ist eine Antwort auf Fragen, die aus der existentiellen Zerrissenheit und Verzweiflung des Menschen hervorgehen." (EW IV 33; vgl. ebd. 34) Für mögliche Subtexte (vgl. oben 4.) ist der Hinweis besonders interessant, der im Zusammenhang mit der Christologie gegeben wird:

---

55 Im Marburger Neukantianismus gibt es bei Paul Natorp tatsächlich eine ‚Korrelativität' von Bewusstsein und Gegenstand insofern, als sich die beiden Relationen Bewusstsein (S–E) und Gegenständlichkeit (E–O) gegenseitig ausschließen und nur durch den neutralen Term ‚E' (Erscheinung) miteinander verbunden sind – eine Struktur, die für das, was Tillich vor Augen hat, gänzlich ungeeignet wäre: dazu Konrad Cramer, „Erlebnis". Thesen zu Hegels Theorie des Selbstbewußtseins mit Rücksicht auf die Aporien eines Grundbegriffs nachhegelscher Philosophie, in: Hegel-Studien Bh. 11, Bonn 1974, 537–603, hier 548–569.
56 Vgl. Fischer, Die Christologie, 213. Vgl. auch den Kommentar zur Stelle.

> Die Methode der Korrelation befreit die Christologie von dem Historismus, der den christlichen Glauben an die neue Wirklichkeit auf zweifelhafte historische Wahrscheinlichkeiten zu gründen versucht, und sie befreit die Christologie von der „Alchemie" der Lehre von den zwei Naturen, indem sie diese als Ausdruck des Paradoxes von der göttlich-menschlichen Einheit in einem menschlichen Leben versteht, die sich erhält trotz aller zerstörerischen Mächte in der menschlichen Existenz. (EW IV 34)[57]

Herkunftsmotive (Historismuskritik) wie Zukunftsmotive (Christus als die Einheit von Essenz und Existenz unter den Bedingungen der existentiellen Entfremdung) schatten sich schon deutlich ab.

Die fünf Hauptteile der *Systematischen Theologie* (I 80–83): Vernunft und Offenbarung, Sein und Gott,[58] Die Existenz und der Christus, Das Leben und der Geist, Die Geschichte und das Reich Gottes folgen dieser beobachtbaren Plausibilisierungsstrategie, die eine allgemeine Analyse in die jeweilige(n) Aporie(n) überführt, um den Anschluss der christlichen Symbole als Antworten auf diese Aporien zu entwickeln. Das ‚Und' in den Überschriften der fünf Hauptteile ist also differenziert zu lesen, weil es keineswegs um eine einfache Addition gehen kann, andernfalls die Antwort wiederum vom Ausgangspunkt bedingt bliebe, was Tillich gerade vermeiden will. Ob ihm das dann auch immer gelungen ist, ist noch einmal eine ganz andere Frage.

Würdigung

In der älteren Forschung stand die *Systematische Theologie* als das Hauptwerk der amerikanischen Zeit im Mittelpunkt und damit auch die Frage nach der Geschlossenheit und Einheit der Theologie Paul Tillichs. In der jüngeren Forschung hat sich der Schwerpunkt durch die Herausgebertätigkeit Erdmanns Sturms[59] zunächst auf die deutsche Zeit verschoben und ist besonders herausgearbeitet worden, dass Schlüsselbegriffe wie Theonomie, Kairos, religiöser Sozialismus ständigen Umbesetzungen unterliegen. So wird zum Beispiel ein Jahr nach dem

---

[57] Eine gedrängte Zusammenfassung der Christologie enthält auch der Aufsatz von Paul Tillich, Existential Analyses and Religious Symbols [1956], in: ders., Ausgewählte Texte, hg. von Christian Danz/Werner Schüßler/Erdmann Sturm, Berlin/New York 2008, 368–378 (dt. Existenzanalyse und religiöse Symbole, GW V 223–236).
[58] Dieser Teil ist der einzige, der in Tillichs Methodenaufsatz im Überblick noch nicht genannt wird. Vgl. EW IV 33.
[59] Werner Schüßler, Laudatio für Prof. Dr. Erdmann Sturm anläßlich seines 70. Geburtstages, in: Christian Danz/ders. (Hg.), Religion – Kultur – Gesellschaft. Der frühe Tillich im Spiegel neuer Texte (1919–1920), Wien 2008, 9–17.

Methodenaufsatz das Theonomiekonzept der Frühzeit schon ganz im Stil der Korrelationsmethode reformuliert, wenn es heißt: „Theonomy is the answer to the question implied in autonomy, the question concerning a religious substance and an ultimate meaning of life and culture." (MW IV 338) Das kommt einem doch bekannt vor. Ähnlich verschiebt sich das vielfältig variierte Kairoskonzept in die Richtung einer christologischen Präzisierung im Spätwerk.[60] Die spannende Frage, die sich an solche Beobachtungen anschließt, lautet, ob das nur nachrangige Akzentuierungen ein und desselben Verständnisses oder doch substantielle Veränderungen des ganzen Konzepts sind.

So ist es kein Wunder, dass angesichts der schillernden Oberfläche Tillichscher Texte und Begriffe konkurrierende Deutungsmuster seiner Theologie entstanden sind, die sich allesamt jeweils mit einer gewissen Berechtigung auf bestimmte Passagen berufen können: die selbstbewusstseins- und freiheitstheoretische (Falk Wagner), kritisch-offenbarungstheologische (Gunther Wenz) und religionstheoretisch-selbstreferentielle des Glaubens in der Geschichte (Christian Danz), um nur ein paar Möglichkeiten zu nennen. Friedrich Wilhelm Graf deutet die Korrelationsmethode gar als Operationalisierung der universalen Versöhnungsfigur des ambivalenzgeplagten, harmoniesüchtigen Tillich angesichts des realen Scheiterns seiner politischen Ambitionen in Deutschland 1933 und Amerika 1945:

> Mit ihrer Hilfe versuchte Tillich vielfältige divergierende Stränge umfassend auf einer höheren Ebene zu vereinen, ohne die jeweilige Eigenständigkeit der Elemente aufzugeben. [...] Mit der Strategie eines politischen Pragmatismus vermochte er jeder historisch kontingenten Erscheinung Eigenrecht zuzuerkennen, sie aber zugleich ontologisch zusammen mit parallelen antagonistischen Formen in einer das Plurale sowohl aufrechterhaltenden wie auch überwindenden Versöhnung aufzuheben.[61]

Diese divergierenden Perspektiven auf Tillichs *Systematische Theologie* werden auch den hier gegebenen Kommentar zu den Einzelpassagen unverkennbar prägen.

Die insgesamt sparsamen Aussagen zur Korrelationsmethode laufen in der Tat darauf hinaus, dass sich Tillichs Vermittlungstheologie selbst dazu bestimmt, „das von ihr Thematisierte im Vollzug der Thematisierung zu verwirklichen".[62]

---

60 Vgl. Alf Christophersen, Kairos. Protestantische Zeitdeutungskämpfe in der Weimarer Republik, Tübingen 2008, 276. 282–285. Vgl. auch den Kommentar zur Stelle III 419–423.
61 Graf, „Old harmony"?, 378. Während Grafs Verweis auf die strukturelle Analogie zur klassischen Zweinaturenlehre in der Christologie noch hingehen mag, ist der Bezug auf Hegel freilich Unfug.
62 Wenz, Subjekt und Sein, 322.

Dieser Vollzug ist dann aber am jeweiligen Themenbestand von der Gotteslehre bis zur Eschatologie allererst zu leisten. Demnach gibt die Methode bestenfalls eine vorläufige Abbreviatur dessen, was in den fünf Hauptteilen expliziert werden soll, an die der Leser und die Leserin folglich verwiesen werden muss: „the proof of the cake is to eat it".

Literatur

John P. Clayton, The Concept of Correlation. Paul Tillich and the Possibility of a Mediating Theology, Berlin/New York 1980.

Christian Danz, Paul Tillich (1886–1965), in: Gregor Maria Hoff/Ulrich H. J. Körtner (Hg.), Arbeitsbuch Theologiegeschichte, Bd. 2: 16. Jahrhundert bis zur Gegenwart, Stuttgart u. a. 2012, 285–301.

Hermann Fischer, Tillichs Verhältnisbestimmung von Glaube und Vernunft in theologiegeschichtlicher Perspektive, in: Wie viel Vernunft braucht der Glaube? International Yearbook for Tillich Research, Vol. 1, Wien 2005, 17–36.

Friedrich Wilhelm Graf, „Old harmony"? Über einige Kontinuitätselemente in „Paulus" Tillichs Theologie der „Allversöhnung", in: ders., Der heilige Zeitgeist. Studien zur Ideengeschichte der protestantischen Theologie in der Weimarer Republik, Tübingen 2011, 343–380.

Martin Leiner, Kein Gott, der den Menschen Fragen stellt? Jüdische und literarische Anfragen zur theologischen Methode und zur Gotteslehre Paul Tillichs, in: Karin Grau/Peter Haigis/Ilona Nord (Hg.), Tillich Preview, Bd. 1, Berlin 2007, 3–20.

Michael Murrmann-Kahl, „Aporiefixierung". Zum Methodenproblem von Paul Tillichs Systematischer Theologie, in: Christian Danz (Hg.), Theologie als Religionsphilosophie. Studien zu den problemgeschichtlichen und systematischen Voraussetzungen der Theologie Paul Tillichs, Wien 2004, 175–195.

Michael Murrmann-Kahl, Falk Wagners Tillich-Interpretation als Schlüssel zum Verständnis seines Werks, in: Christian Danz/ders. (Hg.), Spekulative Theologie und gelebte Religion. Falk Wagner und die Diskurse der Moderne, Tübingen 2015, 227–250.

Falk Wagner, Absolute Positivität – Das Grundthema der Theologie Paul Tillichs (1972), in: ders., Was ist Theologie? Studien zu ihrem Begriff und Thema in der Neuzeit, Gütersloh 1989, 126–144.

Falk Wagner, Was ist Religion? Studien zu ihrem Begriff und Thema in Geschichte und Gegenwart, Gütersloh 1986, 379–385. 492–498.

Folkart Wittekind, Grund- und Heilsoffenbarung. Zur Ausformung der Christologie Tillichs in der Auseinandersetzung mit Karl Barth, in: Jesus of Nazareth and the New Being in History. International Yearbook for Tillich Research Vol. 6, Berlin/Boston 2011, 89–119.

Werner Schüßler
Die Vernunft und die Frage nach der Offenbarung (I 87–127)

Problem- und werkgeschichtlicher Hintergrund
Problemgeschichtlicher Hintergrund

Sich philosophisch mit dem Begriff der Vernunft zu beschäftigen, stellt einen vor schier unüberwindliche Probleme, da dieser nicht nur begriffsgeschichtlich höchst schwieriger Natur ist, sondern auch historisch und systematisch äußerst komplex und belastet ist. Was Vernunft ist, kann definitorisch nie völlig eingeholt werden, da es sich hierbei um einen ‚Großbegriff' handelt, der immer wieder neu konzipiert, neu gedeutet oder auch depotenziert wurde.[1] In seinem monumentalen Werk *Von der Wahrheit* von 1947 schreibt Karl Jaspers: „Die Philosophie durch die Jahrtausende ist wie ein einziger Hymnus auf die Vernunft."[2] Und drei Jahre später heißt es in seiner Schrift *Vernunft und Widervernunft in unserer Zeit*: „Geht die Vernunft verloren, so geht die Philosophie selber verloren."[3] Dem kann man nur zustimmen, birgt doch der Vernunftbegriff quasi in nuce immer auch eine ganze Philosophie in sich, das heißt, er tangiert letztlich das Selbstverständnis der Philosophie, und diese Frage ist ja bekanntlich die schwierigste philosophische Frage überhaupt. Ob man Rationalist oder Empirist, Idealist oder Pragmatist, Aufklärer oder Existenzphilosoph ist, hat immer auch entscheidend damit zu tun, was man unter Vernunft versteht.

Nun wäre es recht einfach, Vernunft allein unter dem Vorzeichen der klassischen Seinsmetaphysik[4] oder der neuzeitlichen Subjektphilosophie zu erörtern.[5]

---

[1] Herbert Schnädelbach spricht hier von einem „offenen Konzept [...], das Veränderung zulässt" (ders., Vernunft [= Grundwissen Philosophie], Stuttgart 2007, 141).
[2] Karl Jaspers, Von der Wahrheit. Philosophische Logik. Erster Band, München ⁴1991, 119.
[3] Karl Jaspers, Vernunft und Widervernunft in unserer Zeit. Drei Gastvorlesungen, München ³1990, 50.
[4] Ein Beispiel hierfür ist Klaus Kremer, Vernunft im abendländischen Denken: Wandel und Konstanz. Platon – Plotin – Boethius – Cusanus – Leibniz, in: Das geistige Erbe Europas, hg. von Manfred Buhr, Berlin 1994, 291–299.
[5] Ein Beispiel hierfür ist der philosophische Beitrag zum Stichwort ‚Vernunft' der *Theologischen Realenzyklopädie*, der erst mit der Aufklärung (Descartes) einsetzt und Antike und Mittelalter überhaupt nicht berücksichtigt. Vgl. Ulrich Barth, Art.: Vernunft. II. Philosophisch, in: TRE, Bd. XXXIV, Berlin/New York 2002, 738–768.

DOI 10.1515/9783110453010-003

Der späte Tillich lässt sich aber diesbezüglich nicht einengen, sondern er greift auf die ganze Tradition zurück und entwickelt in kritischer Auseinandersetzung mit ihr sein eigenes Vernunftkonzept, das ihm dann für die Entfaltung seines theologischen Denkens als Folie dient. Aber darüber hinaus ist dieses Vernunftkonzept auch vom philosophischen Standpunkt aus äußerst fruchtbar, was in einem knappen Resümee auch im Blick auf postmoderne Vernunftkonzepte kurz angerissen werden soll.

Natürlich kann man sich dem Begriff der Vernunft immer auch historisch annähern, indem man die verschiedenen Konzepte, die in der Geschichte der Philosophie auftraten, vorstellt.[6] Die Großen der Philosophiegeschichte waren aber nie nur am historischen Gedanken interessiert, ging es ihnen doch wesentlich um die Sache selbst. So kann man mit Tillich die historisch auftretenden Vernunftbegriffe immer auch typologisch deuten als Aspekte oder bestimmte Formen der *einen* Vernunft – unter einem ganz bestimmten Blickwinkel betrachtet. Damit gerät der systematische Aspekt der Vernunft in den Vordergrund, der aber in der Philosophie nie ganz vom historischen zu trennen ist, hat doch Philosophie notwendig ein personales Gepräge.[7]

Wie schon angedeutet, ist besonders auch die Begriffsgeschichte in Bezug auf den Vernunftbegriff äußerst kompliziert und verwickelt. Dass Tillich fast ausnahmslos von ‚Vernunft' (engl. *reason*) spricht – mit einigen ganz wenigen Ausnahmen[8] –, ist zum einen seinem Ansatz geschuldet, der an der Einheit der Vernunft festhält, zum anderen der englischen Sprache, die, worauf er auch selbst hinweist, hier kaum Differenzierungsmöglichkeiten besitzt.[9] Aus diesem Grunde ist es hilfreich, sich noch einmal die lateinischen und griechischen Äquivalente zu vergegenwärtigen. Hier meint in der Regel *dianoia* bzw. *ratio* das niedere der beiden geistigen Erkenntnisvermögen, *logos* (bzw. *nous*) bzw. *intellectus* dagegen das höhere. In der Regel wird *ratio* im Deutschen mit Verstand übersetzt, *intellectus* mit Vernunft. Aber es gibt hier auch Ausnahmen. So übersetzt Leibniz *in-*

---

[6] Vgl. dazu Christoph Horn/Christof Rapp u.a., Art.: Vernunft; Verstand, in: Historisches Wörterbuch der Philosophie, Bd. 11, hg. von Joachim Ritter/Karlfried Gründer/Gottfried Gabriel, Darmstadt 2001, Sp. 748–863. Schnädelbach, Vernunft, unterscheidet in diesem Sinne zwischen spekulativer, kritischer, funktionaler und postmoderner Vernunft.
[7] Vgl. dazu Armin G. Wildfeuer, Art.: Vernunft, in: Petra Kolmer/ders. (Hg.), Neues Handbuch philosophischer Grundbegriffe, Bd. 3, Freiburg i. Br. 2011, 2333–2370, hier 2358–2360.
[8] So verwendet er an einigen wenigen Stellen seiner deutschen Texte auch den Begriff „Verstand" (vgl. GW VIII 221) und in der Urfassung seiner *Systematic Theology* aus dem Jahre 1936–1938 den Begriff „intellect" (vgl. EW XIX 32f.).
[9] Das Englische kennt zwar auch noch den Begriff ‚understanding' (vgl. den Titel von John Lockes erkenntnistheoretischem Hauptwerk *An Essay Concerning Human Understanding* von 1690), der dem deutschen Begriff ‚Verstand' entspricht, von Tillich aber nicht in Anspruch genommen wird.

tellectus (frz. *entendement*) mit Verstand und *ratio* (frz. *raison*) mit Vernunft.¹⁰ Aber auch hier bleibt es dabei, dass der *intellectus* das höhere Vermögen ist. Wenn dann aber wiederum Horkheimer den *logos* mit der *ratio* gleichsetzt, dann ist die Verwirrung vollständig.¹¹

Ein letzter Aspekt: Die klassische Definition des Menschen lautet bekanntlich: „homo animal rationale".¹² Hier ist das Adjektiv *rationalis* aber nicht auf den Begriff der *ratio* zu beziehen, was daraus erhellt, dass es sich bei dieser Definition um eine lateinische Übersetzung aus dem Griechischen handelt, die lautet: „*anthropos zoon logon echon*".¹³ Der Begriff des Logos ist aber umfassender als der Begriff der Vernunft. Und damit sind wir auch schon mitten im Thema, werden wir doch sehen, dass für Tillich Vernunft wesentlich Logos-Vernunft ist.

Werkgeschichtlicher Kontext

Der Begriff der Vernunft spielt beim frühen Tillich eher eine untergeordnete Rolle und wird folglich auch noch nicht weiter thematisiert.¹⁴ Beispielhaft sei hierzu auf seine Dogmatik-Vorlesung von 1925–1927 verwiesen, wo Tillich noch recht allgemein davon spricht, dass die Vernunft „das Organ des Vernehmens, der sinnbezogenen Auffassung [sei], also die Stätte, in der die Offenbarung sich realisiert" (EW XIV 84).

Erst in seinem Spätwerk wird der Begriff der Vernunft selbst zum Thema bzw. zum Problem, und das hat zwei Gründe. Zum einen erfordert die Assimilation philosophisch-anthropologischer und existenzphilosophischer Konzepte in seiner

---

10 Vgl. Leibnizens gegen Lockes Position gerichtete erkenntnistheoretische Hauptschrift *Nouveaux Essais sur l'Entendement humain* von 1765 (entst. 1702–05); dazu Werner Schüßler, Leibniz' Auffassung des menschlichen Verstandes (intellectus). Eine Untersuchung zum Standpunktwechsel zwischen „système commun" und „système nouveau" und dem Versuch ihrer Vermittlung, Berlin/New York 1992.
11 Vgl. Max Horkheimer, The Eclipse of Reason [1947], London u. a. 1974, 3: „Reason in its proper sense of *logos*, or *ratio* [...]." Aber auch schon bei Christian Wolff wird die traditionelle Rangordnung von *intellectus* und *ratio* umgestellt (vgl. Horn/Rapp, Vernunft; Verstand, Sp. 835).
12 „Der Mensch ist ein vernünftiges Lebewesen." Vgl. Thomas von Aquin, Summa theologiae II/II 34,5 u. ö.; dem Sinn nach findet sich diese Formel auch schon bei Cicero, De officiis I,4 u. ö.
13 „Der Mensch ist das Lebewesen, das den Logos besitzt." Vgl. Aristoteles, Politik 1253a u. ö.
14 Tillichs frühes Denken beruht bekanntlich auf einer absolutheitstheoretischen Geistphilosophie, wie sie sich am prägnantesten in seinem *System der Wissenschaften* von 1923 (vgl. GW I 109–293) sowie seiner *Religionsphilosophie* von 1925 (vgl. GW I 295–364) darstellt. Vgl. dazu Christian Danz, Religion als Freiheitsbewußtsein. Eine Studie zur Theologie als Theorie der Konstitutionsbedingungen individueller Subjektivität bei Paul Tillich, Berlin/New York 2000. Vgl. dazu auch die Kommentare von Folkart Wittekind und Christian Danz in diesem Band.

Frankfurter Zeit (1929–1933)[15] sowie die Berührung mit dem philosophischen Pragmatismus nach seiner Emigration in die USA,[16] später dann auch noch Horkheimers Kritik der „instrumentellen Vernunft",[17] eine genauere Klärung bzw. Abgrenzung des von ihm verwendeten Vernunftbegriffs. Zum anderen ist eine differenzierte Auseinandersetzung mit dem Vernunftbegriff auch von Seiten der Theologie erforderlich, was die folgenden Sätze aus Tillichs Beitrag *The Problem of Theological Method* von 1947 deutlich machen: „It seems to me that, without some form of a Logos doctrine (even if the term ‚Logos' is not used), no theology – certainly no apologetic theology – is possible."[18] So wird auch verständlich, dass sich Tillich um eine solche Klärung erst im Zusammenhang seines viersemestrigen Vorlesungszyklus' über *Advanced Problems in Systemtic Theology* aus den Jahren 1936–1938 bemüht, der als Urfassung der späteren *Systematic Theology* gelten kann.[19]

Wenn auch hier die Reihenfolge von philosophischen Fragen und theologischen Antworten noch umgekehrt ist und der spätere Teil über *Das Leben und der Geist* noch völlig fehlt, so sind seine Ausführungen im ersten Teil zum Thema *Revelation und Reason* (EW XIX 3–60) ein erster Versuch, den Vernunftbegriff näher zu klären (EW XIX 29–41). Tillich sucht hier die „Entwicklung der Vernunft" nachzuzeichnen, wobei die von ihm vorgestellten drei verschiedenen Stufen: das vorrationale, das rationale und das postrationale Stadium, immer auch typologisch gelesen werden können (EW XIX 34–41). Auch hier versteht er schon unter Vernunft – wie später in seiner *Systematic Theology* – sowohl eine „subjective attitude" als auch eine „objective structure", und er zitiert in diesem Zusammenhang auch ausdrücklich Parmenides, dem zufolge Denken und Sein identisch sind (EW XIX 31). Kritisch grenzt Tillich hier die Vernunft (*reason*) vom Intellekt (*intellect*) ab. Ist ersterer für ihn eine ontologische Kategorie, so letzterer eine psychologische, die er mit dem deutschen Begriff „Verstand" in Beziehung setzt (EW XIX 32f.)

Die vorrationale Stufe der Vernunft umfasst nach Tillich die „primitive mystische Logik" sowie die „mythologische Logik" (EW XIX 34–36); die rationale dif-

---

15 Vgl. dazu Werner Schüßler, Der Mensch und die Philosophie. Zur existenzphilosophischen und anthropologischen Wende Paul Tillichs in seiner Frankfurter Zeit, in: Gerhard Schreiber/Heiko Schulz (Hg.), Kritische Theologie. Paul Tillich in Frankfurt (1929–1933), Berlin/Boston 2015, 215–249.
16 Vgl. auch die kritische Auseinandersetzung mit dem amerikanischen Pragmatismus bei Horkheimer, Eclipse of Reason, 28–37.
17 Vgl. ebd. Alfred Schmidt hat diese Schrift unter dem Titel *Zur Kritik der instrumentellen Vernunft* ins Deutsche übertragen. Vgl. Max Horkheimer, Zur Kritik der instrumentellen Vernunft, in: ders., Zur Kritik der instrumentellen Vernunft. Aus den Vorträgen und Aufzeichnungen seit Kriegsende, hg. von Alfred Schmidt, Frankfurt a. M. 1967, 11–174.
18 MW IV 311; dt. EW IV 34.
19 Vgl. EW XIX.

ferenziert er in eine ekstatische, kritische, klassische, empirische sowie skeptische Vernunft (EW XIX 36–41); die postrationale Stufe – wobei er hier aber nicht über Andeutungen hinauskommt – in eine Selbstbegrenzung der Vernunft (zum Beispiel: Historismus), eine Selbstunterwerfung der Vernunft (unter eine Autorität) sowie eine Selbsttransformation der Vernunft (im Sinne der Mystik) (EW XIX 41).

Für unser Thema interessant sind besonders seine Ausführungen zur kritischen und zur klassischen Vernunft. Das, was Tillich hier unter kritischer Vernunft versteht, geht aber in Richtung dessen, was er später mit dem Begriff der „technischen Vernunft" zum Ausdruck bringen wird: „It [sc. reason] has become a means and tool for handling reality, theoretically and practically." (EW XIX 38) Und unter der „klassischen Vernunft" versteht er hier das, was er später als „Logos-Vernunft" oder auch als „universale Vernunft" bezeichnen wird (EW XIX 39f.). Insgesamt wird an diesen Ausführungen deutlich, dass Tillich zu dieser Zeit noch mit den Begriffen ringt, und er wird auch später – ähnlich wie auch in Bezug auf andere Themen – immer wieder neue Typologien aufstellen, die ergänzt oder auch wieder verworfen werden.

Kommentar

A Die Struktur der Vernunft (I 87–98)[20]

1 Die zwei Begriffe der Vernunft: ontologische und technische Vernunft (I 87–91)[21]

Bedient sich der frühe Tillich eines am transzendentalphilosophischen Denken orientierten Instrumentariums – wobei aber nicht klar wird, wo dieses historisch

---

[20] Die erste Auflage des ersten Bandes der *Systematischen Theologie* (Stuttgart 1955), die von Heinz-Horst Schrey verantwortet wurde, erwies sich schon bald als so mangelhaft, dass Tillich selbst eine zweite überarbeitete Fassung verlangte. Hierzu wurde der Band von Renate Albrecht überarbeitet und diese Version mit Paul Tillich durchgesprochen (vgl. GW XIV² 96–98). Diese zweite, von Tillich selbst autorisierte Auflage (vgl. Vorwort) erschien ein Jahr später (Stuttgart 1956), und sie ist auch maßgeblich für meine Kommentierung. Zuweilen greife ich aber auf den englischen Text zurück und bringe eine eigene Übersetzung. Das ist dann nötig, wenn die deutsche Übersetzung sich nicht eng genug an den englischen Wortlaut anlehnt und dadurch eine gewisse Ungenauigkeit hereinkommt oder wenn die deutsche Übersetzung eindeutig einen sachlichen Fehler aufweist. Das ist durchaus möglich, da kaum anzunehmen ist, dass Tillich jeden Satz der deutschen Übersetzung mit der englischen Version verglichen hat. Entsprechendes gilt auch für andere englische Texte Tillichs.

[21] Vgl. auch Paul Tillich, Vorlesung *Ontologie* [1951], EW XVI 36–41.

genauer zu verorten ist, ob im Denken Kants, des Deutschen Idealismus, des Neukantianismus oder der phänomenologischen Bewegung, was deutlich macht, dass er weniger an streng philosophiehistorischen Fragen als vielmehr an systematisch-typologischen Einordnungen interessiert ist –, so wird dieses frühe Leitparadigma spätestens in seiner Frankfurter Zeit durch ein philosophisch-anthropologisches und existenzphilosophisches überlagert,[22] das auch die Grundlage abgibt für die von ihm in seiner Spätzeit entwickelte Existenz-Ontologie, die ihren Ausgang bei der Selbst-Welt-Korrelation nimmt. Tillich begründet diese ‚Wende' so: Beginnt man mit der Welt der Objekte, so ist es unmöglich, wieder zurückzukommen zum Subjekt. Beginnt man mit der Welt des Subjekts, so ist es nicht mehr möglich, von hier aus zurückzukehren zur Welt der Objekte (EW XVI 23).[23]

Dies wird auch schon mit Blick auf die ersten Sätze unmissverständlich deutlich, die geradezu den Duktus der Interpretation vorgeben: „Erkenntnistheorie, die Wissenschaft vom Erkennen, ist ein Teil der Ontologie, der Wissenschaft vom Sein, denn Erkenntnis ist ein Geschehen innerhalb der Totalität des Geschehens. Jede erkenntnistheoretische Aussage ist implizit ontologisch." (I 87) Das heißt, Tillich gesteht der Erkenntnistheorie gegenüber der ontologischen Frage *keine* Priorität zu; er sieht sich vielmehr mit seinem eigenen Ansatz ganz in der Linie der vorherrschenden klassischen Tradition. Allerdings gab es, wie Tillich betont, auch immer wieder Zeiten, in denen die erkenntnistheoretische Frage der ontologischen vorangestellt wurde, und er verweist in diesem Zusammenhang auf drei entsprechende historische Positionen: den antiken Probabilismus und Skeptizismus,[24] Descartes, Hume und Kant. Tillich teilt eine solche Auffassung aber im Spätwerk nicht mehr uneingeschränkt, sondern er ist mit dem Neukantianer Nicolai Hartmann der Überzeugung, dass das Erkenntnisproblem im Grunde ein metaphysisches Problem sei.[25]

Wenn auch Tillich mit der Frage nach der Vernunft einsetzt, so heißt das somit nicht, dass er hier transzendentalphilosophisch argumentiert; und trotzdem ist es

---

22 Vgl. oben Anm. 15.
23 Auch von seiner ‚Ontologie der Begegnung' aus, die Tillich ansatzweise in seiner Frankfurter Zeit im Rahmen einer *Vorlesung über Geschichtsphilosophie* (WS 1929/39) entwickelt hat (vgl. EW XV 1–289), lässt sich dieser Neuansatz begreiflich machen. Vgl. dazu auch MW I 383/GW IV 108.
24 Diese Position wurde in der Platonischen Akademie u. a. von Karneades von Kyrene (214–129 v. Chr.) vertreten, dem es darum ging, das Scheinwissen der stoischen ‚Dogmatiker' zu entlarven und deren Behauptungen zu widerlegen. Ihm zufolge ist die menschliche Erkenntnis zu keiner Gewissheit, sondern nur einer mehr oder weniger großen Wahrscheinlichkeit fähig.
25 Vgl. Nicolai Hartmann, Grundzüge einer Metaphysik der Erkenntnis [1921], Berlin ⁵1965. Vgl. auch Tillichs Hinweis auf Nicolai Hartmann (I 27).

für ihn aus zwei Gründen unerlässlich, dass ein Theologe sein Verständnis von Vernunft (*reason*) klären muss, ist doch erstens die Offenbarung „die Erscheinungsform [*manifestation*] des Seinsgrundes für die menschliche Erkenntnis" (I 94ᵉ/114) und wird zweitens der Vernunftbegriff nur allzu oft „in einer unklaren und vagen Weise" verwendet (I 88).

In der klassischen Tradition von Parmenides bis Hegel war Tillich zufolge der Begriff der ontologischen Vernunft vorherrschend. Hiernach ist Vernunft „die Struktur des Geistes, die es ihm ermöglicht, die Wirklichkeit zu ergreifen [*grasp*] und umzuformen [*transform*]. Sie ist wirksam in den kognitiven, ästhetischen, praktischen und technischen Funktionen des menschlichen Geistes." Und er ergänzt: „Selbst das emotionale Leben ist in sich nicht vernunftlos." (I 72ᵉ/88) Tillich wird diesen letzten Aspekt später noch einmal ausführlich aufgreifen.[26]

Diese klassische Vernunft setzt Tillich mit dem Begriff des *logos* gleich,[27] wobei man diesen aber auf eine eher intuitive oder eher kritische Weise auffassen kann (I 89).[28] Damit wird auch schon deutlich, dass dieser klassische Vernunftbegriff *universalen* Charakter besitzt und die *kognitive* Funktion nur eine neben anderen ist.

Der ontologische Begriff der Vernunft umfasst somit immer auch deren technische Seite.[29] Letztere wurde aber Tillich zufolge spätestens seit der Mitte des

---

26 Vgl. unten Kommentar zu B 2. c).
27 Vgl. Paul Tillich, Historical and Nonhistorical Interpretations of History. A Comparison [1948; urspr. 1939], MW IV 324/GW VI 123 (*E. logos, word, reason*); ders., Some Questions on Brunner's Epistemology, in: Charles W. Kegley (Hg.), The Theology of Emil Brunner, New York 1962, 99–107, 106 (dt. GW XII 346–354, hier 353).
28 Vgl. Paul Tillich, Perspectives on 19th and 20th Century Protestant Theology, ed. with an Introd. by Carl E. Braaten, New York 1967, 29–34 (dt. EW II 22–27), wo Tillich vier verschiedene „concepts of reason" unterscheidet: „universal reason", „critical reason", „intuitive reason" sowie „technical reason". „Universal reason" meint hier den Logos-Begriff der Vernunft. Die „kritische Vernunft" nennt Tillich hier auch „revolutionäre Vernunft" (ebd., 30/EW II 25). Wenn Tillich diesen Begriff in der *Systematic Theology* in einem anderen Sinne verwendet (vgl. unten Kommentar zu B 2. b), so wird damit deutlich, dass er immer wieder neue Typologien versucht. Der „intuitiven Vernunft" geht es Tillich zufolge um die Erkenntnis der Wesenheiten. Vgl. dazu auch schon Tillichs frühe Ausführungen zur „kritisch-intuitiven Methode" (ders., Vorlesung *Religionsphilosophie* Sommersemester 1920, EW XII 384–405).
29 Der Begriff der technischen Vernunft taucht im Tillichschen Werk explizit erst 1945 auf, auch wenn die Sache selbst schon seit Mitte der 1930er Jahre bei ihm präsent ist. Vgl. MW II 168. 185/GW X 240. 263 (*The World Situation*, 1945). – Tillich verweist in diesem Zusammenhang auch selbst auf Max Horkheimer, The Eclipse of Reason (I 88 Anm. 2). Diese Schrift Horkheimers geht auf Vorlesungen zurück, die dieser im Frühjahr 1944 an der Columbia University gehalten hat; von daher ist es durchaus denkbar, dass Tillich diese bereits vor ihrer Publikation im Jahr 1947 kannte. Allerdings benennt Horkheimer hier das, was Tillich als technische Vernunft bezeichnet, als

19. Jahrhundert vorherrschend und droht inzwischen ersteren völlig zu verdrängen – mit fatalen Folgen, denn der Begriff der technischen Vernunft reduziert diese auf die Fähigkeit des „Schließens" (*reasoning*) (I 73^e/89).[30] Tillich kann darum die technische Vernunft auch mit dem „Verstand" identifizieren.[31] Übrig bleibt so aber nur noch *ein* Aspekt der *kognitiven* Seite der klassischen Vernunft, nämlich „diejenigen Erkenntnisakte, die es mit der Entdeckung von Mitteln für Ziele zu tun haben" (I 89).[32] Solange sich die technische Vernunft diese Ziele von der ontologischen Vernunft vorgeben lässt, ist das noch recht unproblematisch. Schwierig aber wird es spätestens dann, wenn sich die technische Vernunft gänzlich von der ontologischen abkoppelt und sich die Ziele von „nichtrationalen Kräften" vorgeben lässt, wie bestimmten Traditionen oder willkürlichen Entscheidungen, die dem „Machtwillen" dienen (ebd.).[33] Horkheimer macht bekanntlich schon in seiner Schrift *The Eclipse of Reason* darauf aufmerksam, dass hiermit die Gefahr

---

„subjective reason" (Horkheimer, The Eclipse of Reason, 1), was aber nicht mit Tillichs Begriff der subjektiven Vernunft verwechselt werden darf (vgl. unten Kommentar zu A 2.). Vgl. dazu auch oben Anm. 17. Zum Verhältnis Tillich – Horkheimer vgl. Georg Neugebauer, Paul Tillich und die Dialektik der Aufklärung, in: Aufgeklärte Religion und ihre Probleme. Schleiermacher – Troeltsch – Tillich, hg. von Ulrich Barth/Christian Danz/Wilhelm Gräb/Friedrich Wilhelm Graf, Berlin/Boston 2013, 477–512, bes. 491–508.

30 Vgl. auch Tillich, Perspectives on 19th and 20th Century Protestant Theology, 29 (EW II 29): „Today it means the calculation of the businessman, the analysis of the natural scientist, and the construction of the engineer." Auch Max Scheler spricht schon in seiner Schrift *Die Stellung des Menschen im Kosmos* von 1928 von der „technischen" bzw. „schlußfolgernden Intelligenz", der es nur um die „Mittel" gehe (vgl. ders., Die Stellung des Menschen im Kosmos, Bonn ^{12}1991, 49f.).

31 Vgl. Paul Tillich, Das neue Sein als Zentralbegriff einer christlichen Theologie [1955], GW VIII 221. In seiner Auseinandersetzung mit der Erkenntnistheorie seines Kollegen Reinhold Niebuhr unterscheidet Tillich in diesem Zusammenhang auch zwischen einem „'high' concept of reason" (= Logos-Vernunft) und einem „'low' concept of reason" (= Verstand oder technische Vernunft), wobei er letztere wie folgt charakterisiert: „scientific, calculating, arguing" (Paul Tillich, Reinhold Niebuhr's Doctrine of Knowledge, in: Charles W. Kegley/Robert W. Bretall [Ed.], Reinhold Niebuhr. His Religious, Social, and Political Thought, New York 1956, 36–43, hier 37; dt. GW XII 337–345, hier 338). In der Schrift *Dynamics of Faith* (1957) spricht er auch in Bezug auf die Logos-Vernunft vom „larger concept of reason" (MW V 234; dt. GW VIII 115). Vgl. auch Paul Tillich, Wie hat die Wissenschaft im letzten Jahrhundert das Selbstverständnis des Menschen gewandelt? [1965; urspr. 1961], GW III 213, wo Tillich auf die Möglichkeit der deutschen Sprache aufmerksam macht, zwischen zwei Arten der Vernunft unterscheiden zu können, nämlich zwischen dem Verstand und der (Logos-)Vernunft. Diese Passage fällt im englischen Text aus (vgl. MW II 375); sie geht wohl auf entsprechende Ausführungen in einem Vortrag gleichen Titels zurück, den Tillich ebenfalls 1961 an der Univ. Hamburg gehalten hat (vgl. dazu GW XIV^2 51f.). Vgl. auch EW XVI 36.

32 Vgl. dazu Horkheimer, Eclipse of Reason, 1–39 (chapter 1: *Means and Ends*).

33 Vgl. ebd., 4. – Horkheimer unterscheidet zwischen dem formalistischen Aspekt der subjektiven Vernunft, wie er im Positivismus vorherrscht, und dem instrumentellen Aspekt, wie ihn der Pragmatismus betont (ebd., 13).

gegeben sei, dass die Aufklärung „in Aberglauben und Wahnsinn" zurückschlage.[34]

Die technische Vernunft hat Tillich zufolge in Bezug auf die Theologie aber immer auch eine positive Funktion, hat diese sich doch in logischer und methodischer Hinsicht der technischen Vernunft zu bedienen, um ihr Gedankengebäude zu errichten. Wenn die technische Vernunft aber nachzuweisen sucht, dass Gott in der Mittel-Zweck-Relation nicht vorkommt, so erweist sie Tillich zufolge aufgrund dieser kritischen Funktion der Religion sogar ungewollt einen Dienst, ist doch ein solcher Gott, der ein Seiendes neben Seiendem ist, in Wirklichkeit auch nicht Gott. Damit wird aber gleichzeitig deutlich, dass die Angriffe der technischen Vernunft die Ebene der Religion überhaupt nicht erreichen können (I 90). Im Umkehrschluss heißt das, dass sich die Frage nach dem Verhältnis von Vernunft und Offenbarung somit nur auf der Ebene der ontologischen Vernunft stellt.

2 Subjektive und objektive Vernunft (I 91–96)[35]

Die ontologische Vernunft, so wurde deutlich, ist „die Struktur des Geistes, die ihn fähig macht, die Wirklichkeit zu ergreifen [*grasp*] und umzugestalten [*shape*]" (I 91). Dahinter steht die von Parmenides bis Hegel geltende unausgesprochene Überzeugung, „daß der *logos*, das Wort, das die Wirklichkeit ergreift und umgestaltet, dies nur tun kann, weil die Wirklichkeit selber den Charakter des *logos* hat" (I 92).[36] Folglich muss zwischen einer subjektiven und einer objektiven Seite des *logos* bzw. der Vernunft unterschieden werden: „Die subjektive Vernunft ist die rationale Struktur des Geistes, während die objektive Vernunft die rationale Struktur der Wirklichkeit ist" (I 94).[37] Diese Distinktion wird noch einmal aufge-

---

34 Ebd., 20.
35 Vgl. EW XVI 41–43.
36 In seinem Beitrag *Mensch und Geschichte* von 1926 charakterisiert Max Scheler diesen Logos-Begriff durch die folgenden vier Merkmale näher, wie er ihm zufolge von Aristoteles bis Hegel in Geltung war, mit der einen Ausnahme, dass dieser bei Letzterem dynamisiert wurde: (1) Der Mensch hat „ein gotthaftes Agens in sich", das die Natur nur objektiv besitzt. (2) Dieses Agens ist der Welterkenntnis fähig, weil es seinem Prinzip nach mit demjenigen identisch ist, „das die Welt zur Welt ewig bildet und formt". (3) Es ist weiterhin selbstmächtig und (4) geschichtlich „absolut konstant" (vgl. ders., Mensch und Geschichte [1926], in: ders., Gesammelte Werke, Bd. IX, hg. von Manfred S. Frings, Bern/München 1976, 120–144, hier 126).
37 Auch Horkheimer, The Eclipse of Reason, 6, spricht in diesem Sinne von „objective reason". Tillichs diesbezügliche Auffassung ist aber sicherlich auch inspiriert von entsprechenden Ausführungen Martin Heideggers. In seinem Beitrag *Philosophie und Theologie* von 1941 wird das überdeutlich, wenn Tillich hier auf den Begriff der *aletheia*, der Unverborgenheit, verweist, al-

griffen, wenn Tillich zwischen der logischen und der ontologischen Wahrheit unterscheidet.[38]

Tillich erläutert in diesem Zusammenhang aber nicht, wie diese Übereinstimmung näherhin zu erklären ist; vielmehr begnügt er sich damit, vier idealtypische erkenntnistheoretische bzw. ontologische Deutungen kurz vorzustellen: den Realismus, den Idealismus, den Dualismus bzw. Pluralismus sowie den Monismus (I 92).[39] Dazu sagt er lapidar: „Der Theologe braucht über den Wahrheitsgehalt dieser vier Typen keine Entscheidung zu treffen." (ebd.)[40]

Die sich daran anschließenden Ausführungen zum emotionalen und formalen sowie zum statischen und dynamischen Element der Vernunft (I 93–96) können an dieser Stelle übergangen werden, da diese später noch einmal ausführlich aufgegriffen werden.[41] Nur auf zwei Punkte sei noch kurz im Zusammenhang von Tillichs Unterscheidung zwischen einem emotionalen und einem formalen Element im Erkenntnisakt hingewiesen. Erstens weisen diese Ausführungen gewisse Parallelen zu ähnlichen Erörterungen in Tillichs *System der Wissenschaften* von 1923 auf. Geht es aber dort um den Unterschied von Form und Gehalt, so hier um denjenigen von Form und Emotion.[42] Zweitens wird Tillich dem bekannten Diktum Pascals „Le cœur a ses raisons que la raison ne connaît pas"[43] nicht gerecht (I 94), denn diesem geht es hier primär darum, auf die epistemologische Funktion der Liebe hinzuweisen. Entsprechend ist auch ‚raisons' (pl.) mit ‚Gründe' zu übersetzen, und nicht „im Sinne der ästhetische und gemein-

---

lerdings ohne Heidegger namentlich zu nennen, und dann heißt es: „Im Logos hört das Sein auf, verborgen zu sein." (GW V 117/MW IV 284) – Vgl. Martin Heidegger, Sein und Zeit, Tübingen [15]1982, 32f. (*B. Der Begriff des Logos*).

38 Vgl. unten Kommentar zu C 3.
39 Vgl. EW XVI 41f.
40 In der *Einleitung* hat Tillich darauf hingewiesen, dass die philosophische Basis zwischen dem Theologen und dem Philosophen in der ontologischen Analyse bestehe. „Wenn der Theologe diese Analyse nötig hat, muß er sie entweder vom Philosophen übernehmen, oder er muß selbst Philosoph werden." (I 35) Hier deutet sich schon an, dass Tillich in Bezug auf diese Frage eine eigene philosophische Antwort geben wird, die Anleihen bei der modernen Philosophischen Anthropologie und Existenzphilosophie macht, wenn er von der „Selbst-Welt-Korrelation" als Ausgangspunkt seiner eigenen neuen Existenzontologie ausgeht (vgl. I 199–202). Peter Haigis' Vermutung, dass sich Tillich „zwischen der realistischen und der idealistischen Position hin und her [bewege]", ist hier wenig aufschlussreich (ders., Welche Vernunft braucht der Glaube nach Tillich?, in: Wie viel Vernunft braucht der Glaube? International Yearbook for Tillich Research, Vol. 1, Wien 2005, 37–63, hier 43).
41 Vgl. unten Kommentar zu B 2. b) u. c).
42 Vgl. dazu Haigis, Welche Vernunft braucht der Glaube nach Tillich, 43–52.
43 Blaise Pascal, Pensées IV, 277 (ed. Brunschvicg).

schaftsbildenden Funktion der Vernunft", wie Tillich meint, und ‚raison' (sing.) ist hier auch nicht auf den Begriff der technischen Vernunft zu reduzieren.[44]

3 Die Tiefe der Vernunft (I 96–98)

Der erste Satz dieses Abschnitts gibt die Richtung der Interpretation vor:

> Die Tiefe der Vernunft ist der Ausdruck für etwas, das nicht Vernunft ist, das aber der Vernunft vorausgeht [*precedes*][45] und sich durch sie hindurch manifestiert. Die Vernunft deutet sowohl aufgrund ihrer objektiven als auch ihrer subjektiven Strukturen auf etwas hin [*points to*], das in diesen Strukturen erscheint, das sie aber an Macht und Bedeutung transzendiert. (I 79e/96)

Tillich umschreibt die Tiefe der Vernunft mit Begriffen wie „Substanz", „Sein-Selbst", „Grund" und „Abgrund" oder auch „unendliche Potentialität von Sein und Sinn" und macht darauf aufmerksam, dass diese einen metaphorischen Charakter hätten.

Solche Metaphern können nach Tillich in den verschiedenen Gebieten Anwendung finden, in denen sich die Vernunft aktualisiert (I 79e/97).[46] In Bezug auf den kognitiven Bereich kann man dann von der ‚Wahrheit selbst', im ästhetischen Bereich von der ‚Schönheit selbst', im Bereich des Rechts von der ‚Gerechtigkeit selbst' und im Bereich der Gemeinschaft von der ‚Liebe selbst' sprechen.

Sieht es in dem zu Anfang genannten Zitat noch so aus, als würde die „Tiefe der Vernunft" mit diesen Metaphern beschrieben, so spricht Tillich jetzt aber davon, dass die Tiefe der Vernunft ihre Qualität sei, die auf die in den genannten Metaphern zum Ausdruck kommende Wirklichkeit hindeutet (*its quality of pointing to*) (I 79e/97). Damit stellt sich mit Norbert Ernst die Frage: „Ist die Tiefe der Vernunft eine Qualität an der Vernunft, die auf Gott hinweist, oder ist diese Tiefe Gott selbst?"[47] Es legt sich hier wohl ersteres nahe; aber wir werden sehen, dass die zweite Bedeutung auch mitzuschwingen scheint.

---

[44] Vielmehr geht es Pascal hier, ähnlich wie auch später Karl Jaspers, darum, die wissenschaftliche Wahrheit von der existentiellen abzugrenzen. Vgl. dazu unten Anm. 106.
[45] Wobei das Verb „precedes" hier weniger einen zeitlichen als vielmehr einen logischen und ontologischen Vorrang zum Ausdruck bringt.
[46] Die deutsche Übersetzung halte ich hier für falsch: „[...] kann der Begriff selbst auf die verschiedenen Gebiete [...] angewandt werden." Im Engl. heißt es: „[...] the metaphors may be applied to the various fields [...]."
[47] Norbert Ernst, Die Tiefe des Seins. Eine Untersuchung zum Ort der analogia entis im Denken Paul Tillichs, St. Ottilien 1988, 73.

Die an Platons Ideenlehre erinnernden Metaphern „Wahrheit selbst" usw. werden dann von Tillich mit Worten umschrieben wie: „die unendliche Macht des Seins und des letztgültig Wirklichen", „ein unendlicher Sinn und eine letztgültige Bedeutung", „eine unendliche Ernsthaftigkeit und eine letztgültige Würde", „eine unendliche Fülle und eine letztgültige Einheit" (ebd.).[48]

Auf den ersten Blick scheinen diese Wendungen in Richtung einer natürlichen Theologie zu deuten, ist diese doch nicht auf die klassischen Gottesbeweise zu beschränken und sprechen moderne Vertreter einer natürlichen Theologie in diesem Zusammenhang auch nur noch von einem „Hinweischarakter" (Max Scheler und Peter Wust), nicht mehr dagegen von einem „Beweischarakter". Norbert Ernst deutet dies darum auch wie folgt: „Die Tiefe der Vernunft ist ihre Fähigkeit, vom Sein des Seienden zum Sein-Selbst vorzudringen."[49] Aber eine solche Interpretation wird den folgenden Aussagen Tillichs zu Mythos und Kultus kaum gerecht, wenn auch zugestanden werden muss, dass der Text hier eine gewisse Zweideutigkeit enthält.[50]

Der Begriff der Tiefe der Vernunft ist Tillich zufolge nämlich auch geeignet, die Selbständigkeit der Geistesfunktionen von Mythos und Kultus aufzuweisen, die weder auf andere Funktionen der Vernunft reduziert, noch mit Hilfe negativer Theorien psychologisch oder soziologisch ‚erklärt' werden können, wonach sich hierin nur ein subjektives Sein ausdrücke. Beim Mythos handelt es sich Tillich zufolge – und hier widerspricht er der Auffassung von Rudolf Bultmann – nicht um „primitive Wissenschaft",[51] analog dazu beim Kultus auch nicht um „primitive Ethik"; vielmehr enthüllt ihr Gehalt „Elemente des Unendlichen, die einen ‚ultimate concern' ausdrücken" (I 80ᵉ/97):

> Diese Elemente sind ihrem Wesen nach [*essentially*] in jedem rationalen Akt und Prozess implizit enthalten, so dass sie prinzipiell keinen besonderen Ausdruck nötig haben. In jedem Akt des Ergreifens der Wahrheit wird implizit die Wahrheit selbst ergriffen, und in jedem Akt verwandelnder Liebe implizit die Liebe selbst usw. Die Tiefe der Wahrheit manifestiert sich

---

48 Ähnliche Überlegungen finden sich auch schon in Tillichs *Religionsphilosophie* von 1925 im Abschnitt über „Das Religiöse in den einzelnen Sinnfunktionen" (GW I 324–327).
49 Ernst, Die Tiefe des Seins, 73.
50 Auf diese Zweideutigkeit macht auch Joachim Ringleben aufmerksam. Vgl. ders., Der Gott der Vernunft und der Offenbarung. Zum Verhältnis von Sprache und Geschichte bei Paul Tillich, in: Jörg Lauster/Bernd Oberdorfer (Hg.), Der Gott der Vernunft. Protestantismus und vernünftiger Gottesgedanke, Tübingen 2009, 301–318, bes. 302–309 (*I. Die Tiefe der Vernunft*), hier 304 Anm. 19.
51 Vgl. dazu Christian Danz/Werner Schüßler (Hg.), Die Macht des Mythos. Das Mythosverständnis Paul Tillichs im Kontext, Berlin/München/Boston 2015.

essentiell in der Vernunft. Aber unter den Bedingungen der Existenz ist sie in der Vernunft verborgen. (ebd.)

Hier scheint nun aber die „Tiefe der Vernunft" mit dem Unbedingten identifiziert zu werden. Man könnte das also paradox so formulieren: In der Tiefe der Vernunft wird deren Tiefe (= das Unbedingte) offenbar. „Eigentlich" dürfte es somit weder Mythos noch Kultus als Sonderfunktionen geben; dass es sie gibt, ist für Tillich ein Beweis für den gefallen Zustand der Vernunft, „die die unmittelbare Einheit mit ihrer eigenen Tiefe verloren hat" (I 98).[52] Damit ist aber eine klare Absage an jede Form natürlicher Theologie gegeben.

B Die Vernunft in der Existenz (I 99–113)

1 Die Endlichkeit und die Zweideutigkeiten der aktuellen Vernunft (I 99–101)

Die aktuelle Vernunft partizipiert nach Tillich an der Endlichkeit des Seins, der Selbstwidersprüchlichkeit der Existenz sowie an den Zweideutigkeiten des Lebens. Der erste Aspekt, dass die Vernunft sich innerhalb endlicher Kategorien bewegt, wurde Tillich zufolge in klassischer Weise von Nikolaus von Kues und Immanuel Kant herausgearbeitet (I 99 f.).

Allerdings ist die Charakterisierung des Nikolaus von Kues durch Tillich recht holzschnittartig, um nicht zu sagen falsch. So will Cusanus mit dem Begriff der „docta ignorantia" nur zum Ausdruck bringen, dass es für den Menschen keine adäquate Erkenntnis gibt, nicht jedoch – wie Tillich meint – die Unfähigkeit der Vernunft, „ihren unendlichen Grund zu ergreifen", kennt doch Cusanus sehr wohl philosophische Wege zu Gott – missverständlich als ‚Gottesbeweise' bezeichnet –, wenn auch nicht im Sinne des Aristoteles oder der ‚fünf Wege' des Thomas von Aquin.[53] Auch meint der Begriff der „coincidentia oppositorum" nicht die Art, „wie der unerschöpfliche Grund in allem Seienden gegenwärtig ist",[54] sondern dieses Prinzip besagt, dass alles das, was in der Welt existiert (*explicatio*), in Gott in absoluter Einfachheit eingefaltet (*implicatio*) ist, wobei Gott selbst aber noch jenseits dieser „coincidentia oppositorum" steht, da die Gegensätze – selbst die

---

52 Vgl. GW I 350–352. 356–361. Analog kann Tillich auch davon sprechen, dass die konkrete Religion der beste Beweis für den Sündenfall der Welt sei. Vgl. Paul Tillich, Religion and Secular Culture [1946], GW IX 86/MW II 201.
53 Vgl. dazu Klaus Kremer, Praegustatio naturalis sapientiae. Gott suchen mit Nikolaus von Kues, Münster 2004, bes. 355–358.
54 Vgl. auch die verfehlte Interpretation der coincidentia oppositorum in GW XIII 480.

kontradiktorischen – in ihm nicht vereint, sondern überhaupt noch nicht vorhanden sind.⁵⁵ Mit seiner Interpretation wird Tillich somit Cusanus historisch kaum gerecht; sie macht aber deutlich, dass er – wie so oft – mehr an den großen Linien interessiert ist und weniger an einer exakten philosophiegeschichtlichen Deutung.⁵⁶

Ähnliches trifft auch auf Tillichs Kant-Deutung zu, in der er sich weitgehend an Heidegger anlehnt, der bekanntlich der erste war, der in Kant – entgegen dem Zeitgeist – den Metaphysiker gesehen hat, und das schon zu einer Zeit, als dessen Philosophie noch weithin im Sinne einer metaphysikkritischen Erkenntnistheorie gelesen wurde.⁵⁷ Tillich betont auch ausdrücklich, dass Kants Kategorienlehre „eine Lehre von der menschlichen Endlichkeit" sei (I 99 Anm. 1).⁵⁸

Kategorien sind für Tillich „die Formen, in denen der Geist die Wirklichkeit ergreift und umgestaltet" (I 225), und er erörtert vier „Hauptkategorien": Zeit, Raum, Kausalität und Substanz (I 226–232).⁵⁹ Diese Kategorien scheitern aber nach Tillich notwendig, wenn versucht wird, mit ihnen das „wirklich Reale [*the really real*]" zu ergreifen (I 100). Damit ist noch einmal eine klare Absage an jede Form natürlicher Theologie gegeben.

Interessant ist an dieser Stelle noch Tillichs Hinweis, dass es einen Punkt gibt, wo im Denken Kants das „Gefängnis der Endlichkeit" durchbrochen wird und „etwas Unbedingtes in das Ganze der zeitlichen und kausalen Bedingungen einbricht", nämlich „der Bereich der sittlichen Erfahrung". Hier wird man Tillich

---

55 Vgl. dazu Kremer, Praegustatio naturalis sapientiae, 378–412, bes. 407–412.

56 Alexander J. McKelway, The Systematic Theology of Paul Tillich: A Review and Analysis, Richmond/Virginia 1964, 74 f., folgt hier Tillich unkritisch. Insgesamt kommt er kaum über eine Paraphrase hinaus.

57 Vgl. Martin Heidegger, Kant und das Problem der Metaphysik [1929], Bonn ³1965, bes. 197–208. Tillich scheint schon früh von diesem Werk inspiriert worden zu sein. So heißt es in seiner Vorlesung *Die menschliche Situation im Lichte der Theologie und Existentialanalyse* vom Sommersemester 1952 in Berlin: „Ich glaube heute noch, dass das beste Buch von Heidegger sein Kant-Kommentar ist, und zwar nicht, weil er da Kant als Kant interpretiert, sondern weil er ein Element, das implizit in Kant ist, herausarbeitet, nämlich die Analyse der Endlichkeit in den Formen des kategorialen Denkens." (EW XVI 187) Vgl. Paul Tillich, Der philosophische Hintergrund meiner Theologie [1960], GW XIII 482: „[…] habe ich bei Kant noch etwas anderes gelernt, nämlich die Einsicht, daß der menschliche Geist von den Kategorien Zeit und Raum, Kausalität und Substanz, Quantität und Qualität bestimmt ist und daher seine Grenzen hat und aus eigener Kraft über diese Grenzen nicht hinausgehen kann."

58 In dieser Anmerkung ist der deutschen Übersetzung auch ein grober Fehler unterlaufen. Hier muss es statt „Seine Lehre vom theologischen Prinzip […]", heißen: „Seine Lehre vom teleologischen Prinzip […]." (I 82ᵉ note 7/99 Anm. 1)

59 Wobei sich Tillich hier an Schelling zu orientieren scheint (vgl. MW I 65).

zufolge „der Tiefe der Vernunft" gewahr (ebd.). Was meint hier „unbedingt", und was meint hier „Tiefe der Vernunft"?

Es ist der „moralische Imperativ", der bei Kant einen unbedingten Charakter besitzt, da er „kategorisch" ist, will heißen: „Er ist unbedingt, nicht-hypothetisch, das heißt, er kann nicht von Begründungen außerhalb seiner selbst abgeleitet werden." (EW IV 48) Auf die Frage, warum dieser moralische Imperativ unbedingt gültig ist, antwortet Tillich: „Weil er unser wahres, essentielles Sein ist, das uns in dem moralischen Gebot gegenübertritt und eine Forderung an unser existentielles Sein mit allen seinen Problemen und Verzerrungen stellt." (EW IV 49) Damit wird deutlich, dass hier „Tiefe der Vernunft" ihr essentielles Sein meint.

Mit dem Versuch einer Rehabilitierung der Gottesbeweise durch Hegel wurde Kants Programm einer endlichen Vernunft verlassen, was nach Tillich in der Folge dazu führte, dass die ontologische Vernunft völlig diskreditiert wurde und die technische Vernunft den Sieg davongetragen hat (I 100).

Die Vernunft ist nach Tillich aber nicht nur endlich, sondern sie nimmt auch immer an den Zweideutigkeiten der Endlichkeit teil, die darin begründet sind, dass „im aktuellen Leben der Vernunft [...] essentielle und existentielle Kräfte, Kräfte der Schöpfung und Kräfte der Zerstörung, zugleich miteinander vereinigt und getrennt" sind (I 101). Der Beschreibung dieser inneren Konflikte, die letztlich nach Tillich zur Frage nach der Offenbarung führen, ist der folgende Abschnitt gewidmet.

2 Der Konflikt innerhalb der aktuellen Vernunft und die Frage nach der Offenbarung (I 101–113)

Nicht nur die Wirklichkeit wird unter den Bedingungen der Existenz nach Tillich von Polaritäten beherrscht,[60] sondern auch die Vernunft. Das heißt, in der Existenz geraten die Strukturelemente der Vernunft in Konflikte. Da diese aber zugleich geeint und getrennt sind, können sie nicht in einen absoluten Gegensatz zueinander treten, sondern immer nur in einen polaren. In Bezug auf die Vernunft unterscheidet Tillich näherhin zwischen drei solcher Polaritäten: erstens der Polarität von Struktur und Tiefe, zweitens der Polarität von statischen und dynamischen Elementen sowie drittens der Polarität von formalen und emotionalen Elementen. Die erste Polarität führt unter den Bedingungen der Existenz zum Konflikt zwischen der autonomen und der heteronomen Vernunft, die zweite zum Konflikt zwischen Absolutheit und Relativität der Vernunft, die dritte zum Konflikt

---

60 Vgl. dazu I 206–218.

zwischen Formalismus und Emotionalismus der Vernunft. Nach Tillich können diese selbst-destruktiven Konflikte auf der Grundlage der aktuellen Vernunft nicht gelöst werden. Eine Lösung ist ihm zufolge nur von der Offenbarung her möglich.

a) Autonomie und Heteronomie (I 101–105)

In der Regel versteht man unter Autonomie (abgel. von griech. *autós* [selbst] und *nomos* [Gesetz]) die Selbstgesetzlichkeit der Vernunft und unter Heteronomie (abgel. von griech. *heteros* [fremd] und *nomos* [Gesetz]) deren Fremdbestimmung, sei es aufgrund politischer oder religiöser Autorität. Tillich begreift demgegenüber aber die autonome Vernunft von ihrem *essentiellen* Zustand her, wonach sie „das Gesetz der subjektiv-objektiven Vernunft" darstellt (I 102), das heißt, hier fallen Struktur[61] und Tiefe der Vernunft noch nicht auseinander wie im existentiellen Zustand. In diesem Sinne ist für ihn „Theonomie [...] nicht das Annehmen eines göttlichen Gesetzes, das der Vernunft von einer höchsten Autorität auferlegt ist; sie ist autonome Vernunft, die mit ihrer eigenen Tiefe verbunden ist" (I 103).

Aber unter einem *existentiellen* Gesichtspunkt treten beide Elemente der Vernunft auseinander und kommen in Konflikt, da sie die Tendenz haben, sich absolut zu setzen und von ihrem tiefsten Grund zu lösen. Die Vernunft hat somit immer die Tendenz, ihre Autonomie absolut zu setzen, was dann zu Reaktionen des heteronomen Elementes führt, d. h. zur Unterwerfung unter eine ‚fremde' Autorität, sei diese religiöser oder politischer Art. Führt eine Absolutsetzung der autonomen Vernunft zur Leere, so stellt die Heteronomie die Vernunft unter ein „fremdes Gesetz" (I 102).

Die Begriffe *Autonomie*, *Heteronomie* und *Theonomie* sind nach Tillich aber nicht nur bedeutsam für eine Analyse der Vernunft, sondern sie sind auch der Schlüssel für eine Analyse der Geistesgeschichte, das heißt, in ihnen drückt sich nicht nur eine Geisteshaltung aus, sondern auch eine Geisteslage (vgl. III 287). In diesem Sinne bietet er dann auch auf nur gut einer Seite eine äußerst knappe Skizze der Geistesgeschichte von der vorphilosophischen Periode bis ins 20. Jahrhundert (I 104). Das, was Tillich hier nur andeutet, hat er in verschiedenen seiner Vorlesungen aus den 1920er und 1930er Jahren breit entfaltet unter den Stichworten „Form" und „Gehalt" (vgl. EW XIII. XVIII), wobei aber jetzt die Dialektik von Autonomie und Theonomie das Leitmotiv der Interpretation darstellt. Auch hier beschreibt er den Konflikt zwischen Theonomie und Autonomie, der dadurch entsteht, dass Erstere heteronom wird und/oder Letztere profan (vgl. GW I

---

[61] Struktur meint hier Vernunftgesetz im Sinne von Logos-Struktur. Vgl. Ernst, Die Tiefe des Seins, 69.

271 f.). Sind die frühen Ausführungen allerdings in eine Sinntheorie eingebettet, so die späten in eine lebensphilosophische Perspektive.

Technische Vernunft und Autonomie gehen Tillich zufolge in der Moderne Hand in Hand, was aber dazu führte, dass das Vakuum, das durch den Verlust der Tiefendimension entstand, durch „machtvolle Heteronomien quasi-politischen Charakters" ausgefüllt wurde (I 86ᵉ/104); zu denken ist hier an erster Stelle an den Nationalsozialismus und den Kommunismus. Von daher ergibt sich für Tillich die Notwendigkeit, sowohl gegen eine entleerte Autonomie als auch gegen eine zerstörerische Heteronomie anzukämpfen. „Die Katastrophe der autonomen Vernunft ist vollständig." Aus diesem Grunde stellt sich für Tillich „die Frage nach einer neuen Theonomie" (I 105).[62]

b) Relativismus und Absolutismus (I 105 – 108)

Entsprechend seinem lebensphilosophischen Ansatz, dem zufolge die Grundbewegung allen Lebens durch die folgenden drei Elemente charakterisiert ist: erstens die Selbst-Identität, zweitens die Selbst-Veränderung sowie drittens die Rückkehr zu sich selbst,[63] schreibt Tillich:

> Das statische Element bewahrt die Vernunft davor, ihre Identität innerhalb des Lebensprozesses zu verlieren. Das dynamische Element ist die Macht der Vernunft, sich im Lebensprozeß zu aktualisieren, während ohne das statische[64] Element die Vernunft nicht die Struktur des Lebens sein könnte. (I 105)

Unter den *existentiellen* Bedingungen treten aber das statische und das dynamische Element auseinander und geraten in Konflikt miteinander. Eine Absolutsetzung des statischen Elements der Vernunft führt nach Tillich entweder zum Traditionalismus oder zur „revolutionären Vernunft", eine Absolutsetzung des dynamischen Elements führt entweder zum positivistischen oder zum zynischen Relativismus.

Sowohl die revolutionäre Vernunft als auch der Traditionalismus sind davon überzeugt, eine unwandelbare Wahrheit zu repräsentieren, aber beide sind Tillich

---

62 Hat Tillich in den 1920er Jahren noch gemeint, dass sich die Wirklichkeit in einer geradlinigen Entwicklung auf das Ideal einer Theonomie zubewege, so gibt er später diese Sichtweise zwar prinzipiell nicht auf, relativiert sie aber doch stark (vgl. GW XIII 412).
63 Vgl. III, 42; vgl. MW VI 409/GW IV 126; MW II 346/GW IX 288; EW XVI 354 f.; dazu Werner Schüßler, „Healing Power." Zum Verhältnis von Heil und Heilen im Denken Paul Tillichs, in: Trierer Theologische Zeitschrift 123 (2014), 265 – 299, bes. 279 – 281.
64 Die deutsche Übersetzung bringt hier versehentlich „statistische".

zufolge letztlich inkonsequent. Denn auf der einen Seite bezeugt der „Absolutismus der Revolution" „mindestens in einem Falle den Zusammenbruch eines solchen Anspruchs", auf der anderen heißt das aber gleichzeitig, dass auch einmal das Ende der revolutionären Vernunft kommen wird, da es keine Revolution in Permanenz geben kann (I 105 f.).[65]

Demgegenüber leugnet „der Relativismus [...] ein statisches Element in der Struktur der Vernunft oder betont das dynamische Element so sehr, daß für die Struktur der Vernunft kein Ort übrig bleibt" (I 106). Während der positivistische Relativismus sich auf das Gegebene bezieht, ohne die Frage nach absoluten Kriterien seiner Bewertung zu stellen, leugnet der zynische Relativismus Tillich zufolge die Gültigkeit jedes Vernunftaktes – mit Hilfe der Vernunft, worin sich seine Selbstwidersprüchlichkeit zeigt. Beispiele für den positivistischen Relativismus sind der Rechtspositivismus, der ästhetische Relativismus sowie der philosophische Positivismus, worunter Tillich den Empirismus, den Logischen Positivismus, den Pragmatismus sowie bestimmte Formen der Lebensphilosophie subsumiert; hiernach ist die Wahrheit letztlich relativ (I 106 f.).[66]

Besonders interessant sind hier Tillichs Ausführungen zum „Kritizismus", den er als Versuch deutet, den Konflikt zwischen Absolutismus und Relativismus zu überwinden. Dabei will er den Begriff Kritizismus aber weder auf die sogenannte „kritische Philosophie" noch auf die Philosophie allein eingeschränkt verstanden wissen. Ein solcher Versuch hat aber nach Tillich den Nachteil, dass das nur gelingt, indem das statische Element seines Inhalts beraubt und auf die „reine Form" reduziert wird. Beispielhaft verweist Tillich hier auf den „kategorischen Imperativ" Kants (I 107).[67] Neben Kant ist für Tillich auch Sokrates ein exemplarischer Repräsentant dieses Typs. Dass aber deren Schulen sich entweder in Richtung des Absolutismus (Tillich nennt hier Platon bzw. den Deutschen Idealismus) oder Relativismus (er nennt hier den Hedonismus und Zynismus bzw. den Neukantianismus) weiterentwickelten, belegt ihm zufolge, dass der Kritizismus „mehr Anspruch als Möglichkeit" ist (I 89^e/108), d. h. dass er diesen Gegensatz

---

[65] Mit Verweis auf Schleiermacher bzw. auf Marx meint Tillich, dass man darum immer nur sagen könne: Die Reformation bzw. Revolution „geht noch fort" (I 106 Anm. 1).
[66] Wenn Tillich hierunter auch „die modernen Formen des Existentialismus" (I 107) rechnet, dann wird er damit wohl Jean-Paul Sartre und Albert Camus, aber kaum Karl Jaspers, Gabriel Marcel oder Peter Wust gerecht.
[67] Der „kategorische Imperativ" ist Tillich zufolge inhaltlich mit dem christlichen Liebesbegriff (*agape*) zu füllen (vgl. GW III 34–37).

letztlich doch nicht überwinden kann.⁶⁸ Tillich resümiert lapidar: „Nur die Offenbarung kann es." (I 108)

c) Formalismus und Emotionalismus (I 108–113)

Die Vernunft vereinigt nach Tillich in ihrer essentiellen Struktur sowohl formale als auch emotionale Elemente. Herrscht das formale Element in der kognitiven und in der rechtlichen Funktion der Vernunft vor, so das emotionale Element in der ästhetischen und in der Gemeinschaftsfunktion. Allerdings ist diese Einheit unter den Bedingungen der Existenz zerbrochen, was zur Folge hat, dass sich auch diese Elemente gegeneinander bewegen und so tiefe und zerstörerische Konflikte hervorrufen (I 108).

Von „Formalismus" kann man nach Tillich sprechen, wenn allein das formale Element in einer der Vernunftfunktionen betont wird. „Wenn das Herrschaftswissen und analog dazu die formale Logik⁶⁹ das Modell allen Wissens abgeben, dann verkörpern sie den Formalismus im kognitiven Bereich." (I 89ᵉ/108)⁷⁰ Das Herrschaftswissen spielt zwar nach Tillich in allen kognitiven Akten eine wichtige Rolle, aber in dem Moment, wo es eine Monopolstellung in Bezug auf die Wahrheit beansprucht, wird die existentielle Zerspaltung offensichtlich, wird doch so die kognitive Vernunft davon abgehalten, „in jene Schichten der Dinge und Ereignisse einzudringen, die nur mit Hilfe des *amor intellectualis*⁷¹ (,intellektuelle Liebe')

---

68 Auch diese Ausführungen machen wieder deutlich, wie kritisch Tillich doch gegenüber Kant eingestellt ist und wie wenig hilfreich es ist, ihn nur ,transzendentalphilosophisch' zu deuten, gilt doch dies höchstens in Bezug auf die frühe Phase.
69 „Formalized logic" ist hier mit „formale Logik" und nicht mit „formalisierte Logik" zu übersetzen.
70 Die deutsche Übersetzung bringt hier „beherrschendes Erkennen", doch ist „controlling knowledge" ohne Zweifel Tillichs Übersetzung von Max Schelers Begriff des Herrschaftswissens. Dieser unterscheidet bekanntlich in seiner Schrift *Probleme einer Soziologie des Wissens* von 1924 zwischen „Heils- respektiv Erlösungswissen, Bildungswissen und Leistungs- respektiv Naturbeherrschungswissen", wobei er Letzteres auch als „Herrschaftswissen" bezeichnet. Die später von Tillich genannte Quelle (I 117 Anm. 1) muss aber präzise lauten: Max Scheler, Probleme einer Soziologie des Wissens, in: ders. (Hg.), Versuche zu einer Soziologie des Wissens, München/Leipzig 1924, 1–146, hier 17. Vgl. auch MW I 385, wo Tillich im englischen Text die entsprechenden deutschen Begriffe Schelers beibehält.
71 Die deutsche Übersetzung bringt hier „einendes Erkennen", was zwar dem Sinn nach richtig ist, aber nicht textgemäß. Der Begriff „amor intellectualis" geht auf Baruch de Spinoza zurück (Baruch de Spinoza, Ethica, pars V, prop. 36) und wird in der Regel mit „geistige/intellektuelle Liebe" wiedergegeben. Dahinter steht der Gedanke, dass wir – um mit Max Scheler zu sprechen – letztlich nur das wirklich erkennen, was wir auch lieben. Das heißt, der Liebe kommt immer auch

ergriffen werden können" (I 90ᵉ/109). Allerdings darf darüber „die Verpflichtung zu strengem, ernsthaftem und formal richtigem[72] Denken" in Bezug auf alle Dinge des Wissens nicht vergessen werden (ebd.). Tillich wird diesen Aspekt später noch einmal unter dem Stichwort ‚Verstehen' aufgreifen.

Schlagworte wie „l'art pour l'art" oder Ästhetizismus charakterisieren nach Tillich den Formalismus im ästhetischen Bereich; hier geht es dann mehr um die Form als um einen geistigen Gehalt (I 109). Formalismus im Bereich der rechtlichen Vernunft (*legal reason*) bedeutet Legalismus, dem es allein um eine strikte Befolgung des Gesetzes geht. Hier wird aber Tillich zufolge vergessen, dass das Gesetz immer auch dem Leben zu dienen hat. Allerdings darf darüber in keiner Weise die „strukturelle Notwendigkeit" der Gerechtigkeit bzw. des Rechts vergessen werden (ebd.). Formalismus in der gemeinschaftlichen Funktion (*communal function*) der Vernunft bedeutet Konventionalismus, worunter Tillich eine Haltung verstanden wissen will, die im sozialen und personalen Bereich die Liebe durch konventionelle Vorschriften bzw. Regeln[73] ersetzt. Allerdings darf bei aller Kritik hieran nicht übersehen werden, dass Konventionen immer auch eine stabilisierende Funktion zukommt (I 110).

Der Formalismus kann sich aber auch im Verhältnis der Funktionen zueinander zeigen. „Das betrifft sowohl die ergreifenden und die umgestaltenden Funktionen der Vernunft als auch deren gegenseitige Beziehung." (I 91ᵉ/110)[74] In Bezug auf das Verhältnis zwischen der kognitiven und der ästhetischen Funktion der Vernunft bringt Tillich Beispiele aus den Bereichen der Kunst und Philosophie. In diesem Sinne deutet er den Expressionismus, den Neuen Realismus[75] sowie den

---

eine epistemologische Funktion zu, was auch schon Platons Begriff des *eros* deutlich macht (vgl. ders, Symposion, bes. 201 e–212 b).

72 In der deutschen Übersetzung „technically correct" mit „technisch korrekt" wiederzugeben, ist hier zu literalistisch und trifft den Sinn nicht ganz.

73 Die deutsche Übersetzung bringt hier „Gesetz", obwohl im Engl. „rule" steht.

74 „This refers to the grasping and to the shaping functions of reason as well as to their interrelationship." (I 91ᵉ) Der deutsche Text bringt hier: „Das gilt für die erkennende und ästhetische Vernunftfunktion und ihre gegenseitige Beziehung ebenso wie für die ordnende und gemeinschaftsbildende Vernunftfunktion und deren gegenseitige Beziehung." (I 110) Sachlich ist das zwar richtig; es fällt hier aber das Theorie-Praxis-Problem unter den Tisch.

75 Die deutsche Übersetzung bringt hier „Neorealismus" (I 111), was missverständlich ist, versteht man in der Regel doch darunter eine Epoche der italienischen bzw. portugiesischen Film- bzw. Literaturgeschichte nach dem Zweiten Weltkrieg, wohingegen man unter ‚Neuem Realismus' eine gegen Ende der 1950er Jahre entwickelte Gegenbewegung zum Abstrakten Expressionismus und zum Informel versteht. Es ist aber zu vermuten, dass Tillich hier eigentlich die ‚Neue Sachlichkeit' gemeint hat, eine Kunstströmung der Zwischenkriegszeit.

Existentialismus als Versuche, die Trennung zwischen kognitiver und ästhetischer Funktion zu überwinden (I 111).

Ähnlich verhält es sich auch in Bezug auf die rechtliche und die gemeinschaftliche Funktion der Vernunft. Sind beide noch in der essentiellen Vernunft in verschiedenen Graden und Übergängen vereint, so fallen diese unter den Bedingungen der Existenz auseinander und geraten unweigerlich in Konflikt miteinander. Nach Tillich ist es darum prinzipiell unmöglich, Gesetz und Gemeinschaft wieder miteinander zu vereinigen, entgegen der Meinung romantischer Bewegungen. „Diese Einheit kann weder durch eine formalisierte Verfassung noch durch unorganisierte Sympathien, Wünsche und Bewegungen geschaffen werden." (I 112)

Schließlich schneidet die Formalisierung (*formalization*) der Vernunft auch die ergreifenden Funktionen von den umgestaltenden ab, was gewöhnlich als ‚Theorie-Praxis-Konflikt/Problem' bezeichnet wird. In der essentiellen Vernunft sind auch diese beiden Elemente miteinander vereint. Unter den Bedingungen der Existenz stehen aber auch beide Bereiche unvermeidlich in Konflikt miteinander, trotz aller Versuche ihrer Überwindung von verschiedenster Seite; Tillich verweist hier beispielhaft auf Marx, Nietzsche und den religiösen Sozialismus (ebd.).

Allein im technischen Bereich beruhen Entscheidungen in der Regel auf *kompetenten* Kenntnissen. Ist hingegen eine existentielle Entscheidung gefordert, so kommt der Praxis ein gewisser Primat zu, wodurch man in der Regel gezwungen ist zu handeln, bevor alle möglichen Eventualitäten berücksichtigt werden können, was durch deren unendliche Kette ja faktisch schon unmöglich ist. Das heißt, einer konkreten Entscheidung kann per se nicht der Grad absoluter Gewissheit (*certainty*) zukommen (ebd.).

Die Konsequenzen der Formalisierung der Vernunft sind nach Tillich offensichtlich. Aus diesem Grunde wehrt sich auch das Gefühl in allen Bereichen gegen die formale Vernunft. Aber eine rein gefühlsmäßige Antwort, die keine strukturellen, d. h. vernünftigen Elemente impliziert, wird gegenüber dem Intellektualismus, dem Ästhetizismus, dem Legalismus und dem Konventionalismus immer ins Leere laufen. Wenn sie somit auch machtlos gegenüber der Vernunft ist, so kann doch eine gefühlsmäßige Antwort Tillich zufolge sowohl im Personalen als auch im Sozialen eine große zerstörerische Macht über den Geist gewinnen gerade aufgrund ihrer Irrationalität – und das in zweifacher Hinsicht: Zum einen kann nämlich das Gefühl, das die formalisierte Vernunft angreift, nicht völlig unvernünftig sein. Aber die sich hierin ausdrückende Vernunft ist keiner rationalen Beurteilung zugänglich, wird diese doch irrational unterstützt, was zur Folge hat, dass sie letztlich „blind und fanatisch" ist. Zum anderen befördert eine auf den technischen Aspekt reduzierte Vernunft geradezu das Erstarken irrationaler, d. h. dämonischer Mächte,[76] was Tillich schon oben angesprochen hat (I 113).

Die Konflikte zwischen den verschiedenen Bereichen der Vernunft, die unter den Bedingungen der Existenz aufbrechen, werfen Tillich zufolge alle die Frage nach der Offenbarung auf. „Vernunft widersetzt sich nicht der Offenbarung, Sie fragt nach der Offenbarung, denn Offenbarung bedeutet die Reintegration der Vernunft." (I 94^e/113)

C Die kognitive Funktion der Vernunft und die Frage nach der Offenbarung (I 114–127)

1 Die ontologische Struktur der Erkenntnis (I 114–117)

In Bezug auf die Offenbarung kommt der kognitiven Vernunft, also der Erkenntnisfunktion, eine ganz besondere Bedeutung zu, ist doch Erstere „die Erscheinungsform [*manifestation*] des Seinsgrundes für die menschliche Erkenntnis" (I 94^e/114). Tillich ergreift hier aber keine Partei für eine bestimmte Erkenntnistheorie, sei dies der Skeptizismus, der Kritizismus,[77] der Positivismus, der Idealismus oder der Dualismus, denn diese bringen alle ihre eigenen Probleme mit sich und sind darum letztlich unbefriedigend. Vielmehr geht es ihm auch hier wieder darum, die existentiellen Konflikte der kognitiven Funktion näher zu beschreiben, wozu es aber in einem ersten Schritt notwendig ist, die ontologische Struktur der Letzteren zu analysieren.

Das ontologische Grundproblem der Erkenntnis sieht Tillich in der „Einheit von Trennung und Vereinigung" (I 115), d. h. in der Frage, wie das Subjekt, das vom Objekt der Erkenntnis getrennt ist, mit diesem vereint werden kann. Die entscheidenden Begriffe sind somit Trennung (*separation*) bzw. Distanz (*distance, detachment*) und Vereinigung (*union*).[78] Da es aber nach Tillich unter den Be-

---

[76] Vgl. dazu Werner Schüßler, „Form der Form-Widrigkeit". Zu Paul Tillichs Begriff des Dämonischen, in: ders./Christine Görgen, Gott und die Frage nach dem Bösen. Philosophische Spurensuche: Augustin – Scheler – Jaspers – Jonas – Tillich – Frankl, Berlin 2011, 119–134.
[77] Auch hier ist es wieder interessant zu beobachten, dass Tillich erkenntnistheoretisch nicht für den Kritizismus Kants optiert, sondern – ganz im Gegenteil – diesen sogar kritisiert, indem er darauf hinweist, dass der Kritizismus das Objekt als Ding an sich aus dem Bereich der aktuellen Erkenntnis entfernt hätte, ohne jedoch zu erklären, wie die Erkenntnis die Wirklichkeit selber und nicht nur eine Erscheinung ergreifen könne (vgl. I 115). Ob Tillich Kant aber damit gerecht wird, steht auf einem anderen Blatt.
[78] Was Tillich über die „Frage" sagt, trifft auch auf die Erkenntnis zu: „Man fragt nach etwas, was in irgendeinem Sinn zu einem gehört. Was nicht zu einem gehört, danach kann man nicht fragen,

dingungen der Existenz keine Lösung des Konflikts zwischen Trennung und Einung gibt, stellt sich auch hier letztlich „die Frage nach der Erkenntnis, die die Offenbarung gibt" (I 117).

2 Kognitive Relationen (I 117 – 121)[79]

Wenn auch immer beide Elemente vorhanden sind, so zeigen sich die Elemente von Vereinigung und Trennung bzw. Distanz in den verschiedenen Bereichen der Erkenntnis doch in verschiedenem Ausmaß. So herrscht in Bezug auf „Dinge" gewöhnlich das Element der Distanz vor, in Bezug auf den Menschen aber das Element der Vereinigung. Geht es hier um Herrschaftswissen (*controlling knowledge*) (I 97^e/117),[80] so dort um aufnehmendes Wissen (*receiving knowledge*) (I 98^e/118).[81] Herrschaftswissen ist für Tillich ein hervorragendes Beispiel für die technische Vernunft (I 117);[82] hier wird nämlich das Objekt der Erkenntnis vollständig verdinglicht und der Mittel-Zweck-Relation eingeordnet (I 118). Da sich aber die Subjektivität jeder Objektivierung widersetzt, ist ein tieferer kognitiver Zugang zum Menschen allein über das Element der Vereinigung möglich.

„Aufnehmendes Wissen nimmt das Objekt in sich auf, in die Vereinigung mit dem Subjekt. Das schließt das emotionale Element ein, von dem sich das Herrschaftswissen so weit wie möglich loszulösen sucht." (I 98^e/119) Nach Tillich bringt der Begriff des „Verstehens [*understanding*]" genau diese Einheit von Vereinung und Trennung zum Ausdruck. In diesem Sinne kann etwas oder jemand kognitiv immer nur „verstanden"[83] werden, wenn „emotionale Partizipation" vorliegt (ebd.).[84] Steht Partizipation (als Grundlage des Verstehens) für die Sei-

---

weil man keine Verbindung dazu hat. Aber wenn es ganz zu einem gehörte, würde man ja auch nicht fragen, weil man es nicht nötig hätte." (EW XVI 16)
79 Die deutsche Übersetzung bringt hier „Erkenntnisbeziehungen".
80 Vgl. dazu oben Anm. 69.
81 Die deutsche Übersetzung bringt hier „einendes Erkennen", was zwar die Sache trifft, aber übersetzungstechnisch ungenau ist.
82 Vgl. MW V 261/GW VIII 161.
83 Der deutsche Text bringt hier „begriffen", was aber missverständlich ist, geht es dabei doch um das ‚Verstehen' – im Unterschied zum ‚Erklären', was auf Wilhelm Dilthey zurückgeht. Karl Jaspers greift diesen Unterschied bekanntlich in seiner *Allgemeinen Psychopathologie* von 1913 wieder auf. Vgl. Karl Jaspers, Allgemeine Psychopathologie. Ein Leitfaden für Studierende, Ärzte und Psychologen [1913], Berlin ^{9}1973.
84 Vgl. Scheler, Die Stellung des Menschen im Kosmos, 48: „Verstehen" ist nur durch „die Haltung der geistigen Liebe" möglich.

te der Vereinigung, so Analyse (als Grundlage des Erklärens) für die Seite der Trennung oder Distanz.

Da aber die Anwendung des Herrschaftswissens in Bezug auf bestimmte Schichten der Realität so überaus erfolgreich ist,[85] wird das Geistige und besonders auch das geistliche Leben nicht mehr sonderlich wertgeschätzt (I 99ᵉ/119). Das führt nach Tillich besonders in Bezug auf den Menschen zu einer reduktionistischen Sichtweise, was in bestimmten Richtungen der Psychologie, Soziologie, Medizin und selbst der Philosophie deutlich wird; auf diese Weise wird jetzt der Mensch selbst auch als ein „Ding" angesehen, was zwar auf seine physische Seite zutrifft, auf die psychische aber nur noch bedingt und auf die geistige und geistliche überhaupt nicht.[86] Tillich sagt dazu lapidar: „Aber der Mensch ging bei diesem Unternehmen verloren." (I 99ᵉ/120) Und da das Bild vom Menschen immer auch ein mitwirkender Faktor bei der Selbstgestaltung ist, gerät der Mensch hierbei in Gefahr, zu einem „Ding unter Dingen" zu werden. „Kognitive Entmenschlichung hat tatsächliche Entmenschlichung hervorgerufen." (ebd.)[87]

Romantik, Lebensphilosophie und Existentialismus haben nach Tillich gemeinsam, dass sie sich alle drei dem Herrschaftswissen widersetzen und somit der Tendenz zur Verdinglichung entgegensteuern. Aber sie scheitern letztlich nach Tillich, weil ihnen ein Element der Distanz und damit ein objektives Kriterium der Verifikation fehlt. So bleibt Tillich zufolge nur die Alternative: Entweder muss man vom Herrschaftswissen Gebrauch machen oder sich der Offenbarung zuwenden (I 120 f.).[88] Wir werden im Folgenden sehen, dass Tillich seine diesbezügliche Einstellung zum Existentialismus nur wenige Jahre später entscheidend korrigieren wird.

---

[85] In der deutschen Übersetzung fällt „die Anwendung" unter den Tisch, was missverständlich ist.
[86] Diese Tendenz hat in den letzten Jahrzehnten noch zugenommen, was allein an der Tatsache deutlich wird, dass sich die Psychologie heute überwiegend experimentell versteht und das existentielle bzw. humanistische Element fast völlig außer Acht lässt.
[87] Dieser Aspekt wird u. a. treffend beschrieben in Hannah Arendts Schrift *The Human Condition* von 1960 (dt. Vita activa oder Vom tätigen Leben, München ⁷1992); vgl. auch Horkheimer, The Eclipse of Reason, vii.
[88] Karl Jaspers würde dieser Alternative aber nicht zustimmen wollen, tertium datur: der Philosophische Glaube! Vgl. dazu Werner Schüßler, Philosophischer und religiöser Glaube. Karl Jaspers im Gespräch mit Paul Tillich, in: Theologische Zeitschrift 69 (2013), 24–52.

3 Wahrheit und Verifikation (I 121–127)[89]

Für Tillich ist die Wahrheitsfrage für die Theologie unumgänglich, erhebt sie doch den Anspruch, ‚wahr zu sein'. Damit stellt sich aber die Frage, wie sich die Wahrheit der Offenbarung zu anderen Formen der Wahrheit verhält.

Tillich lehnt den Wahrheitsbegriff des Logischen Positivismus ab, dem zufolge allein Sätze der Logik und Mathematik aufgrund ihrer analytischen Form sowie die Erfahrungssätze aus dem Bereich der empirischen Wissenschaften als wahr gelten können.[90] Auf diese Weise ist aber ein Verifikationsprinzip eingeführt, das Tillich zufolge „einen Bruch mit der gesamten abendländischen Tradition" bedeutet (I 121; vgl. I 123), indem es damit immer auch schon metaphysische und ebenso theologische Aussagen als sinnlose Sätze klassifiziert, weil sie zu keiner der beiden genannten Klassen zählen; folglich könne ihnen gegenüber die Frage nach der Wahrheit gar nicht mit Sinn gestellt werden.[91]

Aber auch der sogenannte „logische Wahrheitsbegriff", wie er seit Aristoteles ins Zentrum tritt und im Allgemeinen in der modernen Philosophie verwendet wird, ist Tillich noch zu eng. Hiernach sind ‚wahr' und ‚falsch' reine Urteilsqualitäten, das heißt, sie beziehen sich nur auf Aussagen. Nach Tillich ist aber der Wahrheitsbegriff wesentlich tiefer zu verorten, nämlich im Sein (I 122), was an Platon erinnert,[92] der von „Seinswahrheit", später auch als „ontologische Wahrheit" bezeichnet, spricht.[93] Diese spielt auch noch im Rahmen der mittelalterlichen Transzendentalienlehre eine gewisse Rolle und kommt in dem Philosophoumenon ‚omne ens est verum' (*jedes Seiende ist ein Wahres*) zum Ausdruck.

Tillich gibt dem Begriff des ‚wahren Seins' eine eigene originelle Deutung im Rahmen seiner Philosophie der Begegnung, die er in seiner Frankfurter Zeit entwickelt,[94] aber nie völlig ausgeführt hat: „Man könnte sagen, der Begriff des wahren Seins sei das Resultat enttäuschter Erwartungen in unserer Begegnung mit

---

89 Die deutsche Übersetzung hat als Titel dieses Abschnitts „Verifizierung" (I 121); im englischen Text steht dagegen: „Truth and Verification" (I 100ᵉ).
90 Vgl. dazu Rudolf Carnap, Überwindung der Metaphysik durch logische Analyse der Sprache [1931], in: ders., Scheinprobleme in der Philosophie und andere metaphysikkritische Schriften, hg. von Thomas Mormann, Hamburg 2004, 81–110.
91 Vgl. dazu auch Jaspers, Von der Wahrheit, 447.
92 Wobei Tillich ausdrücklich betont, dass dieser ontologische Wahrheitsbegriff nicht „an seinen sokratisch-platonischen Geburtsort" gebunden sei (I 122).
93 Vgl. Platon, Phaidon 99 e. Hierbei geht es immer auch um das Wahre und Wahrste im Sinne eines Maßstabes (vgl. ders., Politeia 484 cf. 520 c).
94 Vgl. EW XV 1–289.

der Wirklichkeit." (ebd.)⁹⁵ Wie das zu verstehen ist, erklärt er so: „Die Wahrheit eines Dinges ist diejenige Schicht seines Seins, deren Erkenntnis falsche Erwartungen und darauffolgende Enttäuschungen unmöglich macht." (I 123) Das ist der Grund, weshalb Tillich mit Platon einen ontologisch-gnoseologischen Wahrheitsbegriff vertritt, dem zufolge „die Wahrheit sowohl das Wesen der Dinge [ist] als auch der Erkenntnisakt, mit dem ihr Wesen begriffen wird". Folglich hat der Wahrheitsbegriff, ähnlich wie der Begriff des *logos* bzw. der Vernunft, sowohl eine subjektive als auch eine objektive Seite (ebd.).

Tillich gibt dem Logischen Positivismus recht, wenn dieser meint, dass die Möglichkeit der Verifikation zur Natur der Wahrheit gehöre, wobei auch für ihn die sicherste Prüfung das wiederholbare Experiment darstellt. Aber die experimentelle Methode ist nach Tillich nicht die einzige Form der Verifikation. Neben der experimentellen Verifikation gibt es Tillich zufolge noch eine „erfahrungsbezogene [*experiential*]" Verifikation, die sich im Lebensprozess selbst ereignet und die sogar den größten Teil kognitiver Verifikation ausmache (I 102ᵉ/123). Entspricht die experimentelle Verifikation dem Herrschaftswissen, so die erfahrungsbezogene dem aufnehmenden (*receiving*)⁹⁶ Wissen. In dieser Weise ist die technische Anwendung die beste Verifikation naturwissenschaftlichen (*scientific*) Wissens⁹⁷ (I 102ᵉ/124).

„Aufnehmendes Wissen" wird demgegenüber Tillich zufolge verifiziert „durch die kreative Vereinigung von zwei Naturen, nämlich [der Seite] des Wissenden und [der Seite] des Gewussten" (I 103ᵉ/124). Was ist damit gemeint? Lebensprozesse können zwar immer auch Gegenstand empirischer Forschung in Biologie, Psychologie und Soziologie sein, aber damit wird man dem Gesamtphänomen kaum gerecht, kann man mit dieser Methode doch immer nur einen Teilaspekt untersuchen. Lebensprozesse zeichnen sich aber Tillich zufolge gerade durch ihre Ganzheit, Spontaneität und Individualität aus, die dem Experiment Grenzen setzen, da dieses doch Isolierung, Regelmäßigkeit und Allgemeingültigkeit (*generality*)⁹⁸ voraussetzt. Das bedeutet, dass nur einzelne Elemente des Lebensprozesses experimentell verifiziert werden können, „wohingegen⁹⁹ die Prozesse selbst in einer kreativen Vereinigung aufgenommen werden müssen, um sie er-

---

95 Vgl. EW XVI 15: Die „Erfahrung des Nichts" machen wir nach Tillich dadurch, dass unsere Erwartung enttäuscht wird. Das heißt, „das, was wir als seiend betrachten z. B. in einem anderen Menschen, [hat] sich als nichtseiend heraus[gestellt]."
96 Die deutsche Übersetzung bringt hier „einende Erkenntnis".
97 Die deutsche Übersetzung bringt hier „wissenschaftliche Erkenntnis".
98 Die deutsche Übersetzung bringt hier „Allgemeinheit".
99 Die deutsche Übersetzung ist völlig missverständlich, wenn hier „while" mit „weil" übersetzt wird.

kennen zu können" (ebd.).[100] Mit dieser „ganzheitlichen [*total*][101], spontanen und individuellen" Seite des Lebensprozesses haben es Tillich zufolge u.a. Ärzte, Psychotherapeuten und Erzieher zu tun. Folglich darf ihre Arbeit nicht nur auf Herrschaftswissen aufbauen, sondern muss auch Elemente aufnehmenden Wissens umfassen, bei dem es darum geht, am individuellen Leben desjenigen, mit dem sie sich befassen, zu partizipieren. Aus diesem Grunde kann Tillich dieses Wissen auch als „Wissen/Erkennen durch Partizipation" oder auch einfach als „Intuition" bezeichnen (ebd.). Dass dieses Wissenselement, das nicht experimentell, sondern nur erfahrungsbezogen verifiziert werden kann, ungenau ist und immer ein gewisses Risiko beinhaltet, versteht sich von selbst. Dieses Risiko kann aber mit Hilfe der experimentellen Methode gemindert werden (I 124).

Ein typisches Beispiel dafür, wie beide Methoden zusammenspielen, bietet für Tillich die historische Forschung, die sich ja nicht mit Quellenforschung zufrieden geben kann, sondern diese auch zu interpretieren hat, womit aber immer auch ein Element der Partizipation und des Verstehens mit ins Spiel kommt (I 125).

Am Beispiel von Rationalismus und Pragmatismus macht Tillich deutlich, wie man auch im Bereich der Philosophie das Element der Partizipation zu umgehen sucht. Während sich der Rationalismus (Decartes, Spinoza, Leibniz) nach dem Vorbild der Mathematik auf eingeborene, d.h. notwendige Wahrheiten, die apriori, also unabhängig von der Erfahrung gewonnen und mit der Vernunft selbst gegeben sind, gründet, gilt dem Pragmatismus (Peirce, Dewey, James) nur das als wahr, was sich allein durch seine Nützlichkeit bewährt hat (I 126).[102] Wenn sich auch diese beiden philosophischen Richtungen konträr zueinander verhalten, so offenbaren sie nach Tillich doch in gleicher Weise die Grenzen einer Haltung, die sich vornehmlich am Herrschaftswissen orientiert: „Beiden gegenüber muß gesagt werden, daß die Verifikation der Prinzipien der ontologischen Vernunft weder den Charakter rationaler Selbstevidenz noch den pragmatischer Nachprüfbarkeit hat." (Ebd.) Denn die rationale Selbstevidenz versagt dort, wo es um Fragen inhaltlicher Natur geht, und dem Pragmatismus fehlt ein Kriterium der Nützlichkeit.

Philosophische Systeme verdanken demgegenüber nach Tillich ihren Erfolg in der Regel einer Methode der Verifikation, die noch „jenseits von Rationalismus und Pragmatismus" angesiedelt ist.

---

100 Das, worum es Tillich hier geht, wird in der heutigen Diskussion um die sogenannten Libet-Experimente, die angeblich gezeigt haben sollen, dass die menschliche Freiheit nur eine Illusion sei, offensichtlich. Vgl. dazu Werner Schüßler, Freiheit als Illusion? Anmerkungen zur aktuellen Diskussion um die Hirnforschung, in: Trierer Theologische Zeitschrift 115 (2006), 85–98.
101 Die deutsche Übersetzung bringt hier „total".
102 Vgl. Horkheimer, The Eclipse of Reason, 28–36, wo dieser sich mit dem Pragmatismus auseinandersetzt.

> Diese Systeme haben sich dem Geist vieler Menschen aufgedrängt in Form von aufnehmendem Wissen und kognitiver Vereinigung.[103] In Form von Herrschaftswissen, rationaler Kritik oder pragmatischer Überprüfbarkeit wurden sie unzählige Male widerlegt. Aber sie leben weiter. (I 105^e/126)

Tillich will also sagen, dass es hier nicht nur um ‚richtig‘ und ‚falsch‘ geht, sondern um mehr, nämlich um ‚wahr‘ und ‚falsch‘. Und damit kommt auch schon ein *existentieller* Aspekt mit hinein; Tillich verwendet hier aber noch nicht diesen Begriff, sondern spricht vom „aufnehmenden Wissen".

Insgesamt spiegelt diese Situation nach Tillich „einen grundlegenden Konflikt der kognitiven Vernunft" wider: „Das Erkennen befindet sich in einem Dilemma; Herrschaftswissen ist sicher, aber nicht unbedingt bedeutsam, während aufnehmendes Wissen unbedingt bedeutsam sein kann, aber keine Gewissheit geben kann." (I 105^e/127) Das führt ihm zufolge entweder „zu einer verzweifelten Resignation über die Wahrheit oder zur Frage nach der Offenbarung", da Letztere den Anspruch erhebt, „eine Wahrheit zu geben, die sowohl gewiss ist als auch das ist, was uns unbedingt angeht" (I 105^e/128).

Diese Ausführungen werden wesentlich deutlicher, wenn sie im Horizont von Tillichs Beitrag *Participation and Knowledge. Problems of an Ontology of Cognition* von 1955 gelesen werden.[104] Auch hier geht es ihm wesentlich darum, gegen den „methodischen Imperialismus" des Herrschaftswissens (GW IV 116/MW I 388) anzudenken. Den Gegenpol zum Herrschaftswissen nennt er jetzt aber nicht mehr „aufnehmendes Wissen", sondern „existentielles Wissen" (MW I 111/GW IV 385). Geht es dem Herrschaftswissen, für das die mathematischen Naturwissenschaften repräsentativ sind, wesentlich um Trennung bzw. Distanz, so geht es dem existentiellen Wissen wesentlich um „Verstehen", d. h. Einfühlung und Interpretation, was aber nur aufgrund von Partizipation möglich ist.

Tillich hat zwar schon recht früh den existentiellen Charakter religiöser Wahrheit betont.[105] Dass er aber jetzt auch ganz allgemein vom „existentiellen Wissen" sprechen kann, ist neu, hat er doch noch vier Jahre zuvor in Bezug auf den Existentialismus kritisiert, dass diesem ein objektives Kriterium der Verifikation fehle.[106] Es ist daher zu vermuten, dass Tillich inzwischen Jaspers' bereits 1947 erschienenes monumentales Werk *Von der Wahrheit* rezipiert hat, wo dieser dem

---

[103] Die deutsche Übersetzung ist hier sachlich falsch: „Diese Systeme haben über das Denken vieler Menschen Macht gewonnen durch die Art, wie sie beherrschendes Erkennen und einendes Erkennen vereinigt haben."
[104] MW I 382–389/GW IV 107–17. Der Titel der deutschen Übersetzung lautet *Trennung und Einigung im Erkenntnisakt. Probleme einer Ontologie des Erkennens.*
[105] Vgl. GW XII 23 (1936); EW IV 32 (1946); GW XII 71 (1951).
[106] Vgl. I 120 f.

Begriff der Existenz den der Vernunft zur Seite stellt.[107] Bedenkt man zudem, dass der Begriff der ontologischen Vernunft, wie Tillich nicht müde wird zu betonen, notwendig an das Kriterium von Wahrheit und Gerechtigkeit gebunden ist[108] und dass er sich vehement gegen eine blinde und fanatische Vernunft wendet,[109] dann ist damit immer auch schon einer rein subjektiven bzw. relativen Wahrheit Einhalt geboten.

Resümee

In Fortführung der Vernunftkritik von Nietzsche, dem zufolge im Leib mehr Vernunft ist als in der Vernunft,[110] wird in der Philosophie der Postmoderne unter dem Leitthema der ‚Pluralität' nur noch von verschiedenen Rationalitäten gesprochen und damit die ‚Einheit der Vernunft' angeblich als Illusion entlarvt.[111] Demgegenüber sucht Wolfgang Welsch mit seinem Konzept einer ‚transversalen Vernunft' zwar nicht die Einheit der Vernunft aufzuweisen, aber doch deren integrative Leistung, indem er ihr die Aufgabe zugesteht, diese verschiedenen Rationalitätstypen zu integrieren.[112] Es stellt sich aber dann immer noch die Frage nach einem

---

[107] Jaspers bringt in diesem Zusammenhang auch folgendes einleuchtende Beispiel: „Die radikale Verschiedenheit des Wahrheitssinns zeigt sich eindringlich an dem Unterschied der Wahrheit, deren Bestand mein Wesen nicht betrifft, die ich zwar mit meinem Verstande anerkenne, die aber zu bekennen sinnwidrig wäre, und der Wahrheit, die nur ist, wenn ich ihr durch mein Leben entspreche, die ich ‚bekenne', wenn sie meine Wahrheit ist, und die mit dem Ausbleiben des Bekennens selber verschwindet" (ders., Von der Wahrheit, 651). Jaspers verdeutlicht dies an einem Vergleich zwischen Galilei auf der einen und Sokrates und Bruno auf der anderen Seite: „Galilei stellte nicht die Richtigkeit seiner astronomischen Einsicht in Frage, wenn er unter Zwang sie verleugnete, wie er umgekehrt durch ein Bekenntnis sie nicht wahrer gemacht hätte. Sokrates und Bruno starben für ihre philosophische Wahrheit, weil sie mit ihnen identisch war: durch ihren Tod ist eine Wahrheit vollendet worden" (vgl. ebd.). Das Leben wird so für das philosophische Denken zur spezifischen Verifikation (vgl. Karl Jaspers, Weltgeschichte der Philosophie. Einleitung, hg. von Hans Saner, München 1982, 123). Diese Worte erhellen das, worum es Tillich hier geht. – Allerdings hat Jaspers die Verbindung von Existenz und Vernunft schon seit seiner Schrift *Vernunft und Existenz* von 1935 propagiert, die aber Tillich sicherlich nicht bekannt war (vgl. ders., Vernunft und Existenz. Fünf Vorlesungen [1935], München ⁴1987).
[108] Vgl. EW XVI 40; GW X 238/MW II 168; GW X 279/MW II 196 u.ö.
[109] Vgl. I 113.
[110] Vgl. Friedrich Nietzsche, Sämtliche Werke. Kritische Studienausgabe in 15 Bänden, hg. von Giorgio Colli/Mazzino Montinari, Berlin/New York ²1988, Bd. 10, 179.
[111] Vgl. beispielhaft Jean-François Lyotard, Der Widerstreit, München 1987, 217–225.
[112] Vgl. Wolfgang Welsch, Vernunft. Die zeitgenössische Vernunftkritik und das Konzept der transversalen Vernunft, Frankfurt a. M. 1996. Das hat eine gewisse Ähnlichkeit mit Jaspers' Be-

Kriterium, woran festzumachen ist, inwieweit diesen verschiedenen Rationalitäten überhaupt Vernunft zukommt. Und wenn schließlich versucht wird, die Vernunft ganz zu verabschieden,[113] dann wird hier übersehen, dass Vernunft – wie Tillich eindringlich deutlich macht – immer schon am Werk ist, wenn sich der Mensch erkennend oder handelnd zu sich selbst und zur Welt verhält.

Tillich kann mit seinem Vernunftverständnis und ganz besonders mit seiner Lehre von den Polaritäten sowohl gegenüber postmodernen Ansätzen als auch gegenüber Welschs Konzept einer transversalen Vernunft aufzeigen, dass die verschiedenen Formen der Vernunft bzw. von Rationalität[114] doch in der *einen* Vernunft begründet sind und dass es sich bei so manchem angeblichen Vernunft- bzw. Rationalitätstypus vielleicht doch nur um eine Verzerrung handelt.[115]

Literatur

Norbert Ernst, Die Tiefe des Seins. Eine Untersuchung zum Ort der analogia entis im Denken Paul Tillichs, St. Ottilien 1988, bes. 65–77.

Peter Haigis, Welche Vernunft braucht der Glaube nach Tillich?, in: Wie viel Vernunft braucht der Glaube? International Yearbook for Tillich Research, Vol. 1, Wien 2005, 37–63.

Christoph Horn/Christoph Rapp u. a., Art.: Vernunft; Verstand, in: Historisches Wörterbuch der Philosophie, Bd. 11, hrsg. von Joachim Ritter/Karlfried Gründer/Gottfried Gabriel, Darmstadt 2001, Sp. 748–863.

Max Horkheimer, The Eclipse of Reason [1947], London u. a. 1974.

Karl Jaspers, Von der Wahrheit. Philosophische Logik. Bd. 1 [1947], München ⁴1991.

Alexander J. McKelway, The Systematic Theology of Paul Tillich: A Review and Analysis, Richmond 1964, 71–80.

Georg Neugebauer, Paul Tillich und die Dialektik der Aufklärung, in: Ulrich Barth/Christian Danz/Wilhelm Gräb/Friedrich Wilhelm Graf (Hg.), Aufgeklärte Religion und ihre Probleme. Schleiermacher – Troeltsch – Tillich, Berlin/Boston 2013, 477–512.

Werner Schüßler, Der Mensch und die Philosophie. Zur existenzphilosophischen und anthropologischen Wende Paul Tillichs in seiner Frankfurter Zeit, in: Gerhard Schreiber/Heiko Schulz (Hg.), Kritische Theologie. Paul Tillich in Frankfurt (1929–1933), Berlin/Boston 2015, 215–249.

Armin G. Wildfeuer, Art.: Vernunft, in: Petra Kolmer/ders. (Hg.), Neues Handbuch philosophischer Grundbegriffe, Bd. 3, Freiburg i. Br. 2011, 2333–2370.

---

stimmung der Vernunft als „Band aller Weisen des Umgreifenden in uns" (vgl. Jaspers, Von der Wahrheit, 966–987).

113 Vgl. z. B. Paul Feyerabend, Farewell to Reason, New York/London 1987.

114 So meint beispielsweise Hans Lenk, 21 verschiedene Typen von Rationalität unterscheiden zu können. Vgl. ders., Typen und Systematik der Rationalität, in: ders. (Hg.), Zur Kritik der wissenschaftlichen Rationalität, Freiburg i. Br. 1986, 11–27.

115 Vgl. Haigis, Welche Vernunft braucht der Glaube nach Tillich, 63.

Erdmann Sturm
Die Wirklichkeit der Offenbarung
(I 129–189)

Problem- und werkgeschichtlicher Hintergrund
Problemgeschichtlicher Hintergrund

Die Offenbarung als „Prinzip neuzeitlicher Theologie" (Peter Eicher) setzt die Krise der orthodoxen Lehre von der Heiligen Schrift voraus. Die Orthodoxie hatte den Offenbarungsbegriff gegliedert in (1) die allgemeine oder natürliche Offenbarung, die sich an die Vernunft und das Gewissen aller Menschen – ohne die Schrift – richtet, aber der Verdeutlichung, Reinigung und Korrektur durch die besondere Offenbarung bedarf, und (2) die besondere, übernatürliche Offenbarung, die die Verfasser der Heiligen Schrift als unmittelbare Offenbarung (durch göttliche Inspiration) hatten und die wir jetzt als mittelbare Offenbarung durch die inspirierte Schrift haben. Hier ist die Offenbarungslehre mehr oder weniger in die Lehre von der Heiligen Schrift integriert und in ihr verborgen. Lediglich die Lehre von der allgemeinen Offenbarung, die sich auch auf das Schriftzeugnis berufen kann (Röm 1,19–21; 2,14f.; Apg 17,23. 27), hat sich gegenüber der besonderen Offenbarung behaupten können. Die Offenbarungskritiker der Aufklärung haben den Spieß umgedreht und die allgemeine Offenbarung gegen die sich auf die Schriftautorität berufende besondere Offenbarung eingesetzt. Wahrheit kann dann nur das beanspruchen, was die allgemeine oder natürliche Offenbarung als Wahrheit behauptet.

Die Unterscheidung zwischen der Offenbarung und der Schrift ist – so urteilt Richard Rothe – „eine der wichtigsten unter den bleibenden Errungenschaften", die wir der neueren Theologie verdanken.[1] Hier ist vor allem der frühe Schleiermacher zu nennen. In seinen *Reden* warb er für einen neuen, weiten, herkömmliche Deutungen verwerfenden Begriff von Religion und Offenbarung: Offenbarung ist „jede ursprüngliche und neue Anschauung des Universums […]. Jeder muß doch wohl am besten wissen, was ihm ursprünglich und neu ist, und wenn

---

[1] Richard Rothe, Offenbarung, in: ders., Zur Dogmatik, Gotha 1863, 55–120, hier 56.

etwas von dem, was in ihm ursprünglich war, für Euch noch neu ist, so ist seine Offenbarung auch für Euch eine."²

Vor allem Fichte, Hegel und Schelling, zuvor aber auch schon Lessing und Herder haben mit ihrer Philosophie den Offenbarungsbegriff rehabilitiert. Offenbarung wird nicht mehr mit der Heiligen Schrift identifiziert, sie ist nicht mehr Mitteilung übernatürlicher Wahrheiten, sondern Offenbarung des Unendlichen im Endlichen, ein Sicherschließen des Absoluten für ein Anderes. Für Schelling, der wie kein anderer Philosoph des deutschen Idealismus Tillichs Denken, nicht zuletzt auch seinen Offenbarungsbegriff nachhaltig beeinflusst hat, ist die Geschichte als Ganzes „eine fortgehende allmählich sich enthüllende Offenbarung des Absoluten",³ ein Schauspiel, in dem Gott als der Dichter „sich nur sukzessiv durch das Spiel unserer Freiheit selbst"⁴ offenbart und enthüllt. Gott offenbart sich also nicht einmal oder ein für allemal an einer bestimmten Stelle der Geschichte, sondern „fortwährend". Der Mensch als Mitspieler des Ganzen der Geschichte „führt durch seine Geschichte einen fortgehenden Beweis von dem Dasein Gottes, einen Beweis, der aber nur durch die ganze Geschichte vollendet sein kann".⁵ Die absolute Synthese aber steht noch aus. Erst wenn das Schauspiel der Freiheit beendet ist, wird „die objektive Welt eine vollkommene Darstellung Gottes" sein.⁶ Wir wissen nicht, wann das sein wird. „Aber wenn diese Periode sein wird, dann wird auch Gott *sein*."⁷

Für Hegel ist die absolute Religion die vollkommene oder offenbare Religion. In ihr ist der absolute Geist vollkommen offenbart. Religion wird somit als das Selbstbewusstsein Gottes bestimmt. „Das endliche Bewusstsein weiß Gott nur insofern, als Gott sich in ihm weiß."⁸ Offenbarung ist also Selbstoffenbarung Gottes. Er selbst ist es, der sich – durch sich selbst – dem menschlichen Geist offenbart. Als Geist ist Gott „wesentlich dies Sichoffenbaren; er erschafft nicht einmal die Welt, sondern ist der ewige Schöpfer, dies ewige Sichoffenbaren [...].

---

2 [Friedrich Schleiermacher,] Über die Religion. Reden an die Gebildeten unter ihren Verächtern, Berlin 1799, 118.
3 Friedrich Wilhelm Joseph Schelling, System des transzendentalen Idealismus, in: ders., Sämmtliche Werke, Bd. III, hg. von Karl Friedrich August Schelling, Stuttgart/Augsburg 1858, 327–659, hier 603.
4 Ebd., 602.
5 Ebd., 603.
6 Ebd.
7 Ebd., 604.
8 Georg Wilhelm Friedrich Hegel, Vorlesungen über die Philosophie der Religion II, Theorie Werkausgabe, Bd. 17, Frankfurt a. M. 1969, 187.

Dies ist sein Begriff, seine Bestimmung. [...] Was offenbart Gott eben, als dass er dies Offenbaren seiner ist?"[9]

Wolfhart Pannenberg hat darauf aufmerksam gemacht,[10] dass erst Hegel den „strengen Begriff von Offenbarung als Selbstschließung des Absoluten" eingeführt zu haben scheint und dass Karl Barth in seiner *Kirchlichen Dogmatik* folgenden Worten des Hegelianers und spekulativen Dogmatikers Philipp Marheineke zustimmen kann: „In dem menschlichen Geiste ist Gott sich nicht durch diesen, sondern durch sich selbst offenbar, und so auch dem menschlichen Geiste offenbar. Dieser als Vernunft ist in ihm aufgehoben. [...] Sein wahres Wissen vom Absoluten ist selber ein absolutes."[11] Die im Glauben stattfindende Gottförmigkeit des Menschen, so will Barth Marheinekes Satz verstanden wissen, und der in dieser Gottförmigkeit gesetzte „Anknüpfungspunkt" für das Wort Gottes sei nicht als Eigenschaft oder eigene Tat des Menschen anzusehen, „sondern als das alleinige Werk der aktuellen Gnade Gottes".[12] Darum bleibe als letztes Wort an dieser Stelle zu sagen nur übrig: *„Darum,* weil des Menschen Werk im Glauben dasjenige ist, an dem Gottes Werk geschieht, darum kann der Mensch das Wort Gottes erkennen. Er erkennt, indem er von Gott erkannt ist."[13]

Der Begriff der Offenbarung in seiner Zuspitzung auf die Selbstschließung Gottes wird zum Kampfbegriff der Dialektischen Theologie, vor allem Karl Barths. Damit ist eine allgemeine, natürliche Offenbarung ebenso ausgeschlossen wie eine Offenbarungsgeschichte, wie Schelling und Tillich sie vertreten haben. Wenn die Gotteserkenntnis des Menschen, wie Barth behauptet, das alleinige Werk der Gnade Gottes ist, ist das religiöse Bewusstsein des Menschen, das in seiner Faktizität und Macht nicht zu bestreiten ist, nichts anderes als Hochmut und Anmaßung. Gottes Offenbarung ist dann, wie die Überschrift des § 17 der *Kirchlichen Dogmatik* lautet: „Aufhebung der Religion".[14] Die Offenbarung, so Barth, „ist als Gottes Selbstdarbietung und Selbstdarstellung die Tat, durch die er den Menschen aus Gnade und durch Gnade mit sich selbst versöhnt".[15] Religion ist Unglaube und Götzendienst. „Es ist Gottes Offenbarung in Jesus Christus und sie allein, durch die

---

9 Ebd., 193 f.
10 Wolfhart Pannenberg (Hg.), Offenbarung als Geschichte [1961], 3. Aufl., Göttingen 1965, 8.
11 Karl Barth, Kirchliche Dogmatik, Bd. 1/1: Die Lehre vom Wort Gottes, München 1932, 257. Vgl. ders., Die protestantische Theologie im 19. Jahrhundert [1946], Zürich ³1960, 445.
12 Barth, Kirchliche Dogmatik, Bd. 1/1, 257.
13 Ebd.
14 Karl Barth, Kirchliche Dogmatik, Bd. 1/2: Die Lehre vom Wort Gottes, Zollikon-Zürich ⁵1960, 304.
15 Ebd., 335.

diese Charakterisierung der Religion als Götzendienst und Werkgerechtigkeit und damit ihre Entlarvung als Unglaube wirklich vollzogen wird".[16]

Emil Brunner, einer der frühen Mitstreiter Karl Barths, hatte es als die Aufgabe seiner theologischen Generation bezeichnet, „sich zur *rechten* theologia naturalis zurückzufinden".[17] Auf diesen Versuch einer Rückkehr zur natürlichen Theologie hat Barth mit einem zornigen Nein reagiert – *Nein!*, so lautet der Titel seiner *Antwort an Emil Brunner*,[18] einer Schrift, in der er sich mit Brunners Annahme einer „Offenbarungsmächtigkeit" des Menschen kritisch-polemisch auseinandersetzt.

Schon in Tillichs erster Auseinandersetzung mit der Theologie Karl Barths und Friedrich Gogartens[19] spielt der Begriff der Offenbarung im Sinne von Offenbarungsgeschichte eine zentrale Rolle. Tillichs These lautete: Es gibt keine aus der Geschichte „herausgeschnittene" und gegenständlich erfasste Stätte der Offenbarung, sondern nur eine „unanschauliche Offenbarungsgeschichte, die durch die Geschichte verborgen hindurchgeht und in Christus ihren vollkommenen Ausdruck gefunden hat" (GW VII 224). Als Theologe aber, so Karl Barths Einwand, habe man es nicht nur mit einem Unanschaulichen der Offenbarung zu tun, sondern mit einem „für den Menschen Wirklichen *und* Erkennbaren, mit der *Offenbarung*", die keineswegs eine „heimliche Gegebenheit ist, sondern ein speziellstes, nur von Gott aus eröffnetes und nur, indem wir von ihm erkannt werden, zu erkennendes *Geschehen*, ein *Ereignis* von Person zu Person, eine *Mitteilung*, eine *Gabe* im strengsten Sinn des Wortes, beides, die Sache *und* das Wissen darum" (GW VII 234).

In Kenntnis von Barths *Nein!* gegen Brunner sowie der *Barmer Theologischen Erklärung* von 1934 hält Tillich im Jahre 1935 die Dudleian-Lecture an der Harvard University über *Natürliche Religion und Offenbarungsreligion*.[20] Wie Karl Barth lehnt auch er die Vorstellung von einem auf dem Unterbau einer natürlichen Theologie sich erhebenden Überbau einer Offenbarungstheologie ab. Er sucht nach einem neuen Weg, die in der alten natürlichen Theologie enthaltene Wahrheit zu retten. Nicht die Natur des Menschen, so Tillich, ist der Ort, an dem Offenbarung und religiöse Erfahrung sich ereignen, sondern die Geschichte des Menschen. Tillich stimmt mit Karl Barth darin überein, dass es keine Gotteserfahrung ohne Gottesoffenbarung gibt, also auch keine natürliche Gotteser-

---

16 Ebd., 343.
17 Emil Brunner, Natur und Gnade. Zum Gespräch mit Karl Barth [1934], Tübingen ²1935, 44.
18 Karl Barth, Nein! Antwort an Emil Brunner (ThE 14), München 1934.
19 Paul Tillich, Kritisches und positives Paradox. Eine Auseinandersetzung mit Karl Barth und Friedrich Gogarten, in: Theologische Blätter 2 (1923), Sp. 263–269 = GW VII 216–225.
20 Paul Tillich, Natural and Revealed Religion, in: Christendom 1 (1935), 159–170 = MW VI 213–223, dt. GW VIII 47–58.

kenntnis. Er stimmt mit ihm aber nicht überein, wenn dieser eine geschichtliche Gotteserfahrung bestreitet. Gibt es keine geschichtliche Gotteserfahrung, dann gibt es auch keine geschichtliche Offenbarung. Darum behauptet Tillich, dass Offenbarung in *jedem* Augenblick der Geschichte empfangen werden muss, um in einem *bestimmten* Augenblick der Geschichte empfangen werden zu können. Jeder Augenblick in der Geschichte hänge von jedem anderen ab, „die Gegenwart von der Vergangenheit und die Zukunft von der Gegenwart, und umgekehrt der Sinn der Vergangenheit vom Sinn der Gegenwart und der Sinn der Gegenwart vom Sinn der Zukunft." (GW VIII 55) Tillich nennt dies die „wechselseitige Abhängigkeit in der Geschichte". Sie schließe ein, „dass der eine Augenblick, den wir Offenbarung nennen, nur deshalb Offenbarung für uns sein kann, weil es in jedem Augenblick schon Offenbarung gibt" (ebd.).

Tillich räumt ein, dass dieser Gedanke einer Offenbarungsgeschichte missverstanden werden kann, als sei die Religionsgeschichte als solche Offenbarungsgeschichte. Diesem Missverständnis hält Tillich noch einmal seine Definition von Offenbarung entgegen: „Offenbarung, die uns gegeben wird, die uns ergreift und uns das letztgültige Kriterium für unsere Existenz schenkt, ist auf *einen* Augenblick beschränkt" (ebd.). Offenbarung „für uns" ist exklusiv. Vorausgegangene Offenbarungen sind für uns keine Offenbarungen, aber sie sind in der „Offenbarung für uns" mitenthalten und wirksam.

Das aber heißt: Wenn Christus für uns Offenbarung ist, dann ist im Bilde Christi „die Religion des jüdischen Volkes und die ihm [sc. dem jüdischen Volk] in seiner Geschichte gegebene Offenbarung mitenthalten" (GW VIII 55 f.). Offenbarung „für uns" ist also immer auch geschichtliche Offenbarung.

Tillich will weder eine ungeschichtliche natürliche Theologie noch eine ungeschichtliche Offenbarungstheologie, sondern eine Theologie geschichtlicher Offenbarung, die er für die einzige überhaupt mögliche Theologie hält. Er erklärt diesen Gedanken durch das Gleichnis von der lebendigen wechselseitigen Abhängigkeit von Frage und Antwort und Antwort und Frage. Er will damit die Kluft zwischen natürlicher und übernatürlicher Religion und Theologie überwinden durch – wie er betont – „*eine* Theologie, die *zwei* Pole hat: die Frage der menschlichen Existenz und die Antwort der göttlichen Offenbarung" (GW VIII 58). Der Theologie der geschichtlichen Offenbarung entspricht also die Korrelation von Frage und Antwort, die aber auch, wie die Urfassung seiner *Systematischen Theologie*, der Vorlesungszyklus *Advanced Problems in Systematic Theology* von 1936–1938 zeigt (EW XIX), die Korrelation von Antwort und Frage sein kann. Denn: „Das Fragen nach der Offenbarung setzt Offenbarung voraus und umgekehrt; sie sind voneinander abhängig." (GW VII 56)

Werkgeschichtlicher Kontext

In seiner im Mai 1914 in Halle vorgelegten Habilitationsschrift Der Begriff des Übernatürlichen, sein dialektischer Charakter und das Prinzip der Identität, dargestellt an der supranaturalistischen Theologie vor Schleiermacher (EW IX 439–588) hat sich Tillich mit dem Begriff des Übernatürlichen und damit auch mit dem Offenbarungsverständnis der supranaturalistischen Theologie kritisch auseinandergesetzt. Er unterscheidet zwischen einem abstrakten Supranaturalismus, der die schlechthinnige Überweltlichkeit Gottes behauptet, und einem konkreten Supranaturalismus, der die Überweltlichkeit Gottes im Natürlichen und Konkreten haben will. Das Überweltliche Gottes tritt im konkreten Supranaturalismus ein in die „Welt des Mangels und der Sünde" (EW IX 527). Tillich sieht darin „die sittliche Größe und religiöse Tiefe", durch die sich der konkrete Supranaturalismus über den abstrakten erhebt (EW IX 528). Die vom konkreten Supranaturalismus erhobene Forderung einer Offenbarung führt er auf die „religiös-sittliche Unerträglichkeit" der abstrakten Überweltlichkeit Gottes zurück. Das Postulat einer Offenbarung ist nicht im Gottesbegriff selbst begründet. „Ist Gott der bloß Übernatürliche", so argumentiert Tillich,

> so liegt es nicht unmittelbar und notwendig in seinem Begriff, innerweltlich im konkret-supranaturalen Sinne zu werden. Gott ist vollständig erkannt, abgesehen von seiner geschichtlichen Offenbarung; diese fügt seinem Begriff nichts Neues hinzu; sie ist nur eine neue Art, diesen Begriff mitzuteilen und religiös-sittlich wirksam werden zu lassen (ebd.).

Vom Gottesbegriff aus gesehen, ist die Offenbarung nur eine Möglichkeit Gottes, vom Zustand der Welt aus gesehen, ist die Offenbarung eine Notwendigkeit. Es stellt sich für Tillich auch die Frage, wo die „postulierte Wirklichkeit" der Offenbarung im Konkreten realisiert ist. In diesem Auseinanderfallen von Möglichkeit, Notwendigkeit und Wirklichkeit der Offenbarung sieht er das Merkmal des konkreten Supranaturalismus. Die Logik des Supra lässt „ein notwendiges Eingehen des Übernatürlichen in das Natürliche" nicht zu (ebd.). Es sei, so Tillich, nicht schwer, die Offenbarung als wünschenswert und wichtig für das geistige Leben erscheinen zu lassen. Das Postulat der Offenbarung, so Tillichs Kritik, ist eher ein Werturteil, also logisch betrachtet, ein Wunsch. Ethos und Logos des Supra fallen auseinander. Dem Nachweis dieser „dialektischen Kraftlosigkeit der Offenbarungswerturteile" [!] (EW IX 530) dienen die vielen Zitate, die Tillich aus der Literatur der Supranaturalisten über weite Strecken seiner Arbeit aufführt. Nach einer scharfsinnigen logisch-dialektischen Analyse des vom abstrakten und konkreten Supranaturalismus beschriebenen Verhältnisses von Offenbarung und Vernunft kommt Tillich zu dem Urteil, dass das Supra entweder nicht hinführt zum

Übervernünftigen oder die Vernunft vernichtet. Die „tiefste Wurzel" des Supranaturalismus sieht er darin, dass seine Begriffsbildungen ihn zwingen, „jede Ineinssetzung von Offenbarung und fragendem Subjekt zu bestreiten". Die Orthodoxie mit ihrer Lehre vom testimonium spiritus sancti internum habe aber die Ineinssetzung behauptet (EW IX 588).

Als Supranaturalismus hat Tillich später auch Karl Barths Theologie bezeichnet. Auch ihm hält er das testimonium internum entgegen, das Zeugnis, das der Heilige Geist unserem Geist gibt (Röm 8,16), „das sich also nicht jenseits unseres Geisteslebens vollzieht" (GW VII 259). Wenn Barth das Humanum von unserem Geist, aus der Lehre von der Gottesebenbildlichkeit des Menschen und von jeder Beziehung zu Gott fernhalte, bleibe ungeklärt, „wieso die Offenbarung den Menschen etwas angeht, wenn nicht in ihm ist, was nach ihr fragen lässt, was zu ihr hintreibt, was sie verständlich macht" (ebd.). Tillichs Kritik des älteren Supranaturalismus kann als ein logisch-dialektisches Vorspiel zu seiner späteren Barth-Kritik verstanden werden.

Unter dem Eindruck von Karl Barths *Römerbrief* unterscheidet Tillich in seinem am 25. Januar 1922 vor der Berliner Kant-Gesellschaft gehaltenen Vortrag *Die Überwindung des Religionsbegriffs in der Religionsphilosophie* (GW I 365–388) zwischen Religion und Offenbarung. Die Offenbarung gründe sich unter der Herrschaft des Religionsbegriffs auf das autonome Geistesleben, „sei es im Sinne einer offenbaren Vernunftreligion, sei es im Sinne der Religionsgeschichte". Dadurch werde die „absolute Tat Gottes" relativiert zur Entwicklung des religiösen Geistes. Die Religion wolle aber nicht Religion, auch nicht absolute Religion, „sondern sie will Erlösung, Offenbarung, Heil, Wiedergeburt, Leben, Vollendung, sie will das unbedingt Reale, sie will Gott" (GW I 382). Der Religionsbegriff „bringt Göttliches und Menschliches auf eine Ebene" (ebd.), er vergegenständlicht das Unbedingte. „Jede Religion ist als Religion relativ, denn jede Religion ist Vergegenständlichung des Unbedingten". Aber jede Religion kann auch Offenbarung und als Offenbarung absolut sein; denn – so die Begründung – „Offenbarung ist das Durchbrechen des Unbedingten in seiner Unbedingtheit. Jede Religion ist insoweit absolut, als sie Offenbarung ist, d. h. insoweit als das Unbedingte in ihr als Unbedingtes heraustritt im Gegensatz zu allem Relativen, was ihr als Religion zukommt." (Ebd.)

Offenbarung ist Durchbruch des Unbedingten in unsere Wirklichkeit. „Durchbruch des Unbedingten [...], das ist der Sieg über den Geist des Religionsbegriffs." (Ebd.) Von Religion, Religionen und Religionsphilosophie kann darum für Tillich nur dialektisch geredet werden. In diesem Sinne gilt: Religion „muß vergegenständlichen, um aussagen zu können; dass sie aussagen will, ist ihre Heiligkeit; dass sie gegenständlich aussagen muß, ist ihre Profanheit. Gerechtfertigt ist sie nur da, wo sie diese ihre Dialektik durchschaut und dem Unbedingten allein die Ehre gibt" (ebd.). Mit dem Hinweis auf das Durchschauen dieser Dialektik verweist Tillich auf *sein* Verständnis von dialektischer Theologie. In seinem Vortrag *Das Wort Gottes als Aufgabe der Theologie* vom Oktober 1922 wird Karl Barth Tillichs Auffassung der Dialektik widersprechen und Tillichs Formel im Sinne seiner Theologie des Wortes Gottes variieren: „*Wir sollen als Theologen von Gott reden. Wir sind aber Menschen und können als solche nicht von Gott reden. Wir sollen Beides,* unser Sollen und unser Nicht-Können, *wissen und eben damit Gott die Ehre geben.*"[21] Der Dialektiker mit seinem Ja und Nein, so Karl Barth, will nicht mit dem Anspruch auftreten, „die Wahrheit Gottes zu sein, sondern mit dem Anspruch, *Zeugnis* zu sein von der Wahrheit Gottes, die in der Mitte, jenseits von allem Ja und Nein steht".[22]

In der *Religionsphilosophie* von 1925[23] definiert Tillich Offenbarung als „Durchbruch des unbedingten Sinngehaltes durch die Sinnform" (GW I 353). Der Begriff des Durchbruchs des Unbedingten ins Bedingte wird sinnphilosophisch und mit Hilfe der Unterscheidung von Gehalt und Form präzisiert. Wie schon im Vortrag von 1922 wird der heteronomen Deutung und der autonomen Verneinung der Offenbarung die Einsicht in den paradox-symbolischen Charakter der Offenbarung entgegengesetzt. Die heteronome Offenbarungslehre sieht nicht den Durchbruchscharakter der Offenbarung. Die Absolutheit der Offenbarung wird dem Offenbarungsmittler zuerkannt. Gemeint ist das Offenbarungsverständnis der dialektischen Theologie. Die Autonomie bestreitet die Offenbarung und setzt an ihre Stelle die eigene Formschöpfung. Die Religion des Paradox aber sieht in einem „konkreten Offenbarungssymbol" die Einheit von Exklusivität und sakramentaler Unmittelbarkeit (GW I 354). Das bedeutungsvollste Beispiel ist für ihn die paulinische Geistlehre. In ihr ist der Geist gegenwärtiger Offenbarungsträger mit den Merkmalen der Ekstase, der Inspiration und des Wunders, aber in Bindung an die Exklusivität des Symbols des Christus. Durch diese Bindung ist der Geist gehindert, ein Geist der Unordnung (1Kor 14,33) zu werden. Seine beiden Werke sind Gnosis und Agape, „Schaffung theonomer Erkenntnis und theonomer Gemeinschaft" (ebd.).

Je mehr die Offenbarung auf „bestimmte exklusive Offenbarungsträger" beschränkt wird, desto mehr wird Offenbarung heteronom verkehrt. Dies gilt für das Wunder, wenn es den Naturzusammenhang aufhebt, und die Inspiration, wenn sie zur übernatürlichen Mitteilung wird. Dem widersetzt sich die Autonomie. „Der Gegensatz von autonomer und heteronomer Offenbarungslehre ist überwunden

---

21 Karl Barth, Das Wort Gottes und die Theologie. Gesammelte Vorträge, München 1924, 158.
22 Ebd., 173.
23 GW I 297–364.

durch die Einsicht in den Charakter der Offenbarung als Durchbruch des Gehaltes durch die Form." (GW I 355) Ekstatik, Inspiration und Wunder, paradox-symbolisch verstanden, sind „*Durchbrechungen, keine Zerbrechungen* der Form" (ebd.). Offenbarung ist also keine „*Mitteilung gegenständlicher Erkenntnisse*" (ebd.). Alle Begriffe für das Unbedingte haben paradox-symbolischen Charakter. Das gilt auch für den Gottesbegriff. Jeder Akt des Offenbarungsglaubens enthält ein Doppeltes: die Richtung auf das Unbedingte (den „unbedingten Gehalt") und die symbolische Form, „durch die hindurch das Unbedingte offenbar wird" (GW I 356).

Das Thema der gesamten *Dogmatik-Vorlesung* von 1925–27 (EW XIV) ist nicht die Offenbarung als Durchbruch des Unbedingten, sondern die „vollkommene Offenbarung". Erst sie gibt der Dogmatik den konkret-existentiellen Charakter, der sie von der Religionsphilosophie unterscheidet. In den (bereits 1925 formulierten) Prolegomena der Dogmatik, die Tillich formal als Religionsphilosophie und material als Dogmatik verstanden wissen will, wird der Gegenstand der Dogmatik als Offenbarung bestimmt und ausführlich beschrieben (§§ 4–13). Offenbarung ist „Kundgebung des Unbedingten an uns" (EW XIV 14). Das uns unbedingt [!] Angehende ist das unbedingt [!] Verborgene. Es geht uns unbedingt an „als das, mit dem unser Wesen unbedingt verknüpft ist, ohne das wir wesensmäßig nicht Bestand haben könnten" (EW XIV 15). Es kann uns innerlich „töten" „durch Wes*ent*ziehung" (ebd.).

Die besondere Pointe in Tillichs Argumentation liegt darin, dass das wesensmäßig Verborgene zwar in unsere Wirklichkeit einbricht, aber „nur indirekt", d.h. „nur durch Offenbarung kund wird" (EW XIV 17). Das unbedingt Verborgene spricht sich somit nur indirekt, in Symbolen aus. Dies gilt auch für das Wort ‚Gott'. Gott als Symbol ist ein höheres oder höchstes Wesen, zugleich aber „unendlich viel mehr, nämlich auch die Negation dieses seines unmittelbaren Sinnes" (ebd.). Die via eminentiae muss also ergänzt werden durch die via negationis. Damit ist der Unterschied zwischen Grundoffenbarung und Heilsoffenbarung gegeben. (§ 8). Offenbarung kommt als Konkretes auf uns zu, ist Offenbarung des „Heilsweges", zugleich aber auch „Durchbruch des Unbedingten" (EW XIV 37). In der Unterscheidung von Grund- und Heilsoffenbarung sieht Tillich „die eigentliche Tiefe des Offenbarungsgeschehens", sie ist das Kennzeichen der vollkommenen Offenbarung. „Eine Offenbarung ist vollkommen, wenn ihr Heilsweg die Erschütterung jedes Heilsweges enthält" (EW XIV 45), wenn ihr Heilsweg also über sich hinausweist auf das Unbedingte.

Die vollkommene Offenbarung ist also die sich selbst aufhebende und darum die universale Offenbarung. Sie muss zugleich eine bestimmte Religion, ein konkreter, freilich „ein sich ständig aufhebender" Heilsweg sein, weil das Kriterium des mich unbedingt Angehenden an einen konkreten Heilsweg gebunden ist (EW XIV 53). Für die christliche Dogmatik heißt dies: Sie handelt von der vollkommenen Offenbarung „im Anschluss an den Heilsweg, in dem einem konkreten Glauben entsprechend die vollkommene Offenbarung zu symbolkräftigstem Ausdruck kommt" (EW XIV 54). Die christliche Dogmatik hat einen direkten, den bestimmten Heilsweg, und einen indirekten, „die in diesem Heilsweg ausgedrückte vollkommene Offenbarung". Nur durch das erste hindurch kann vom zweiten, dem eigentlichen Heil, geredet werden. Tillich nennt dies die „Dialektik von vollkommener Offenbarung und christlichem Heilsweg" (EW XIV 55). Sie kommt im Kapital über die Normen der Dogmatik (§§ 14–16) zur Darstellung.

Der Begriff der vollkommenen Offenbarung ist konstitutiv für alle drei Teile der Dresdener *Dogmatik-Vorlesung* (Schöpfung, Erlösung, Vollendung). So wird im ersten Teil der Dogmatik das Seiende in der vollkommenen Offenbarung dreifach bestimmt: als Natürliches (oder Wesensgemäßes), Wesenswidriges und als Zusammenhang von Wesensgemäßem und Wesenswidrigem, religiös gesprochen: als Verbundenheit, Getrenntheit und Zusammensein von Getrenntheit und Verbundenheit von Gott und Welt. Im zweiten Teil der Dogmatik, der Lehre von der Erlösung, wird das Seiende als Geschichtliches bestimmt. Die vollkommene Offenbarung manifestiert sich als Offenbarungsgeschichte. Die Geschichte wird als Durchbruch der vollkommenen Offenbarung verstanden. Der Durchbruch ist konkrete, personhafte Wirklichkeit, ja persönliche Tat. Nur so könne sie, wie Tillich behauptet, „Überwindung des Dämonischen" sein (EW XIV 322.). Nicht eine vollkommene Gemeinde, sondern ein persönliches Leben (also Jesus Christus und nicht die Urgemeinde) ist Träger der vollkommenen Offenbarung. Die Gemeinde nimmt die Verkündigung der vollkommenen Offenbarung „in Form eines Christusbildes" vor (EW XIV 323). Die vollkommene Offenbarung umfasst schließlich auch das Seiende in der Vollendung, für das die Idee des Reiches Gottes steht.

Die Leipziger Antrittsvorlesung von 1927 über *Die Idee der Offenbarung* (GW VIII 31–39) bietet eine Zusammenfassung der §§ 4–13 der *Dogmatik-Vorlesung* von 1925–1927. Wie schon in dieser Vorlesung betont Tillich den Zusammenhang der Offenbarung mit dem Prinzip des mich unbedingt Angehenden. Es gibt keine Offenbarung als solche, Offenbarung ist immer Offenbarung „für mich" und immer mit einem unabweisbaren Anspruch an mich verbunden. Die vollkommene Offenbarung wird als vollkommen bezeichnet, wenn sie die Macht in sich trägt, „wieder und wieder beunruhigt und durchbrochen zu werden" (GW VIII 38). Jede solche Beunruhigung und Erschütterung verweist auf das Unbedingte, auf die Grundoffenbarung in der vollkommenen Offenbarung.

Das Thema ‚Offenbarung und Vernunft' kommt in dem 1930 veröffentlichten RGG-Artikel über *Offenbarung* (GW VIII, 40–46) zur Sprache. Tillich fragt darin, ob die Vernunft von sich aus das in der Offenbarung Gegebene erkennen kann. Gegen Lessing macht Tillich geltend, dass die Offenbarung Erscheinen des Unbedingt-Verborgenen in unserer Wirklichkeit ist, also nicht Erkenntnisakt eines Seienden sein kann. Die Offenbarung zerstört allerdings die Vernunft nicht, aber sie erschüttert sie und wendet sie um. Auf die Frage, ob die Inhalte der Offenbarung rational begründet werden können, antwortet Tillich mit einem klaren Nein. Wohl aber hält er es für möglich, „die von der erschütterten und umgewendeten Vernunft vernommenen Offenbarungsinhalte zu sinnvoller, einander begründender und rechtfertigender Darstellung zu bringen" (GW VIII 46).

Vor dem Hintergrund der kirchlichen Ereignisse und Debatten in Deutschland seit 1933, vor allem der Auseinandersetzung Karl Barths mit Emil Brunner hat Tillich im Jahre 1935 vor dem akademischen Publikum in den USA seine theologische Position in zwei Veröffentlichungen dargelegt. In dem bereits erwähnten Vortrag über *Natural and Revealed Religion* hatte er seine „Theologie geschichtlicher Offenbarung" entwickelt. In dem Aufsatz *What is Wrong with the „Dialectic" Theology?*[24] wirft er Barth vor, durch seine Durchführung der Dialektik das „Majestätsrecht Gottes" eingeschränkt zu haben (GW VII 254). Religion und Offenbarung, Religionsgeschichte und Offenbarungsgeschichte gleichzusetzen, sei abzulehnen. Sie aber voneinander zu trennen, sei supranatural und nicht dialektisch. Dialektisch sei es, in der Religionsgeschichte Antworten, Irrtümer und Fragen zu finden, die auf die endgültige Antwort hinführen. Die Lehre der Kirchenväter vom Logos spermatikos, der Fragen und Antworten hervorbrechen lasse, sei nicht nur dialektisch wahrer als Barths Auseinanderreißen von Frage und Antwort, sie entspreche auch jeder unbefangenen Begegnung mit außerchristlicher Frömmigkeit mehr als Barths „Entgöttlichung der Religionsgeschichte" (GW VIII 256f.). Kultur, so Tillich ist nicht Offenbarung, sie ist menschliche Möglichkeit, Offenbarung aber ist unmögliche, d.h. göttliche Möglichkeit. Die göttliche Offenbarung aber sei Offenbarung an den Menschen, der sie nur als Mensch mit seiner Geschichte und Kultur, aber nicht als gespenstischer Hohlraum aufnehmen kann.

Die erste große Vorlesung über den gesamten Bereich der systematischen Theologie ist die am Union Theological Seminary von 1936 bis 1938 gehaltene und seitdem kontinuierlich überarbeitete und wiederholte vierteilige Vorlesung *Advanced Problems in Systematic Theology* (EW XIX). Sie kann als die Urfassung der später veröffentlichten *Systematischen Theologie* bezeichnet werden. Hier wird das Konzept einer aus zwei Polen bestehenden Theologie geschichtlicher Offenbarung durchgeführt. Allerdings setzt Tillich in allen vier Teilen dieses Vorlesungszyklus mit der göttlichen Antwort ein: Offenbarung und Vernunft, Gott und die Welt, Christologie und menschliche Existenz, Reich Gottes und Geschichte.

---

[24] In: Journal of Religion, Vol. 15 (1935), dt. Was ist falsch in der „dialektischen" Theologie?, GW VII 247–262.

Im zweiten Teil dieses Vorlesungszyklus beschreibt er das Geheimnis der Offenbarung im Rahmen seiner Lehre von *Gott und Welt*. Statt vom Grund des Seins und Sinns spricht er vom Unbedingten. Wenn Erkenntnis eine Beziehung im Bedingten ist, wie kann unser Erkennen dann das Unbedingte erkennen? Tillich antwortet darauf mit dem Hinweis auf die Offenbarung: „Dies ist nur möglich, wenn das, was die gewöhnliche Wirklichkeit überschreitet, in der Wirklichkeit erscheint, ohne ein Teil von ihr zu werden, oder wenn das Unbedingte sich selbst bedingt, ohne ein Bedingtes zu werden. Dies aber nennen wir Offenbarung." (EW XIX 89)[25]

Die Erkenntnis Gottes ist also, wie Tillich fortfährt,

> abhängig von seiner Selbstmitteilung, von der Erscheinung eines Geheimnisses, das Geheimnis bleibt und für uns manifest wird in einer Korrelation von Ekstase und Wunder [...]. Gotteserkenntnis ist darum immer Erkenntnis auf Grund von Offenbarung. Eine andere Erkenntnis Gottes gibt es nicht. Gäbe es sie, würde Gott nicht die Wirklichkeit in Wert und Macht überschreiten, das Unbedingte wäre nicht das Unbedingte. Offenbarung meint eine Erscheinung Gottes als unbedingt, die weder durch unser Argumentieren noch durch unser Fühlen noch durch unsere Intuition bedingt wird. [...] Sie ist unbedingte Erscheinung und sie ergreift uns oder sie ergreift uns nicht, sie ergreift die Dinge oder sie ergreift sie nicht. Sie ist nicht eingeschlossen in die Dinge und kann vom Geist nicht erfasst werden. Exakt dies meint Geheimnis. (EW XIX 90 f.)

Kommentar

Die erste Hälfte des Ersten Teils der *Systematischen Theologie*, die sog. Frage-Seite, steht unter der Überschrift *Die Vernunft und die Frage nach der Offenbarung*. Wir haben es hier, in der zweiten Hälfte des Ersten Teils, der Antwort, mit der *Wirklichkeit der Offenbarung* (I 129–189) zu tun.

Der Zusammenhang von Frage und Antwort ist kein Mechanismus, der sich von selbst versteht, sondern, wie Tillich betont, ein Wagnis. Die Vernunft, so hatte er argumentiert, befindet sich in einem Dilemma. In der Reduktion auf ein beherrschendes Erkennen bietet sie Sicherheit, aber nicht unbedingten Sinn; einendes Erkennen kann Sinn geben, aber keine Sicherheit. Wenn dieses Dilemma nicht verdeckt wird, führt es entweder zur Verzweiflung über die Wahrheit oder zur Frage nach der Offenbarung. Denn die Offenbarung, so Tillich, „erhebt den Anspruch, eine Wahrheit zu geben, die gewiß ist und uns unbedingt angeht – eine Wahrheit, die die Unsicherheit solchen Wagnisses auf sich nimmt, zugleich aber über sie hinausgeht" (I 127).

---

25 Übersetzung vom Vf.

Tillich gliedert seine Ausführungen über die Wirklichkeit der Offenbarung in vier Teile: eine „kritische" Phänomenologie der Offenbarung (A), eine dogmatische Beschreibung der aktuellen, d.h. der letztgültigen Offenbarung (B), eine Analyse der Überwindung des Konflikts der Vernunft in der letztgültigen Offenbarung (C) sowie einen Nachtrag über den „Grund der Offenbarung", die Selbstoffenbarung Gottes (D).

A Der Begriff der Offenbarung (I 129–158)

1 Die Merkmale der Offenbarung (I 129–142)

a) Methodische Bemerkungen (I 129–131)
Das Problem einer Phänomenologie der Offenbarung sieht Tillich in der Auswahl einer einzelnen Offenbarung, die dem allgemeinen („universalen") Begriff der Offenbarung entspricht. Die Wahl eines Beispiels kann nicht dem Belieben oder Zufall überlassen werden, sie ist, wie Tillich behauptet, „von allergrößter Bedeutung" (I 130). Sie ist ihrer Funktion nach kritisch, ihrem Inhalt nach existentiell, d.h. sie ist „abhängig von einer Offenbarung, die man empfangen hat und die man für die vollkommene Offenbarung hält, und sie ist kritisch gegenüber anderen Offenbarungen" (ebd.). Der phänomenologische Ansatz wird beibehalten, aber durch ein existentiell-kritisches Element ergänzt.

Die Auswahl des Beispiels kann auf doppelte Weise geschehen. Entweder werden die konkreten Züge des Beispiels eliminiert, um auf diese Weise Universalität zu erreichen, die am Ende aber auf eine leere Abstraktheit hinausläuft, oder eine spezielle Offenbarung wird ausgewählt, die ihre Konkretheit behält, aber normgebende Offenbarung und daher von universaler Gültigkeit ist.

b) Offenbarung und Mysterium (I 131–135)
Tillich definiert Offenbarung als Offenbarung dessen, „was seinem Wesen nach ein Mysterium ist", d.h. als Manifestation „von etwas, das innerhalb des Zusammenhangs der alltäglichen Erfahrung begegnet und doch den gewöhnlichen Erfahrungszusammenhang transzendiert" (I 132). Entscheidend ist, dass unsere Beziehung zu diesem Mysterium „offenbar" wird. Dies ist der Kern der Offenbarung. Worin aber besteht unsere Beziehung zum Mysterium, das sich uns offenbart? Das Mysterium tritt zwar in unsere Erfahrung ein. Tillich beschreibt dieses Ereignis als ein „Getriebenwerden" der Vernunft über sich selbst hinaus zu ihrem

Grund und Abgrund,[26] „zu der Urtatsache, daß etwas ist und nicht nichts ist" (I 133). Der Schock, der das Bewusstsein ergreift, wenn es der Bedrohung durch das Nichtsein begegnet, ist die subjektive Seite des Erscheinens des Mysteriums; das Stigma der Endlichkeit, das der gesamten Wirklichkeit innewohnt, ist die objektive Seite. Der ontologische Schock und das Stigma der Endlichkeit offenbaren die negative Seite des Mysteriums, den Abgrund im Grunde des Seins. In jeder Offenbarung manifestiert sich aber auch die positive Seite, der Grund des Seins, die Macht des Seins, die das Nichtsein überwindet.[27] Diese Erscheinung des Seinsgrundes als *unseres* Seinsgrundes identifiziert Tillich mit dem, was uns unbedingt angeht. „Das Mysterium, das offenbart wird, geht uns unbedingt an, weil es der Grund unseres Seins ist. [...] Nur das Mysterium, das uns unbedingt angeht, erscheint in der Offenbarung." (I 134) Offenbarung ist also immer nur Offenbarung für jemanden in einer Situation unbedingten Betroffenseins. Es gibt keine „Offenbarung überhaupt".

Offenbarung enthält immer ein subjektives und ein objektives Geschehen, ein Ergriffensein durch die Manifestation des Mysteriums und eine Manifestation, die ihrerseits jemanden ergreift. Die objektive und die subjektive Seite bilden das Offenbarungsgeschehen und können deshalb nicht voneinander getrennt werden. Das Geheimnis erscheint subjektiv in der Form der Ekstase der Vernunft, objektiv in der Form des Wunders.[28]

c) Offenbarung und Ekstase (I 135–139)

Den in der traditionellen Lehre von der Offenbarung vorgegebenen Begriff der Inspiration ersetzt Tillich in der Vorlesung *Advanced Problems in Systematic Theology* (EW XIX 16–19) durch den Begriff der Ekstase. Ekstatische Vernunft, so Tillichs Argument, bleibt Vernunft, „sie empfängt nichts Irrationales oder Antirationales", „aber sie transzendiert die Grundbedingung der endlichen Rationa-

---

[26] Die deutsche Übersetzung („wo die Vernunft vorstößt [...]") (I 133) schreibt der Vernunft eine aktive Rolle zu. Der englische Text lautet: „when reason is driven beyond itself [...]" (I 110^e).
[27] Vgl. die Ausführungen in *Advanced Problems in Systematic Theology* [1936], EW XIX 16, sowie zu Hegels *Ontologie des Nichtseins* in *The Courage to Be* [1952], dt. GW XI 103: „Die Negation ist die dynamische Kraft in seinem System, die die absolute Idee [...] zur Existenz treibt und die Existenz zur absoluten Idee zurücktreibt (die sich in dem Prozeß als absoluter Geist aktualisiert)."
[28] Zur Diskussion der evangelischen Theologie des 19. und frühen 20. Jahrhunderts über das Verhältnis von äußerer Offenbarung Gottes in Ereignissen der Geschichte und der Inspiration als Wirkung und Deutung jener Ereignisse in der Subjektivität vgl. Wolfhart Pannenberg, Systematische Theologie, Bd. I, Göttingen 1988, 240–248. Zum Supranaturalismus vor Schleiermacher und dessen Verständnis von Inspiration und Wunder vgl. auch Tillichs Habilitationsschrift *Der Begriff des Übernatürlichen*, EW IX 484–494.

lität, die Subjekt-Objekt-Struktur" (I 135). Der Begriff Inspiration hingegen erinnert ihn an die Lehre von der Inspiration der Schrift, in der „die Vernunft von einem Wissen überfallen wird", das wie ein Fremdkörper die rationale Struktur des Bewusstseins zerstört. Tillich kann den Begriff akzeptieren, wenn er die kognitive Qualität der ekstatischen Erfahrung bezeichnet. Die Inspiration eröffnet dann „eine neue Dimension der Erkenntnis: die Dimension des Verstehens in Bezug auf das, was uns unbedingt angeht, nämlich auf das Mysterium des Seins" (I 139).

Ekstase ist also keine Negation der Vernunft. „Sie ist der Bewußtseinszustand, in dem die Vernunft jenseits ihrer selbst ist, d. h. jenseits ihrer Subjekt-Objekt-Struktur." (I 135) In solchem Zustand wird die Vernunft vom Grund des Seins und Sinns ergriffen. Die Ekstase offenbart somit „etwas Gültiges über die Beziehung zwischen dem Mysterium des Seins und uns" (I 137).

Das Mysterium des Seins enthält eine negative Seite, sein abgründiges Element. Es wird als Bedrohung erfahren, die das Bewusstsein ergreift, als „ontologischer Schock". Auf die erkennende Funktion unseres Bewusstseins bezogen, kommt dieser Schock durch die philosophische Frage nach dem Sein und Nichtsein zum Ausdruck. Dieselbe Frage ergreift das Bewusstsein auch in der Ekstase. Hier jedoch verbindet sich die Abgrunderfahrung mit der Erfahrung des Grundes. Der ontologische Schock wird erfahren und zugleich überwunden. Die philosophische Frage nach dem Sein und Nichtsein findet eine Antwort: die Erfahrung des Abgrundes und zugleich des Grundes. Die Vernunft wird ergriffen durch das Geheimnis ihrer eigenen Tiefe und der Tiefe des Seins allgemein. Religiös gesprochen: Sie erfährt nicht nur das mysterium tremendum, die vernichtende Macht der göttlichen Gegenwart, sondern zugleich auch das mysterium fascinosum, die erhebende Macht der göttlichen Gegenwart.

d) Offenbarung und Wunder (I 139 – 142)

Unter „Wunder" versteht Tillich „zeichengebende Ereignisse", die die rationale Struktur der Wirklichkeit, in der sie sich ereignen, nicht zerstören. In der Dresdener *Dogmatik-Vorlesung* hatte er das Wunder als „Anzeichen der neuen Wesensmäßigkeit" definiert, „die hereinbricht". „Wesensmäßigkeit" wird dabei als „Überwindung des Reiches der Wesenswidrigkeit" verstanden (EW XIV 258 f.). Dies ist geschichtlich-politisch gemeint. „Die Auffassung der Geschichte", so Tillich in dieser Vorlesung, „als erfüllt von Heilskräften, die hereinbrechen und Wesensgemäßheit zeigen können, ist die tiefste Wurzel des echten Wunderglaubens. [...] Wir brauchen nicht Mirakel, [...] wir brauchen echte Wunder, z. B. in der rational unüberwindlichen Dämonie des Sozialen" (EW XIV 261). Demgegenüber betont er in unserem Text das „Stigma der Endlichkeit alles Seienden" und des „unausweichlichen Nichtseins" (I 140).

> Wie die Ekstase den Schock des Nichtseins im Bewußtsein voraussetzt, so setzen die zeichengebenden Ereignisse das Stigma des Nichtseins in der Wirklichkeit voraus. Im Schock und im Stigma [...] erscheint die negative Seite des Seinsgeheimnisses. (Ebd.)

Die geschichtlich-politische Interpretation des Wunders ist hier durch eine ontologisch-existentielle Deutung ersetzt. Dies gilt schon für die New Yorker Vorlesung *Advanced Problems* von 1936, in der es heißt: „Das Schreckenerregende in einem wirklichen Wunder ist das Verschwinden der konstitutiven Kategorien unserer Welt: Substanz, Kausalität usw. Dies entzieht uns für einen Moment die Grundlage unserer Existenz. Es öffnet sich ein Abgrund. Jede Notwendigkeit ist verschwunden. Aber das ist im positiven Wunder mitenthalten" (EW XIX 21; Übers. vom Vf.). Für die *Systematische Theologie* besteht das „positive Wunder" darin, dass es auf das Seinsgeheimnis hinweist, „durch das eine Beziehung des Menschen zum Seinsgrund offenbar wird" (I 141).

2 Die Medien der Offenbarung (I 142–151)

a) Die Natur als Medium der Offenbarung (I 142–145)

Jedes Ding und jede Person kann Träger des Seinsgeheimnisses sein, da es teil hat am Grund des Seins. Also können alle Naturobjekte und Naturereignisse Medien der Offenbarung sein, z. B. Meer und Sterne, Geburt und Tod, Naturkatastrophen und Krankheiten. In Offenbarungskonstellationen kann das Reguläre und das Irreguläre Medium der Offenbarung sein. Entsprechend wird das Mysterium des Seins durch rationale bzw. vorrationale Elemente manifest. Wichtig ist der Hinweis, dass Offenbarung durch das Medium der Natur nicht mit „natürlicher Offenbarung" verwechselt werden darf.

b) Geschichte, Gruppen und Individuen als Medien der Offenbarung (I 145–147)

Geschichtliche Ereignisse, Gruppen oder Individuen sind nicht als solche Medien der Offenbarung. Offenbarung durch sie geschieht dann, wenn sie transparent werden für den Grund des Seins und Sinns.

c) Das Wort als Medium der Offenbarung und der Begriff des „inneren Wortes" (I 147–151)

Das Wort als ein Medium der Offenbarung weist in seiner Bezeichnungs- und in seiner Ausdrucksfunktion über seinen gewöhnlichen Sinn hinaus. In der Offenbarungssituation hat die Sprache eine Kraft des Bezeichnens, die durch den gewöhnlichen Sinn ihrer Worte hindurch hinweist auf ihre Beziehung zu uns. Die Sprache hat aber auch eine Ausdruckskraft, die durch ihre gewöhnlichen Ausdrucksmöglichkeiten hindurch hinweist auf das, was nicht auszudrücken ist. Die Alltagssprache hat nicht den „Klang" und die „Stimme", das Unbedingte verstehbar zu machen. Aber als Medium der Offenbarung hat sie den „Klang" und die „Stimme" des göttlichen Mysteriums durch den Klang und die Stimme des menschlichen Ausdrucks und menschlicher Bezeichnung hindurch. Die Sprache, die diese Kraft hat, ist „Wort Gottes". Sie ist dann transparent für die Tiefe des Seins und Sinnes.

Als Medium der Offenbarung setzt das Wort bestimmte Offenbarungsereignisse voraus, d.h. es ist kein Offenbarungsmedium neben anderen, sondern ein Element in allen Formen der Offenbarung. Die Offenbarungswirklichkeit geht immer dem Offenbarungswort voraus. So setzt z.B. der Dekalog die neue Wirklichkeit des Bundes Gottes mit Israel voraus, er deutet sie, ist aber nicht als solcher Offenbarung.

Der Lehre vom „inneren Wort" und der „inneren Offenbarung" fehlt ein vorausgehendes Offenbarungsereignis. Dies kann, so Tillich, z.B. nicht die Erinnerung sein. Offenbarung ist nicht Erinnerung. Der Mensch im Zustand der existentiellen Entfremdung „kann die Botschaft vom Neuen Sein nicht durch Erinnerung empfangen. Sie muß zu ihm kommen, sie muß ihm gesagt werden, und das geschieht durch Offenbarung" (I 151).

3 Die Dynamik der Offenbarung: Originale und abhängige Offenbarung (I 151–154)

Tillich unterscheidet zwischen originaler und abhängiger Offenbarung. Die originale Offenbarung wird von einem individuellen Träger empfangen, „nur in der Tiefe eines personhaften Lebens, in seinen Kämpfen, seinen Entscheidungen und seiner Selbsthingabe" (I 152). Er empfängt sie für eine Gruppe, für die ganze Menschheit. Eine Gruppe kann die originale Offenbarung nicht empfangen, sie empfängt sie durch einen individuellen Träger, z.B. durch Petrus. Petrus selbst war Jesus als dem Christus direkt in originaler Offenbarungskorrelation begegnet. Alle nachfolgenden Generationen begegnen dem Jesus, der von Petrus und den Aposteln als der Christus schon aufgenommen wurde. Tillich nennt diese Offenbarung „abhängige Offenbarung". Bezugspunkt der abhängigen Offenbarung aber bleibt die originale Offenbarung. Der Akt der Beziehung auf die originale Offenbarung aber ändert sich ständig. Tillich spricht darum von einer „Dynamik der Offenbarung". Durch jede neue Gruppe wandelt sich die Offenbarungskorrelation. Das Gleiche geschieht „in unendlich kleinem Maße durch jedes neue Individuum" (I 153).

4 Die Offenbarungserkenntnis (I 154–158)

Welche Erkenntnis vermittelt die Offenbarung? Offenbarungserkenntnis erweitert nicht unsere gewöhnliche Erkenntnis, widerlegt sie auch nicht, sie ist Erkenntnis des Seinsgeheimnisses für uns. Sie kann nur in der Offenbarungssituation empfangen werden und nur denen vermittelt werden, die an dieser Situation teilhaben.

Tillich betont die Indifferenz der Offenbarungserkenntnis gegenüber allen Formen gewöhnlicher Erkenntnis, insbesondere der Naturwissenschaft, der Geschichtsforschung und der Psychologie. Erkenntnis der Offenbarung, sei sie direkt oder indirekt, ist für Tillich Erkenntnis Gottes und darum analog oder symbolisch.

B Aktuelle Offenbarung (I 158–175)

1 Aktuelle und letztgültige Offenbarung (I 158–161)

Unter der „aktuellen Offenbarung" versteht Tillich die Offenbarung, die nur mit dem zu tun hat, was *uns* unbedingt angeht, also die Offenbarung, die für uns die letztgültige, normgebende und unüberholbare Offenbarung ist. Damit ist die Offenbarung in Jesus als dem Christus gemeint.

Auf diese Weise wird noch einmal der Standpunkt des theologischen Zirkels betont, der schon im Abschnitt A Kriterium des Offenbarungsverständnisses war. Doch der Standpunkt des theologischen Zirkels bedeutet nicht Willkür, er muss begründet werden. Inwiefern ist die Offenbarung in Jesus als dem Christus für uns die letztgültige und normgebende Offenbarung? Das Kriterium kann nur in dieser Offenbarung selbst gefunden werden. Es lautet: „Eine Offenbarung ist letztgültig und normgebend, wenn sie die Macht hat, sich selbst zu verneinen, ohne sich selbst zu verlieren" (I 159). Man sieht diesem Kriterium an, dass es ein aus der Christologie, genauer gesagt: aus einem bestimmten Verständnis des Kreuzestodes Christi abgeleitetes Kriterium ist. Tillich umschreibt es so:

> Die Frage nach der letztgültigen Offenbarung ist die Frage nach einem Medium der Offenbarung, das seine eigenen endlichen Bedingungen überwindet, indem es sie und sich selbst mit ihnen opfert. Der Träger der letztgültigen Offenbarung muß seine Endlichkeit aufgeben – nicht nur sein Leben, sondern auch seine endliche Macht, seine Erkenntnis und Vollkommenheit. Indem er das tut, erweist er sich als der Träger der letztgültigen Offenbarung (klassisch ausgedrückt, als der „Sohn Gottes"). Er wird völlig transparent für das Geheimnis,

das er offenbart. Aber um sich völlig aufgeben zu können, muß er sich völlig besitzen. Und nur der kann sich völlig besitzen – und deshalb sich aufgeben –, der mit dem Grunde des Seins und Sinns ohne Entfremdung und ohne Entstellung verbunden ist. (I 159 f.)

Tillich fährt dann fort: „Im Bilde Jesu als des Christus sehen wir das Bild eines Menschen, der diese Eigenschaften besitzt [...]" (I 160).

Tillich unterscheidet scharf zwischen dem Medium der Offenbarung, das sich selbst und seine Endlichkeit opfert, und der dämonischen Erhebung des Mediums der Offenbarung zur Würde der Offenbarung selbst. „Durch sein Kreuz opferte Jesus sich selbst als Medium der Offenbarung" (ebd.). Die vollständige Einheit Jesu als des Christus mit dem Seinsgrund gilt also nicht für Jesus als solchen, im Gegenteil: er muss als Medium sich und sein endliches [!] Wesen opfern, um auf diese Weise transparent zu werden für den Seinsgrund. Sein endliches Wesen würde diese Transparenz verhindern. Gegen eine Jesus-zentrierte Frömmigkeit und Theologie formuliert Tillich: „Der Gegenstand von Frömmigkeit und Theologie ist Jesus als der Christus und nur als der Christus. Und er ist der Christus als der, der alles, was nur ‚Jesus' an ihm ist, zum Opfer bringt" (I 161). Genau dies meint der Titel „Jesus als der Christus". Diese Christologie hat für Tillich zwei Folgen: Für uns bedeutet sie, dass, wenn wir Jesus als dem Christus nachfolgen, „wir frei sind von der Autorität alles Endlichen in ihm", also seiner Tradition, Frömmigkeit, Weltanschauung und jedem gesetzlichen Verständnis seiner Ethik. Für das Christentum bedeutet sie, dass es Letztgültigkeit nur dann beanspruchen darf, wenn es behauptet, „daß Jesus von Nazareth Jesus als dem Christus zum Opfer gebracht worden ist" (ebd.).

2 Die letztgültige Offenbarung in Jesus als dem Christus (I 161–164)

Bisher hatte Tillich das Kriterium der letztgültigen Offenbarung prinzipiell und abstrakt dargestellt, wenn auch mit dem Ausblick auf das konkrete Bild der letztgültigen Offenbarung. Die Ausführungen dieses Abschnitts versteht er als „Aktualisierung des abstrakten Prinzips im Konkreten" (I 162). Er bezieht sich dabei auf die „Berichte und Interpretationen des Neuen Testaments, die von Jesus als dem Christus handeln". Das Aufsichnehmen des Kreuzes während und am Ende seines Lebens ist, so Tillich, „der entscheidende Beweis für seine Einheit mit Gott, für seine Transparenz gegenüber dem Seinsgrunde" (ebd.). Als Beleg zitiert Tillich das Wort Jesu nach Joh 12,44: „Wer an mich glaubt, der glaubt nicht an *mich*" (I 163).

Die Fortsetzung „sondern an den, der mich gesandt hat" und Vers 46. „Ich bin in die Welt gekommen als ein Licht, damit, wer an mich glaubt, nicht in der

Finsternis bleibe", zitiert Tillich nicht. Für Rudolf Bultmanns Auslegung von Joh 12,44 ist Jesus

> der Offenbarer, der Gott sichtbar macht. Wie in seinem Reden und Tun Gottes Handeln sich vollzieht, so ist Gott auch wirklich in ihm sichtbar und zugänglich. Das aber schließt natürlich ein: *nur* in ihm ist Gott sichtbar und zugänglich; die Stellungnahme zu ihm ist also entscheidend für das Schicksal des Menschen.[29]

Jesus ist der Offenbarer, in dem Gott begegnet; „der Offenbarer *vertritt* Gott nicht im rechtlichen Sinne, sondern in ihm, und nur in ihm, begegnet Gott selbst".[30] Der Logos ist nicht, „wie der Logos Philos oder der nous Plotins, ein Vermittler zwischen der Welt und der transzendenten Gottheit, sondern er ist Gott selbst, sofern er sich offenbart".[31] Das heißt aber, dass sich in seinem Wort, seiner Offenbarung, jetzt das Gericht vollzieht. Für Tillich aber ist Jesus das Medium der letztgültigen Offenbarung, „weil er sich völlig für Jesus als den Christus opfert" (I 163). Dies ist der „entscheidende Beweis für seine Einheit mit Gott, für seine völlige Transparenz gegenüber dem Seinsgrunde" (ebd.). In der Auslegung von Joh 12,44 zeigen sich die tiefen Unterschiede zwischen Tillichs und Bultmanns Christologie.

3 Die Offenbarungsgeschichte (I 164–172)

Unter „Offenbarungsgeschichte" versteht Tillich die Geschichte der Vorbereitung und Aufnahme der letztgültigen Offenbarung.[32] „Nur auf der breiten Basis universaler Offenbarung", so Tillich, „kann sich letztgültige Offenbarung ereignen und aufgenommen werden" (I 166).

Tillich nennt drei Arten der Vorbereitung der letztgültigen Offenbarung in der Offenbarungsgeschichte: die durch Priester besorgte Bewahrung des symbolischen Materials, die mystische, prophetische und rationale Kritik der verzerrten sakramentalen Formen und Systeme und die von den alttestamentlichen Propheten kritisierte und umgewandelte universale Offenbarung. Doch weder das jüdische Volk noch der „heilige Rest" konnten Träger der letztgültigen Offenbarung sein. Tillich begründet dies damit, dass „sie als Gruppen zu völliger Hingabe

---

[29] Rudolf Bultmann, Das Evangelium des Johannes (KEK 2), Göttingen ¹⁶1959, 262.
[30] Ebd., 262 Anm. 3.
[31] Ebd., 20.
[32] Bereits in seiner Dresdener *Dogmatik-Vorlesung* von 1925–1927 hat Tillich die Offenbarungsgeschichte ausführlich dargestellt (EW XIV 271–300).

ihrer selbst nicht fähig sind" und dass ein Durchbruch zu völliger Selbstaufgabe nur in einem persönlichen Leben geschehen muss.

Mit dem Durchbruch der letztgültigen Offenbarung beginnt die Periode ihrer Aufnahme. Alle Religionen und Kulturen außerhalb der Kirche sind noch in der Periode der Vorbereitung oder Erwartung. Dies gilt aber auch für die, die innerhalb der Kirche „niemals die Botschaft der letztgültigen Offenbarung in ihrem wahren Sinn und in ihrer Mächtigkeit aufgenommen [haben]" (I 171). Das Weitertragen der Offenbarung durch die Kirche „in dauernden Akten der Aufnahme, Deutung und Verwirklichung" ist, so Tillich, „selbst ein Offenbarungsprozeß mit allen Merkmalen der Offenbarung. [...] Er dauert bis zum Ende der Geschichte" (I 171 f.).

4 Offenbarung und Erlösung (I 172–175)

Einem intellektuellen, unexistentiellen Offenbarungsbegriff entspricht ein individualistischer, geschichtsloser Erlösungsbegriff. Wenn sich aber die Offenbarung in Zeit und Geschichte ereignet – und das Ereignis Jesu als des Christus war ein Ereignis in Zeit und Geschichte –, dann sind Offenbarungsgeschichte und Erlösungsgeschichte „die gleiche Geschichte" (I 172). Tillich verweist auf Worte wie Heil, Heiland, Heilsgeschichte, englisch: healthy, whole und salvation, die sich auf ein Heilen von „Krankheit, dämonischer Besessenheit, Knechtschaft der Sünde und unbedingter Macht des Todes" beziehen (I 173). Heil und Erlösung in diesem Sinne ereignen sich in Zeit und Geschichte. Sie werden aufgenommen von Menschen unter den Bedingungen der Existenz, also immer vorläufig, fragmentarisch und wandelbar. Unter den Bedingungen der Existenz sind Offenbarung und Erlösung also zweideutig. Tillich weist aber auf eine „letzte Erlösung" hin, die auch eine „letzte Offenbarung" sein wird, die „Wiedervereinigung mit dem Seinsgrund" (I 174). Solche Erlösung gibt es nur im Reich Gottes, dem Ort, „an dem jedes Ding völlig transparent ist, damit das Göttliche durchscheinen kann" (I 175).

C Die Vernunft in der letztgültigen Offenbarung (I 175–184)

In diesem Abschnitt kommt Tillich auf die Korrelation von Vernunft und Offenbarung zurück. Er hatte die Konflikte innerhalb der Vernunft als Konflikte zwischen Autonomie und Heteronomie, zwischen Relativismus und Absolutismus und zwischen Formalismus und Emotionalismus beschrieben. Wie löst die letztgültige Offenbarung diese Konflikte?

1 Die letztgültige Offenbarung überwindet den Konflikt zwischen Autonomie und Heteronomie (I 175–178)

Der Konflikt zwischen Autonomie und Heteronomie wird überwunden, indem deren essentielle Einheit wiederhergestellt, d.h. indem Theonomie geschaffen wird. Dies geschieht durch die letztgültige Offenbarung. Sie enthält, wie bereits dargestellt, zwei Elemente: die vollständige Transparenz des Seinsgrundes im Träger der Offenbarung sowie seine völlige Selbstaufopferung. Das erste Element gibt der autonomen Vernunft Substanz und Tiefe, das zweite Element bewahrt die heteronome Vernunft vor Machtansprüchen im Namen göttlicher Autorität. „Die letztgültige Offenbarung, weit davon entfernt, heteronom oder autoritär zu sein, macht frei." (I 176)[33]

An die Stelle des Konflikts von Autonomie und Heteronomie tritt also die Theonomie. Wo sie herrscht, so Tillich, „wird nichts, was als wahr und richtig angesehen wird, geopfert" (ebd.). Tillich beschreibt ihre kulturtheologische Bedeutung und ihre geschichtliche Form vom Frühmittelalter bis zur Gegenwart. Eine neue Theonomie, die er vom Protestantismus fordert, ist „keine Sache der Absicht oder des guten Willens, sondern des historischen Schicksals und der Gnade". Sie ist eine „Wirkung der letztgültigen Offenbarung" (I 178).

2 Die letztgültige Offenbarung überwindet den Konflikt zwischen Absolutismus und Relativismus (I 178–181)

Die konkreteste Form von Konkretheit, ein personhaftes Leben, ist in Jesus als dem Christus offenbar geworden. Damit ist die Vernunft aus dem Konflikt zwischen Absolutismus und Relativismus befreit. Die Lösung konnte, wie Tillich betont, „nur von der normgebenden Offenbarung kommen" (I 178).

Die logische Form des „konkreten Absoluten" ist das Paradox. Das Paradox ist die Form, in der das Seinsgeheimnis sich in Zeit und Raum und unter den Bedingungen der Existenz offenbart. Das konkrete Bild Jesu als des Christus beansprucht unbedingte und universale Gültigkeit. Das heißt aber, dass von ihm keine absoluten Lehren, Ideale oder Vorschriften abgeleitet werden können. Die normgebende Offenbarung gibt uns Beispiele, die auf das, was absolut ist, hinweisen, nicht aber Beispiele, die selbst absolut sind. Die absolute Seite der

---

[33] Im englischen Text zitiert Tillich hier abermals das Wort Jesu Joh 12,44 mit dem Hinweis „destroying any heteronomous interpretation of his divine authority" (I 148^e).

letztgültigen Offenbarung impliziert[34] „die vollständige Transparenz und die völlige Selbstaufopferung des Mediums, in dem sie erscheint" (I 180), nicht aber dogmatischen oder moralischen Absolutismus. Kein Gesetz des Denkens oder Handelns kann sich vor der absoluten Seite der letztgültigen Offenbarung behaupten – außer dem Gesetz der Liebe. Tillich nennt es das „letztgültige Gesetz, weil es die Verneinung des Gesetzes ist" (ebd.). Es ist absolut, weil es alles Konkrete zwischen Selbst und Welt umfasst.

Der Widerstreit von Absolutismus und Relativismus bestimmt auch unser Handeln. Handeln beruht auf Entscheidung und Wagnis. Dies gibt unserem Handeln den Charakter eines Absolutismus, weil mit ihm immer andere Möglichkeiten ausgeschlossen werden. Es geht Tillich nicht um „richtige Entscheidungen", sondern um „Entscheidungen, die aus der Liebe kommen" (I 181). Die Liebe gibt selbst Entscheidungen und Handlungen, die sich als falsch erwiesen haben, einen Sinn. Die Liebe ist, wie Tillich abschließend formuliert, „absolut als Liebe und relativ in jeder Liebesbeziehung" (ebd.).

3 Die letztgültige Offenbarung überwindet den Konflikt zwischen Formalismus und Emotionalismus (I 182–184)

Die essentielle Einheit der formalen und emotionalen Elemente der Vernunft bricht unter den Bedingungen der Existenz auseinander. Die Konflikte, die dadurch entstehen, hat Tillich in dem Kapitel *Die Vernunft in der Existenz* (I 108–113) ausführlich beschrieben.

Tillich gibt einen Überblick über die Geschichte des Konflikts von der alexandrinischen Theologie bis zur sogenannten neu-orthodoxen Theologie und Existenzphilosophie. Er will zeigen, dass sich Form und Emotion im Bereich der Erkenntnis nicht wesenhaft widersprechen. Die heilende Macht der letztgültigen Offenbarung heilt auch die Spaltungen und Konflikte der Vernunft. Sie lässt das Nebeneinander eines geheilten Herzens und eines ewig gespaltenen Verstandes nicht zu. Die Vernunft, so Tillich, „bedarf der Erlösung ebenso wie alle anderen Seiten der menschlichen Natur und der Wirklichkeit im allgemeinen" (I 184). Erlöste oder theonome Vernunft ist Vernunft, deren essentielle Struktur unter den Bedingungen der Existenz „fragmentarisch, doch real und wirksam wiederhergestellt" wird (ebd.). Tillich fordert von der Theologie, dass sie ihre negative, mehr manichäische als christliche Haltung zur Vernunft aufgibt und sich der theonomen Vernunft bedient, um die christliche Botschaft verständlich zu machen.

---

[34] Die Übersetzung von „involves" (I 151ᵉ) mit „bedingt" (I 180) ist missverständlich.

D Der Ursprung[35] der Offenbarung (I 185–189)

1 Gott und das Mysterium der Offenbarung (I 185–186)

In den Abschnitten A, B und C hatte Tillich die Offenbarung vom Menschen in der Offenbarungskorrelation her ('von unten') behandelt. Dabei benutzte er häufig Begriffe wie „Grund des Seins" und „Seinsgeheimnis". Jesus der Christus wird als „Träger des Seinsgeheimnisses" (I 142) bezeichnet. Im Abschnitt D erörtert Tillich – ‚von oben her' – die Frage nach dem göttlichen „Grund der Offenbarung".

„Grund der Offenbarung" ist, wie Tillich betont, der „Grund des Seins", der sich in der Existenz[36] manifestiert. Die Beziehung zwischen dem Grund des Seins und seinen Manifestationen in der Offenbarung kann, wie Tillich erläutert, nur in der Form von endlichen Taten eines höchsten Wesens ausgedrückt werden, die den Lauf endlicher Ereignisse umformen, kann also nur symbolisch ausgedrückt werden. Die Offenbarung des Seinsgrundes hat also, symbolisch ausgedrückt, Taten eines höchsten Wesens zum Inhalt. Von letztgültiger Offenbarung und einem Medium oder Träger der Offenbarung ist hier nicht die Rede. Die Beziehung zwischen dem Grund der Offenbarung, also dem Grund des Seins, und denen, die die Offenbarung aufnehmen, kann nur in personalen Kategorien erfasst werden, da – so argumentiert Tillich – das unbedingte Anliegen einer Person nicht weniger sein kann als eine Person, wenngleich es auch mehr sein muss als eine Person. Alle Begriffe, die den Akt der göttlichen Selbstoffenbarung beschreiben, haben symbolischen und nicht gegenständlichen Charakter.

Tillich unterstreicht den symbolischen Charakter unserer Rede von der Offenbarung durch Verwendung des Begriffs „Grund des Seins", der ein gegenständliches Verständnis der Manifestation des Mysteriums ausschließen soll. Was er unter „Grund des Seins" versteht, bedarf einer genaueren Untersuchung. Dass der Begriff auf Schelling und über ihn auf Jakob Boehme und Meister Eckhart zurückgeht, sagt nicht viel aus über das, was Tillich unter ihm versteht. In unserem Text identifiziert er „Grund des Seins" mit dem religiösen Wort „Gott". In der Gotteslehre seiner *Systematischen Theologie* bevorzugt er neben dem Begriff „Grund des Seins" den Begriff „Sein-Selbst", den er als nichtsymbolischen Ausdruck versteht (I 277). Wenn Sein auf die Macht hindeutet, die allem Sein innewohnt, so Tillich unter Hinweis auf Plato, dann könne man auch sagen, dass Gott „die unendliche Seinsmächtigkeit in allem und über allem ist" (I 273).

---

[35] Die Überschrift *Der Ursprung der Offenbarung* (englisch: *The Ground of Revelation* [I 155ᵉ]) sollte, dem englischen Text und dem deutschen Sprachgebrauch Tillichs folgend, geändert werden in *Der Grund der Offenbarung*.

[36] Die Übersetzung von „existence" (I 155ᵉ) mit „Dasein" (I 185) ist irreführend.

In unserem Text erläutert Tillich den Begriff „Grund des Seins" durch das Symbol „göttliches Leben". Dies gibt ihm die Möglichkeit, drei Elemente der Beziehung Gottes zu uns zu unterscheiden, die für ihn die Grundlage für das trinitarische Verständnis der letztgültigen Offenbarung sind: 1. den Abgrundcharakter des göttlichen Lebens, 2. seinen logischen Charakter, der die Offenbarung des Seinsgeheimnisses ermöglicht, und 3. den Geistcharakter des göttlichen Lebens, der die Aufnahme der letztgültigen Offenbarung in der Korrelation von Wunder und Ekstase ermöglicht. Auf diesem trinitarischen Verständnis des göttlichen Lebens beruht somit die Lehre von der Offenbarung. So gesehen, ist das Symbol „göttliches Leben" eine Erweiterung und Konkretisierung der Symbole „Grund des Seins" und „Seinsmacht".

2 Die letztgültige Offenbarung und das Wort Gottes (I 187–189)

Tillich hält es für möglich, die Lehre von der Offenbarung als Lehre vom Wort Gottes zu entwickeln. Er beruft sich dabei auf die Logos-Christologie, in der Jesus als der Christus logos genannt wird. Logos bedeutet hier nicht ein geschriebenes oder gesprochenes Wort, sondern die in Jesus dem Christus sich ereignende Offenbarungswirklichkeit.

Tillich nennt sechs verschiedene Bedeutungen des Begriffs „Wort Gottes", die er in bewusster Reihenfolge und Rangordnung beschreibt:

1. Wort ist an erster Stelle „das Prinzip der göttlichen Selbstoffenbarung im Grund des Seins selbst" (I 187).
2. Wort ist Schöpfungswort, das zwischen dem Abgrund des Seins und der Welt der konkreten Wesen vermittelt. Es hat den geistigen Charakter der Freiheit (gegenüber der Emanationslehre).
3. „Das Wort ist Manifestation des göttlichen Lebens in der Geschichte der Offenbarung." (I 188) Es wird von allen, die in der Offenbarungskorrelation stehen, empfangen. Es wendet sich darum auch an das Zentrum des Selbst.
4. „Wort ist die Manifestation des göttlichen Lebens in der letztgültigen Offenbarung." (ebd.) Jesus als der Christus ist das Wort, der logos.
5. Wort ist auch „das Dokument der letztgültigen Offenbarung und ihrer besonderen Vorbereitung" (ebd.), die Bibel.
6. Wort ist die Verkündigung der Kirche in Predigt und Lehre.

Alle sechs Bedeutungen des Begriffs ‚Wort' besagen: „Gott ist offenbar", „das Geheimnis des göttlichen Abgrundes, das sich ausdrückt im göttlichen logos – das ist der Sinn des Symbols ‚Wort Gottes'" (I 189).[37]

Nachbemerkung

Die Originalität, Pointe und Problematik der Ausführungen Tillichs über die *Wirklichkeit der Offenbarung* liegen in seiner Bestimmung des Verhältnisses Jesu als des Christus zum Grund und Abgrund des Seins. Das Verhältnis wird charakterisiert durch die Begriffe ‚Transparenz' und ‚Selbstaufopferung'. Jesus von Nazareth, ein individuelles, persönliches Leben, gibt in persönlicher Tat sich und alles Endliche an ihm und in ihm auf, um nichts anderes zu sein als der Christus, d. h. als Hinweis auf den Grund des Seins. Alles Endliche und Konkrete wird an das Unbedingte geopfert. Das ist Tillichs Version der theologia crucis: die „völlige Transparenz des Seinsgrundes" in Jesus als dem Christus

„Eine Offenbarung ist vollkommen, wenn ihr Heilsweg die Erschütterung jedes Heilsweges enthält" (EW XIV 45) und über sich hinausweist auf das Unbedingte, auf den „Gott über Gott". Das Letztgültige und Normgebende der Offenbarung in Jesus als dem Christus ist ihre ständige Selbstaufhebung und Selbstverneinung, die zum Kriterium jedes Offenbarungsanspruchs werden. Was unter dem hier so häufig gebrauchten Begriffen „Seinsgrund" und „Seinsgeheimnis" zu verstehen ist und was über die Beziehung dieses Grundes und Geheimnisses zu uns auszusagen ist, hat Tillich an anderer Stelle formuliert: „Der Mut zum Sein gründet in dem Gott, der erscheint, wenn Gott in der Angst des Zweifels untergegangen ist" (GW XI 139).

---

[37] In der Vorlesung *Advanced Problems in Systematic Theology*, Teil 3 (1937/38) heißt es: „Word of God, logos of God means the selfrealisation of God in the structures of reality, finally and paradoxically in incarnation. The term word expresses the personal and spiritual character of this selfrealisation even when it occurs in body. But it is a confusion to confine revelation to the word of God in the sense of the spoken or written word." (EW XIX 199)

Literatur

Karl Barth, Das christliche Verständnis von Offenbarung. Eine Vorlesung, München 1948.
Emil Brunner, Philosophie und Offenbarung, Tübingen 1925.
Avery Dulles, Was ist Offenbarung? Freiburg i. Br./Basel/Wien 1970.
Peter Eicher, Offenbarung. Prinzip neuzeitlicher Theologie, München 1977.
Dorothy Emmet, ‚The Ground of Being', in: Journal of Theological Studies, N.S. 15 (1964), 280–292.
Eilert Herms, Art.: Offenbarung V. Theologiegeschichte und Dogmatik, in: TRE, Bd. 25, Berlin/New York 1995, 146–210.
Alexander J. McKelway, The Systematic Theology of Paul Tillich. A Review and Analysis, Richmond 1964.
Helmut Richard Niebuhr, The Meaning of Revelation, New York 1940. ^{9}1980.
Wolfhart Pannenberg in Verbindung mit Rolf Rendtorff/Ulrich Wilckens/Trutz Rendtorff (Hg.), Offenbarung als Geschichte, Göttingen 1961. ^{5}1982.
Gunther Wenz, Offenbarung. Problemhorizonte moderner evangelischer Theologie. Studium systematische Theologie, Bd. 2, Göttingen 2005.

Folkart Wittekind
Das Sein und die Frage nach Gott
(I 193 – 245)

Problem- und werkgeschichtlicher Hintergrund
1 Interpretation – Hinweise zur Deutung des Textes

Tillichs Theologie ab dem Ende des Ersten Weltkriegs systematisiert religiöse Deutungsvollzüge. Sie ist ausdrücklich keine Form einer rein begrifflichen Philosophie (mehr). Das gilt auch für das Sein bzw. die Welt und die Natur als Gegenstände der Schöpfung. ‚Schöpfung' selbst ist ein Ausdruck religiöser Welt- und Naturdeutung.[1] Die Lehre vom Sein hat bei Tillich die Funktion, die soteriologische Einengung der modernen protestantischen Theologie aufzubrechen und universal-kosmologische Kontexte wiederzugewinnen. Sie beschreibt ein Moment allgemeiner religiöser Grundoffenbarung, nicht der christologisch-anthropologischen Heilsoffenbarung.[2] Auch die Welt in Form des Seins und der Natur verdient eine religiöse Deutung unter dem Anspruch der göttlichen Offenbarung. Allerdings ist Tillichs religiöses Schöpfungsbild nicht allein auf die Differenz von Gott und Welt und die Allmacht Gottes gegenüber dieser Welt gestimmt. Vielmehr wird Gott in allen Dingen, Prozessen und Bewusstseinsvorgängen in der Schöpfung gesehen. Religiös-bildhaft könnte man formulieren: Die Schöpfung der Welt beschreibt bleibend die Grundlage dafür, wie Gott in dieser auf der Suche nach sich selbst existiert.[3] Insofern kann man auch sagen, dass schon die religiöse Grundoffenbarung einen starken soteriologischen Grundzug hin zur Erlösung des Menschen und damit dann auch der Welt aufweist.

---

[1] So Martin Fritz, Mut und Schwermut der Kreatur. ‚Schöpfung' nach Tillich, in: Roderich Barth/Andreas Kubik/Arnulf von Scheliha (Hg.), Erleben und Deuten. Dogmatische Reflexionen im Anschluss an Ulrich Barth, Tübingen 2015, 79 – 106, bes. 99.
[2] Vgl. dazu Folkart Wittekind, Grund- und Heilsoffenbarung. Zur Ausformung der Christologie Tillichs in der Auseinandersetzung mit Karl Barth, in: Jesus of Nazareth and the New Being in History. International Yearbook for Tillich Research, Vol. 6, Berlin/Boston 2011, 89 – 119.
[3] Vgl. I 280: Der lebendige Gott ist „der ewige Prozeß […], in dem sich fortgesetzt Trennung vollzieht und durch Wiedervereinigung überwunden wird." Damit folge ich Überlegungen von Stefan Dienstbeck, Transzendentale Strukturtheorie. Stadien der Systembildung Paul Tillichs, Göttingen 2011, bes. 369 – 433, vgl. seine Deutung des genannten Zitats ebd., 407 f.

Wissenschaftlich-theologisch bedeutet dies, dass hier nicht von einem Sein außerhalb menschlichen Wissens, Deutens und Erlebens geredet wird. Ontologie ist für Tillich immer auf Denken und Sein bezogen, ein reines Sein wäre für ihn eine kosmologische und insofern unphilosophische (und untheologische) Vorstellung.[4] Der Text wird nur auf einer transzendentalphilosophischen Grundlage verständlich, die alles Reden vom Sein begrenzt durch die Frage danach, woher die Aussagen begründet werden können. Alle Aussagen über das Sein sind strenggenommen immer nur Aussagen über das Denken des Seins, also über die Weise, wie der Mensch Wirklichkeit versteht und deutet. Auch Gott kann damit nicht als Sein des Seins oder in ähnlichen Figuren gedacht werden, sondern muss als Struktur- und Voraussetzungsbegriff in allem Denken des Seins interpretiert werden. Ausgangspunkt der folgenden Interpretation ist eine bestimmungslogische Auffassung der Absolutheitstheorie, die Tillichs Denken zugrunde liegt.[5] Tillich rezipiert die Fichtesche Setzungsthese für alles Wissbare, überträgt sie aber auf die neukantische Differenz von Denken und Sein. Das Absolute wird für Tillich zur Voraussetzung dafür, dass überhaupt Einzelnes als Einzelnes gewusst und bestimmt werden kann.[6] Religion ist ein kulturelles Symbolsystem, das das innere Wissen des Menschen um diese Voraussetzung veranschaulicht. Deshalb kulminiert alles menschliche Wirklichkeitsverständnis in der religiösen Deutung der Welt, in welcher (aus der Welt selbst unableitbare) innere Sinn des Bezogenseins des menschlichen Bewusstseins auf die weltliche Wirklichkeit spontan aufgeschlossen[7] und als innere Struktur der gesamten Wirklichkeit erkennbar wird.

---

4 Vgl. die Definitionen in Paul Tillich, Advanced problems [1936], EW XIX 91.
5 Ich gehe also von einer wesentlich erkenntnistheoretischen Bedeutung des Tillichschen Begriffs des Absoluten und damit auch des Seins aus. Werner Schüßler hat in seinem Werk immer wieder Tillichs Seinsverständnis aus der klassischen Metaphysik und der mittelalterlichen Theologie erklärt, vgl. zusammenfassend in: Werner Schüssler/Erdmann Sturm, Paul Tillich. Leben – Werk – Wirkung, Darmstadt 2007, 34–38.
6 Die Grundformel lässt von vornherein Aspekte starker Negativität vermissen. Dafür ist Tillich hinreichend (und nicht nur von barthianischer Seite) kritisiert worden, vgl. beispielhaft für viele Traugott Koch, Gott: Die Macht des Seins im Mut zum Sein. Tillichs Gottesverständnis in seiner „Systematischen Theologie", in: Hermann Fischer (Hg.), Paul Tillich. Studien zu einer Theologie der Moderne, Frankfurt a. M. 1989, 169–206. Hintergrund ist die theologisch-begriffliche Kritik an einer ersten, existenziell-betroffenheitsbezogenen Rezeptionswelle von Tillichs Theologie. Der Aufsatz enthält reiche Hinweise auf andere Sekundärliteratur aus den 1980er Jahren.
7 In der Behauptung der Nicht-Ableitbarkeit der Offenbarung aus der Vernunft oder der Welt bleibt Tillich den gemeinsamen Intentionen des antiliberalen theologischen Aufbruchs treu. Dadurch hängen allerdings die gesamten Grundüberlegungen seiner Theologie seit dem frühesten System, also der theologische Standpunkt, die Realität des Durchbruchs und die Behauptung des Seins-Selbst, in der Luft. Deshalb ist auch die Durchbruchsreflexion der 1920er Jahre die erkenntnistheoretisch am ehesten zu rechtfertigende theologische Konzeption. Allerdings stellt man

Diese an der frühen Philosophie und Theologie Tillichs mit ihrer Schellingrezeption am deutlichsten erkennbare Grundformel bleibt auch in den verschiedenen Entwicklungsstadien des Systems mit ihren wechselnden Grundbegriffen enthalten. Die begriffliche Bestimmung des Absoluten wird ab 1917 in eine transzendentale Durchbruchstheorie der Erschließung des Absoluten unter den Leitbegriffen Sinn und Geschichte umgeformt. Die Grundbestimmungen, mit denen alles Endliche vom Absoluten abhängt, werden hier zu Beschreibungen des an allem Einzelnen geoffenbarten Wissens von seinem Bestimmtsein durch das Absolute. Ab der zweiten Hälfte der 1920er Jahre schieben sich die Begriffe ‚Sein' und ‚Leben' in den Vordergrund. Beide nehmen die vorherigen Stufen in sich auf, versuchen aber stärker, die Allgemeingültigkeit des Erschließungsgeschehens zu beschreiben. Auf dieser Linie wird im Folgenden der Text der Seinslehre in der *Systematischen Theologie* interpretiert.[8]

2 Tradition – Verhältnis zur klassischen dogmatischen Schöpfungslehre

Tillichs Lehre vom Sein in der *Systematischen Theologie* eröffnet die Umformung einer Reihe zusammengehöriger und aufeinander aufbauender klassischer Lehrelemente. In dieser Umformung hängt sie mit der nachfolgenden Gotteslehre, aber auch den jeweils ersten Teilen der Sündenlehre und der Christologie sowie der Geistlehre eng zusammen. Umgeformt werden die Lehre von der Schöpfung als einer freien, unabhängigen und unableitbaren Tat Gottes, die Lehre von der Er-

---

den gegen Karl Barth gerichteten Zug der Nicht-Ableitbarkeitsbehauptung geradezu auf den Kopf, wenn man interpretiert wie zum Beispiel Robert P. Scharlemann, Ontologie: Zur Begriffsbestimmung bei Tillich in den zwanziger Jahren, in: Gert Hummel (Hg.), God and being/Gott und Sein. Das Problem der Ontologie in der philosophischen Theologie Paul Tillichs, Berlin/New York 1989, 100–107, 107: „Beide Fragen – die nach dem Sinn des Seins und die nach der Bedeutung des menschlichen Seins – sind beantwortbar. Wenn sie aber beantwortet werden, so ist derjenige [!], der die Antwort gibt, nicht nur der Mensch, sondern das Sein selbst. Das Sein selbst gibt Antwort, indem es sich in den konkreten Antworten ausspricht. Das Sein des Menschen ist [ergänze: bloß], Zeugnis des Seins zu sein." Die damit gegebene Reduzierung des Allgemeinheitsanspruchs auf solche, die diese Antwortrede des Seins ‚hören', hätte Tillich nie mitgemacht.

[8] Vgl. Folkart Wittekind, Die Vernunft des Christusglaubens. Zu den philosophischen Hintergründen der Christologie der Marburger Dogmatik, in: Wie viel Vernunft braucht der Glaube? International Yearbook for Tillich Research, Vol. 1, Wien 2005, 133–157, sowie ders., Gottesdienst als Handlungsraum. Zur symboltheoretischen Konstruktion des Kultes in Tillichs Religionsphilosophie, in: Das Symbol als Sprache der Religion. International Yearbook for Tillich Research, Vol. 2, Wien 2007, 77–100, bes. 79 Anm. 4.

schaffung des Menschen, vom unsündlichen Urstand der Welt und des Menschen, die Lehre vom Sündenfall und der Entstehung des Bösen aus dem freien Willen des Menschen sowie die Lehre von dem Verlust der Ebenbildlichkeit durch den Sündenfall und die dadurch hergestellte korrupte Verfasstheit des endlichen Lebens. Diese Lehrelemente werden strukturell ineinander gezogen und dadurch ein neues Gesamtbild der sündhaft geschaffenen, in diesem Geschaffensein jedoch immer auf Gott bezogenen Schöpfung hergestellt.

,Sein' meint dabei nicht ein naturhaft gegebenes Sein der Welt unabhängig vom Bewusstsein, sondern die religiöse Deutung derjenigen ,Seinsschicht', nämlich einer allem Bewusstsein immanenten Objekt- bzw. Wirklichkeitsbeziehung, die auch das Bewusstsein in seinem Verhältnis zu sich selbst immer bereits voraussetzt und mit umfasst. ,Sein' steht insofern immer für das religiös gedeutete Sein des Bewusstseins, das nicht ,ist', sondern im Vollzug des Bewusstseins mit hergestellt wird. ,Sein' als Struktur der Welt ist eine Übertragung der aus dem Selbstverhältnis des Bewusstseins stammenden Bezogenheit (nämlich der Bezogenheit auf das eigene ,Sein' des Bewusstseins) auf die Gesamtheit aller im Modus von Wirklichkeit oder Objektivität gegebenen Sachverhalte.

Die Sündhaftigkeit der Welt besteht in der (durch die Schöpfung bereits immer gegebene) Zusammengehörigkeit von zwei unvereinbaren Elementen. Aus dieser Notwendigkeit unvereinbarer Zusammengehörigkeit baut sich eine Frage auf, die nur im Blick auf eine religiöse Deutung eine Antwort bekommt. Die Antwort ist – darin werden die Transzendenzmomente der klassischen Gottes- und Schöpfungslehre aufgenommen – nicht aus der Struktur der Welt, also aus der Frage ableitbar. Sie wird nur in Form einer Erschließung, eines Durchbruchs, einer Erschütterung, einer Offenbarung im Kontext der Welt sichtbar.

Der nach außen hin deutlichste Hinweis auf die strukturbezogene Erneuerung der Schöpfungslehre besteht in der Vorordnung der Schöpfungslehre vor die Gotteslehre. Diese Umstellung ist nach der klassischen Dogmatik nicht möglich, weil die Schöpfung der Welt das Sein Gottes voraussetzt. Nach Tillich aber ist es sinnlos, von einem unendlichen, anfangslosen Sein Gottes vor (oder jenseits) der Schöpfung der Welt zu sprechen. Ebenfalls fällt damit die Lehre von der freien Entscheidung Gottes zur Weltschöpfung dahin. Gottes Sein kann klassisch gedacht nicht auf das eines wesenhaften Weltschöpfers eingeengt werden, es geht in seiner freien geistigen Unendlichkeit über eine solche Erklärungsnotwendigkeit hinaus. Von einem solchen Sein Gottes ist jedoch bei Tillich nicht die Rede. Gottes Sein besteht vielmehr immer nur in seiner Seinsmächtigkeit in Bezug auf die Welt. Pantheismus ist dies jedoch nach der Intention deshalb nicht, weil die Erkennbarkeit Gottes als die Macht über das Sein der Welt nicht in der Welt selbst naturhaft gegeben ist, sondern einen Schritt aus der Welt (und dem Zusammensein des Bewusstseins mit Welt im Geist) heraus erfordert. Allerdings wird damit wiederum nicht eine Voraussetzung gesetzt (ein Grund für die Welt gedacht, der als Grund vom Begründeten abhängig wäre), sondern theologisch eine immanente Bedingung für das Verständnis der religiösen Bedeutung der Welt durchsichtig gemacht.

Umgebaut wird zudem die klassische Behauptung, dass Gott die Welt ursprünglich gut geschaffen habe. Diese monotheistisch-monistisch notwendige Behauptung konnte allerdings die Entstehung des Bösen in der Welt noch nie zweifelsfrei klären, sondern schwankt in ihren Konsequenzen zwischen dualistischem Moment (Satan) und monistischer Nichtigkeit (menschliche Freiheit als Aufzuhebendes) hin und her. Nach Tillich ist das sündhafte Moment in dem Sein Gottes für die Welt ursprünglich mit enthalten.

Des Weiteren hat sich in der Moderne ein Lehrtypus durchgesetzt, der die Schöpfungslehre nicht auf die Natur, die Wirklichkeit oder ihre Einzelheiten bezieht. Schleiermachers Schöpfungslehre ist dafür bezeichnend, er findet sich aber auch bei Troeltsch und vielen anderen. Danach wird der Kollision der Schöpfungslehre mit der Naturwissenschaft dadurch ausgewichen, dass über die Einzelheiten der Welt und der Wirklichkeit gar nichts gesagt wird, sondern die Schöpfungslehre ausschließlich auf das Ganze der Welt bezogen wird. Tillich versucht dagegen, die Geltung der Schöpfungsaussagen unter den Bedingungen der Endlichkeit neu zu installieren. ‚Sein' ist eine Strukturbeschreibung der Welt nicht nur als Ganzes, sondern in all ihren Teilen. Die Schöpfungsaussage gilt insofern nicht bloß für das Ganze der Welt und sie verliert auch nicht innerhalb der Welt ihren Sinn, sondern sie gilt als religiöse Deutung für alles, was in der Welt der Fall ist, und ist der Intention nach auch direkt an diesen Dingen, Sachverhalten, Geistvorkommen und Bewusstseinstaten (an allem, insofern es überhaupt irgendwie bestimmt ist) aufzuzeigen.

Damit werden die klassischen Beschreibungsformen (Erhaltung, Vorsehung, Mitwirkung und -bestimmung) der durchgehenden Abhängigkeit der Welt von Gott aufgerufen. Sie werden von Tillich nicht im gegenständlichen Sinn, sondern als Elemente des Gottesgedankens in seinem Bezogensein auf die Schöpfung gedacht. Dadurch funktionieren sie als eine Weise der Endlichkeitsreflexion, die das Auseinandertreten der Natur- und Geisteswissenschaften akzeptiert und moderne philosophische Beschreibungen des Sinns und des Seins der Welt integriert. Tillich arbeitet an einer Wiedergewinnung der allgemeingültigen Kompetenz der Theologie, die Wirklichkeit und die Realität der Welt zu beschreiben. Die Seinslehre der späten *Systematischen Theologie* lässt sich insofern als

Grundlegung einer religiösen Kulturhermeneutik beschreiben, die die Möglichkeit der religiösen Sinndeutung der weltlichen Existenz des Menschen begründet.[9]

So bleibt sich Tillich durchgehend der Restriktionen theologischer Aussagen unter den Bedingungen des Wissenkönnens in der Moderne bewusst. Naturwissenschaftliche Erkenntnisformen sind nicht Sache der Theologie, ihre Aussagen können deshalb nur Abstraktionen und Verallgemeinerungen sein aus der Introspektion des Bewusstseins hinsichtlich seiner Fähigkeit, Natur und Wirklichkeit zu erkennen. Die Differenz von Natur und Geist wird grundlegend anerkannt. Ihre Bestätigung findet sie noch darin, dass auch der Geist selbst seinem ‚Sein' nach in die Wirklichkeit eingebettet ist. Deshalb enthalten auch alle Aktualisierungen eines Selbstverhältnisses des Geistes diejenigen ‚Wirklichkeitsbestandteile', die die Natur im Gegensatz zum Geist ausmachen. Aussagen über das Sein vor und außerhalb des menschlichen Bewusstseins sind damit immer Extrapolationen von den dem Geist selbst eingeschriebenen naturhaften Elementen seines Selbstverhältnisses her.

Damit wird der Struktur nach das Gefallensein der Welt aufgrund der menschlichen Freiheit, wie es der Sündenfall Adams bebildert, in die theologische Beschreibung des ursprünglichen Seins aufgenommen. Die Differenz von Essenz und Existenz (Idee und Wirklichkeit), die jeden bewussten Begriff von etwas ausmacht, wird so mit der Endlichkeit alles Geschaffenen verbunden. Sein und Nichtsein (als in allem Einzelnen bereits miteinander verknüpft) werden mit innerer Wesensnormativität und der Möglichkeit, sich von ihr entfernt zu haben, gekoppelt. Die Ethik wird, als religiös vertieftes Freiheitsverständnis, zum Durchgangspunkt der Wahrnehmung von Sein und Natur. Damit ist das mögliche Missverständnis der alten schöpfungstheologischen Begriffe von der Welt, als ob sie direkte Naturbeschreibungen sein sollten, vermieden.

3 Aufbau und Gliederung – Der Text im Zusammenhang der *Systematischen Theologie*

Mit der Seinslehre beginnt die materiale Dogmatik. Die Thematik *Vernunft und Offenbarung* aus dem ersten Teil fasst Tillichs Sicht der Einleitungsfragen in die Dogmatik zusammen. Insofern bildet der zweite Teil über *Sein und Gott* den Eingang in die eigentlichen Bekenntnisgehalte. Während die klassische Dogmatik

---

[9] Vgl. Ulrich Barth, Protestantismus und Kultur. Systematische und werkbiographische Erwägungen zum Denken Paul Tillichs, in: Christian Danz/Werner Schüßler (Hg.), Paul Tillichs Theologie der Kultur. Aspekte – Probleme – Perspektiven, Berlin/Boston 2011, 13–37, bes. 32–35.

mit der Gottes- und Schöpfungslehre bleibende Grundlagen für den Heilsweg benennt und das Wesen von Gott, Welt und Mensch darstellt, sind Tillichs Ausführungen in diesem Teil immer auch als bloß vorläufig zu verstehen. Philosophisch gesehen gelten sie der Struktur der Welt (bzw. des menschlichen Weltverständnisses), während erst der Geschichts- und Geistteil die Realisierung dieser Struktur im religiösen bzw. christlichen Verstehen der Welt aufzeigt. Tillich nennt den Status der Ausführungen deshalb *abstrakt*: Sie sind eine theologische Isolierung eines bestimmten Elements des tatsächlichen, auf das Sein bezogenen religiösen Deutungsvollzugs. Ihre eigentliche Bedeutung ergibt sich erst von hinten her bzw. umgekehrt, es liegt in ihnen eine deutliche Tendenz zum Übergang in die folgenden Systemteile. Seinsstruktur, Seinselemente und Seinskategorien bilden immer wieder das formale Grundgerüst dessen, wovon inhaltlich in der *Systematischen Theologie* geredet wird. Sie werden dann in den drei weiteren Teilen immer neu unter den Gesichtspunkten der Endlichkeit, der Entfremdung, der Zweideutigkeit sowie der Einheit, der Gemeinschaft und des Neuen Seins dargestellt.

Auch im ersten Band der *Systematischen Theologie* ist der Bezug der Seinsanalyse auf die nachfolgende Gotteslehre im Auge zu behalten. Denn die Gotteslehre verhandelt die ontologischen Strukturen, Elemente und Kategorien als Grundlage der Rede von Gottes Wesen, seinen Eigenschaften sowie seines erhaltenden und vorsehenden Weltbezugs. Werkgeschichtlich hat Tillich, wie der Vergleich mit der Dresdener Dogmatik zeigen wird, umgekehrt die Strukturen des Seins aus den umfassenden Darstellungen der Gotteslehre heraus entwickelt und ihr schließlich isoliert vorangestellt. Die auf die Seinslehre folgende Gotteslehre expliziert erst den eigentlich theologischen Standpunkt, nämlich die Sicht auf das Sein von Gott aus. Dieser Standpunkt bildet das dritte, nämlich wiedervereinigende Moment zu den beiden Elementen, die vorher in der Seinslehre verhandelt werden. Dies ist zunächst der abstrakt-absolutheitsbezogene Blick auf das Sein, sodann seine endlichkeits- und differenzbezogene Ausarbeitung, aus der sich die Frage des Menschen und die Suche nach der Antwort in Gott entwickeln.

Die Lehre vom Sein ist so aufgebaut, dass sie zunächst grundlegende Strukturen des Seins, nämlich die ‚Polaritäten', d. h. notwendige Relationen der Vorstellung von Seiendem, aufstellt, um diese dann mit der Einführung eines realistischen Prinzips von Nichtsein noch einmal neu zu verhandeln. Das grundlegende Prinzip des nicht im Denken auflösbaren Nichts ist die Endlichkeit.[10] Tillichs Rede von der Endlichkeit setzt das theologische System von einer

---

10 Vgl. I 220: „Das Mysterium des Nichtseins kann nicht dadurch gelöst werden, daß es in eine Art logisches Urteil umgeformt wird."

begrifflich-logischen Systemphilosophie (wie im Idealismus) ab. Damit wird die im Existenzialismus berücksichtigte Härte der Wirklichkeit, gleichsam der Ernst des modernen Lebens, das antiidealistisch-realistisch eingestellt ist, weil es sich nicht mehr von einem alles überwölbenden Geist umfasst sieht, von Tillich aufgenommen. Endlichkeit ist der Zentralbegriff, um den die Lehre von der Struktur des Seins herumgeführt wird. Er bringt das realistische Moment am Sein, also die Anerkennung der Differenz von Sein und Denken, in das theologische System hinein.[11]

Gott wird durch die neue Schöpfungslehre zu einem in das Bewusstsein überhaupt eingeschriebenen soteriologischen Bewegungsbegriff. Die klassische Frage nach der Notwendigkeit des Heils aufgrund der faktischen Sündhaftigkeit des Menschen wird strukturell auf das Gott-Welt-Verhältnis im Ganzen übertragen. Gottesglaube und Heilsglaube werden identifiziert und als religiöse Struktur der grundlegenden Erkenntnis- und Wissensbedingungen von etwas überhaupt parallelisiert. Die existenzialen Aneignungsformen der Struktur des Seins bestehen einerseits in Angst und Mut (als auf Sein und Nichtsein bezogen), sowie andererseits in Zweifel und Sinnhaftigkeit (als auf Sinn und Sinnlosigkeit bezogen). Angst und Mut sind nicht psychologische, sondern ontologische ‚Zustände', die jedes einzelne bestimmte Seiende prägen.

4 Werkgeschichte I – Die Schöpfungslehre in der *Systematischen Theologie von 1913*

Bereits in Tillichs frühem System[12] von 1913 findet sich eine Schöpfungslehre, die das Einzelne und seine Endlichkeit zum Ausgangspunkt der theologischen Reflexion auf die Welt macht und Gott als den Sünde und Heil zugleich setzenden Schöpfer aller Dinge denkt, und zwar bereits im Sinne der Seinsmächtigkeit:

> Gott setzt das einzelne, aber es bleibt an ihn gebunden; Gott gibt dem einzelnen die Formen, durch die es da ist [sc. die Kategorien], aber er bleibt unabhängig von diesen Formen. Er bleibt der allmächtige Herr. Allmacht [...] heißt: aller Dinge, alles Seienden mächtig. (EW IX 333)

Allerdings steht die Schöpfungslehre in der ‚Dogmatik' dieses Systems im Gesamtzusammenhang einer Ringkomposition, die von Gott ausgehend durch die Welt und die Sünde hindurch, dann über die Geschichte zum Heilswerk Christi als

---

11 Vgl. I 222: „Aber alles, das an der Macht des Seins partizipiert, ist ‚gemischt' mit Nichtsein. Es kommt vom Nichts, und es geht zum Nichts. Es ist endlich."
12 Paul Tillich, Systematische Theologie von 1913, EW IX 273–434.

Wendepunkt und anschließend über die Auferstehung zur Eschatologie, zum Sterben des Einzelnen in der Natur und zur Wiedereinbringung aller Dinge in Gott führt. Neuplatonisch-altkirchliche Vorstellungen (Origenes, Logoslehre) mischen sich mit idealistischen Systemspekulationen.

Entscheidend ist aber, dass die Dogmatik selbst grundgelegt ist in einer Form Fichtescher Selbstsetzungstheorie von Wahrheit und darauf aufbauend eingebettet ist in eine enzyklopädische Theorie des Wissens, die wiederum durch den neukantischen Gegensatz von Natur und Geist geprägt wird.

Die Schöpfungslehre der Dogmatik ist also nur zu verstehen auf dem Boden der umfassenden Wahrheitstheorie und der aus dieser abgeleiteten Theorie des Verhältnisses von Natur und Geist, wie es sich dann in den freien Betätigungen des Menschen verschieden realisiert, nämlich als Kultur, Moral und Religion. Da Tillich die Bezüge zwischen den dogmatischen Bildern und der philosophischen Sach- bzw. Theorieebene zum Teil selbst markiert, muss die Erklärung der Dogmatik (und der Schöpfungs-, Ebenbildlichkeits- und Sündenfallsvorstellung) dort ihren Ausgang nehmen. Das System des „Geistes und der Freiheit" (EW IX 288), wie das System insgesamt in Abgrenzung von idealistisch durchgeführten Spekulationen genannt wird, denkt die Bestimmung der Freiheit in einem Gegensatz von Loslösung und Selbstbestimmung, sowie in einem Gegensatz von Naturbestimmung und Selbstbestimmung: Das spekulative System bekommt als Ganzes eine realistische (neukantisch-naturphilosophische) Untertönung, die den Gegensatz von Subjekt und Objekt als unauflösbar, als Grundlage des Prozesses der Reflexion auf ihn begreift.[13]

Tillich eröffnet das System mit einer eigenen kleinen Logik, die aus der Wahrheitsbeziehung des Denkens entwickelt wird und in der Selbstvoraussetzungsstruktur des Denkens sein Ziel hat. Denn dass das Denken sich selbst denken kann und dann, wenn es dies tatsächlich versucht, sich darin als sich selbst bereits immer vorausgesetzt findet, ist der unhintergehbare Grenzpunkt dessen, was das System erklären kann. (Es handelt sich dabei um den Vorläufer der späteren Aussage, dass das Sein nicht wegdenkbar ist.) Darin sieht Tillich dann im Denken selbst Natur und Geist gegeben. Natur ist nämlich „das Denken in unmittelbarer Einheit mit der Wahrheit, gewissermaßen untergegangen in sie, wesentlich Objektivität, Unmittelbarkeit, Natur" (EW IX 286), in ihr „herrscht die Bestimmtheit, Einzelheit" (EW IX 287). Geist ist demgegenüber das „Denken in bewußter Einheit mit der Wahrheit, gewissermaßen zu ihr zurückkehrend" (EW IX 286). Damit ist

---

13 Vgl. EW IX 288: „Geist ist nur in der Freiheit lebendig, in dem Sich-Loslösen und Wieder-Zurückkehren des Denkens zur Wahrheit, in der Möglichkeit, Natur zu sein und Geist zu sein, in dem Frei-Sein von beiden Seiten und für beide Seiten."

bereits das teleologische Moment des Wahrheitssystems ausgesprochen: Natur ist als Unmittelbarkeit und Einzelheit näher an der Wahrheit (deshalb die notwendige Vorordnung der Schöpfungslehre vor der Lehre vom Menschen), aber sie ist in dieser Unmittelbarkeit auch nur der Ausgangspunkt des Wegs der freien Selbstbestimmung des Geistes als notwendige Entfernung von der Wahrheit (Sündenfall), um dann umgewendet in sie zurückkehren zu können. Dies beschreibt dann abschließend Tillichs Lehre von der kosmischen Erschöpfung des Naturprozesses im Sterben der Naturwesen in § 17 der Dogmatik direkt vor der Eschatologie (EW IX 370 f.).

Die der Dogmatik und der Ethik vorausgesetzte Systemphilosophie bzw. Wissenschaftslehre (§§ 7–29, EW IX 286–327), in der die Grundlagen für die Gestalt der Schöpfungslehre gelegt werden, umfasst selbst bereits drei Teile, zunächst die Philosophie des Geistes mit Kulturphilosophie, Ethik und Religionsphilosophie, sodann den Standpunkt der Reflexion vom Einzelnen aus. Auf diesem werden die Strukturen des Geistes vom einzelnen Endlichen aus dreifach gegengelesen, nämlich als Einsicht in die Tragik des Seins, in die Unfreiheit des Menschen und in die selbstzerstörerische, dämonische (das Wort fällt hier noch nicht) Autonomie der modernen Geschichte. Der dritte Teil schließlich bietet den Standpunkt des Paradoxes als des theologischen Prinzips, in welchem die Notwendigkeit der Verbindung des Absoluten mit einer konkreten Einzelheit als religionsphilosophische Denkfigur begründet wird. Als gedachtes Prinzip ist dies die Rechtfertigung, als Realität Christus.

Der weiterführende Aufbau besteht bereits in diesem frühen System darin, dass die im ersten Standpunkt analysierten Strukturen des Geistes (§§ 7–16) dann im Reflexionsstandpunkt noch einmal in der Weise behandelt werden, dass die Notwendigkeit einer Überwindung der Vereinzelung in ihren verschiedenen Formen einsichtig wird (§§ 18–21). Da dieses Vorgehen noch die späte Schöpfungslehre der *Systematischen Theologie* prägt, müssen die von Tillich angesprochenen Elemente aus den verschiedenen Ebenen (Kategorien, Kulturphilosophie und Ethik) kurz genannt werden.

Das spätere ‚Sein' in seiner Natürlichkeit bzw. Kreatürlichkeit wird hier noch in Form allein einer bereits bestimmten Natur, nämlich der ‚Sachkultur' (Technik, Naturwissenschaft) verhandelt. Kultur umfasst damit alles, was der Mensch als Natur begreifen kann. Der Sachkultur steht die objektive Kultur als gesellschaftliche Natur (Staat, Recht, Sitte) gegenüber, die dann in Kunst und Wissenschaft in „die Sphäre des Subjektiven und der Freiheit gehoben" (EW IX 289) wird. Kultur in diesem Sinn ist noch nicht Ethik: Die sittlichen Kategorien werden als selbstbezogene Verständnis- und Deutungsweisen des in der Kultur tätigen Geistes dieser gegenübergesetzt. Beiden (Sach- und Gesellschaftskultur) gegenüber prägt sich dann erst die Religion aus, die einerseits als übergeordnete Deutungssprache

Kultur und Ethos in den Selbstverständigungsprozess des Geistes einordnet (vgl. § 14), andererseits (im Gegensatz zur Ethik) eine eigenständige Form der Kultur ausbildet (vgl. § 15).

Der Beschreibung des Wissenschaftssystems (Kultur, Ethik, Religionsphilosophie) auf einer ersten Stufe des Abgeleitetseins aus der absoluten Wahrheit (bzw. dem sich aus diesem ergebenden Selbstbestimmen des Denkens) steht dann eine zweite Stufe der Beschreibung der Welt gegenüber, die Tillich den Reflexionsstandpunkt oder auch den Standpunkt der Relativität nennt. Dieser Standpunkt enthält Grundzüge der späteren Schöpfungslehre: Nämlich den Versuch, die Widerständigkeit der Reflexion und der Selbstbestimmung als einen Grundzug alles Seins zu erfassen. Er bezieht bereits in aller rudimentären Kürze die notwendigen Denkformen von ‚Natur' und ihre Begrenzung auf existenziale Beschreibungen: Raum und Kausalität als vereinzelte Kategorien auf dem Reflexionsstandpunkt erzeugen Leiden, Zeit erzeugt Tod. Die Tragik des Standpunkts besteht darin, dass die im Absoluten gesetzte Einzelheit hier nicht im Absoluten aufgehoben wird, sondern auf ihrem Sein beharrt und dadurch vom Absoluten zerbrochen werden muss. Daneben steht die Anwendung des Reflexionswiderspruchs auf die Freiheit (§ 20), womit die werkgeschichtlich späteren Formen der Sündenlehre vorgebildet werden. Freiheit wird hier zur Unfreiheit des Einzelnen,[14] weil der Einzelne sowohl auf seiner absoluten Gültigkeit beharrt als auch dadurch erst recht im Strom der Relativität des geschichtlichen Lebens anheimgegeben ist.

Die damit als Grundfigur geistiger Selbstdeutung herausgestellte Unfreiheit wird schließlich übertragen auf das Wissenschaftssystem: Die Beharrung des Einzelnen in der Kultur zeigt sich in der verzerrenden Eigengesetzlichkeit der einzelnen Kultursphären, die revolutionär zu ihrer Überwindung führen: kapitalistische Wirtschaft zum Sozialismus, politischer Absolutismus zu Demokratie, dogmatische Wissenschaft zu methodischem Zweifel, geistvolle Kunst zu ästhetischer Dekadenz (vgl. EW IX 310 f.).

Damit ist der philosophische Umkreis dessen, was in der frühen Systembildung als gedankliche Begründung für die Schöpfungslehre angeboten wird, abgeschritten. Die Sünde gehört notwendig zu der Struktur der Welt, die von Gott in der Form der naturhaften Einzelheit und Gegebenheit aus sich herausgesetzt ist. Indem Gott die Welt setzt, ist er bereits auf dem Weg dazu, sich in der von ihm lösenden Welt wiederzufinden. Der Reflexionsstandpunkt muss überwunden werden, er muss sogar negiert werden. Diese Negation besteht darin, dass jedes Beharren auf dem Relativen dem Prinzip nach verlassen wird. Der Mensch muss

---

14 Vgl. EW IX 310: „So entsteht in der Sphäre des Geistes die gleiche Tragik wie im Reiche der Natur".

sich, wie Tillich in Anklang an das biblische Bild formuliert, selbst verlieren, um sich in Gott wiedergewinnen zu können. Diese Negation wird bereits mit Entscheidung verbunden, während das Wort Durchbruch hier noch als zu identitätslastig abgelehnt wird (vgl. EW IX 313).

Geht man nun von hier aus (also von der systematisch-philosophischen Grundlegung) zur Dogmatik innerhalb des Systems von 1913[15] über, so fällt zunächst auf, dass hier (anders als später) mit dem Gottesgedanken selbst begonnen wird. Die Herausarbeitung der sündhaften Strukturen alles von Gott in der Schöpfung von ihm Getrennten ist die Voraussetzung der Dogmatik, auf welcher sich das Heilswerk vollzieht. Philosophisch gesehen werden die kategorialen Strukturen der Wissenschaftslehre also aufgenommen und jetzt hinsichtlich der in ihnen durch den Reflexionsstandpunkt gegebenen Bestimmungen vertieft. Die „gottwidrige Selbstbehauptung" (EW IX 340) wird zum Ziel der Schöpfungsausführungen, und zwar als „Verhängnis in der Sphäre der Objektivität (Natur)" (ebd.) und als Sünde in der Menschheit. Tillich denkt hier bereits im Gegensatz zur modernen Dogmatik an eine „objektive Schuld" (ebd.) im Kontext der Natur und des Seins, die weiter geht als die sittlichen Verfehlungen des Menschen. Es ist diese objektive Schuld des Seienden insgesamt, die am Ende der Dogmatik kosmisch aufgehoben wird.

5 Werkgeschichte II – Die Schöpfungslehre in der Dresdener Dogmatik

Vergleicht man den Aufbau der Dresdener Dogmatik[16] mit dem frühen System von 1913, so fällt als Hauptunterschied ins Auge, dass die Vorordnung der Gotteslehre im dogmatischen System aufgegeben worden ist und die Schöpfungslehre also wie in der späten Dogmatik bereits vom Sein (bzw. hier durchgängig das ‚Seiende', nämlich der Seinscharakter des Einzelnen) und seiner Beschreibung ihren Ausgang nimmt. Begründet ist dies in einer Verschiebung des Verständnisses des ‚theologischen Standpunkts', der jetzt durchgängig als Durchbruch der Offenbarung durch die in sich ruhende Endlichkeit des Seienden zum Prinzip der Dogmatik gemacht ist. Aufbewahrt ist die frühere Bezeichnung eines dritten, theologischen Standpunkts in der durchgängigen Angabe der Überschriften, dass die Lehre vom Seienden (ebenso wie alle anderen Gehalte) „in der vollkommenen

---

[15] Tillich zählt sowohl Dogmatik (EW IX 327–375) als auch Ethik (EW IX 328–425) in Paragraphen neubeginnend mit § 1.
[16] Paul Tillich, Dogmatik-Vorlesung (Dresden 1925–1927), EW XIV.

Offenbarung" (so der einheitliche Bezeichnungspunkt bereits in allen Überschriften)[17] betrachtet werde. Es ist also eine religiöse Deutung der Welt, die die Schöpfungslehre vornimmt. Tillich hat damit die idealistisch-spekulative Konstruktion des Systems aufgegeben, es handelt sich bei dem Paradox hier nicht mehr um ein ableitbares gedankliches Begreifen der Welt, sondern um eine existenzielle Umwendung auch des Denkens. Sinn ersetzt Wahrheit. Allerdings werden die Elemente des Wahrheitssystems in weiten Teilen als Beschreibungen des Sinndurchbruchs weiterverwendet, auch wenn es daneben zu reichen existenzialistischen Auffüllungen der Begriffe kommt.

Die im frühen Systems aus den ersten beiden Systemteilen übernommenen Grundlegungen (Seinslogik, Reflexionslogik) und in den spekulativen Entwicklungsbogen der Entwicklung Gottes in der Welt zu sich selbst eingespannten Differenzbeschreibungen werden jetzt ausführlich zu eigenen Beschreibungsweisen innerhalb der Dogmatik weiterentwickelt. Dadurch kommt es zu einer Dreiteilung der Schöpfungslehre: Der erste Teil beschreibt das Natürliche im Zusammenhang mit seinem Verhängnischarakter, der zweite die Natur der Menschheit in ihrer Widersprüchlichkeit (vor der eigentlichen geschichtsphilosophischen Tatsündenlehre, die in die Christologie integriert ist), der dritte dann eine aus den Andeutungen zur Vorsehungslehre entwickelte, die tatsächliche Struktur der Welt beschreibende Lehre von ihrer in sich gespaltenen Erhaltung. In allen drei Teilen wird bereits im späteren Frage-Antwort-Schema jeweils von einem ersten Abschnitt der Beschreibung der Welt zur Beschreibung der entsprechenden Wesenseigenschaften Gottes in einem zweiten Abschnitt übergegangen. Es ist damit zu schließen, dass der Aufbau der späten Dogmatik mit ihrer Aufgliederung von Seins- und Gotteslehre dadurch zustande kommt, dass die ersten Abschnitte und die zweiten Abschnitte der drei auf die Natur der Dinge (Seiendes, Mensch, Welt als Ganzes) bezogenen Teile jeweils in einem eigenen Kapitel zusammengefasst werden.

Der Hauptunterschied der Dresdener Dogmatik zu der früheren Schöpfungslehre dürfte darin liegen, dass der Sündenbegriff jetzt entschieden für die geschichtliche Selbsterfassung des Menschen reserviert wird und einen eigenen Abschnitt der Heilsgeschichte (nämlich die geschichtsphilosophisch gedachte Christologie) zugeschrieben bekommt. Deshalb wird andererseits die Beschreibung der Tragik bzw. des Verhängnisses des natürlichen Seienden selbst bereits mit existenzialistischen, sündennah (bzw. anthropologisch-psychologisch) formulierten Begriffen aufgeladen. Insbesondere die Gegenüberstellung von Schwermut und Mut als unmittelbar kreatürliche Begriffe mit den Begriffen von

---

17 Vgl. das Inhaltsverzeichnis EW XIV, VII.

Sünde und Schuld überführen die idealistischen Denkfiguren des frühen Systems in die Sinn- und Existenzbeschreibungen der 1920er Jahre. Das gilt ebenso für die Vorordnung der Differenz von Existenz und Essenz als erkenntnistheoretischer Basiskategorie für das Verständnis des Reflexionsstandpunktes, welche Differenz die frühere von Einzelnem als Einzelnes gegen Einzelnes im Absoluten (aus der *Systematischen Theologie von 1913*) ersetzt. Beides bleibt dann so auch für das späte System maßgeblich.

Bezieht man die Dreiteilung der Schöpfungslehre in der Dresdener Dogmatik auf das frühe System, so ist zu urteilen, dass der erste Teil, der die Beziehung des natürlichen Seienden zu Gott unter dem Gesichtspunkt der Eindeutigkeit zur Sprache bringt, die alte Lehre vom absoluten Standpunkt ersetzt. Allerdings erweitert Tillich diese alte Lehre, indem er den Verhängnischarakter des Einzelnseins des Einzelnen mit in sich polaren existenzialistischen Begriffen einerseits und mit einer Vertiefung auch der Gotteslehre im Sinne einer Doppelstruktur der zusammengehörenden Aussagen („Symbolpaaren') verdeutlicht. Die Gliederung der Gotteslehre enthält ebenfalls eine Dreiteilung: Der erste Teil behandelt Gott im Verhältnis zum Sein des Seienden (Allmacht als Klarheit und Tiefe), der zweite Teil im Verhältnis zu den formalen Bestimmtheiten des Seienden (Macht, Bewusstsein, Raum und Zeit), der dritte Teil schließlich zu den materialen Bestimmtheiten von Person, Leben und Essenz. Damit hat Tillich manche Elemente der Schöpfungslehre von 1913 aufgenommen, den Gesamtbestand des zu Verhandelnden aber entscheidend (und im Hinblick auf die spätere *Systematische Theologie* bleibend) erweitert.

Gegenüber dem metaphysischen Begriffspaar Schwermut/Mut wird als darauf bezogene lebensphilosophische (und bewusstseinsbezogene) Deutung das ebenfalls zusammengehörende Paar Schmerz/Lust (in höchster biologischer/ seelischer Zuspitzung: Todesschmerz und Schöpfungs- bzw. Zeugungslust) genannt, und dann in der Beziehung des vorsündlich-kreatürlichen Seins auf die ethischen Kulturschöpfungen des Menschen das Begriffspaar Gemeinschaft/ Kampf als Elemente der Macht. Tillich versteht dies alles als eine Beschreibung der Welt, des Seienden und seiner ins Bewusstsein hineinführenden Stufen noch vor aller Selbsterfassung des Menschen unter dem Gesichtspunkt der Sündhaftigkeit. Die Gegensatzpaare ergeben sich also noch nicht durch eine Fehlinterpretation oder ein Fehlverhalten des Menschen im Hinblick auf Gott, sondern direkt aus der Einzelheit des Seienden und dem Bezogensein des Einzelnen in seiner Existenz auf das Absolute, aus dem her es durch Trennung geworden ist. Damit hat Tillich in die Beschreibung des Seins der Schöpfung, also in die Ableitung der Welt, wie sie sich auf dem absoluten Standpunkt des Systems von 1913 ergab, eine religiöse Interpretation hineingebracht. Die interne Reflexivität des theologischen Standpunkts wird als religionsphänomenologische Beschreibung, also als Sinn des

Religiösen selbst ausgearbeitet. Daraus resultiert die Unterfütterung des Seins der Einzelheit mit der Polarität von Schwermut und Mut. So ergeben sich durchgehend Beschreibungen, die schwanken zwischen ontologischen Strukturbeschreibungen des naturhaften Seins und existenzialen Beschreibungen psychologisch-religiöser Zustände.

Ebenso geht Tillich auch im zweiten Teil der Schöpfungslehre der Dresdener Dogmatik vor, der – im Sinne des Systems von 1913 – vom theologischen Standpunkt aus die Widersprüche des Reflexionsstandpunkts reflektiert, oder anders gesagt, der die theologische Sinnreflexivität des Seins im (Reflexions-)Widerspruch ausarbeitet. Das Stichwort dazu lautet Zweideutigkeit. Tillich hat diese Zweideutigkeit später, also in dem Text der *Systematischen Theologie*, allein der Tat des Menschen und insofern der Geschichte zugeordnet. In der Dresdener Dogmatik wird dieser ganze Themenkomplex noch vor dem zweiten, geschichtstheologisch-christologischen Teil verhandelt. Die frühere Differenz von Natur und Mensch wird teilweise übernommen, insofern die Zweideutigkeit des Seienden ein Ergebnis der menschlichen Freiheit bzw. des menschlichen Bewusstseins ist. Die vorherige Eindeutigkeit, mit der das Einzelne zunächst auf sein Sein (und damit auf das Absolute) bezogen war, fällt dadurch hin, dass das Einzelne sich jetzt (auch) auf sich selbst in seiner Einzelheit bezieht. Die theologische Betrachtung dieses Wollens besteht dann darin, die Widersprüchlichkeit, die in dieser Bestimmtheit liegt, weil das Einzelne sein Sein nicht auf das Absolute, sondern sich selbst bezieht, wieder unter die Beziehung zum Absoluten zu setzen (als „Nein des Neins" [EW XIV 178]).

Damit wird die im ersten Teil ausgesprochene Polarität von Schwermut und Mut, Tiefe und Klarheit in sich gebrochen und angereichert (Abfolge von Selbstliebe, Begierde, Hochmut und Absonderung von Gott). Diese gleichsam existenzielle Beschreibung der neugesetzten Differenz wird zugleich mit den Strukturen der Welt (der Kultur und der Ethik, sowie der Religion) verknüpft. Dadurch ergeben sich die Beschreibungen der Dämonie im Bezug auf Gott (der plötzlich nicht als Schöpfer des eigenen Seins, sondern als das gegenüber dem eigenen Sein ganz andere erscheint) sowie in Bezug auf die Dämonie der Welt, die als Vergegenständlichung, Gewalt, Trotz und Zerstörung auftritt.

Der dritte Teil der Schöpfungslehre insgesamt bietet eine religiöse Beschreibung des Weltgefühls als eines integralen Bestandteils des religiösen Lebens. Der Standpunkt des Durchbruchs der vollkommenen Offenbarung wird nicht aufgegeben. Gottes Erhaltung der Welt vor der Christologie und vor der soteriologischen Zuspitzung der Religion auf den Offenbarungsdurchbruch in der Geschichte ist eine allgemeine, auf den Zustand der Welt gerichtete Interpretationshinsicht. Schöpfungstheologie bietet eine religiöse Deutung der Welt unter dem Gesichtspunkt einer Reflexivität ihres Gottgetragenseins: Gottes Schöpfung setzt die Welt aus sich heraus und ermöglicht so ihren inneren Abfall von Gott, aber trotz dieses Moments des Abgefallenseins bleibt die Welt auf Gott bezogen, wird sie in ihrem Sein erhalten und auf die Erlösung zugeführt. Die Erhaltungslehre schließt den theologischen Standpunkt (der 1913 ganz von Gott aus formuliert worden war) für die Doppelheit der Perspektiven (von der Welt aus – von Gott aus) auf. Die Kultur- und die Moralphilosophie werden hier in eine Lehre von dem Zusammenhang von Dämonie und Erhaltung (Reflexionsstandpunkt als aufgehoben) reformuliert. Am Ende steht wieder eine entsprechende eigene Gotteslehre, die den Zorn Gottes zu seiner Güte, Weisheit und Gerechtigkeit weiterführt.

6 Werkgeschichte III – Vergleich Dresdener Dogmatik und *Systematische Theologie*

Die Schöpfungslehre der Dogmatik aus den 1920er Jahren ist inhaltlich erheblich reicher als die spätere Lehre vom Sein. Sie führt zwei Dreiteilungen parallel: Einerseits wird die Lehre von den Standpunkten (absoluter – reflexionsgestützter – theologischer) aus dem frühen System aufgenommen, andererseits die inhaltliche Unterteilung in natur- und seins-, mensch- und freiheits-, welt- und wirklichkeitsbezogen weiterverwendet. Der theologische Standpunkt wird dadurch zu einem auf die Geschichte bezogenen: Er bereitet die Sicht der Geschichte vor, die dann der Soteriologie und der Christologie zugrunde liegt. Denn die Konstruktion der Dogmatik geht vom Offenbarungsdurchbruch in der Geschichte aus, d. h. die idealistisch-teleologische Geschichtsspekulation des frühen Systems wird expressionistisch aktualisiert und geschichtsphilosophisch zentriert. Die Christologie wird zur ermöglichenden Erkenntnismitte des Systems und steht für das reale Eintreten Gottes in die Kultur- und Religionsgeschichte der Menschheit. Dadurch wird die Schöpfungslehre insgesamt zur Beschreibung derjenigen geschichtlichen Welt, die der geschichtlichen Bewegung hin zur Offenbarung und zum Durchbruch bereits zugrunde liegt. Die Dogmatik der 1920er Jahre kennt so nur einen zentralen Punkt des Offenbarungsgeschehens, d. h. die in der Schöpfungslehre beschriebenen Bestandteile des Seins Gottes bleiben christlich gesehen abstrakt, solange sie nicht auf das Geschehen der Offenbarung in Christus bezogen werden. Diese bloß vorbereitende Tendenz der Schöpfungslehre wird in der späten Systematik zurückgedrängt. Der Bezug der Schöpfungslehre auf eine eigene Gotteslehre (Sein – Gott) im Frage-Antwort-Schema tendiert zu einer Annahme der Erlösung bereits im Kontext der Erschließung des göttlichen Seins, das auf das Sein der Welt reagiert. Die vor-sündenhaften Elemente, die noch nicht auf die Tat des Menschen in der Geschichte abzielenden Beschreibungen des naturhaften Seins des Seienden in der Welt werden in der Seinslehre der späten Dogmatik isoliert. Die Sündenlehre wandert als Ganze in die Christologie und diese wird damit zur Erlösung von den Sünden, zur Beschreibung des Neuen Seins des freien Menschen und verliert ihre absolut zentrale Scharnierbedeutung für den Gesamtaufriss. Dieser an der jeweilig möglichen ‚Erlösung' der einzelnen Stufen des Wirklichen (Sein – Mensch – Welt als Leben und Geschichte) orientierte Aufbau der späten Dogmatik resultiert aus der in den späten 1920er Jahren neugefundenen Betonung des ‚realistischen' Moments der Religion gegenüber dem ‚durchbruchsbezogenen'. Die Unterscheidung von Grund- und Heilsoffenbarung wird zum Aufbauprinzip des Systems, indem nun die Grundoffenbarung zu einer eigenen Zugangsweise des Menschen zu Gott ausgebaut wird. Dadurch wird die auf das religiöse christliche Bewusstsein bezogene Einengung der expressionistisch-geschichtsphilosophischen Dogmatik aufgegeben zugunsten der von Anfang an eigentlich angelegten Allgemeingültigkeit für Welt und Mensch. Der Umbau von der Dresdener Dogmatik zu der späten *Systematischen Theologie* nimmt so gesehen durchaus Motive und Absichten des frühen Systems von 1913 verstärkt wieder auf. Und die Veränderung der Schöpfungslehre von der Beschreibung der sündhaften Welt *vor* der Erlösung hin zur eigenständigen Beschreibung der in Natur und Welt überall möglichen Form von göttlicher Durchdringung und ‚Erlösung' nimmt damit die frühe Aufhebung der Schöpfungslehre als einer anfangs- und heilswegbezogenen Zustandsbeschreibung hin zu einer Strukturbeschreibung des Verhältnisses von Gott und Sein allgemein ernst und setzt sie in einem veränderten dogmatischen Aufriss um, der zugleich die existenzialen Anreicherungen ab den 1920er Jahre mitführt und zum eigentlichen Kern der theologischen Beschreibung ausarbeitet. (Zugleich erklärt diese Verlagerung und Verstetigung des Erlösungsverständnisses in den einzelnen Teilen, warum die Lehre vom Geist ebenfalls noch einmal dem Schema von Frage und Antwort gehorcht und auch wieder als aktuelle interne Überwindung in der Gottesbeziehung konzipiert werden muss.)

Damit ergibt sich für das Verständnis der Seinslehre in der späten *Systematischen Theologie:* Sie gehört mit der nachfolgenden Gotteslehre direkt zusammen, beide bilden eigentlich einen in sich geschlossenen Komplex. In diesem ersten Teil der Theologie wird die Grundoffenbarung beschrieben, nämlich die bleibende Zuwendung Gottes zur Welt und zu allem Seienden als seiner aktualen Schöpfung, in der sowohl das Moment der Entzweiung als auch das Moment der gnadenhaft begleitenden Vorsehung immer bereits enthalten sind. Diese Zuwendung Gottes gilt nicht nur der Natur, sondern auch der Kultur des Menschen und seiner freien Selbstverwirklichung im Kontext der Welt, soweit sie noch nicht der ethischen Beurteilung untersteht. Das entscheidende Stichwort für dieses grundlegende Sein von Natur, Mensch und Welt lautet Endlichkeit. Die Schöpfungslehre ist damit eine existenzial gefüllte und religiöse Grundgestimmtheiten des Menschen schlechthin artikulierende Endlichkeitsreflexion.

Kommentar

Einleitung: Die Seinsfrage (I 193–198)

Tillich bezieht sich auf die philosophische Tradition des Seinsdenkens, grenzt aber die Bedeutung der Philosophie ein. Er will die „zentralen Begriffe vom Gesichtspunkt ihrer theologischen Bedeutsamkeit aus betrachten" (I 194). Er nennt vorlaufend vier Schichten der Analyse des Seins, auf das sich die Theologie bezieht. Die erste Schicht von Selbst und Welt (Subjekt und Objekt) wird unmittelbar in die zweite überführt, in welcher drei weitere Polaritäten den Grundgegensatz der ersten Schicht „konstituieren" (I 195). Die dritte Schicht erst lässt den abstraktgedanklich konstruierten Grundgegensatz in das wirkliche Sein treten. Hier geht es um die Differenz von Essenz und Existenz, den Übergang von der Logik in die Naturphilosophie. Erst dadurch ergibt sich ein Grundwiderspruch des Seins mit sich selbst, nämlich seine Endlichkeit.[18] Die Endlichkeitserfahrung (also das Wissen um den genannten Grundwiderspruch von Essenz und Existenz) ist der Punkt menschlicher Selbst- und Wirklichkeitswahrnehmung, der zur religiösen Deutung hinführt. Auf dieses wirkliche Sein können dann in einer vierten Schicht die Kategorien bezogen werden.[19] Auch hierbei geht es um die Strukturierung wirklicher Erfahrung. Tillichs Theologie denkt Religion als Reflexivwerden der Strukturen aller möglichen Welt- und Selbsterfahrung des gegenwärtig lebenden Menschen in ihrem Vollzug (vgl. I 197 f.).

---

18 I 196: „Endliche Freiheit ist der Wendepunkt vom Sein zur Existenz."
19 Wie aus der Dresdener Dogmatik zu ersehen, ist die Lehre vom Sein und seinen Grundstrukturen heraus entwickelt aus einer Zusammenschau von Urstandslehre und Gotteslehre. Auf das endliche Sein bezieht sich Gottes Wesen als das Absolute (vgl. I 273), auf die polaren Elemente beziehen sich Gottes Eigenschaften unter dem Gesichtspunkt seiner Lebendigkeit (vgl. I 280 und I 282 f. sowie dazu die formale Beschreibung „von den Stufen des Seienden aus" [EW XIV 165] unter dem Begriff des Lebens in der Dresdener Dogmatik), auf die Kategorien Gott als Schöpfer sowie die daraus zu gewinnenden Aussagen über Gottes eigenes Wesen in der Erhaltung und Vorsehung der Welt (vgl. I 296). Schließlich werden dieselben Grundstrukturen noch einmal als Beschreibungen von Gottes Allmachts-Verhältnis zur Welt in Anschlag gebracht: Gottes absolutes Wesen (I 312 f.), Gottes Sein in den Kategorien (I 314–321) (hier fehlt vor 2. eine entsprechende Zwischenüberschrift b), – sowie schließlich Gottes Sein in den Polaritäten als „Prozeß des göttlichen Lebens" (I 324), nämlich Liebe im Verhältnis zum Sein, Gerechtigkeit im Verhältnis zur Freiheit und Gnade im Verhältnis zur Geschichte.

Betrachtet man die Schöpfungslehre in ihrem Zusammenhang (also Seinslehre und Gotteslehre), dann wird deutlich, dass Tillich insgesamt dem bewährten Dreierschema folgt (absoluter Standpunkt, Reflexionsstandpunkt, theologischer Standpunkt). Denn die Seinslehre beginnt mit einer reinen Strukturbeschreibung des Seienden, welche die Punkte ‚Selbst und Welt' sowie die ontologischen Elemente umfasst. Diese beiden Punkte werden dann in einem weiteren Durchgang mit der Endlichkeitsidee zusammengebunden. Damit wird also der Reflexionsstandpunkt aufgenommen und als Grundgegensatz von Angst (in den 1920er Jahren: Schwermut) und Mut auf das endliche Sein insgesamt übertragen sowie dann auf die Kategorien, auf die ontologischen Elemente und schließlich auf den Gegensatz von Idee und Realität (Essenz und Existenz).

A Die ontologische Grundstruktur: Selbst und Welt (I 199 – 205)

Der erste Punkt klärt die erkenntnistheoretischen Bedingungen der Rede vom Sein. Die bewusste Setzung eines Grundgegensatzes von Selbst und Welt ist eine Weiterentwicklung des cartesischen ‚Ich denke' unter kantischen und nachidealistischen Bedingungen zur Abweisung eines strikten Materialismus, wenn man so will, eine neoidealistische Weiterführung des Neukantianismus. Diese „dritte Möglichkeit" (I 199) überträgt die Erkenntnisbedingungen fundamental auf alles Sein und setzt damit bewusst den Gegensatz Selbst-Welt als eine gedachte (gesetzte) Voraussetzung, von der zugleich behauptet wird, dass sie das Sein als Ganzes auch wirklich prägt. Der zweite Punkt legt diese Voraussetzungsstruktur offen, indem er kritisch auf der Priorität des objektsetzenden Geistes gegenüber der Natur beharrt. Auch hier postuliert Tillich „einen dritten Sinn" (I 204) des Subjekt-Objekt-Verhältnisses mit Bezug auf vorsokratisches Denken – eine Reminiszenz an Heidegger und den Existenzialismus, und wie bei diesen zugleich gegenwartskritisch gegen den Verlust des Geistes in naturalistischem und verobjektivierendem Denken, in Naturwissenschaft, Technik und Ökonomie gewendet.

B Die ontologischen Elemente (I 206 – 218)

Tillich überträgt den ontologischen Grundgegensatz von Selbst und Welt auf drei Schichten von Selbst und Welt, nämlich das einzelne Sein, die Formationen der Kultur sowie die ethische Selbstbeschreibung. Die erste Schicht nimmt seine alte Lehre vom einzelnen Sein im Kontext des Bestimmbaren (Welt) unter den Stichworten Individualisation und Partizipation auf. Die Begriffe sind so gewählt, dass sie sowohl auf das Sein jedes Seienden als auch auf das Sein des Menschen zutreffen, auch wenn das Einzelnsein des Menschen der höchste Punkt des Bewusstseins von dieser Struktur darstellt. Der Gegenbegriff der Gemeinschaft (für Partizipation) enthält zugleich die Wirklichkeit von Relation überhaupt, er ist das Muster für die Grundpolarität des Seins (vgl. I 209). Tillich schließt hier das Problem von Realismus und Nominalismus bzw. Idealismus und Empirismus als Philosophie der Erkenntnis an.

Dynamik und Form sind zum zweiten die polaren Weisen der Bestimmung von Einzelnem durch den Geist. Das aber ist die Grundlage aller „Schöpfungen der Kultur" (I 210). Kultur lebt von dem Noch-nicht-Bestimmten, das aus dem bereits Geformten noch entstehen kann. Leben ist Leben auf Zukunft, auf Bestimmtwerden hin. Vitalität, Intentionalität und Selbsttranszendenz sind dynamische Begriffe auf der Ebene von Leben, Bewusstsein und Individuum. Ihnen stehen die bereits gegebenen Formen als lebendige Substanz, Rationalität und Selbstbewahrung gegenüber. Tillich verweist geistesgeschichtlich auf die Auflösung eines griechischen, statischen Gottesbildes in der Lehre vom actus purus im Thomismus und in der romantischen Lehre vom lebendigen Gott (vgl. I 211f.).

Die dritte Polarität ist die von Freiheit und Schicksal, nämlich als Selbstbestimmung im Kontext des Immer-bereits-bestimmt-Seins. Mit der Selbstbestimmung wird die Differenz von Essenz und Existenz realisiert. Das ist der „Wendepunkt" (I 214) der reinen Ontologie zu ihrer Entzweiung in der Endlichkeit. Die Bestimmung des polaren Gegensatzes ist eine ethische, allerdings wird auch hier in Analogie die Polarität auf die „untermenschliche Natur angewandt" (I 217), so im Gegensatz von Reiz zu Reaktion oder von Spontaneität zu Gesetz. Wie in den anderen ontologischen Elementen dient die Überlegung dem Nachweis, dass ein gedankliches Ausgehen von einem der Pole nicht den anderen erklären kann. Damit richtet sich Tillich gegen eine ethisch-anthropologische Setzung und Bestimmung des Freiheitsbegriffs, aber auch gegen seine prinzipielle Bestreitung zum Beispiel im Behaviorismus oder Determinismus.

C Sein und Endlichkeit (I 218 – 238)

Die Endlichkeitsreflexion wird zum eigentlichen Punkt der religiösen Natur- und Seinsbeschreibung. An sie hängt sich ein reiches, von Tillich in Amerika entwickeltes Set an existenziell-psychologischen Begriffen an, die auf die Ontologie übertragen werden. Überlegungen der 1920er Jahre werde aufgenommen, mit Strukturen bereits der frühen Systematischen Theologie verbunden und neu geordnet. Mit der Endlichkeitsfrage werden die ontologischen Beschreibungen und

Kategorien zur Gotteslehre hinzugeführt, sie bleiben das Wahrnehmungsgerüst, das in der Religion benutzt und unter dem die Frage nach Gott gestellt wird (vgl. I 225 f.). Der erste Punkt gilt der Anerkennung der Polarität des Nichtseins im Gegensatz zum Sein. Es ist in seiner realistischen Behauptung stehenzulassen, denn jede (logische oder ontologische) Einordnung bringt das Nichtsein und seinen Ernst zum Verschwinden. Allerdings grenzt Tillich die Möglichkeit des Nichtseins auf das Sein ein und hält es damit von Gott fern. Negativität wird nicht im Absoluten, sondern nur in der Sphäre des bereits vom Absoluten gesetzten Bestimmten gedacht. Gegenüber dem Platonismus und der alten Kirche, aber auch der mittelalterlichen theologia negativa sowie dem modernen Existenzialismus beharrt Tillich darauf, dass die hier gedachten negativen (dualistischen) Elemente in Gott nur seine Seinsmacht gegenüber allem Seienden ausdrücken sollen.

Der zweite Punkt gilt der Differenz von Unendlichkeit und Sein-Selbst, also dem bloß gedachten Gott der Transzendenz gegenüber allem Endlichen einerseits und dem wahren Sein-Selbst als Gott über Gott andererseits. Die Konstruktion des Unendlichen ist Ausdruck der Selbsttranszendenzfähigkeit des Menschen (vgl. I 223). Doch „das Sein-Selbst kann nicht mit Unendlichkeit identifiziert werden. Es geht dem Endlichen und dem der unendlichen Negation des Endlichen voraus" (I 224). Die Haltung, mit der das Seiende seinem möglichen Nichtsein gegenübersteht, ist die „Angst [als] eine ontologische Qualität" (ebd.), die wiederum bei den verschiedenen Varianten des Nichtseins des Endlichen, die durch die Kategorien im Folgenden strukturiert werden, je verschieden benannt wird.[20]

Die entsprechende Aufnahme der Seinskategorien[21] bildet den dritten Punkt. Zeit zwischen Gegenwart und Verfließen führt zu den Wahrnehmungsformen der Vergänglichkeitsangst und der Gegenwartsbejahung. Raum enthält das Raumhaben und die Ortslosigkeit und zugleich die Sicherheit und die Sorge. Kausalität führt zu Kontingenz/Geworfenheit und Insichruhen, Substanz schließlich zu Identitätsverlustangst und Bejahung.

---

20 An dieser Stelle wird der Gegensatz der *Systematischen Theologie* zur Dresdener Dogmatik sichtbar. Hatte Tillich dort noch versucht, Schwermut und Mut als Durchbruchsphänomene, beide parallel bedingt durch die Erschütterung des ursprünglichen Selbstseins, zu beschreiben, also als Reflexe der durchbrechenden Erkenntnis des Bezogenseins auf Gott (vgl. EW XIV 132), so wird jetzt die Angst zum immer gegebenen Grundzug des Seienden bzw. des Seienden in seiner Totalität (das weltliche Sein) in Anbetracht seiner Endlichkeit. Schwermut und Mut liegen jetzt nicht mehr auf einer Stufe der Erkenntnis, vielmehr gilt: Die Kategorien „stellen die Frage nach dem Mut, der die Angst des Nichtseins auf sich nimmt. Die Frage nach Gott ist die Frage nach der Möglichkeit dieses Mutes" (I 232).
21 I 226: „Jede Kategorie drückt nicht nur eine Einheit von Sein und Nichtsein, sondern auch eine Einheit von Angst und Mut aus".

Nur sehr kurz erläutert Tillich im vierten Punkt, wie die Endlichkeitsreflexion mit den am Anfang genannten ontologischen Elementen verbunden wird und so zu neuen existenzial-ontologischen Beschreibungen führt. Tillich weist auf weitere Gliederungsmöglichkeiten hin: Polaritäten können nicht wie die Kategorien ins Nichtsein kippen, sondern nur eine „Zerreißung" (I 232) in der Existenz bedeuten. Führt das Nichtsein zur Frage nach Gott (vgl. ebd.), so das Zerbrechen der Polaritäten zu Christus. Deshalb werden auch die existenzialen Beschreibungen im ersten Fall als Formen der Angst, im zweiten als Formen der Verzweiflung beschrieben (vgl. I 234).

Mit dem fünften Punkt nimmt Tillich die Reflexion auf das göttliche Wesen aus der Seinsstufenbeschreibung der Dresdener Dogmatik auf (vgl. EW XIV 165, § 32). Hier ist die Fehlform die „Verzerrung" (I 236), mit der die religiöse Differenz zwischen der ursprünglich gut geschaffenen und der gefallenen Schöpfung beschrieben wird. Diese ist im christlichen Sinn nicht notwendig und beruht auf der Freiheit des Menschen. Washeit und Daßheit aus der Dresdener Dogmatik werden jetzt mit den Begriffen von Essenz und Existenz belegt. Dies führt zur Lehre vom Heiligen Geist in Leben und Geschichte, in der diese Verzerrung bearbeitet wird (vgl. I 238).

D Menschliche Endlichkeit und die Frage nach Gott (I 238 – 245)

Überleitend zur Gotteslehre werden die beiden klassischen theologischen Gottesbeweisformen besprochen, zunächst der ontologische und dann der kosmologische in den beiden Varianten des kosmologischen Beweises im engeren Sinn („Frage nach dem Grund des Seins" [I 245]) und des teleologischen Beweises („Frage nach dem Grund des Sinns" [ebd.]). Sie gelten Tillich nicht als theologische Denkformen, sondern als Hinweise auf die Versuche des Menschen zur Selbsttranszendenz mit gedanklichen Mitteln. Beide sind fehlerhaft, weil sie den letzten Sprung zu dem Sein-Selbst nicht leisten, sondern gedanklich in endlichen Formen der Vorstellung steckenbleiben. Beide sind deshalb nicht Denkweisen Gottes, sondern Analysen der Notwendigkeit, von der menschlichen Situation aus zu Gott hinzugehen. Denn sie beschreiben einerseits „die Anerkennung des unbedingten Elements in der Struktur von Vernunft und Wirklichkeit" (I 242) sowie andererseits „die Frage nach dem, was Endlichkeit und Kategorien transzendiert" (I 244).

Damit kann geschlossen werden, dass die folgende Gotteslehre, die sich auf die Seinslehre bezieht, den dritten fehlenden Punkt darstellt: hier wird die Schöpfungslehre in ihrem zunächst geschilderten Auseinanderfallen aufgenommen und die Möglichkeit des Bestehens des Seienden in seiner Endlichkeit, gegen sein Nichtsein und gegen seine Angst als Erhaltung der Welt in Gott dogmatisch beschrieben, und zwar so, dass die Eigenschaften Gottes jeweils die Kategorien, die Polaritäten, die Essenz/Existenz-Spaltung aufnehmen und beantworten.

Das Herausnehmen der Sündenlehre aus der Schöpfungslehre führt also dazu, dass die ursprünglich auf die Welt bezogene Betrachtungsweise der Erhaltung mit der zu ihr gehörenden Gotteslehre verbunden wird und die vorher getrennt verhandelten Weisen Gottes, sich auf die Schöpfung zu beziehen (in der Kreatürlichkeit und in der Erhaltung) zusammengefasst werden. Damit ist der dreiteilige Aufriss in einer neuen Weise wiederhergestellt, jetzt aber in dem Schema von Frage und Antwort auf das Sein der Welt bzw. des Seienden bezogen. Wieder zeigt sich, dass Tillich die auf den Offenbarungsdurchbruch in der Geschichte abgestimmte Theologie der 1920er Jahre inhaltlich aufnimmt, jetzt aber in einer nicht-aktualistischen, nämlich auf ontologisch-psychologisch-existenzielle Befindlichkeiten des Seienden abzielenden Beschreibungsweise neu formuliert.

Literatur

Stefan Dienstbeck, Transzendentale Strukturtheorie. Stadien der Systembildung Paul Tillichs, Göttingen 2011.
Norbert Ernst, Die Tiefe des Seins. Eine Untersuchung zum Ort der analogia entis im Denken Paul Tillichs, St. Ottilien 1988.
Martin Fritz, Mut und Schwermut der Kreatur. ‚Schöpfung' nach Tillich, in: Roderich Barth/Andreas Kubik/Arnulf von Scheliha (Hg.), Erleben und Deuten. Dogmatische Reflexionen im Anschluss an Ulrich Barth, Tübingen 2015, 79–106.
Gert Hummel (Hg.), God and Being/Gott und Sein. The Problem of Ontology in the Philosophical Theology of Paul Tillich/Das Problem der Ontologie in der philosophischen Theologie Paul Tillichs. Contributions made to the II. International Paul Tillich Symposium held in Frankfurt 1988/Beiträge des II. Internationalen Paul-Tillich-Symposions in Frankfurt 1988, Berlin/New York 1989.
Traugott Koch, Gott: Die Macht des Seins im Mut zum Sein. Tillichs Gottesverständnis in seiner „Systematischen Theologie", in: Hermann Fischer, Paul Tillich. Studien zu einer Theologie der Moderne, Frankfurt a. M. 1989, 169–206.
Christine Kress, Gottes Allmacht angesichts von Leiden. Zur Interpretation der Gotteslehre in den systematisch-theologischen Entwürfen von Paul Althaus, Paul Tillich und Karl Barth, Neukirchen-Vluyn 1999, 98–161.
Ulrike Murmann, Freiheit und Entfremdung. Paul Tillichs Theorie der Sünde, Stuttgart/Berlin/Köln 2000.
Klaus-Dieter Nörenberg, Analogia imaginis. Der Symbolbegriff in der Theologie Paul Tillichs, Gütersloh 1966.
Werner Schüßler, Der philosophische Gottesgedanke im Frühwerk Paul Tillichs (1910–1933). Darstellung und Interpretation seiner Gedanken und Quellen, Würzburg 1986.
Gunther Wenz, Subjekt und Sein. Die Entwicklung der Theologie Paul Tillichs, München 1979.

Jörg Dierken
Die Wirklichkeit Gottes (I 247–332)

Problem- und werkgeschichtlicher Hintergrund
Problemgeschichtlicher Hintergrund

Der zweite Teil des ersten Bandes von Paul Tillichs theologischem Hauptwerk *Systematische Theologie* behandelt die Gotteslehre. Sie folgt auf Darlegungen zum Begriffspaar ‚Vernunft' und ‚Offenbarung', welche im ersten Teil des Bandes zentrale Themen der dogmatischen Prolegomena erörtern. Und die Gotteslehre geht den Ausführungen des zweiten Bandes voran, die nach einem gewissen systematischen Neueinsatz als dritter Teil des Werkes um die Christologie gravitieren. In allen diesen Teilen ist immer auch der Gottesgedanke thematisch. Das gilt ebenfalls für die im dritten Band präsentierten beiden Teile, die unter den Stichworten ‚Leben' und ‚Geist' der Pneumatologie und unter der Überschrift ‚Geschichte und Reich Gottes' der Ethik und der Eschatologie gewidmet sind.[1] Wesentliche Motive aus diesen Teilen werden bereits in der Gotteslehre in ihrer abstrakten Struktur angesprochen, und Gott wird seinerseits in anderen Abschnitten der *Systematischen Theologie* in den jeweiligen Konkretionen thematisch. Der Gottesgedanke erschöpft sich nicht in dem ihm speziell gewidmeten Lehrstück.

Das wird insbesondere aus der dem ganzen Werk vorangestellten *Einleitung* ersichtlich.[2] Bereits die dort skizzierte Methode der ‚Korrelation' verweist auf die Gotteslehre und kommt hierin geradezu exemplarisch zur Durchführung. Es kennzeichne den Menschen, angesichts seiner elementaren Endlichkeit nach dem zu fragen, was ihn ‚unbedingt angeht'. Mit dem Merkmal des Unbedingten ist das Göttliche im Spiel. Es ist nach Tillich dadurch gekennzeichnet, dass es das Sein gegen die Bedrohung des Nicht-Seins verbürgt. Damit ist es nicht erst in der Antwort auf die Frage, sondern subkutan bereits in dieser selbst präsent. Für Tillich „ist" der Mensch geradezu ein solches Fragen nach sich selbst, das ihn zugleich über sich hinaus auf etwas ‚Unbedingtes' führt (I 76). In der Wahrnehmung von Phänomenen eigener Endlichkeit aufbrechend, greift dieser Fragevollzug über die Endlichkeit immer auch momentan hinaus und weiß sich bezogen auf ein Unendliches oder Unbedingtes. Dies hat nicht nur den epistemischen

---
1 Vgl. die Kommentare zu den Teilen und Themen.
2 Vgl. den entsprechenden Kommentar.

Grund, dass Endlichkeit angesichts ihrer Negativität eines Gegenbegriffs als Bestimmungsfolie bedarf. Sondern auch in ontologischer Hinsicht ist das Endliche nicht in sich selbst gegründet. Sein Sein ist ebenso durch ein mögliches Nicht-Sein gekennzeichnet. Daher enthält für Tillich der Vollzug des menschlichen Fragens bereits ein Moment der Antwort, für die Gott steht. Er repräsentiert die „Macht des Seins" (I 79), in der sich das Sein seiner Bedrohung durch das Nichtsein als Grundmerkmal des Endlichen entgegensetzt. Darum ist Gott als Seinsmächtigkeit, die sich im endlichkeitsmotivierten Fragevollzug entdeckt und verständlich macht, etwas, das den Menschen ‚unbedingt angeht' – so sehr dies im ‚Sein' seines Fragens bereits präsent ist. Die Korrelation von Frage und Antwort verbindet das Gottesthema mit existentiellen Sinnaufschlüssen angesichts unabweisbarer Endlichkeitserfahrungen.

Diese korrelative Struktur prägt auch die Gotteslehre im engeren Sinn. Das erste ihrer beiden Hauptkapitel wird durch die „Seinsfrage" eingeleitet (I 193), der letzte Teilabschnitt dieses Kapitels trägt die Überschrift *Menschliche Endlichkeit und die Frage nach Gott* (I 238–245).[3] Unter diesem Titel werden die klassischen Gottesbeweise verhandelt. Dabei wird die Erörterung des Seins Gottes in die „Frage nach Gott, die in der menschlichen Endlichkeit beschlossen liegt", verschoben (I 240). Schon daraus wird ersichtlich, dass die Gotteslehre nicht primär gegenständliche Darlegungen über Status und Verfasstheit des göttlichen Wesens bietet. Vielmehr geht es mit der Frageperspektive um einen erfahrungs- und erkenntnismäßigen Zugang zur Gottesthematik. Dieser erkenntnismäßige Zugang hat für Tillich einen seinsmäßigen Untergrund. Das kommt insbesondere im zweiten Hauptabschnitt der Gotteslehre zur Sprache, die von der *Wirklichkeit Gottes* handelt (I 247–332). Doch auch diese Wirklichkeit Gottes ist keine an sich seiende, fest umrissene und gegenständlich fassbare Größe. Tillichs Darlegungen setzen vielmehr ein mit der aus der Einleitung in das Werk bekannten Thematik „was uns unbedingt angeht" und identifizieren dies als „Gott" (I 247). Die Gotteslehre ist zwar, wie mit der Seinsthematik evident wird, in einem ontologischen Duktus gehalten, aber dieser ist von vornherein mit erkenntnistheoretischen Perspektiven verbunden und auf lebenspraktische Erfahrung bezogen. Darum ist die Gegenstandsseite der Gotteslehre zugleich mit den Vollzügen und Zuständen des menschlichen religiösen Bewusstseins verschränkt. Auch die Formel von der Wirklichkeit Gottes stellt darauf ab: Ohne eine solche Verschränkung von Gegenstands- und Zustandsseite wäre diese Wirklichkeit nur eine endliche Sondersphäre und damit weder dem religiösen Gott und seiner existentiellen Dynamik, noch einem philosophischen Absoluten als letzter Einheit angemessen.

---

3 Vgl. den Kommentar zur Stelle.

Mit seinen konzeptionellen Grundentscheidungen markiert Tillich eine recht eigene Position in dem durch die theologische Tradition abgesteckten Feld der Gotteslehre. Die deutlichsten Abgrenzungen werden gegenüber dem Schema theistisch-supranaturalistischer Gotteslehre der altprotestantischen Orthodoxie vorgenommen.[4] Nach deren heilsgeschichtlichem Modell eröffnet der Artikel *de Deo* die materiale Dogmatik, ohne zuvor ausführlich auf Erfahrung oder Erkennen des Menschen zu rekurrieren. Allenfalls das Buch der Natur wird als Hinweis auf das Buch der Schrift beansprucht. Das entspricht der Schrift- und Inspirationslehre aus den Prolegomena. Dieser weitgehend unvermittelte Beginn der Gotteslehre korrespondiert mit ihrer Stellung vor der Schöpfung, mit der das heilsgeschichtliche Gott-Welt/Mensch-Verhältnis erst anhebt. Von Gott her wird lediglich die Telos-Bestimmung des Menschen thematisch, nach der dieser seine letzte Seligkeit in Gott findet. Ansonsten verbleibt die Gotteslehre in ihren Hauptstücken ganz in der Immanenz ihres Gegenstands. Gottes Wesen, seine Eigenschaften und die innere Trinität werden rein als solche, mithin ohne weitere Bezüge auf menschliches Fragen abgehandelt. Sie sind aller menschlichen Perspektivität überhoben. Damit sind grundlegende methodische Differenzen gegenüber Tillich markiert. Dennoch gibt es auch elementare Kontinuitäten. Dass Gott das Sein selbst ist, dass dieses allein in sich gründet und dass Gott aus, von und durch sich selbst ist, nimmt Tillich als basales Muster metaphysisch-theologischen Denkens auf. Gleiches gilt für die Entfaltung des Gottesgedankens in personalen Figuren, für die insbesondere die Transformation der Dynamik des Gott-Welt/Mensch-Verhältnisses in innertrinitarische Relationen maßgeblich geworden ist.

Der in Tillichs Gotteslehre eingeflochtene Bezug zum menschlichen Leben verweist auf Nähen zu dem mit Friedrich Schleiermacher aufgekommenen neuprotestantischen Denken in Sachen Gott. Dieses unterscheidet sich in wenigstens drei markanten Hinsichten vom altprotestantischen Schema der Gotteslehre. Zum Ersten wird vor dem Hintergrund der theologischen Streitsachen um Pantheismus und Atheismus in der Sattelzeit der Moderne der Gottesgedanke nicht in tendenziell dualistischer Manier als Jenseits der Welt gedacht, sondern gleichsam spinozistisch mit deren Ganzheit und Einheit verbunden. Der Begriff des Universums aus Schleiermachers frühen *Reden* mag als Beleg reichen. Das Universum ist nicht nur unendlich, sondern es vergegenwärtigt das Unendliche gerade im Endlichen. Religion wird zu einer für das Unendliche offenen Endlichkeitsreflexion. Zum Zweiten werden subjektive Vermögen wie Anschauung und mehr noch das Gefühl als Formen fokussiert, in denen das Göttliche menschlicherseits ge-

---

[4] Vgl. Heinrich Schmid, Die Dogmatik der evangelisch-lutherischen Kirche. Dargestellt und aus den Quellen belegt [1843], hg. von Horst Georg Pöhlmann, Gütersloh ⁹1979.

wahr wird. Damit kommen subjektive Gemüts- oder Bewusstseinszustände im weitesten Sinn in Betracht, wenn es um die Gottesthematik zu tun ist. Deren Gegenständlichkeit tritt gegenüber den subjektiven Zuständen zurück. Den Hintergrund dieser Abkehr von der Gegenständlichkeit Gottes bildet nicht nur das reformatorische Erbe mit seiner Betonung des Glaubens als christlichem Grundvollzug, sondern auch die mit Aufklärung und Kritizismus verbundene Wende zum Subjekt. Darin steht Gott dafür, die Konstitution des in seinen eigenen aktiven Selbstvollzug immer schon gleichsam passivisch eingesetzten Subjekts zu vergegenwärtigen. Zudem symbolisiert er eine letzte Einheit von Selbst und Welt, die in jedem lebendigen Interagieren des Subjekts mit seiner sozialen und natürlichen Mitwelt immer schon partiell beansprucht ist. Auch für den Zusammenhang von Selbstkonstitution und Weltverhältnis ist Gott mithin bedeutsam. Dennoch werden Gott, Welt und Selbst nicht einfach identisch. Denn das subjektive Bewusstsein, das nach der *Glaubenslehre* um den inneren Wechselzusammenhang mit der Welt weiß und damit selbst ein Teil von dieser ist, ist als Wissen um diesen Sachverhalt immer auch in momentaner Distanz dazu. Es kann nicht in gleicher Weise Teilmoment dieses Zusammenhangs sein wie um dessen Ganzheit und Einheit wissen. Den Vollzug dieser Spannung des Bewusstseins beschreibt Schleiermacher als Frömmigkeit. Sie gleiche einem Bewusstsein schlechthinniger Abhängigkeit. Dessen ‚Woher' bezeichnet die Reflexion als ‚Gott', während sein Lebensort der unendliche Wechselzusammenhang von Selbst und Welt in relativer Freiheit und Abhängigkeit ist. Damit kommen Gott und Welt in den Status korrelativer Einheitsideen, einmal durch das Gegenüber zur Welt unter Ausschluss von Vielheit, ein andermal als Einheit unter Einschluss unendlicher Vielheit. Das religiöse Verhältnis zum – monotheistischen – Gott erlaube es daher, „uns unserer selbst [...] in unserer Endlichkeit als schlechthin abhängig bewußt zu sein" und diesen Umstand zugleich auf alles Welthaft-Endliche auszudehnen und „in dieser Beziehung die ganze Welt mit in die Einheit unseres Selbstbewußtseins" aufzunehmen.[5] Christliche Frömmigkeit bedeutet als subjektives Innesein Gottes, in Zuständen des bewussten Lebens die eigene Endlichkeit mit der tendenziell unendlichen All-Einheit der Welt zu verbinden. Dieser diffizile Zusammenhang von Selbst, Welt und Gott führt in Schleiermachers Glaubenslehre dazu, dass die Gotteslehre nicht als solche den Anfang der Dogmatik ausmacht, sondern mit der Darstellung der Frömmigkeitszustände zwischen sündenbedingter Zerrissenheit und versöhnter Einigkeit sowie den entsprechenden schöpfungsanthropologi-

---

5 Friedrich Daniel Ernst Schleiermacher, Der christliche Glaube. Nach den Grundsätzen der evangelischen Kirche im Zusammenhang dargestellt [1821/22] (²1830/31), hg. von Martin Redeker, Berlin 1960, § 8.2.

schen Voraussetzungen verzahnt wird. Das ist die dritte wesentliche Differenz zur altprotestantischen Gotteslehre. Aussagen über Gott werden wie die korrelativen Aussagen über die Welt mit den jeweiligen „Beschreibungen menschlicher Lebenszustände" durch ein reflexionstechnisches Verfahren verbunden.[6] Es expliziert nach und nach die göttlichen Eigenschaften. Aussagen über Gottes ansichseiendes Wesen als solches entfallen gänzlich, und die das Weltverhältnis gleichsam mit der Binnenperspektive Gottes verbindende Trinitätslehre wird zum Anhang der Dogmatik.

Tillich folgt Schleiermacher im Blick auf die dogmatische Verortung der Gotteslehre nicht, er nähert sich vielmehr wieder der alten heilsgeschichtlichen Grobgliederung an. Darin mag auch das Erbe seines Lehrers Martin Kähler stecken. Dennoch gibt es gewisse Entsprechungen zu Schleiermacher. So beinhaltet schon der erste, mit *Gott als Idee* überschriebene Abschnitt des der *Wirklichkeit Gottes* gewidmeten Kapitels Bezüge zum menschlichen Subjekt, und der zweite Abschnitt trägt explizit den Titel *Gott und Welt*. Dies ist auch der Ort für die göttlichen Eigenschaften. Auch finden sich bereits trinitarische ‚Prinzipien', obwohl die ausgeführte Lehre von der immanenten Trinität erst den vierten, dem ‚Leben' und dem ‚Geist' gewidmeten Teil der *Systematischen Theologie* beschließt (III 324–337). Dass sich die neuzeitliche Wende zum Subjekt bei Tillich nur teilweise in einer Aufnahme Schleiermacherscher Muster niederschlägt, rührt vornehmlich daher, dass er eher der Bearbeitung jener Wende gefolgt ist, für die die Religionsphilosophien der Deutschen Klassik maßgeblich sind. Johann Gottlieb Fichte, Georg Wilhelm Friedrich Hegel und insbesondere Friedrich Wilhelm Joseph Schelling wurden von Tillich bekanntlich breit rezipiert. Insbesondere die letzteren stehen dafür, die Subjektivitätsthematik im Gefälle der Intentionalitätsstruktur des Bewusstseins zu bearbeiten, das seine Aufmerksamkeit auf die Gegenstands- oder Gehaltsseite richtet und seine Zustände dabei auf indirekte Weise mit thematisiert. Daher wird dem Gottesgedanken besondere Aufmerksamkeit zuteil, bis hin zu einer spekulativen Reformulierung der in der Aufklärung in Verruf geratenen Trinitätslehre. Als weiterer Aspekt kommt die Fokussierung der Freiheit als Signatur der Moderne hinzu. In der Figur der Aseität galt Freiheit in der älteren dogmatischen Tradition als vornehmstes göttliches Prädikat. Es bezeichnet in der Religionsphilosophie der Klassik eine gleichsam divine Größe, die sich im Humanen realisiert. Denn Freiheit meint nicht nur die Abwesenheit von Fremddetermination, sondern auch Kreativität, das Setzen von Neuem oder Anderem gegenüber dem, was der Fall ist. Freiheit besitzt in ihrem Vollzug Dimensionen des Absoluten oder Unbedingten. Wenn Gott in der Deutschen Klassik zum

---

[6] Schleiermacher, Glaube, § 30.

religionsphilosophischen Thema wird, geht es immer auch um die Unbedingtheit menschlicher Freiheit und Kreativität – freilich in endlicher Brechung. Dieser Zusammenhang des Göttlichen und des Menschlichen erhellt schon aus dem Zusammenhang von Gegenstands- und Zustandsseite des Gott denkenden Bewusstseins, und er erschließt sich überdies aus dem Geflecht der Pointen des christlichen Gottesgedankens, die über Schöpfung, Sünde und Versöhnung schließlich auf Teilhabe an Gott im Geist drängen. Tillich hat das religionsphilosophische Denken der Deutschen Klassik insbesondere in der Gestalt Schellings rezipiert. Schelling suchte noch das Ich des Denkens genetisch zu ergründen und rekurrierte dazu auf die abstrakteste Einheit von Subjekt und Objekt, Denken und Sein oder Idealem und Realem. Aus ihr heraus sollten sich die Strukturen der Denkwelt entwickeln lassen, die sich in der kontingenten geschichtlichen Realwelt wiederfinden und bewähren müssen. Vor diesem Hintergrund fokussierte der späte Schelling insbesondere das Freiheitsthema im Ausgang von der Kontingenz der von Gott geschaffenen Welt, in der der Mensch seine Freiheit gewinnt. Hegels Theorie des Absoluten als Geist, aus der eine sich in ihrer Struktur selbsttragende Sozialphilosophie wechselseitiger Anerkennung entspringt, war nicht in gleichem Maße in Tillichs Fokus, eher schon Fichtes Konzept eines Absoluten als Freiheitsvollzug, der zugleich ein Sich-Ergreifen des Endlichen in Differenz zum Absoluten freisetzt. Allerdings entwirft Tillich sein Konzept nicht in der differenztheoretischen Perspektive des Endlichen, vielmehr steht bei ihm dessen ontologisches Fundament im Absoluten als Sein im Zentrum.

Wenn Tillich den Gottesgedanken mit der für die Moderne maßgeblichen Freiheitsthematik verbindet, scheint damit eine gewisse Nähe zu Karl Barth angezeigt zu sein. Allerdings lässt Barths Gott eine wirkliche Freiheit des menschlichen Andersseins nicht zu. Gott repräsentiert in seiner Selbstmacht die autonome Subjektivität auf ontologisch exklusive Weise. Das ist bei Tillichs Gott anders. In ihm steht der Sinn unbedingter Freiheit darauf, sich als ‚Sein selbst' in kreativ-dynamischer ‚Seinsmächtigkeit' zu erweisen, an der das durch das Nichts bedrohte Sein des Menschen teilhat. Damit erhebt sich freilich die Frage, ob Tillich die Subjektivitätsthematik, von der er ausgegangen ist, im Kontext des in ontologischen Begriffen formulierten Gottesgedankens tatsächlich im Blick behält.[7] Diese Frage hat auch eine werkgeschichtliche Seite.

---

[7] Vgl. dazu Gunther Wenz, Subjekt und Sein. Die Entwicklung der Theologie Paul Tillichs, München 1979.

Werkgeschichtlicher Kontext

Zu Tillichs elementarsten Einsichten dürfte die in eine innere Spannung des mentalen Lebens gehören, welche nach ihm geradezu einem Paradox gleicht: Dass dem mentalen Leben alle Fähigkeit zur kreativen Selbstüberschreitung in negativer und positiver Hinsicht eignet, allerdings diese Fähigkeit selbst nicht aus seiner Kreativität stammt, sondern mit seinem Selbstvollzug immer schon gesetzt – mithin ihm voraus-gesetzt oder gegeben – ist. Die erste Seite des Paradoxes nimmt ein zentrales Grundmotiv der Klassischen Deutschen Philosophie auf. Danach bedingt das Selbst des Subjekts allen theoretischen und praktischen Zugang zur Welt, sofern die welthaften Gegenstände denn in *sein* Wissen eingehen oder von *seinem* Handeln betroffen werden. Dieses Selbst des Subjekts ist schon darum kein Gegenstand unter anderen, sein Modus ist vielmehr sein eigener Vollzug. Eben darin liegt die Möglichkeit des Ausgriffs auf alles in der Welt beschlossen, sei es in affirmierender, sei es in verneinender Weise. Damit ist der Boden für die Intentionalität des Bewusstseins auf alle möglichen Gehalte hin markiert, ebenso freilich auch die Möglichkeit, diese skeptisch zu verneinen. So sehr dieser Selbstvollzug in der Welt stattfindet und mit ihr verwoben ist, so wenig lässt er sich aus ihr ableiten. Er ist spontan. Dieser spontane Selbstvollzug des mentalen Lebens enthält eine Dynamik kreativer Selbstüberschreitung. Seine Prozessualität gleicht einem immanenten Transzendieren auf die Gegenstände seines Wissens und Handelns, die in immer neue Synthesen eingestellt oder skeptisch auf Distanz gebracht werden. Diese Kreativität des mentalen Lebens hat allerdings an ihr selbst ihre Grenze. Sie ist – und das ist die zweite Seite des Paradoxes – nicht durch sie selbst kreiert. Sie kann sich auf alles erstrecken, nicht jedoch auf sich selbst. Suchte sie sich wissentlich zu erfassen oder durch Handeln hervorzubringen, wäre sie bloßer Teil der Welt. Der Selbstvollzug des subjektiven mentalen Lebens ist *für* es selbst daher immer schon gegeben, und zwar in einer durch eigene Kreativität nicht einholbaren Weise. In seiner Immanenz ist er dieser zugleich transzendent. Und er ist in einem elementaren Sinn un-bedingt. Dieser Umstand wird jedoch nur dadurch für das Subjekt zugänglich, dass es die in seinem Selbstvollzug wurzelnde Intentionalität reflexiv auf diesen selbst bezieht. Doch in solcher Reflexion entgleitet ihm gerade jene Un-Bedingtheit des kreativen Selbstvollzugs als solche, da sie eben kein bloßer Gegenstand ist. Sie ist *im* Erfassen des kreativen Selbstvollzugs diesem gerade *entzogen*.

Wenn nach der Grundeinsicht der Klassischen Deutschen Philosophie das subjektive mentale Leben den Zugang zu allem eröffnet, gilt dies auch für Gott. Er wird im Umhof dieses Lebens thematisch, und zwar angesichts von dessen Paradoxie als dessen innerer und seinerseits un-bedingter Grund. Diese Beschreibung macht allerdings schon von einer Reflexionskategorie Gebrauch, nämlich der der Kausalität. Diese wird durch die Qualifizierung als ‚innerer Grund' freilich gebrochen. Ähnliches gilt für das Moment der Verneinung im Titel des Un-Bedingten. Das Un-Bedingte basiert nicht auf der mit ihm gesetzten Verneinung, sondern diese fußt vielmehr auf ihm. Auch die Negation ist Ausdruck des kreativen Transzendierens des mentalen Lebens – wenngleich im Negativ.[8] Hieraus erhellt, dass Tillich Gott einerseits mit der Voraussetzungs- und Selbstgegebenheitsstruktur des alle Weltverhältnisse eröffnenden mentalen Lebens in Verbindung bringt, andererseits aber alle Beschreibungen Gottes in endlichen Kategorien kritisiert – seien sie gegenständlicher, seien sie reflexiver Art. Gleichwohl sind sie unentbehrlich, andere stehen dem Geist nicht zur Verfügung. Daher wird Kritik zum Modus des Gebrauchs von Kategorien zur Beschreibung Gottes. Hinweise auf das Gegebensein von Gottes Un-Bedingtheit geht mithin mit einer Kritik aller gegenständlichen Aussagen über ihn einher. Doch Kritik ist nicht autark, sie bezieht sich stets auf etwas. Sie bedarf eines Anderen, um Kritik sein zu können. Ort dieses Anderen ist das korrelative Gegenüber von Gott, mithin Selbst und Welt. Darum verschwindet Gott nicht in der Kritik seiner Darstellung. Er ist ihr immanent, sofern auch sie ein Vollzug der Kreativität des Geistes ist, und er ist ihr transzendent, sofern sie auf ein Anderes bezogen ist, um Kritik sein zu können. Diese Grundstruktur stand Tillich schon früh vor Augen, und er hat sie grundsätzlich auch zeitlebens durchgehalten. Begrifflichkeiten und Beschreibungshinsichten änderten sich freilich erheblich.

So versteht die frühe *Systematische Theologie von 1913* Gott als das Absolute, das als Geist Natur und Freiheit umfasst und unter der Form des Personalen vorgestellt wird. Es sei Inbegriff der Wahrheit. Diese steht gleichsam realistisch dafür, worauf das erkennende Denken ideell abzielt, weil es ihm vorausgesetzt ist. Gott als Wahrheit setze ebenso die Einheit des Geistes wie die Mannigfaltigkeit von allem Einzelnen in der Welt. In ihm werden damit die basalen Funktionen des bewussten Lebens gleichsam vor ihrer immer nur partiellen Aktualisierung durchsichtig. Darum sei in der Dogmatik von Gott auszugehen und mit ihm zu beginnen – so sehr Gott als innerer Grund des Bewusstseins mit dessen welterschließenden und -gestaltenden Vollzügen in Erkennen und Handeln verklammert ist. Diese Dynamik komme im Trinitätsgedanken zum Ausdruck, mit ihm habe daher die Dogmatik einzusetzen (vgl. EW IX 330). In den sich daran anschließenden Lehrstücken von Schöpfung bis Erlösung geht es folglich nicht um Kosmogonie und Menschheitsschau, sondern um verschiedene Konstellationen des

---

8 Vgl. dazu Jörg Dierken, Zweifel und Gewissheit. Zur religiösen Bedeutung skeptischer Reflexion bei Paul Tillich, in: ders., Selbstbewußtsein individueller Freiheit. Religionstheoretische Erkundungen in protestantischer Perspektive, Tübingen 2005, 299–323.

mentalen Lebens. Die Verbindung des Vitalen und des Mentalen, in deren nicht rationalisierbarer Positivität das menschliche Geistesleben immer schon gründet, wird von Tillich bereits 1913 in die Begrifflichkeit von Macht gekleidet. Gottes „Allmacht" heißt danach, „aller Dinge, alles Seienden mächtig zu sein" (EW IX 334). Damit klingt die spätere Formel für die abgründig-gründende Kreativität Gottes an: Seinsmächtigkeit. Sie wird freilich in die traditionelle Aseitätsfigur, dass „von ihm, durch ihn und zu ihm [...] alle Dinge [sind]", eingebettet (ebd.). Dass im Hintergrund des Gedankens der Seinsmächtigkeit die Reformulierung des ontologischen Arguments im Muster von *causa sui* steht, wie sie zunächst in Descartes' Antwort auf die Einwände seiner Gegner expliziert und sodann von Spinoza systematisch ausgearbeitet worden ist, hat Tillich nicht vermerkt, obwohl er selbst „als tiefste[n] Sinn des ontologischen Problems" die „Selbstbesinnung des Denkens auf seine absoluten Voraussetzungen" identifiziert (EW IX 295).[9] Descartes stieß bei seinem Bemühen, das „Unendliche als Unendliches" im Zusammenhang der Selbsterkundung des seiner im Selbstvollzug gewissen Geistes durch Aufmerksamkeit auf seine Ideen zu denken, auf die Figur einer unerschöpflichen „Macht" Gottes, die zur „Erhaltung" im Sein ursächlich ist.[10] Diese Figur löst Tillich aus dem rationalistischen Bemühen um einen syllogistischen Existenznachweis Gottes aus seinem Begriff und verbindet sie mit jener ‚Selbstbesinnung des Denkens' auf seine ‚absoluten Voraussetzungen'.

Dies wird noch deutlicher durch den Briefwechsel Tillichs mit seinem Freund Emanuel Hirsch aus den Jahren 1917/18. Die vielschichtigen Ausführungen Tillichs fokussieren die „Urparadoxie" des Geistes, einerseits als Freiheit „über alles [...] hinaus[gehen]" zu können und in einer Dynamik permanenten Transzendierens begriffen zu sein, andererseits aber sich „vor einem Fremden" zu „beugen".[11] Die letztere Figur des „Sich-Beugens" nimmt Tillich von Hirsch auf, für den neben dem Grunderlebnis der eigenen Dynamik des Geistes auch das Grunderlebnis des „Innewerden[s] des ‚Anderen', des ‚Fremden' als des Göttlichen" in seiner Heiligkeit gehört (14 f.). Tillich selbst versteht diese antinomischen Grunderlebnisse als Ausdruck einer inneren Polarität des Geistes. Für ihn ist der Geist nicht ohne Alterität und Fremdheit zu verstehen – allerdings nicht auf äußerliche Weise, vielmehr gehören diese zum Geist selbst hinzu. Der Geist wäre zwar „ohne dieses Fremde ‚nichtig'", aber „weil dieses Fremde zu ihm gehört, [ist es] nicht etwas

---

9 ‚Seinsmächtigkeit' wird von Tillich insbesondere mit dem Denken Spinozas in Verbindung gebracht, aber es werden häufig auch Linien zu Nietzsche gezogen.
10 René Descartes, Meditationen: Erste Einwände/Antwort des Verfassers auf die ersten Einwände, zit. nach d. Ausg. von Artur Buchenau [1915], ND Hamburg 1972, 86. 98 f.
11 Emanuel Hirsch – Paul Tillich, Briefwechsel 1917–1918, hg. von Hans-Walter Schütte, Neumünster 1973, 26. 24 (im Folgenden Nachweise in Klammern).

Fremdes" (26). Es ist „Ausdruck für die ‚Existenz' des Geistes", und zwar im Sinn einer unergründlichen Positivität der Existenz gegenüber ihrem Nicht-Sein bzw. „Tod" (ebd.). Wenn solcherart ‚Nicht-Sein' bzw. ‚Tod' zum Inbegriff des ‚Anderen' und ‚Fremden' werden, erblickt Tillich in der faktischen Existenz gegenüber ihrer Negation etwas Kontrafaktisches. Solche, jene Alterität des Fremden einholende Kontrafaktizität wird zum Ankerpunkt für Normativität, Wert und Geltung. Daher kann für Tillich Hirschs Erleben des Fremden als Heiligen mit einer kreativen „Geltung der Werte" zusammengedacht werden, die zur „Trägerin der Transzendenz" wird und damit einen Bogen zur Transzendierungsdynamik des Geistes schlägt (ebd.). Mit dieser Figur des mit der ‚Existenz' des Faktischen verbundenen Kontrafaktischen ist der Boden für die Thematik des Axiologischen bei Tillich gelegt, die er schließlich in der Begrifflichkeit des Sinns expliziert. Der Sinnbegriff hat mehrfachen Sinn. Sinn ist transzendierender Ausgriff auf Kontextualität: „Das Göttliche ist Sinn, nicht Sein, und es ist ‚anderer Sinn'" (30). Damit kommen Ganzheits- und Einheitsfiguren ins Spiel. Sinn ist zudem die logische Funktionalität des Geistes: „Auch das Sein, das rein ‚Tatsächliche', ist also gesetzt vom logischen Sinnzusammenhang, ist Sinn- oder Wertprodukt" (26). Damit wird die kategoriale Kreativität des Geistes auch gegenüber dem Begriff des Seins eingefangen. Und Sinn ist Sinnbegrenzung durch Setzung eines göttlichen Seins als Anderen: „Ebenso setzt der Sinn das Göttliche als sein ‚anderes'", und „so begrenzt sich der Sinn durch das Sein und das Überseiende [...als] Sinn-Setzungen" (30). Damit wird eine von Gott verbürgte, menschlicherseits unerreichbare und unerschöpfliche Dimension der Unbedingtheit – oder mit Tillichs späterem Ausdruck: der ‚Tiefe' – von Sinn angezeigt.[12]

Für Tillich weiß sich der Sinn „realisiert" von seinem „Anderen", obschon er einem „Monismus" gleicht (ebd.). Diese paradoxe Figur wird zu einem ‚höheren Realismus' ausgezogen. Hierin steckt gleichsam der Sinn des Sinns, in den sich jeder Einzelsinn eingesetzt findet und gegenüber möglichen Negationen getragen weiß. Er wird später zum Fundament für einen ‚Mut' im Modus des bejahenden ‚Dennoch' gegenüber aller Bedrohung durch das Nichtsein, dessen Seinsmodus freilich ungeklärt bleibt. Im Hintergrund dieses späteren Motivs steht die frühe Gedankenfigur, dass der monistisch-unbedingte Sinn sich „nach zwei Seiten den Widersinn, das Irrationale entgegen[setzt], das Sein und das Übersein" (ebd.). Nachdem Tillich über die Negations- und Differenzmomente im Begriff des Seins

---

[12] Wie die Unbedingtheit bzw. ‚Tiefe' und die Ganzheit von Sinn zu einem schöpfungstheologischen Bewusstsein von Gefährdung und Getragenheit der Existenz verbunden werden, zeigt Martin Fritz, Mut und Schwermut der Kreatur. ‚Schöpfung' nach Tillich, in: Erleben und Deuten. Dogmatische Reflexionen im Anschluss an Ulrich Barth, hg. von Roderich Barth/Andreas Kubik/Arnulf von Scheliha, Tübingen 2015, 79–106.

die zum Sinnbegriff führende axiologische Sphäre des Kontrafaktischen entdeckt hat, gelangt er über den Sinnbegriff zu einer Duplizierung des Seinsbegriffs in Sein und Übersein. Sie bildet den logischen Anker für die Duplizität von Sein im Modus von Seinsmächtigkeit und Sein im Modus des vom Nichtsein Bedrohten. Der Duplizierung im Seinsbegriff entspricht im Sinnbegriff eine Duplizierung in Sinn und sein Anderes. Das treibende Motiv für dieses zwiefache begriffliche Doppel liegt darin, dass Tillich die Grundstrukturen von Subjektivität in Begriffen expliziert, die an ihnen selbst keine Bezugspunkte für ihre Negation haben, obwohl diese die begriffliche Explikation leiten. Daher greift er vom Seins- zum Sinn-Begriffsfeld aus und *vice versa*. Denn das ‚Nicht' des Seins ist nur schwerlich ein Seinsmoment, und das ‚Andere' des Sinns fügt sich kaum in dessen ‚Monismus'.

Tillichs negationsdialektische Askese führt dazu, dass er Subjektivität auf zwiefältige Weise expliziert, etwa in der Parallelität von „absolute[m] Existentialurteil" und „absolute[m] Sinn-Bewußtsein" (26). Seinsmächtigkeit, später mit dem ‚Sein-Selbst' als Inbegriff des vormaligen ‚Überseins' in Verbindung gebracht, gehören wie die ‚existentielle' Frage nach dem Unbedingt-Angehenden zu den polaren Begriffswelten hinzu. Deren interner Operator, die Kraft des Negativen, bleibt freilich programmatisch verschattet. Tillich verwaltet sie in der Duplizität von ‚Sein' und ‚Sinn', deren Figuren wiederum Gegenläufigkeiten aufweisen. Das ließe sich exemplarisch an der primär mit Sinn-Figuren arbeitenden *Religionsphilosophie* von 1925 sowie der primär mit Seins-Mustern operierenden Schrift *Der Mut zum Sein* von 1952 zeigen. Allerdings ist hier bereits zu beobachten, dass der Sinnbegriff zunehmend vom Seinsbegriff dominiert wird. Das dürfte der zeitgenössischen Konjunktur von ontologisierendem Existentialismus geschuldet sein. Doch dabei überlagert die Ontologie kategorial die Axiologie, so dass sie deren Funktion übernehmen muss. Das führt dazu, dass die filigranen begrifflichen Figuren von Sein und Sinn der Region des Seins vindiziert werden, wo sie gleichwohl subkutan weiterwirken.

Während Tillich auf dem systematischen Fundament seiner Theorie des Absoluten von Sein und Sinn zunächst weit reichende wissenschaftssystematische und kulturphilosophische Modelle entwarf, stand die systematisch-theologische oder gar dogmatische Gotteslehre nicht im Vordergrund seines Schaffens in den frühen und mittleren Jahren. Das hat auch den Grund, dass Dogmatik das Berufswissen professioneller Religionsakteure in den Institutionen der Kirche vermittelt und nicht das Ganze im Blick hat, wie vom Absoluten her gefordert scheint. Freilich kommt unter dem Besonderen des dogmatisch-theologischen Gottes dann auch wieder das Allgemeine von Subjektivität und Welt in den Blick. Das zeigt bereits das Manuskript der Marburger bzw. Dresdener Dogmatik von 1925 bzw. 1926/27. Bereits darin entwickelt Tillich die Bestimmung, die dogmatische Rede habe das zum Thema „was uns unbedingt angeht" (EW XIV 14). Unbedingt sei es, wenn es „töten" und zugleich existentiell „tragen" könne (EW XIV 15). Tillich verbindet diese Bestimmung mit dem religiösen Begriff der Offenbarung, die er als erschütternden und umwendenden „Durchbruch des Unbedingten in das Bedingte" versteht (EW XIV 19). In dem in den 1920er Jahren entwickelten Motiv des ‚prophetischen' Durchbruchs steckt die Dynamik des Negativen. Sie erstreckt sich auf das „System [der] in sich ruhenden Endlichkeit" (ebd.), also die Diesseitigkeit der modernen Kultur in ihrer vermeintlichen Geschlossenheit. Als prophetische Kritik bezieht sich die Dynamik des Negativen auf gegenständlich-verdinglichende Objektivationen Gottes in theistisch-fixen Begriffsschemata. Damit holt Tillich seine bereits früh formulierte Kritik supranaturalistischer Gottesbegriffe ein. Die dogmatische Gotteslehre in engerem Sinn wird in den beiden ausgearbeiteten Hauptteilen dieser Dogmatik-Vorlesung, die das Seiende als Natürliches und als Geschichtliches in der vollkommenen Offenbarung beinhalten, entfaltet: Während der erste Hauptteil von der göttlichen Aseität her die Grundstrukturen des Kreatürlichen in Formen von Bejahung und Verneinung, von Gnade und Sünde entfaltet, geht es im zweiten Hauptteil um die im weitesten Sinn heilsgeschichtlichen Erscheinungen der göttlichen Offenbarung, denen die ökonomisch-trinitarischen Symbole von Vater und Sohn zugeordnet werden. Ein nicht ausgearbeiteter dritter Hauptteil hätte der Vollendung gegolten, bei der Gott als Geist in der alles einenden Einheit von Macht und Liebe thematisch geworden wäre und das trinitarische Symbol beschlossen hätte. Linien zur Gotteslehre der späteren *Systematischen Theologie* werden erkennbar. Vorentwürfe dieses reifen *opus magnum* bieten Tillichs Vorlesungen *Advanced Problems in Systematic Theology* aus den Jahren 1936–38. Sie präsentieren etliche Materialien des in existenzontologischem Ton gehaltenen theologischen Hauptwerks, allerdings in einer zum Teil anderen Ordnung. Das betrifft nicht nur die Anordnung der Momente der Korrelationsmethode, sondern auch den zweiten Teil *God and the world* (EW XIX 61– 110), der im Unterschied zur Gotteslehre der *Systematischen Theologie* nicht noch einmal untergliedert ist.

Kommentar

A Gott als Idee (I 247–273)

Es mag erstaunen, dass der erste Hauptabschnitt von Tillichs Kapitel zur *Wirklichkeit Gottes* den Titel *Gott als Idee* trägt. Landläufig scheint ‚Idee' das Gegenteil von ‚Wirklichkeit' zu sein. Diese Gegenüberstellung entspricht aber nicht Tillichs Begrifflichkeit. Sein ‚höherer Realismus' des Denkens erklärt Ideen nicht für subjektivistisch-luftige Gebilde, vielmehr versteht er das Ideelle als gleichrangiges

Komplement des Reellen, das am Anfang des zweiten Hauptabschnitts des Kapitels unter dem Titel *Gott als Sein* thematisch wird (I 273–332). Für Tillichs gleichsam ideenontologisches Denken haben Ideen selbst Realitätsgehalt, sofern sie auf die Dynamik dessen abstellen, was in der Diktion des frühen Tillich das mit dem Geist mitgesetzte ‚Andere' hieß. Daher sind Ideen auch keine formativen Urbilder in platonischem Sinn. Mit diesen hat die Gottesidee allerdings bei Tillich gemein, dass sie einen kategorialen Weg zum Phänomenalen weist. Tillich eröffnet seine Gotteslehre denn auch in einem ersten Unterabschnitt mit „phänomenologischen" Darlegungen, auf den ein zweiter mit „typologischen" Ausführungen folgt (I 247. 254). Phänomenbeschreibungen im üblichen Sinn enthalten diese beiden Unterabschnitte allerdings kaum.

1 Eine phänomenologische Beschreibung (I 247–254)

Im ersten Unterabschnitt geht es zunächst um deren begrifflichen Rahmen. In Gott als Antwort auf die menschliche Existenzfrage zeige sich eine unaufhebbare „Spannung" in der Erfahrung dessen, „was einen Menschen unbedingt angeht" (I 247): nämlich die Spannung der erfahrungsnahen Konkretheit und der alle Konkretheit letztlich ins Abstrakte transzendieren Unbedingtheit. Diese Spannung kennzeichne die Gottesidee, und aus ihr erhelle auch die Dynamik der Religionsgeschichte. Die phänomenologische Beschreibung religiöser Gottesideen führt nach Tillich geradezu in eine „Definition" des „Begriffes Gott": Götter seien „Wesen, die den gewöhnlichen Bereich der Erfahrung in Macht und Wort transzendieren", und sie seien „Wesen, zu denen die Menschen Beziehungen haben, die die gewöhnlichen Beziehungen an Intensität und Bedeutsamkeit übertreffen" (I 248). Von diesen Charakteristika zieht Tillich Linien zu Magie, Gebet, Mystik und letzten Werten. Im magischen Weltbild werde mithilfe der Gottheit Macht über die Dinge auszuüben versucht, das Gebet als Zentrum personalistischer Weltanschauungen stehe für ein auf freie Entscheidung drängendes Kommunikationsverhältnis zu Gott, Mystik strebe nach Teilhabe am Göttlichen mitsamt seiner Macht und die überragende Bedeutung des Gottesverhältnisses korrespondiere letztlich mit der Wahrheit und Güte Gottes als Inbegriff universaler Werte und Sinngehalte. Freilich sind Götter nur in „Bildern" zugänglich (ebd.). Sie tragen einerseits die Merkmale des Konkreten und Endlichen, andererseits wird das Endliche und Begrenzte zugunsten von Allmacht, Omnipräsenz und Unsterblichkeit negiert. Tillichs Konzeption des Symbols schimmert durch diese Dialektik hindurch.

Einen erfahrungsnahen Zugang zur Religion und ihrer Geschichte bietet für Tillich das Thema des Heiligen. Es sei nicht ästhetisch oder psychologisch zu interpretieren.[13] Vielmehr gelte es, das Heilige in der Sphäre des Göttlichen zu verorten. Dort markiert es die axiologischen Momente im Gottesverhältnis. Es geht mithin um den „Sinn dessen, was uns unbedingt angeht" (I 251). Das frühe Grundmuster von Sinn im Verhältnis zum Sein klingt an. Heiligkeit steht für die mit dem Unbedingten verbundene Wert- und Normdimension. Deren kontrafaktisches Gepräge wird durch das Kriterium der Gerechtigkeit vergegenwärtigt, welches das Heilige vom Dämonischen, Gott vom Abgott trennt. Mit dem Heiligen sind nicht nur die harten Unterscheidungen asketischer Kämpfe verbunden, sondern auch die Einteilungen der Welt durch den Gegensatz gegen das Profane. Tillich zielt aber nicht auf eine einfache Grenzziehung zwischen den Bereichen des Heiligen und Profanen. Ein simpler Dualismus ähnele der „Sünde" starrer „Dualität" von Bedingtem und Unbedingtem, von Unendlichem und Endlichem (I 254). Folglich ist es Tillich darum zu tun, durch „prophetische Kritik" – d.h. Kritik von jedem sich zum Unendlichen aufspreizenden Endlichen – einer Maskierung des Dämonischen als Heiligen entgegenzutreten (I 253). Luthers *Deus absconditus*, aber auch calvinistisch-puritanische Reinheitsideale mit mitlaufender Furcht vor Unreinheit werden als Beispiele genannt. Es geht Tillich erkennbar um die aus den Gegensätzen entspringende Dynamik, weniger indes um gehaltvolle Beschreibungen der mit den Stichworten Sinn und Heiligkeit markierten Norm- und Wertsphäre.

2 Typologische Betrachtungen (I 254–273)

Der zweite Unterabschnitt präsentiert eine Typologie von religionsgeschichtlichen Mustern der Gottesidee. Den Ausgang bildet deren innere Spannung zwischen konkreten und abstrakten Elementen. Erstere führen nach Tillich zu polytheistischen, Letztere zu monotheistischen Mustern. Neben dieser Spannung sei die Religionsgeschichte auch durch die Faktoren von Ökonomie, Kultur und Politik bestimmt. Innovativ gegenüber klassischen Konstrukten der Religionsgeschichte, die auf einen Fortschritt von wilden polytheistischen Formen hin zum Monotheismus mit dem Christentum an der Spitze abstellen, ist Tillichs These von einem unlösbaren Ineinander von „Fortschritt und Rückschritt", von „Gewinn" auf der einen und „Verlust" auf der anderen Seite (I 255).[14] Zudem sollen Religionsver-

---

[13] Tillich will sich hiermit von Friedrich Schleiermacher und Rudolf Otto absetzen. Ob diese Referenzen zutreffend sind, mag dahingestellt bleiben – zumal Tillich selbst hinter Ottos Verständnis des Heiligen als *tremendum* und *fascinosum* den „Grund und Abgrund des Seins" erblickt (I 251).
[14] Vgl. dazu Jörg Dierken, Fortschritt in der Geschichte der Religion? Aneignung einer Denkfigur der Aufklärung, Leipzig 2012.

gleiche durch den Abgleich typologischer Muster erfolgen. Das eröffnet grundsätzlich Zugänge zu einem reflektierten Bild der Religionsgeschichte, so sehr am Ende alle Religionen dem Kriterium „letztgültige[r] Offenbarung" zu unterwerfen seien (I 257). Auch das Ineinander von Heiligem und Profanem sei in die Typologie einzubeziehen, ebenso das Wechselverhältnis von Gottesbildern und ontologischen Begrifflichkeiten. Beim Polytheismus unterscheidet Tillich wiederum drei Typen: einen universalistischen, einen mythologischen und einen dualistischen Typ. Genauere historische Unterfütterung findet sich freilich nicht. Beim universalistischen Polytheismus zieht Tillich Linien von einem alles durchdringenden Macht-(‚mana')-Denken hin zu Pantheismus, Romantik und Pansakramentalismus. Der mythologische Typ fasse die göttliche Kraft in individuellen Gottheiten, die in den großen mythischen Narrativen zur dramatischen Darstellung gelangen. Das personalistische Prinzip sei auch in dinglichen oder tierischen Göttergestalten untergründig enthalten. Das führt einerseits zur Kritik dieser Gestalten, andererseits zu impliziten Verweisen auf die monotheistische Idee des personalen Gottes. Der dualistische Typ des Polytheismus beruhe auf dem Konflikt von göttlicher und dämonischer Heiligkeit und inszeniere ihn in Kämpfen göttlicher und satanischer Mächte. In den monotheistischen Typen überwiege die Tendenz zur Abstraktheit des Unbedingten, ohne jedoch alle Konkretheit zu tilgen. Daher hängen für Tillich Poly- und Monotheismus gegenläufig zusammen. Auch beim Monotheismus werden Untertypen beschrieben: Einem „monarchianischen Monotheismus" der Herrschaft eines Gottes über niedere Götterwesen wird ein „mystische[r]" Monotheismus gegenübergestellt, in dem alles Einzelne und Konkrete letztlich in einem unbedingten „Grund und Abgrund" verschwindet (I 262f.). Als Beispiele werden die antiken Religionen mit ihrer Tendenz zur Einheit unter einem Höchsten im Pantheon sowie die indische Brahman-Atman-Spekulation genannt. Die wirkliche Negation des Polytheismus erfolge jedoch im „exklusiven Monotheismus" (I 263), der auf die letzte Offenbarung vorbereite. Für ihn steht zunächst die Prophetie in der Religion Israels, sodann der christliche Gott als der im Menschen Jesus Lebendige. Das trinitarische Verständnis Gottes versteht Tillich als Bemühen um die Verbindung von Abstraktheit und Konkretheit. Daher begegne das trinitarische Problem auf irgendeine Weise in allen monotheistischen Religionen. Tillich beschließt diesen Unterabschnitt, indem er „philosophische Umdeutungen" der skizzierten theologischen Typen andeutet (I 262). Der universalistische Typ des Polytheismus führe zum monistischen Naturalismus von Spinozas *Deus sive natura*, der mythologische Typ gehe in pragmatistische Lebens- und Prozessphilosophie über und der dualistische Typ zeige sich in der griechischen Lehre von Materie und Form sowie der Kantischen Differenz von Natur und Freiheit. Der monarchische Typ des Monotheismus schimmere durch alle Varianten eines neuplatonischen Denkens in Emanationsstufen und Seinsgraden hindurch, der mystische gelange zum Gedanken der All-Einheit. Der exklusive Monotheismus leite als „metaphysischer Realismus" über eine ‚prophetische' Unterscheidung von Göttlichem und Weltlichem zur entgötterten Welt in Positivismus und Pragmatismus – wenn ihm nicht die ‚trinitarisch monotheistische' Korrektur des „dialektischen Realismus" widerstreite, die ein in der „Realität" als „Leben" verwurzeltes „‚Ja' und ‚Nein'" kenne (I 272). Diese Position ist Tillichs eigene. Darin zeigt sich ein vitalistischer Grundzug,[15] der noch dadurch verstärkt wird, dass er die Bewegungsdynamik zwischen Ja und Nein im Dreitakt von „Positive[m], Negative[m] und wiederum Positive[m]" fasst (I 271).

Mit diesen Umformungen wird das Verhältnis von Philosophie und Theologie berührt, zwischen denen nach Tillichs grundsätzlicher These weder „ein Konflikt nötig, noch eine Synthese möglich" ist (I 35). Vor diesem Hintergrund verteilt er Aussagen über „Sinn [...] und Struktur des Seins" auf die Disziplinen Theologie und Philosophie (I 267). Tatsächlich ist das Verhältnis verschachtelter. Auf begrifflicher Ebene gehe es letztlich um das „Sein-Selbst" als „Macht des Seins" (ebd.). Tillich zieht Linien zum ‚Sein' des Seienden – als „Macht von allem, was ist, sofern es *ist*" – und zur ‚Einheit' des Seienden – als Synthese der relationalen Partizipationsverhältnisse der Einzeldinge an jener alles übersteigenden Macht (I 268). Er verschränkt mithin die Themen Existenz und Wesen, Dass-Sein und Was-Sein, Vollzug und Gehalt unter einem Primat des Seins im Sinne von Macht. Wenn Sein nicht bloße Vorhandenheit meint – und damit freilich immer auch die Banalität eines in jedem, mithin auch verneinenden Vollzug seinerseits ‚vorhandenen' Denkens fokussiert[16] –, muss der ‚Macht' eine besondere Pointe zukommen. Sie chiffriert eine ins Ontologische gewendete Spontaneität des Subjektiven, die letztlich auf ein nicht ableitbares ‚Ja' hinausläuft: Sein wird zum Sinn. Das erhellt spätestens aus der vitalistischen Grundierung von Tillichs ‚dialektischem Realismus' als höchster Umformung des trinitarischen Monotheismus. Das ‚Ja' des Lebens ist gewissermaßen der ‚Sinn des Seins' in der ‚Struktur des Seins'. Seine Unableitbarkeit vergegenwärtigt nicht nur die ins faktische ‚Sein' projizierte kreative Spontaneität des Subjektiven, sondern auch die über das Muster des Kontrafaktischen zum ‚Sinn' aufgestufte Wert- und Normdimension. Die Affirmation durch das ‚Ja' steht gegen die permanent mitlaufende Bedrohung durch das ‚Nein'.

---

15 Vgl. zu diesem Stichwort den Kommentar zur Thematik des Lebens.
16 Gegen diese bei Tillich wiederholt begegnende Figur wendet Traugott Koch ein, dass sie die von Tillich intendierte existentielle Pointe gerade nicht tragen kann. Vgl. ders., Gott: Die Macht des Seins im Mut zum Sein. Tillichs Gottesverständnis in seiner „Systematischen Theologie", in: Hermann Fischer (Hg.), Paul Tillich. Studien zu einer Theologie der Moderne, Frankfurt a. M. 1989, 169–206.

B Gott und Welt (I 273–332)

Der zweite Hauptabschnitt des Kapitels zur *Wirklichkeit Gottes* trägt die Überschrift *Gott und Welt* und ist in vier Unterabschnitte gegliedert. Ihr Gefälle verläuft von eher begrifflichen zu eher dogmatisch-theologischen Ausführungen.

1 Gott als Sein (I 273–280)

Tillich beginnt mit Darlegungen zum Thema „Gott als Sein". Wiederum ist davon die Rede, dass Gott als aseitarisches Absolutes das „Sein-Selbst" sei (I 273). Seine „Seinsmächtigkeit" sei zu verstehen als „Macht, dem Nicht-Sein Widerstand zu leisten" (ebd.). Ob dieses ‚Nichtsein' seinerseits ‚ist' und welcher Status dann der ‚Widerstand' hat, bleibt ungeklärt. Komplexere Negationsverhältnisse lassen sich mit Tillichs existenzialontologischer Begrifflichkeit allein nicht fassen – einschließlich der von ihm andernorts bemühten Differenzierung in ein *nihil privativum* und ein *nihil negativum*. Mit der dogmatischen Tradition versteht Tillich sodann Gott als erhaben über die das Endliche charakterisierende Differenz von Essenz und Existenz. Als deren Indifferenz ist er aber weder die „universale Essenz" oder „Einheit alles Endlichen", noch darf er als ‚existierend' angenommen und damit zum Einzelwesen gemacht werden (I 274). Tillichs Formeln für den ortlosen Ort Gottes lauten ‚Transzendieren alles Seienden mitsamt dessen Totalität' oder ‚jenseits von Endlichkeit und Unendlichkeit'. Sie könnten sich in der Logik von negativer Theologie lesen lassen, wenn Tillich das Absolute nicht als ‚Sein-Selbst' zur negationsfreien Bastion erklärt hätte. Vor diesem Hintergrund bleibt nur der Weg in Abstraktion und Unbestimmtheit im Blick auf den gleichsam an ihm selbst gedachten Gott. Thematisch wird dieser denn auch in seiner doppelten Funktion, ‚Grund' und ‚Abgrund' des an ihm partizipierenden Endlichen zu sein: Als Grund ermöglicht er dessen schöpferische Kreativität, als Abgrund steht seine Transzendenz für die Endlichkeit des an ihm immer nur partiell partizipierenden Welthaften. Ersichtlich ist es Tillich um die „endliche Freiheit im Menschen" zu tun, die er als Pointe des Christentums identifiziert (I 275).[17] Dieser hintergründig funktionale, weil Dynamik im Endlichen entfaltende Zug von Tillichs abstrakter Ontotheologie wird unterstrichen, wenn er aus den „Struktur-Elementen des Seins-Selbst" heraus expliziert, dass Gott als „Grund des Seins"

---

[17] Vgl. Christian Danz, Religion als Freiheitsbewußtsein. Eine Studie zur Theologie als Theorie der Konstitutionsbedingungen individueller Subjektivität bei Paul Tillich, Berlin/New York 2000, bes. 13–175.

und „Grund der Struktur des Seins" zugleich „diese Struktur" – „*ist*" (I 276). Grund und Sein werden tendenziell ununterscheidbar. Die kaum mehr kontrollierte, gleichsam inflationäre Begrifflichkeit wird deflationiert, indem Tillich den Satz, dass „Gott das Sein-Selbst ist", als den einzig möglichen „nicht-symbolischen Satz" über Gott bestimmt. Er besage zugleich, dass „Gott [...] das Absolute ist" (I 277). Da sich aus diesem Satz kein Gehalt entnehmen lässt – unbeschadet aller ungeklärten Differenz von Gott als Sein und als Seins-Grund –, kann er nur als Referenzpunkt einer symbolischen, mithin im Endlichen ergehenden Rede von Gott fungieren. Ist nach Tillichs schon älterer und wegweisender Einsicht das „Symbol die Sprache der Religion" (GW V 237), so bedarf das Symbolische neben kulturtheologischen Ortsbestimmungen auch einer absolutheitstheoretischen Fundierung. Anders als ein Zeichen, das mit dem Bezeichneten nicht verbunden sein müsse, partizipiere das Symbol an der Wirklichkeit des Symbolisierten, wenngleich in einer durch seine konkrete Endlichkeit gebrochenen Weise.[18] Diese Struktur wird von Tillich *analogia entis* genannt, man könnte auch von einer *participatio partialis* sprechen. Aufgrund ihres Doppelcharakters von Absolutheitspartizipation und Endlichkeitsbrechung sind religiöse Symbole nach Tillich „zweischneidig" (I 278) und in ihrer Ambivalenz zu bearbeiten. Zwiespältig ist freilich auch Tillichs Symbolbegriff selbst: Da er Unendliches und Endliches verbindet – Symbole „zwingen das Unendliche in die Endlichkeit herab und das Endliche hinauf in die Unendlichkeit" (ebd.) –, ist die symbolische Rede von Gott komplexer als dieser selbst, jedenfalls als negationsfreies, weil nicht-symbolisches Absolutes oder als ‚Sein-Selbst'.

2 Gott als der Lebendige (I 280–290)

Im Modus des Symbolischen kann Tillichs Seins-Gott nun sogar zu einem Lebendigen werden und damit die vitalistische Grundierung der Ontotheologie einholen. Leben wird als prozessuale Dynamik der Aktualisierung von potentiellem Sein beschrieben. Diese Beschreibung ergeht freilich in symbolischer Einbeziehung von Endlichkeitsmerkmalen, denn „in Gott als Gott gibt es keinen Unterschied zwischen Potentialität und Aktualität" (280) – so Tillichs konsequente These, die ebenso konsequent ausblendet, dass bereits diese Explikation von ‚Gott als Gott' auf die Differenz von Aktualität und Potentialität rekurriert. Gott

---

[18] Vgl. als kritische Auseinandersetzung mit Tillichs Symbol- und Zeichenkonzept Michael Moxter, Kultur als Lebenswelt. Studien zum Problem einer Kulturtheologie, Tübingen 2000, 13–101.

lebe als „Grund des Lebens", und diese treffendste Symbolik des „göttlichen Leben[s]" komme in polaren Verhältnissen von Selbst und Welt zum Ausdruck (ebd.). Hierfür rekurriert Tillich auf die ‚ontologischen Elemente' mit ihren beiden polaren Reihen von Individualisation, Dynamik und Freiheit sowie Partizipation, Form und Schicksal, die jeweils für die Seite des Selbst oder Subjekts bzw. der Welt oder Objekts stehen. Trotz der zunehmend überbordenden Begrifflichkeit wird deutlich, dass der symbolisch als der Lebendige gefasste Gott seinen Ort im Endlichen hat. Das Unbedingte entfaltet seine Kreativität im Bedingten, und zwar als innere Prozessualität der vielfältig veränderlichen Verhältnisse von Selbst und Welt. Gott steckt gleichsam in den spannungsvollen Koordinaten, die ebenso die permanente Beweglichkeit wie auch den bleibenden Zusammenhang von Selbst und Welt gewähren. Weder das Selbst als solches, noch die Welt als solche werden darin Symbole für Gott, wohl aber die kreative Lebendigkeit, die in den Prozessen von Individuation und Partizipation, von Dynamik und Form sowie von Freiheit und Schicksal waltet. Das göttliche Leben wird in den Spannungen von Gemeinschaft und Vereinzelung, von Vitalität und Intentionalität sowie von Veränderlichkeit und Vorgegebenem symbolisiert. Weitere Symbole ergänzen die Reihen. Keines ihrer Elemente kann dabei für sich selbst Gott zur Gänze darstellen. Als deren inneres Bewegungs-Verhältnis ist er zugleich deren Einheit. Hierfür steht bei Tillich das „umfassendste, direkteste und uneingeschränkteste Symbol für das göttliche Leben": der „Geist" (I 288).[19] Als Geist bildet Gott das Integral der ontologischen Elemente und wird zum Telos des Lebens. Er ist die letzte „Einheit von Macht und Sinn" (ebd.). Die darin erfüllte Lebendigkeit komme im Trinitätsdogma zum Ausdruck. Wenngleich es erst im Anschluss an das christologische Dogma expliziert werden könne, ließen sich die „trinitarischen Prinzipien" bereits von der Einsicht, dass Gott der Geist ist, aus entfalten (I 289). Sein und Macht bilden für Tillich das erste der Prinzipien, das die „Basis der Gottheit" präsentiert (ebd.). Gemeint ist Gott als der abgründige Grund überhaupt, der in seiner ‚Majestät' unnahbar ist. Das zweite Prinzip wird vom Sinn bzw. Logos besetzt. Es hebt das erste Prinzip von bloßem Chaos ab und gibt durch das von Gott zu sich gesprochene ‚Wort' der bloßen Kreativität Sinn und Richtung. Das dritte Prinzip, der Geist, integriert hintergründig Macht und Sinn zu einem Ganzen und soll dennoch etwas Eigenes, ein „besonderes Prinzip", sein (I 290). Die begrifflichen Probleme vernachlässigend, zieht Tillich Linien von diesem immanent-trinitarischen Gerüst hin zur göttlichen Ökonomie, die in der Aufnahme des Endlichen in die Unendlichkeit gipfeln.

---

19 Vgl. den Kommentar zu den Ausführungen zum Begriff des Geistes.

3 Gott als der Schaffende (I 290–311)

Der folgende Abschnitt beinhaltet eine in die Gotteslehre integrierte Schöpfungstheologie. Der etwas unübersichtlich untergliederte Abschnitt bietet allerdings keine Kosmogonie oder Naturphilosophie, vielmehr liegt die Pointe von Tillichs theologischer Schöpfungslehre darin, die Kreatürlichkeit des Menschen als „endliche Freiheit" zu explizieren (I 294). Göttliches Schaffen kommt in der korrelativen Geschöpflichkeit zum Ausdruck, über sie soll die Endlichkeit des Menschen mitsamt seiner inneren Transzendenz zugänglich werden. Der erste Unterabschnitt thematisiert *Gottes ursprüngliches Schaffen* (I 291–301). Es geht zunächst um die *creatio ex nihilo* als klassische Formel für die Gott-Welt-Beziehung. Das ‚Nichts' sei ein „absolutes Nichtsein" („*ouk on*"), kein bloß „relatives" („*me on*") (I 292). Über die komplexen Fragen nach dem Seinsstatus jenes Nichts gleitet Tillich rasch hinweg, um die elementare Endlichkeit als „Erbteil des Nichtseins" im Geschöpf zu identifizieren (ebd.). Anders als das Tragische gehört solche Endlichkeit zu seiner gleichsam schöpfungsmäßigen Ausstattung. Gleiches gilt für die anschließend thematisierte Potenz der Freiheit, die zugleich die Potenz zur Sünde ist. Mit seiner weit reichenden These, dass „Schöpfung und Sündenfall zusammengehören" (I 295)[20] greift Tillich eine Figur auf, die insbesondere von Hegel und Schelling gegenüber moralistischen Simplifizierungen des Christlichen expliziert worden ist. So sehr das menschliche Geschöpf in der göttlichen Kreativität wurzelt und darin den Grund seiner Freiheit zu „geschöpflicher Selbstverwirklichung" hat (ebd.), so sehr kann es sich in dieser kreatürlichen Freiheit auf sich selbst zu stellen und von seinem Kreator abzutrennen suchen. Diese Ambivalenz rührt daher, dass beim Geschöpf – im Unterschied zum Schöpfer – Essenz und Existenz auseinandertreten. Da diese Differenz zu den Merkmalen des Geschöpflichen gehört, lässt sich auch kein Zustand ursprünglicher Sündenferne imaginieren. Tillich korrigiert denn auch konsequent die dogmatische Lehre vom Urstand des Geschöpfs, und seine hamartiologische These, dass „vollkommen entfaltete Geschöpflichkeit [...] gefallene Geschöpflichkeit" ist (I 294), widerstreitet theologisch-moralistischen Annahmen einer ursprünglichen Vollkommenheit, der durch demütigen Freiheitsverzicht nachzueifern sei. Das wird auch durch Tillichs These, dass es *sub specie Dei* keinen Zeitablauf zwischen ‚Vorher' und ‚Nachher' gibt, unterstrichen. Diese Struktur der Zeit ist Kennzeichen des Endlichen. Zwar sei auch Gott nicht ohne Endlichkeit zu denken und insofern auch zeitlich zu verstehen, allerdings im Modus dauernder „Gegenwart" (I 296). Für ihn und vor ihm werden daher beide Seiten der kreatürlichen Ambivalenz gleichzeitig.

---

[20] Vgl. den Kommentar zur Stelle (II 35–52).

Sie gehören auch zur Gottebenbildlichkeit des Menschen, den Tillich aufgrund seiner „vernünftigen Struktur" als „Telos der Schöpfung" versteht (I 297). Gemeint ist damit die vollständige Ausbildung des Selbst-Welt-Verhältnisses, welches ein in unendlichem Transzendieren begriffenes Bewusstsein von der eigenen Endlichkeit und die Betätigung der Freiheit in und trotz ihrer Ambivalenz einschließt. Die mit dem Sündenfall verbundene Unterscheidung von Gut und Böse wird von Tillich in schöpfungstheologischem Kontext dahingehend aufgenommen, dass es um einen angemessenen Umgang mit dem von Unendlichkeitsmerkmalen durchsetzten Endlichkeitsbewusstsein sowie der Freiheitsambivalenz zu tun ist. Das verweist auf Versöhnung, Erlösung und Ethik. Die Vorstellung eines ursprünglich ‚guten' Zustands ‚vor' dem Fall wird von Tillich kritisiert: Er gleiche „träumender Unschuld" in bloßer Naivität (I 299).

Indem Tillich in seiner Schöpfungstheologie die Lebensvollzüge des Geschöpflichen in Selbst-Welt-Verhältnissen fokussiert, folgt er grundsätzlich der von Schleiermacher eingeschlagenen Tendenz zu einer subjektivitätstheoretischen Umformung des Schöpfungsgedankens. Während sich dies bei Schleiermacher in einer Überführung der Schöpfungslehre in die Lehre von der Erhaltung niederschlägt, gliedert Tillich seine Schöpfungstheologie formal in Gottes ursprüngliches (I 291–301), erhaltendes (I 301–303) und lenkendes (I 303–311) Schaffen.[21] Die Lehre vom ursprünglichen Schaffen ist in der auf endliche Freiheit führenden Formel *creatio ex nihilo* konzentriert. Auch in der Erhaltungslehre geht es um die kreatürliche Existenz. Zwischen Gott und Nichts gestellt, bezieht sich Erhaltung als „dauerndes Schaffen" auf diese Existenz in ihrem „Widerstand gegen das Nichtsein" und „gegen den Grund des Seins, in dem es wurzelt und von dem es abhängig ist" (I 301). Der Erhaltungsglaube wird von Tillich darüber hinaus als Zuversicht zur Dauerhaftigkeit der Wirklichkeitsstruktur im Sinne einer „Basis für Sein und Handeln" gedeutet (I 302). Damit ist die Brücke zur Vorsehungslehre geschlagen. Gottes ‚lenkendes' Schaffen wird von Tillich konsequent entsupranaturalisiert. An die Stelle wunderhafter göttlicher Eingriffe tritt ein „beständiges Handeln Gottes" *in* den Prozessen des individuellen und kollektiven geschichtlichen Lebens (I 307). Dieses Handeln wird gleichsam psychologisch als prophetisch-existentielle Haltung eines optimistischen „Dennoch" in allen schicksalhaften Fährnissen gedeutet (I 309). Es geht um Sinn gegenüber drohendem Sinnverlust und der darin waltenden Angst durch den „Mut des Glaubens" (I 307). Die Dimension des Kontrafaktischen klingt an, wird aber zugleich an das Faktische der Schöpfung zurückgebunden. Gegenüber Funktionalisierungen der Schöpfung

---

[21] Die Gliederung und Untergliederung dieses Abschnitts aus dem Inhaltsverzeichnis findet sich im Text nur teilweise und nicht immer konsequent wieder.

zur Verherrlichung Gottes habe die Schöpfung zusammen mit Gott ihren Zweck in ihr selbst. Und gegenüber pessimistischen Weltverneinungslehren antiker und moderner Art sowie deren geschichtsphilosophische Umdeutungen in divine oder humane Programme fortschreitender Weltoptimierung sei es um den Glauben an die Erfüllung in der Schöpfung zu tun. In diesem Glauben, der im Anschluss an Röm 8 darin gravitiert, dass „nichts mich scheiden kann von der Liebe Gottes", werden Kräfte des Kontrafaktischen gegenüber den mit dem Endlichen einhergehenden Fährnissen von Schicksal und Leiden mobilisiert. Sie bleiben gleichwohl mit der kreatürlichen Existenz verbunden.

Diese Spannung führt zum Theodizeeproblem, das Tillich am Ende des Abschnitts kurz anreißt. Es wird von Tillich nicht in gleichsam objektiven theologisch-kosmologischen Figuren erörtert, sondern auf ‚meine' individuell-subjektive kreatürliche Existenz bezogen und dem „paradoxen Vertrauen des Glaubens" zugewiesen (I 310). Über das Individuum kommt auch die Gemeinschaft in den Blick, doch auch die anderen können nur jeweils selbst glaubend vertrauen. Aussagen über deren Heils- oder Unheilstand im Gefälle der alten Lehre von der doppelten Prädestination verwirft Tillich. Er argumentiert nicht nur mit dem vom Individuum jeweils selbst zu vollziehenden Glauben, sondern auch mit einer letzten göttlichen Überwindung des Nicht-Seins zugunsten einer Wiedervereinigung des Endlichen mit der Unendlichkeit des göttlichen Lebens. Feine Linien zu eschatologischer Allversöhnung mit rückführender ‚Essentifikation' des Endlichen ins Unendliche werden sichtbar, mit der Tillich seine *Systematische Theologie* beschließen wird.[22] Gleichwohl liege die letzte Antwort auf die Theodizeefrage in einer „Partizipation des göttlichen Lebens an der Negativität des kreatürlichen Lebens" (I 311). Einen wirklichen Ausgleich dieser Figuren bietet Tillich nicht.

4 Gott in Beziehung (I 311–332)

Unter diesem Titel beschließt Tillich seine Gotteslehre mit einem Durchgang durch die klassischen Eigenschaften Gottes. Da Gott kein Element einer Beziehung sein kann, dem ein anderes gegenübersteht, ist die Rede von ‚Gott in Beziehung' für Tillich ebenso symbolisch wie die von der ‚Lebendigkeit Gottes'. In seiner Heiligkeit bleibe er stets Subjekt aller Beziehungen im und zum Selbst-Welt-Verhältnis, seine Heiligkeit verbiete es, ihn zum beeinflussbaren Objekt oder Partner eigenen Handelns zu machen. Im Ausgang von der Heiligkeit Gottes beschreibt Tillich in zwei Eigenschaftsreihen die Macht und die Liebe Gottes im Verhältnis

---

22 Vgl. den Kommentar zur Stelle.

zum Geschaffenen (I 313–321. 321–329). Die Reihen werden in den abschließenden Symbolen von Gott als Herr und Vater aufgenommen (I 329–332). Auch die Eigenschaften Gottes beschreiben mithin kein Set göttlicher Prädikate, sondern sie thematisieren Modi der Präsenz des Unbedingten im Bedingten.

Die Prädikate der Macht-Reihe lauten Allmacht, Ewigkeit, Allgegenwart und Allwissenheit. Sie explizieren die göttliche Seinsmächtigkeit in verschiedenen Hinsichten. Allmacht ermögliche als Seinsmächtigkeit den „Mut, der stark genug ist, die Angst der Endlichkeit zu besiegen" (I 314). In zeitlicher Hinsicht führe Macht zu Ewigkeit, die als „ewige Gegenwart" Gottes die Zeitmodi des Vergangenen und des Zukünftigen umfasse (I 316). Vergangenes werde neu vergegenwärtigt, Zukünftiges sei nicht gänzlich kontingent, so dass beides in die relative Kontinuität einer ebenso offenen wie telosbestimmten Geschichte eingestellt werden kann. Göttliche Allgegenwart eröffne die Räumlichkeit des geschöpflichen Lebens überhaupt und die sakramentale Präsenz Gottes an besonderen Orten, ohne damit den Welt-Raum in profane und heilige Sphären zu zerteilen. Und Allwissenheit bringe den Geist-Charakter der Prädikate der Macht-Reihe zum Ausdruck, der die Subjekt-Objekt-Differenz übergreife und zu einer Gewissheit führe, die jedes absolute Dunkel erhelle. Menschliches Erkennen partizipiere am göttlichen, dennoch bleibe dessen Wahrheit unerreichbar. Tillich ist erkennbar an Balancen im Gegenläufigen interessiert.

Das gilt auch für die eher ethisch ausgerichtete Reihe der Prädikate der göttlichen Liebe. Im Interesse der Abgrenzung von „sentimentalen Fehldeutungen" versteht Tillich Liebe als ontologischen Begriff (I 321). Es gehe um individuierende Trennung und Wiedervereinigung im Leben. Gott sei als das ‚Sein-Selbst' zugleich ‚Liebe'. Die Ontotheologie hat den Platz der Ethik immer schon besetzt. Deren Sinn- und Wertmoment ist ontologisch geerdet, wenn nicht gar eingehegt. Tillich beschreibt die göttliche Liebe als ganz von der Vollendung des anderen geleitete, interessenlose *agape*, die die Liebe als *libido*, *philia* und *eros* überformt. Diese Formen der Selbstliebe des kreatürliche Ebenbilds Gottes wurzelten zwar auch in göttlicher Liebe, doch sie würden ohne das „Kriterium" der *agape* zur Selbstsucht (I 324). Da Tillich zu beschreiben unterlässt, wie die verschiedenen Grundformen der Liebe aus dem mit ‚Liebe' geglichenen ‚Sein-Selbst' entspringen, ähnelt sein Vorgehen eher einer psychologischen Phänomenologie der Liebe, in die ein theo-logisch-normatives Kriterium eingesetzt wird, als einer ontologischen Explikation. Das gilt auch für seine Darlegungen zur Liebe und Gerechtigkeit Gottes. Tillich ruft darin seine Einsicht auf, dass „alle Aussagen theologischer Ethik [...] auf Aussagen über Gott beruhen" (I 325). In dem hier thematischen Kontext besage das Symbol göttlicher Gerechtigkeit, dass das, „was der Liebe Widerstand leistet, der Selbstzerstörung übereignet" wird (ebd.). Dieser Widerstand komme aber nur unter den Bedingungen des Endlichen zustande, nur hier könne es einen Konflikt zwischen Macht und Liebe geben. Damit wird freilich das Prädikat der göttlichen Gerechtigkeit auf Zustände der Ungerechtigkeit bezogen und bedeutet deren Negation. Entsprechendes gilt für den ‚Zorn Gottes', die ‚Verdammnis' und die ‚Hölle'. Das hat zur Folge, dass die ausgleichende göttliche Gerechtigkeit nur als Hoffnungsgut eines Lebens im Ungerechten der Vollzug der göttlichen Liebe sein kann. Anderenfalls bleibt sie leer. Tillich nimmt diese Spannung auf, wenn er die „Rechtfertigung des Sünders" als Erscheinung der Einheit von göttlicher Liebe und Gerechtigkeit in der letztgültigen Offenbarung beschreibt, der „Gnade" als Form der göttlichen Liebe zum „ungerechten Geschöpf" entspricht (I 327). Beides ist aber nicht kongruent zur ontotheologisch fundierten ‚Überantwortung zur Selbstzerstörung'. Rechtfertigungsgnade wird von Tillich im Abschluss dieser Prädikatenreihe mit der Tradition als *gratia praeveniens* beschrieben. Die in der Allmacht der Vorhersehung der Gnadenannahme gründende Lehre von der doppelten Prädestination wird zugunsten einer „vollendete[n] Bejahung der Liebe Gottes" zurückgewiesen (I 328). Damit sind Fluchtlinien zu Figuren von Allversöhnung gewiesen.

Tillich schließt seine Lehre von den göttlichen Eigenschaften mit Hinweisen auf die Symbole von Gott als Herr und als Vater (I 329–332). Beide Prädikate nehmen Bezug auf weltliche Sozialverhältnisse, sie erörtern mithin den Gottesgedanken unter den Bedingungen der Relationen von Selbst und Welt. Und beide Prädikate fordern einander wechselseitig und bringen einander in Balance: „Der Herr, der nicht Vater ist, ist dämonisch, der Vater, der nicht Herr ist, ist sentimental" (I 329). Beide Irrtümer seien zu vermeiden, über Irrwege, die die Theologie in beide Richtungen gegangen ist, sei aufzuklären.

Nachbemerkung

Größe und Grenzen von Tillichs Theologie liegen dicht beieinander. Zur Größe dürfte die Freiheitsdynamik gehören, die durch Gott im Zusammenhang des welthaft-subjektiven Lebens symbolisiert wird. Gott ist auf dieses Leben bezogen, markiert seine Voraussetzungen und Ziele, bringt sein Woher und Wozu zum Ausdruck. Gleichwohl geht er darin nicht auf. Seine Dynamik wird in Prozessen innerer Transzendenz manifest, die sich an Spannungen entzünden ohne sie einzuebnen. Hinzu kommen die verschiedenen Formen des Negativen, gleichsam als facettenreiche Schatten der Negation, die mit der ontologischen Position des ‚Seins-Selbst' mitgesetzt ist. Die Sprödigkeit der ontotheologischen Grundbegriffe wird durch einen Reichtum phänomenaler Lebensbeschreibungen kompensiert. Das eröffnet vielfältige Anschlussmöglichkeiten in unterschiedlichen kirchlichen, kulturellen und akademischen Kontexten. Tillichs Denken hat ein hohes Integrationspotential. Hinzu kommt die Mehrsinnigkeit von Tillichs terminologischen Denkformen, die Ankerpunkte für verschiedene Interpretationstypen bieten. Deren Spektrum zeigt sich auch in diesem Band.

Die Grenzen von Tillichs Theologie gehen damit einher. Seine Begrifflichkeit wird gerade im Kontext phänomenaler Beschreibungen nicht wirklich eingeführt, inflationären Tendenzen hier stehen deflationäre im Bereich der vitalistisch grundierten ontologischen Grund- und Letztbegriffe gegenüber. Abwägende Argumentation, die beides kontrollierbar einbezieht, sucht man oft vergebens. Im Bereich der ontologischen Grundbegriffe bleibt der Status der Negation und ihrer Derivate letztlich ungeklärt. Zudem wird die werkgeschichtlich früh gewonnene Differenz von Sein und Sinn, von Ontologie und Axiologie, von Subjektivitäts- und Normdenken am Ende wieder ontologisch überblendet, obwohl Tillich subkutan mit ihr weiterhin operiert. Wer Tillichs fruchtbare Anregung, die Ontologie des Unbedingten mit der Phänomenologie im Bedingten zu verklammern, aufnehmen will, wird um die Bearbeitung der markierten Problemfelder nicht umhinkommen.

Literatur

Ulrich Barth, Religion und Sinn. Betrachtungen zum frühen Tillich, in: ders., Kritischer Religionsdiskurs, Tübingen 2014, 452–468.
Christian Danz, Religion als Freiheitsbewußtsein. Eine Studie zur Theologie als Theorie der Konstitutionsbedingungen individueller Subjektivität bei Paul Tillich, Berlin/New York 2000, 100–175.
Jörg Dierken, Zweifel und Gewissheit. Zur religiösen Bedeutung skeptischer Reflexion bei Paul Tillich, in: ders., Selbstbewußtsein individueller Freiheit. Religionstheoretische Erkundungen in protestantischer Perspektive, Tübingen 2005, 299–323.
Martin Fritz, Mut und Schwermut der Kreatur. ‚Schöpfung' nach Tillich, in: Erleben und Deuten. Dogmatische Reflexionen im Anschluss an Ulrich Barth, hg. von Roderich Barth/Andreas Kubik/Arnulf von Scheliha, Tübingen 2015, 79–106.
Michael Moxter, Kultur als Lebenswelt. Studien zum Problem einer Kulturtheologie, Tübingen 2000, 13–101.
Traugott Koch, Gott: Die Macht des Seins im Mut zum Sein. Tillichs Gottesverständnis in seiner „Systematischen Theologie", in: Hermann Fischer (Hg.), Paul Tillich. Studien zu einer Theologie der Moderne, Frankfurt a. M. 1989, 169–206.
Falk Wagner, Absolute Positivität – Das Grundthema der Theologie Paul Tillichs, in: Ders., Was ist Theologie? Studien zu ihrem Begriff und Thema in der Neuzeit, Gütersloh 1989, 126–144.
Gunther Wenz, Subjekt und Sein. Die Entwicklung der Theologie Paul Tillichs, München 1977.
Joachim Ringleben, Gott denken. Studien zur Theologie Paul Tillichs, Münster 2003, 87–164.

Stefan Dienstbeck
Die Existenz und die Erwartung des Christus (II 25 – 106)

Problem- und werkgeschichtlicher Hintergrund

Die Christologie sowie die Lehren von Existenz und Sünde bilden in der *Systematischen Theologie* nach Tillichs Eigenurteil (vgl. II 7) nicht nur vom Gesamtaufriss her – als drittes von fünf Hauptstücken – die Mitte. Zentral ist die Lehre von Jesus als dem Christus insbesondere in theologischer und systematischer Hinsicht: In ihr laufen sämtliche Linien des Tillich'schen Systems zusammen und erhalten ihre spezifische Prägung. So lassen sich Gottes- und Geistlehre, der Symbolbegriff oder derjenige der Theonomie sowie die gesamte Methode der Korrelation, welche die dreibändige Spätsystematik prägt,[1] allererst von ihrer Fundierung in der Christologie her verstehen. Letztere begreift Tillich also insofern als das Zentralstück seiner Theologie, als sie deren Kern veranschaulicht oder gar – je nach Interpretation – konstituiert.[2] Ob sich diese Selbsteinschätzung Tillichs allerdings angesichts der ‚Hecklastigkeit' der *Systematischen Theologie* – der Band III hat mit Abstand den größten Umfang – halten lässt, muss von der Perspektive des Gesamtwerkes her in Frage gestellt werden.[3] Zur Zeit der Konzeption und der Ausführung des zweiten Bandes seines Systems hielt Tillich selbst die Christologie jedoch für das Herzstück seiner Theologie.

Um sich der Lehre von Jesus als dem Christus in der Prägung Tillichs annähern zu können, bedarf es einerseits der vorangehenden Erklärungsmuster, wie sie Tillich vor allem in der Beschreibung seines Systems zu Beginn der *Systematischen Theologie* vornimmt. Dafür sei auf die vorangehenden Kommentare in diesem Band verwiesen. Zum anderen muss die Christologie in ihren systematischen Zusammenhang gestellt werden. Eben dieser ist bei Tillich in der Lehre von der Existenz auszumachen. Gemäß der Tillich'schen Korrelationsmethode bildet die Lehre von Jesus als dem Christus die Antwortseite des Korrelationsverhältnisses. Gerade die Antwort wird allerdings erst wirklich verständlich und vor allem zur echten Antwort, wenn sie in Bezug steht zu der ihr zugrunde liegenden Fragehaltung. Der Mensch als solcher ist für Tillich grundsätzlich die Frage selbst, auf

---
1 Vgl. hierzu den Kommentar zur *Einleitung*.
2 Vgl. zu dieser Frage kritisch: Gunther Wenz, Theologie ohne Jesus? Anmerkungen zu Paul Tillich, in: KuD 26 (1980), 128 – 139.
3 Vgl. hierzu die Kommentare zum dritten Band der *Systematischen Theologie*.

welche die Theologie als Wissenschaft generell zu antworten versucht (vgl. I 76). Die Frage der Vernunft nach dem Grund ihrer selbst findet dann im Speziellen ihre Antwort in der Offenbarung, die Frage nach dem Sein führt Tillich zu Gott als dem Sein-Selbst. In Bezug auf den Christus ist es das Schlagwort der *Existenz*, das Tillich auf die Seite der Fragehaltung stellt. Im Anschluss wird dann im vierten Teil des Systems das Leben als korrelative Frage zum Geistbegriff behandelt.

Zu beachten ist, dass auch für den zweiten Band der *Systematischen Theologie* die Methode der Korrelation in Anwendung bleibt. Dies bedeutet, dass theologische Aussagen nur dann als echte theologische Antworten – gemäß dem was Tillich unter ‚apologetischer', also antwortender Theologie versteht – gelten können, wenn sie auf eine existentielle Frage antworten. Für die Christologie hat dies zur Folge, dass sie ohne den Teil, der die Existenz behandelt, unvollständig bleibt und in die Richtung zu entgleiten droht, welche Tillich mit ‚Neu-Orthodoxie' bezeichnet. Ohne Frageseite kann die Antwort nämlich in den Bereich theologischer Setzung oder verbindlicher Lehre umschlagen, die dann nicht mehr auf die Situation des Menschen bezogen ist, sondern als erratischer Block ein Eigendasein führt. Um dies zu vermeiden, bedarf es der Entwicklung der Frage, die sich aus dem Menschen allgemein, in Bezug auf die Christologie speziell aus der Existenz des Menschen ergibt. Erst dann lassen sich die christologischen Antworten adäquat verstehen.[4]

Was aber meint eigentlich der Begriff der Existenz? Die Ontologisierung der Theologie, die Tillich in seiner Systematik vornimmt, setzt Seinsbegriffe in Bezug zu theologischen Begriffen. Zumeist lässt Tillich die klassischen dogmatischen Termini bewusst beiseite, um die Theologie neu übersetzen zu können. Für das Verständnis, worüber Tillich eigentlich spricht, bietet es allerdings einen Vorteil zu wissen, in welchem Traditionsstück sich Tillich eigentlich bewegt: Der Seinsbegriff, welcher auf die Gotteslehre Bezug nimmt, entspricht der Schöpfungslehre, ebenso wie der Lebensbegriff in der Pneumatologie die Heiligung anspricht. Traditionell thematisiert Tillich in der Christologie die Erlösung, welche auf den Fall und die Erlösungsbedürftigkeit des Menschen antwortet. Die Existenzthematik umfasst also einen Teil der Anthropologie Tillichs und zwar näherhin denjenigen, der es mit der Hamartiologie zu tun hat. Die Lehre von der Existenz steht bei Tillich daher in untrennbarem Zusammenhang mit der Lehre von Fall, Sünde und den Konsequenzen der Sünde. Unter der Überschrift ‚Existenz' werden also nicht nur dezidiert ontologisch-philosophische Fragestellungen, sondern auch solche behandelt, die bereits theologisch konnotiert sind. Dies ist unvermeidlich, da die Fragestellungen sich bei Tillich ja nicht unabhängig, sondern in

---

4 Vgl. den Kommentar zur Stelle (II 107–194).

einer „Einheit von Unabhängigkeit und Wechselwirkung" (II 19; im Original teilweise kursiv) zu den theologischen Antworten entwickeln.⁵

Die Lehre vom Menschen, wie sie in der Existenz- und Sündenthematik bei Tillich expliziert wird, speist sich – pointiert gesprochen – aus zwei Kreisen: Den einen bildet die interne Werkgeschichte Tillichs, den anderen die Diskussionslage und die Auseinandersetzung mit den ‚Frankfurtern', insbesondere in den 1930er und 1940er Jahren. Werkgeschichtlich sind die Weichen für Tillichs Ausführungen in der *Systematischen Theologie* bereits frühzeitig gestellt: Die in den 1920er Jahren einsetzende Ontologisierung der Theologie Tillichs lässt die Begrifflichkeiten um die Situation des Menschen als Existierenden schon frühzeitig reifen. Die Dresdener *Dogmatik-Vorlesung*, die ihre Wurzeln in Tillichs Lehrtätigkeit in Marburg, Dresden und Leipzig zwischen 1925 und 1927 findet, kennt bereits die Grundlinien der späteren dreibändigen Systematik. Noch deutlicher wird dies in der vom Herausgeber Erdmann Sturm betitelten „Urfassung" (EW XIX, V) der *Systematischen Theologie*, den *Advanced Problems in Systematic Theology* (EW XIX), welche Tillichs New Yorker Lehrtätigkeit zwischen 1936 und 1938 entsprungen sind.

Als signifikant für das Existenzverständnis erweist sich die Polarität von Existenz und Essenz. Beide liegen für die Betrachtung des Menschen bei Tillich stets so ineinander, dass sie zwar voneinander unterschieden, niemals aber völlig getrennt werden könnten. Sowohl das christologische Konzept wie auch die Sündenthematik spielen folglich mit der Verzahnung von Essenz und Existenz. Frage wie Antwort des Korrelationsverhältnisses von Existenz und Christus konstituieren sich auf Basis der Zuordnung von Essenz und Existenz: Ist das Dasein des Menschen und jeder Kreatur bestimmt durch die permanente existentielle Verzerrung essentieller Aspekte, so macht es das Neue am Neuen Sein in Jesus Christus aus, gerade die Durchsetzung der Essenz in und trotz der Existenz vorstellig zu machen. Diesem Grundmuster folgt bereits Tillichs frühes Denken, wenn auch unter anderen Voraussetzungen:⁶ In seinem ersten ausgearbeiteten theologischen Konzept, der *Systematischen Theologie von 1913*, erfolgt der theologische Zugriff auf die Inhalte des Christlichen noch vermittels dreier Standpunkte.⁷ Der Standpunkt der Intuition übernimmt die Funktion, welche später die Essenz inne hat, wohingegen der Standpunkt der Reflexion die existentielle Verzerrung es-

---

5 Vgl. in Bezug auf die Christologie II 22: „Die Frage erzeugt nicht die Antwort. Die Antwort ‚der Christus' kann nicht vom Menschen erzeugt werden, aber der Mensch kann sie aufnehmen und gemäß der Art, wie er gefragt hat, zum Ausdruck bringen."
6 Zur Verhältnisbestimmung der Stadien Tillich'schen Denkens vgl. Stefan Dienstbeck, Transzendentale Strukturtheorie. Stadien der Systembildung Paul Tillichs, Göttingen 2011.
7 Vgl. hierzu und zum Folgenden insbesondere die mit ‚Skizze' überschriebene nachträgliche Gliederung der *Systematischen Theologie von 1913*: EW IX 426–429.

sentieller bzw. intuitiver Eindeutigkeit vorstellt. Einzig real ist für Tillich allerdings der Reflexionsstandpunkt – auch Standpunkt der Relativität genannt –, weil er für die Situation des Menschen steht. Ihm gegenüber erscheint der Standpunkt der Intuition als rein abstrakt und konstruiert. Damit gleicht er dem, was Tillich in der späten *Systematischen Theologie* als träumende Unschuld beschreibt. Erst der theologische Standpunkt bringt als dritter die Lösung zwischen Abstraktion und Relativität und überführt beide in die Absolutheit. Bezeichnenderweise ist es das Christusereignis, das für diese Überführung verantwortlich zeichnet. Insofern weicht zwar der frühe Dreischritt über die Standpunkte einer zweipoligen Korrelation – dies tut dem Grundschema jedoch keinen Abbruch. Die Essenz, welche noch in der träumenden Unschuld des konstruierten Paradieszustandes durchschimmert, nimmt im zweiten Band der *Systematischen Theologie* zwar keine prominente Stellung mehr ein, doch ist und bleibt sie auch hier die Voraussetzung der Existenz, die ja den Abfall von der Essenz darstellt.

Konkret beeinflusst wird die Ausprägung der Anthropologie Tillichs ab den späten 1920er Jahren durch die Auseinandersetzung mit seinen Frankfurter Kollegen vom Institut für Sozialforschung, zunächst in Deutschland, später im Exil in den USA. Vorrangig das Gedankengut Walter Benjamins sowie die Rezeption und Kritik durch Tillichs Habilitanden Theodor W. Adorno und durch Max Horkheimer prägen die Konzeption des Existenzverständnisses sowie der Anthropologie Tillichs. Dabei wurde mit Tillichs Theorie im Kreise der Vertreter der Kritischen Theorie „eine christliche Philosophie und Theologie von Rang im Kreis des Frankfurter Instituts respektiert" und blieb auch „über die Emigration hinaus wirksam".[8]

Besonders einsichtig werden die wechselseitigen Bezugnahmen der ehemaligen Frankfurter in der Diskussion, die sich im Anschluss an den Text *Vernunft und Selbsterhaltung* aus dem Jahr 1942 entwickelt: Die Autoren dieses Beitrags sind Theodor W. Adorno und Max Horkheimer, die den Beitrag Walter Benjamin zum Gedächtnis widmen. Tillich entwirft hieraufhin *Bemerkungen* zu diesem Aufsatz, die deutliche Kritik üben.[9] Da *Vernunft und Selbsterhaltung* als Vorarbeit zur

---

[8] Hermann Deuser, Art.: Kritische Theorie II. Theologisch, in: TRE, Bd. 20, Berlin/New York 1990, 90–94, hier 93. Zur Bedeutung Tillichs im Rahmen des Frankfurter Instituts vgl. Christian Danz, Geschichte und Utopie. Geschichtsphilosophie bei Paul Tillich und Max Horkheimer, in: Gerhard Schreiber/Heiko Schulz (Hg.), Kritische Theologie. Paul Tillich in Frankfurt (1929–1933), Berlin/Boston 2015, 307–322 sowie Byran Wagoner, Religious Socialism as Critical Theory. Tillich and the *Institute* in Frankfurt, in: Gerhard Schreiber/Heiko Schulz (Hg.), Kritische Theologie. Paul Tillich in Frankfurt (1929–1933), Berlin/Boston 2015, 323–342.
[9] Vgl. hierzu: Paul Tillich und Max Horkheimer im Dialog. Drei bisher unveröffentlichte Texte (1942/45), hg. von Erdmann Sturm, in: ZNThG 1 (1994), 275–304. Hier finden sich sowohl Tillichs

Dialektik der Aufklärung gilt, die ebenfalls Adorno und Horkheimer gemeinsam als Autoren verantworten, ist die Diskussion, in die Tillich involviert ist, umso interessanter. Sie bildet gewissermaßen die Innensicht auf die ehemaligen Frankfurter ab und ermöglicht damit Einblicke in den Diskussionsstand um die Möglichkeit von Systemkonstruktionen.

Tillichs Kritik an Horkheimers und Adornos Konzeption rührt zwar einerseits von der inhaltlichen Seite her, indem er bestimmte historische Aussagen aus *Vernunft und Selbsterhaltung* korrigiert; von entscheidender Bedeutung sind jedoch die den systematischen Ansatz Horkheimers und seines früheren Habilitanden betreffenden Punkte, die Tillich im selben Brief an Horkheimer aus dem Jahr 1942 vorbringt. Tillich bezieht sich dabei nicht auf einzelne Aspekte des Konzepts, sondern „bestreitet die eigentliche These des Aufsatzes",[10] namentlich den „Wunderglauben" Horkheimers, „daß der Universalmechanismus in den Anfang der Geschichte umschlagen *kann*".[11] Um Wunderglauben handle es sich deshalb, weil es – so Tillich – für die Vernunft gewissermaßen einen festen Punkt „außerhalb" geben müsse, von dem aus ein Umschlagen vorbereitet werden oder zumindest die eigene Destruktion mit angesehen werden könne.[12] Entmenschlichung, wie sie nach Horkheimers und Adornos These am Werk sei und die den Rückfall in den Anfang bilde, sei daher nur mit Hilfe eines Konzepts von Menschlichkeit denkbar: „Ich glaube nicht, daß es reine Entmenschlichung gibt, wie ich nicht glaube, daß es reine Menschlichkeit gibt. Ich glaube, daß es fragmentarische Menschlichkeit auf dem Boden breiter und sich immer neu verkörpernder Unmenschlichkeit gibt."[13] Tillich ist aber auch der festen Ansicht, „daß diese fragmentarische Menschlichkeit stark genug ist, jede neu entstandene unmenschliche Struktur zu enthüllen, zu überwinden, aber nur in der Kraft der immer auch vorhandenen fragmentarischen Menschlichkeit".[14]

Kurz gesagt: Für Tillich gibt es ein überdauerndes Moment, das – wenn auch fragmentarisch und nicht als Massenphänomen – den weit verbreiteten Diffusions- und Dezentrierungsmechanismen immer wieder entgegenwirkt oder sie zumindest enttarnt. Dieses Moment dient Tillich auch als Ansatzpunkt der Beobachtung, von dem aus allererst ein Blick auf die Destruktionsaspekte geworfen werden kann. Gäbe es diesen festen Punkt nicht, so wäre auch eine Aussage über

---

Bemerkungen wie auch Horkheimers Replik. Der dritte Text bietet eine Diskussion zwischen Max Horkheimer, Adolph Löwe, Friedrich Pollock und Paul Tillich.
10 So Erdmann Sturm in: Paul Tillich und Max Horkheimer im Dialog, 277.
11 Paul Tillich an Max Horkheimer, in: Paul Tillich und Max Horkheimer im Dialog, 286.
12 Vgl. ebd.
13 Paul Tillich und Max Horkheimer im Dialog, 287.
14 Ebd.

den Strudel der Diffusion nicht möglich. Es ist für Tillich die fragmentarische Menschlichkeit, die eigentlich die Unmenschlichkeit trägt, indem Erstere in Letzterer immer wieder durchbricht. Diese Systemlinie bildet auch den Kern für das Verständnis von Tillichs Vorstellung vom Kairos und von den Kairoi.

In diesem Punkt widerspricht Tillichs Auffassung radikal derjenigen, welche die übrigen ‚alten Frankfurter' vertreten. Horkheimer bestätigt diesen Grundsatzdissens in systemkonzeptionellen Fragen in seiner Antwort an Tillich vom 12. August 1942. So lehnt Horkheimer den Tillich'schen Vorwurf vom Wunderglauben gerade dadurch ab, dass er Tillichs Annahme zurückweist, es gebe notwendig einen Standpunkt außerhalb. Gehe man von diesem Außerhalb weg, „so wird das Draußen zum Drinnen, der ‚Rest' geht auf",[15] wie Horkheimer am Ende seiner Ausführungen an Tillich schreibt.

Die Grundauseinandersetzung zwischen Tillich und den anderen Exil-Frankfurtern schlägt sich in Tillichs Anthropologie dahingehend nieder, dass er überhaupt eine Lehre vom Menschen verfassen kann, was bei seinen ehemaligen Mitstreitern unter den gegebenen Bedingungen nicht der Fall sein kann. Bei Tillich laufen hier die Verbindungslinien zwischen Anthropologie und Gesellschaftstheorie zusammen. Der Beitrag *Man and Society in Religious Socialism*[16] von 1943 offenbart beides, sowohl Tillichs Möglichkeit, eine Lehre vom Menschen auszuformulieren, als auch das damit verbundene und anthropologisch fundierte Gesellschaftskonzept, das an *Die sozialistische Entscheidung*[17] von 1933 anknüpft.[18] Bereits in *Man and Society in Religious Socialism* bestimmt Tillich den Menschen in derselben Weise, wie er es später im Existenzabschnitt der *Systematischen Theologie* vornehmen wird: „*The structure of man is the structure of finite freedom.*" (MW III 492) Dass diese Formulierung durchaus in Auseinandersetzung mit den Frankfurtern entstanden ist, beweist – gewissermaßen ex negativo – die harsche Kritik, die Adorno 1944 an Tillichs Entwurf richtet.[19] Die Bestimmung des Menschen als endliche Freiheit schält sich somit einerseits aus den Entwicklungslinien der Theologie Tillichs und andererseits aus der Auseinandersetzung mit den ehemaligen Kollegen aus Frankfurt im Exil heraus. Die endliche Freiheit wird damit zu derjenigen Figur im Denken Tillichs, mit der er seine Position, wie er sie

---

15 Ebd., 294.
16 Paul Tillich, Man and Society in Religious Socialism, MW III 487–502.
17 Paul Tillich, Die sozialistische Entscheidung, GW II 219–365.
18 Vgl. hierzu auch Tillichs frühe Exilvorlesungen, insbesondere die verschiedentlich entwickelte Lehre vom Menschen (1934/35), EW XVII 157–347.
19 Vgl. hierzu Adornos *Entwurf contra Paulum*, der von Erdmann Sturm herausgegeben zu finden ist unter: Theodor W. Adorno contra Paul Tillich. Eine bisher unveröffentlichte Tillich-Kritik Adornos aus dem Jahr 1944, in: ZNThG 3 (1996), 259–277.

gegen Horkheimer verteidigt hat, weiterführt und von einer Definition des Menschlichen ausgeht. Dass diese nicht nur positiv, sondern vielmehr überwiegend abwegig sein kann, erhellt Tillichs Verständnis von der Sünde, wie im Kommentar ausgeführt wird.

Kommentar

A Existenz und Existentialismus (II 25 – 35)

Zwischen dem ersten und zweiten Band der *Systematischen Theologie* besteht Tillichs eigener Aussage zufolge ein charakteristisches Gefälle: Ging es im ersten Band um den Menschen in seiner gottgewollten Schöpfungsgemäßheit oder – in Tillichs Begriffen gesprochen – in seiner Essenz, so hat es der zweite Band mit der „existentiellen Verzerrung" (II 10) der essentiellen menschlichen Natur zu tun. Beim Übergang von Band eins zu Band zwei bzw. von der Essenz zur Existenz handelt es sich jedoch nicht um ein kontinuierliches Geschehen. Tillich spricht im Gegenteil beide Male von einem „Sprung" (ebd.), also einem *Aufhören* und einem *von Neuem Anfangen*. Zwischen Essenz und Existenz liegt eine Kluft, die sich nicht einfachhin überbrücken lässt. Dieser Grundgedanke, der im Weiteren die gesamte Lehre von Sünde und Christus prägen wird, ist kein Novum im Tillich'schen Denken, sondern schon in dessen Anfänge eingezeichnet. So konstatiert bereits der frühe Tillich in seiner ersten *Systematischen Theologie* aus dem Jahr 1913 einen Sprung zwischen Wahrheit und Denken bzw. zwischen Intuition und Reflexion, die analog den Begriffen Essenz und Existenz fungieren.[20] Der Übergang von der Essenz zur Existenz ist im wahrsten Wortsinne abrupt, also gekennzeichnet durch ein Abbruchsverhältnis. Dasselbe wird sich christologisch dann im Versöhnungsgeschehen in identischer Weise beobachten lassen: Auch hier findet kein kontinuierlicher Übergang statt, sondern einer, der sich sprunghaft vollzieht.[21]

Ist somit das Verhältnis von Essenz und Existenz als ein diskontinuierliches charakterisiert – obwohl beide nicht voneinander zu trennen sind –, bleibt dennoch zu fragen, was Tillich unter der Existenz überhaupt versteht. Im Abschnitt *Existenz und Existentialismus* (II 25 – 35) bietet Tillich genau genommen zwei Definitionen des Begriffs vom Existieren an. Zum einen handelt es sich um eine eher etymologische, zum anderen um eine eher philosophiegeschichtliche Her-

---
[20] Vgl. Paul Tillich, Systematische Theologie von 1913, EW IX 273 – 434, hier 281: „Von der Wahrheit zum Denken der Wahrheit gibt es keinen Weg; hier ist ein Abbrechen und ein Neuanfang."
[21] Exemplarisch sei auch hier auf die Systematik von 1913 verwiesen, vgl. EW IX 351.

leitung des Begriffs, wie auch schon die Kapitelüberschrift anzeigt. Tatsächlich verständlich wird der Existenzbegriff bei Tillich erst, indem beide Aspekte zusammengenommen werden.

Die etymologische Betrachtung führt in die Tiefe des Tillich'schen Seinsverständnisses. Hierzu sei auch auf die vorangehenden Beiträge verwiesen. Tillichs grundlegende These lautet, dass existieren „heraussstehen" (II 26) meine. Die Vokabel des Herausstehens impliziert einen Ort, aus dem man heraus-, und einen, in den man hineinsteht. Das Heraus ist nach Tillich das Nichtsein, das Hinein das Sein. Der Mensch ‚ragt' mithin in die Bereiche des Nichtseins wie des Seins, wobei sein Herkunftsort bezeichnenderweise das Nichtsein ist. Implizit schwingen hier die schöpfungstheologischen Prämissen mit, die Tillich in der Gotteslehre entfaltet hat – nämlich, dass Gott das Sein-Selbst ist und das Seiende seine Seinsmächtigkeit als endliche Entität nur vom Sein-Selbst her erhält, nicht aber aus sich selbst hervorbringt. Kurz gesagt: Der Mensch ist „ein Endliches, eine Mischung von Sein und Nichtsein." (Ebd.) Kommt somit aber die Kategorie der Endlichkeit ins Spiel, dann ist das Nichtsein nicht mehr nur das allgemeine Nichts, sondern das spezifisch eigene Nichtsein, wie es im Enden des eigenen Seins ansichtig wird. Tillich spricht daher vom Existieren schließlich als „heraussstehen aus dem *eigenen* Nichtsein" (ebd.).

Mit dieser Bestimmung ist jedoch noch nicht alles über die Existenz gesagt. Tillich kann nämlich den Ort des Herausragens, das Nichtsein, in zwei Richtungen auffassen: Entweder ist das absolute Nichtsein (ouk on) oder das relative Nichtsein (me on) gemeint. Damit greift Tillich die klassische Distinktion des Nichtseins auf, je nach dem, ob man es im Gegenüber zu ‚etwas' (relatives Nichtsein) oder als alternativlose Ganzheit (absolutes Nichtsein) begreift. Letzteres meint die Tradition etwa in der creatio ex nihilo pure negativo, also in der Schöpfung aus dem reinen Nichts, das – etwa gegen platonisierende Tendenzen – keinerlei Gegenüber hat, also auch z. B. keine Materie als Vorgabe findet. Bezieht sich das Existieren auf solches absolutes Nichtsein, dann spricht Tillich von endlichem Sein. Man könnte bei dieser Variante auch von der eigentlichen Form des Existierens sprechen.

Die zweite Variante, das Herausstehen aus dem relativen Nichtsein, lässt sich nämlich – ohne dass Tillich dies erwähnen würde – als eine Subkategorie des endlichen Seins bzw. des ‚Herausstehens aus dem absoluten Nichtsein' beschreiben. Herausstehen aus dem relativen Nichtsein bezeichnet nach Tillich nämlich nichts anderes als das aktuelle Sein. Um aktuell werden zu können, muss jedoch der Status des Noch-nicht-Seins, des Potentiellen, also relatives Nichtsein – oder eben: Noch-nicht-Sein – überwunden werden. Aktuelles Sein gibt es aber nur, wenn überhaupt ein endliches Sein vorliegt. Anders formuliert könnte man auch sagen, dass das endliche Sein – also das Herausstehen aus dem absoluten Nichtsein – sich als aktuelles Sein – nämlich als Herausstehen aus dem relativen

Nichtsein – äußert. Letzteres gibt es nur auf der Basis von Ersterem – und Ersteres liegt immer in Form von Letzterem vor.

In seiner populären Schrift *Der Mut zum Sein*[22] erklärt Tillich detailliert das, was er als zweites Moment neben dem soeben explizierten Begriff des Existierens auffasst. Dort unterscheidet er zwischen dem Existentialismus in Philosophie und Kultur auf der einen und existentieller Haltung auf der anderen Seite. Diese Differenzierung ist gerade für die *Systematische Theologie* insofern von Bedeutung, als Tillich hier nur untergeordnet zwischen Haltung und philosophischer Ausprägung des Existentialismus unterscheidet. Die existentielle Haltung meint „eine Erkenntnishaltung, in der das Element der Einung vorherrscht" (II 33). Anders formuliert: „Im existentiellen Denken ist der Denkende im Denkakt mit dem Objekt geeint." (II 32) Gemeint ist damit, dass die Erkenntnis existentiell nur im Modus der Partizipation erfolgen kann. Dies heißt, dass sich die Erkenntnis nicht distanziert vollzieht, sondern ein Einbringen des Erkennenden in den Erkenntnisprozess fordert, der „sowohl Subjekt als auch Objekt verändert" (GW XI 96), wie Tillich im *Mut zum Sein* formuliert. Existentiell als Haltung ist daher tatsächlich grundsätzlich zu unterscheiden vom philosophischen Existentialismus, da die existentielle Haltung ein Engagement der ganzen Existenz beschreibt. Damit rückt sie in den Bereich des Existentialen bei Bultmann ein. Erkenntnis ist dann abhängig von Subjekt wie Objekt gleichermaßen und lässt keine ‚objektive' Haltung zu (vgl. ebd.).

Demgegenüber versteht sich der Existentialismus als philosophische Schule (vgl. II 32). Doch auch diese kann für Tillich im Dienst der Theologie stehen, weil sie einen relevanten Aspekt deutlich zeichnet, auf dem die Theologie aufzubauen vermag: „Der Existentialismus hat den ‚alten Äon' beschrieben, nämlich die Situation des Menschen und seiner Welt im Zustand der Entfremdung. Darum ist der Existentialismus ein natürlicher Bundesgenosse des Christentums." (II 33) Genauso wenig, wie der Essentialismus in seinen historischen Spielarten (vgl. II 27–32) dazu in der Lage ist, ein reales Bild von der menschlichen Existenz zu zeichnen, da er die Existenz als notwendiges Implement der Essenz ansetzt wie bei Hegel, kann der Existentialismus für sich Geltung beanspruchen. Sein Blick ist aber insofern verkürzt, als er zwar – wie Tillich es nennt – den „alten Äon" bzw. die Welt der Entfremdung korrekt beschreibt; allerdings stilisiert er diese Weltwahrnehmung zur einzig gültigen. Dies ist nach Tillich sein Fehler. Weder Essentia-

---

[22] Vgl. Paul Tillich, Der Mut zum Sein, GW XI 13–139.

lismus noch Existentialismus kennen Sprünge im System. Genau diese sind für Tillich aber entscheidend, wie sich insbesondere am Sündenfall zeigen wird.[23]

B Der Übergang von der Essenz zur Existenz und das Symbol des „Falls" (II 35–52)

Die Hamartiologie stellt einen schwierigen, wenn nicht gar den schwierigsten Topos der christlichen Dogmatik dar. In der Lehre von der Sünde muss der Balanceakt zwischen der guten Schöpfung des guten Schöpfers auf der einen und der Zurechenbarkeit der Sünde als Schuld der Kreatur auf der anderen Seite bewältigt werden. Weshalb die Schöpfung – und hier insbesondere der Mensch – fällt, lässt sich angesichts dieser Ausgangslage nicht einfach ausmachen. Der Fall in die Sünde ist daher das eigentliche Problem jedes hamartiologischen Lehrstücks. Insofern wird im Folgenden das Gewicht der Erklärungslast auf dem Sünden*fall* in Tillichs System liegen. Das Verständnis der Sünde, also die Konsequenzen aus der Entfremdung, sowie das damit verbundene Übel werden in den Folgeabschnitten als Explikation dessen erscheinen, was mit dem Fall seinen Anfang nimmt.

Die Sündenlehre Tillichs hat bei seinen Interpreten nicht selten Kritik erfahren. Letztere richtet sich explizit auf das Schöpfungsverständnis Tillichs sowie seine Lehre vom Sündenfall.[24] Um den größten Angriffspunkten der Tillich'schen Lehre von der Sünde vorzugreifen, sei auf zwei Grundvoraussetzungen verwiesen, unter denen Tillichs Sündenverständnis zu stehen kommt. Er erwähnt beide Punkte selbst, wie sich zeigen wird, in seinen Schriften, stellt sie aber nicht explizit als Prämissen voran, ohne die sein Sündenverständnis zwangsläufig verfehlt werden muss:

1. *Die Lehre vom Sündenfall beschreibt bei Tillich dezidiert keine in oder vor der Zeit stattfindende menschliche Tat.* Anders formuliert: Der Fall des Menschen lässt sich nicht in zeitlichen Dimensionen verorten, er ist im Gegenteil ein Symbol für

---

[23] Bereits der frühe Tillich kann den Existentialismus hochschätzen. Zwar bleibt er in Form des Pessimismus bei sich selbst stehen, doch ist er „die tiefste theoretische Schöpfung des ganzen Standpunktes" (EW IX 310). Der 1913 noch ‚Standpunkt der Reflexion' genannte Blickwinkel kommt mit dem Existentialismus insofern überein, als Letzterer sich ebenfalls auf sich verlässt und keine Perspektiven außerhalb des menschlichen Vermögens anerkennt. Dies führt nach Tillich notwendig zum Selbst- und damit zum Gottesverlust (vgl. EW IX 314). Mit dem Bild des Sprungs argumentiert Tillich auch schon in der Dresdener *Dogmatik-Vorlesung*, die in den Jahren 1925–1927 in Marburg, Dresden und Leipzig gewachsen ist. Vgl. EW XIV 199 f.

[24] Vgl. hierfür paradigmatisch und pointiert Gunther Wenz, De Causa Peccati. Die Lehre vom Urfaktum der Sünde in Paul Tillichs Systematischer Theologie, in: ders., Tillich im Kontext. Theologiegeschichtliche Perspektiven, Münster 2000, 265–286.

die Lage des Menschen: „Die Theologie muß klar und unzweideutig den ‚Fall' als Symbol für die universale menschliche Situation darstellen, nicht als Titel einer Geschichte, die sich einmal ereignet haben soll." (II 35) Tillich kann sogar ganz klar formulieren, „daß der Übergang von der Essenz zur Existenz kein Ereignis in Raum und Zeit ist, sondern die transhistorische Qualität aller Ereignisse in Raum und Zeit" (II 48). Tatsächlich verständlich wird die Unzeitlichkeit des Sündenfalls allerdings erst, wenn sie auf die übrigen Topoi der ‚Heilsgeschichte', die im Anschluss an Tillichs Konzept konsequenterweise in Anführungszeichen stehen muss, ausgeweitet wird. Die Abfolge von Schöpfung, Fall, Errettung/Versöhnung und Heiligung sowie eschatologischer Vollendung stellt bei Tillich kein realiter separierbares Geschichtsgeschehen dar; vielmehr ereignen sich diese Facetten aktuell in jedem Moment – wobei natürlich von der Prädominanz gewisser Aspekte, also etwa für die Situation des Menschen: Fall und Errettung, ausgegangen werden darf. Zeitstufen sind diese theologischen Topoi aber auf keinen Fall. Sie versinnbildlichen vielmehr Perspektiven auf das Dasein, die alle im Dasein selbst enthalten sind. Anhand von Beispielen aus dem Sündenstück sei die aufgestellte Prämisse für Tillichs Sündenverständnis deutlich gemacht.

Die Essenz oder die reine Potentialität, wie sie nach Tillich im status integrationis des Menschen bestimmend ist, stellt kein Vollkommenheitsmoment dar. Das ‚Paradies' ist „keineswegs Vollkommenheit" (II 41), weil nur die „bewußte Einheit von Existenz und Essenz" (ebd.) als vollkommen bezeichnet werden kann. Die „träumende Unschuld", als welche der Paradieszustand metaphorisch benannt wird, ist aber „Unentschiedenheit" (ebd.) und damit gerade nicht Bewusstheit. Erst die Schöpfung im eigentlichen Sinn, d. h. der Mensch als bewusste Freiheit kann als vollkommen angesehen werden. Was der Paradieszustand zu rekonstruieren versucht, ist ein unreales Abstraktum, keine Ursprungsperfektheit. Kurz gesagt: Den Paradieszustand gibt es nicht und hat es auch nie gegeben.[25] Soll nun aber die Schöpfung tatsächlich vollkommen sein, so muss sie dies auch ‚am Anfang' sein. Genau hier wird ersichtlich, dass Tillich mit dem Paradies, dem Fall, der Erlösung etc. keine Zeitstufen assoziiert. Das Paradies der Genesisgeschichte vermag nicht die gute Schöpfung vorzustellen, weil sie unvollkommen ist. Der reale Mensch hingegen hat die notwendigen Bedingungen zur Vollkommenheit in sich – ist aber gefallen. Tillich kann dann sogar von einer Koinzidenz von Schöpfung und Fall sprechen (vgl. II 51). Wo ‚ist' also die Vollkommenheit?[26] Sie

---

[25] Vgl. II 48: „‚Adam vor dem Fall' und ‚die Natur vor dem Fluch' sind reine Potentialitäten. Sie sind keine aktuellen Zustände." Und damit – konsequenterweise – unreal, sie haben „keinen Ort" und „keine Zeit", sie sind „utopia" (II 40).
[26] Wenz, De Causa Peccati, 273 f. stellt letztlich diesen Punkt als Zentralproblem im Tillich'schen Sündenverständnis dar. Dem Übergang von der Essenz zur Existenz wohne eine interne Dynamik

wird, soviel lässt sich zumindest im Frageteil bereits sagen, ansichtig in jeder Form der Existenz. Da alle Aspekte des Seins geradezu *perichoretisch* ineinanderliegen, ist jede Seinsform Ausdruck aller Facetten des Seins.[27] Eine vollkommene Antwort vermag allerdings erst die theologische Seite zu geben. Hier ist es Jesus als der Christus, der als erstes und einziges Symbol schlechthin die Antwort auf die Fragen der Existenz geben kann.

2. *Tillich denkt die Sündenlehre nicht von der Schöpfungslehre, sondern von der menschlichen Situation her.* Es geht ihm nicht darum, den Sündenstand von einem Paradieszustand abzuleiten oder ihm vergleichend entgegenzustellen. Im Gegenteil erfolgt der Blick auf den Urstand bzw. die Essenz von der gefallenen Existenz her.[28] Allerdings ist es nicht der Zustand der Sünde an sich, der es gestattet, angemessen über einen Paradieszustand zu sprechen; hierzu leitet vielmehr die Eschatologie an, wie Tillich in der Dresdener Dogmatik-Vorlesung eindeutig festhält: „Die Wesenswidrigkeit der Sünde kann nur im Licht der Überbietung des Wesensmäßigen durch die Gnade verstanden werden." (EW XIV 204) Erst aus der Gnadenperspektive heraus – und damit von dem aus, was im Christus Jesus ansichtig werden wird – lässt sich angemessen von der Sünde und daher auch von der Schöpfung sprechen. Anders formuliert: Die Sündenlehre lässt sich allererst aus der „Glaubensspannung" (EW XIV 202) heraus sinnvoll beschreiben. Die Schöpfungslehre hingegen ist nicht der geeignete Ausgangspunkt, um über den Sündenfall zu handeln.[29] Die Sünde ist faktisch – und allein von

---

inne, die nahezu automatisch in den Fall führt. Dass Tillich dies nicht so verstanden wissen will, ist klar, was Wenz auch festhält. Da Wenz allerdings die Zeitlichkeit der Topoi bei Tillich ebenfalls als abgelöst sieht, sie aber indirekt doch wieder zur Geltung bringt, indem er Tillich gemäß klassischer Dogmatik interpretiert, spitzt sich bei ihm diejenige Problematik zu, die – wie im Folgenden zu zeigen sein wird – eigentlich aufgelöst werden kann.

27 So kann Tillich in der Dresdener *Dogmatik-Vorlesung* aus den 1920er Jahren das Gericht nicht als Endkategorie der Geschichte sehen, sondern als in jedem Moment wirkende erhaltende Schöpfungsmacht Gottes, gegen die sich der Sünder wendet. Vgl. EW XIV 205–216. Vgl. zum Perichoresevergleich auch II 43.

28 Bereits in Dresden und Leipzig Mitte der zwanziger Jahre des 20. Jahrhunderts beschreibt Tillich die Position der Theologie folgendermaßen: „Außerdem scheint es für den Dogmatiker nicht angemessen, von dem Mythos des Falls auszugehen; vielmehr muß er von einer Beschreibung des Standes der zweideutigen Kreatürlichkeit ausgehen." (EW XIV 178) Auch in den *Advanced Problems in Systematic Theology* von 1936–1938 formuliert Tillich eindeutig in diese Richtung: „This actuality [sc. the transition from essence to existence], mythologically spoken, has happend, empirically spoken, is our present situation, our existence." (EW XIX 176) Die Sündensituation des Menschen ist daher eindeutig unzeitlich und zugleich die Perspektive, von der her die theologische Betrachtung ansetzt.

29 Dies ist das Hauptargument gegen die von Wenz, De Causa Peccati, eingebrachten Anfragen an Tillichs Hamartiologie.

dieser Faktizität und ihrer Überwindung aus kann angemessen von dem Sündenfaktum gesprochen werden. Der Fall aus dem Paradies hingegen kommt ausschließlich als symbolische Konstruktion des Übergangs von der Essenz zur Existenz in den Blick, weil die Essenz an sich dem existierenden Individuum von Seiten der Erkenntnis nicht zugänglich ist.[30]

Der Übergang von der Essenz zur Existenz ist ein Sprung, so dass ein Zurück hinter die Kluft des Falls ebenfalls nur sprunghaft, nämlich in Jesus Christus, möglich wird.[31] Wäre der Sündenfall kein Sprung, wäre die Sünde in ihrer Abgründigkeit verfehlt. Was sich ableiten lässt, ist bereits systematisch geborgen sowie sinnvoll und nicht – wie es die Sünde vorstellig macht – wider jedes Wesen. Die Sünde ist weder ableitbar noch erklärbar. Dies hält Tillich auch bereits in Dresden fest, wo er eine Notwendigkeit der Sünde bzw., wie es dort heißt, der Wesenswidrigkeit ablehnt:

> Der Gedanke an die Notwendigkeit der Wesenswidrigkeit hebt die Wesenswidrigkeit auf. Er gibt ihr einen Sinn, durch den sie aufhört, Sinnwidrigkeit, ein Wesen, durch das sie aufhört, Wesenswidrigkeit zu sein. Er nimmt ihr den Charakter des Sprungs. (EW XIV 200)

Diese Unableitbarkeit der Sünde hatte Tillich bereits im Rahmen seiner Promotionsthesen in Halle vertreten.[32] Dass Tillich an dieser Grundeinsicht festhält, ist insofern von Bedeutung, als die Nicht-Notwendigkeit des Sündenfalls, also die Nicht-Notwendigkeit der Sünde Tillich auch im zweiten Band der *Systematischen Theologie* als ausgemacht gilt. Zwar unterstreicht Tillich die Nicht-Notwendigkeit dort nicht so stark, wie etwa in den 20er Jahren in Dresden; nichtsdestoweniger laufen die Argumentationsstrukturen der Dresdener *Dogmatik-Vorlesung* und Tillichs Ausführungen in der *Systematischen Theologie* so parallel, dass von einer unveränderten Auffassung über diesen Punkt ausgegangen werden muss. Tillich

---

30 Vgl. II 39f., wo Tillich betont, „daß das essentielle Sein kein Stadium der menschlichen Entwicklung ist, dessen Charakteristika uns direkt zugänglich wären. Die essentielle Natur des Menschen ist zwar in allen Entwicklungsstadien gegenwärtig, aber nur in existentieller Verzerrung". Die perichoretische Verzahnung von Essenz und Existenz wird hier in einem Zuge ebenfalls paradigmatisch festgehalten.
31 So argumentiert Tillich 1925/1927 in Dresden: „Die Übergänge vom Wesen zur Existenz, von Eindeutigkeit zu Zweideutigkeit, von Schöpfung zu Erlösung, von Erlösung zu Vollendung sind Sprung" (EW XIV 199).
32 Vgl. die fünfte These: „Jede Deduktion der Sünde hebt die Sünde auf." (abgedruckt bei Georg Neugebauer, Tillichs frühe Christologie. Eine Untersuchung zu Offenbarung und Geschichte bei Tillich vor dem Hintergrund seiner Schellingrezeption, Berlin/New York 2007, 420) sowie dazu Wenz, De Causa Peccati, 266.

greift in Dresden den später von Gunther Wenz vorgebrachten Problempunkt einer Automatik des Sündenfalls sogar selbst auf, um ihn zu widerlegen.³³

Doch wie gerät Tillichs Sündenlehre überhaupt in die Gefahr, einem Automatismus des Sündigens zu verfallen? Warum ist es so wichtig, für seine Sündenlehre die Zeitenthobenheit von Urstand und status corruptionis permanent präsent zu halten? Weshalb muss die Perspektive immer von der Sünde her ansetzen, um Tillich richtig verstehen zu können? Wie kommt es zum Fall und was sind seine Folgen? Darauf sollen nach den nun gelegten Prämissen die folgenden Abschnitte Antworten geben.

Ähnlich dem Glaubensdreischritt von notitia – assensus – fiducia in der altprotestantischen Orthodoxie gliedert sich der Sündenfall Tillichs in drei Phasen auf. Ebenso wie die Glaubensschritte in der Orthodoxie stellen die Phasen des Falls eine reflexive Vergegenwärtigung eines Geschehens dar, bei dem an sich alle Aspekte ineinander verschränkt sind. Insofern spricht Tillich auch von einem „Schema, in dem der Übergang von der Essenz in die Existenz behandelt werden kann" (II 38). Schematisch erfolgt der Fall, indem vom Stadium der „träumenden Unschuld"³⁴ in das der „erregten Freiheit" (II 40. 42) und schließlich in das übergewechselt wird, was sich klassisch als Sündenzustand bezeichnen lässt.

Allen Phasen zugrunde liegt das eigentliche Wesen des Menschen, welches sich nach Tillich als „endliche Freiheit" (II 41) definiert. Letztere bildet für Tillich allererst die Möglichkeit, aber nicht die Notwendigkeit, weshalb überhaupt ein Fallen des Menschen stattfinden kann. Im deutschen Text der Systematischen Theologie ist hier fälschlicherweise von mehreren „Voraussetzungen für den Übergang vom essentiellen zum existentiellen Sein" (II 37 u. ö.) die Rede. Der englische Text formuliert hier anders und eindeutiger, indem nur von einer einzigen „possibility", nämlich dem Wesen des Menschen als „finite freedom" die

---

33 Tillich stellt in Dresden fest: „Es scheint nach den Erörterungen die Versuchung dialektisch notwendig zum Fall zu führen. Die Tatsache, daß alles Seiende in dieser Lage ist, scheint diese Notwendigkeit zur Evidenz zu erheben. Aber dialektische Notwendigkeit ist keine reale, kausale Notwendigkeit." (EW XIV 199) Daraus folgert Tillich: „Wir können nicht sagen: Der Mensch hätte auch nicht sündigen können, aber wir können auch nicht das Gegenteil sagen." (Ebd.) Vgl. II 36: „Aber die Sünde gehört nicht zur Schöpfung; der Übergang von der Essenz in die Existenz ist ein Faktum, aber nicht eine ableitbare dialektische Notwendigkeit." Zwar schließt Tillich in der späteren Textstelle somit auch eine *dialektische* Notwendigkeit und nicht nur eine kausale aus; allerdings dürfte es sich hier nur um eine begriffliche, nicht um eine inhaltliche Änderung im Konzept Tillichs handeln. Mit der Vermeidung des Dialektischen möchte Tillich nämlich nicht innerhalb Hegel'scher Gebiete interpretiert werden, wie der direkt folgende Textteil deutlich macht. Insofern erscheint die Vermeidung des Dialektikbegriffs als eine rein situationsgebundene.
34 Von „Unschuld" ist bereits in Tillichs Ausführungen aus Dresden 1925–1927 die Rede. Vgl. EW XIV 197.

Rede ist (II 31–33ᵉ). Der Mensch erscheint hier – wie schon in der frühen Theologie Tillichs – deutlich als ein Grenzwesen zwischen Natur und Geist,[35] das an beiden gleichermaßen Anteil hat und das ob dieser Wesensausstattung auch fallen kann: „One can say that nature is finite necessity, God is infinite freedom, man is finite freedom. It is finite freedom which makes possible the transition from essence to existence." (II 31ᵉ)[36]

Der eigentliche Fall ereignet sich beim Übergang von der träumenden Unschuld in die erregte Freiheit. Zwar bringt Letztere einen Übergangs- bzw. ‚Graubereich' in Ansicht, der zwischen Sündlosigkeit und Sünde liegen soll; allerdings lässt sich die erregte Freiheit schon nicht mehr ohne den Sündenbegriff erklären. Sie setzt also, wie Tillich es formuliert, „eine Sünde voraus, die noch nicht Sünde ist, aber auch keine Unschuld mehr ist" (II 42). Der eigentliche Sündenfall ist hier somit bereits insofern umgesetzt, da von nun an bei Tillich ein gewisser Automatismus, mit welcher der Mensch zur Sünde kommt, nicht mehr in Abrede zu stellen ist: Die erregte Freiheit entwickelt sich nämlich schicksalshaft weiter zum eigentlichen Zustand des Menschen. Weshalb geschieht dies? Die Antwort nach Tillich lautet: weil der Mensch als endliche Freiheit zwischen den Polen von Freiheit und Schicksal steht und sich innerhalb der beiden Pole bewegt (vgl. I 214). Dahinter findet sich jedoch noch ein weiterer, um nicht zu sagen: der eigentlich entscheidende Faktor: Freiheit als endliche Freiheit setzt nämlich für Tillich immer Bewusstsein voraus.[37] Hier lohnt es sich, kurz zu verharren und Tillichs Argumentation genauer zu betrachten.

Der Mensch ist endliche Freiheit (vgl. II 41). Endlichkeit bedeutet aber immer Begrenztheit, Bedingtheit, Abhängigkeit. Die Freiheit des Menschen als endliche Freiheit ist eine, die in ihrem Ausmaß einer Grenze unterliegt, sie ist – wie der Begriff deutlich macht – zeitlich limitiert, endlich. Endliche Freiheit bedeutet aber noch mehr. Mit der Endlichkeit des Menschen ist ihm nicht nur eine Grenze in der Zeit, sondern die Begrenztheit innerhalb der Selbst-Welt-Struktur gegeben. Dies hat Tillich im Detail bereits im ersten Band seiner *Systematischen Theologie*

---

35 Vgl. in der *Systematischen Theologie von 1913*, EW IX 287 f. Tillich knüpft hier klar an die Anthropologie Kierkegaards an, wie dieser sie etwa in der *Krankheit zum Tode* entwickelt. Vgl. auch EW XIX 181 f.
36 Die deutsche Übertragung versucht zwei Voraussetzungen zu integrieren, indem zunächst allgemein von Freiheit gesprochen und diese dann in einem zweiten Schritt („die zweite Voraussetzung") als endliche Freiheit bestimmt wird (II 38). Gegenüber dem englischen Text ist dies allerdings verwirrend, da Tillich hier von Anfang an nur eine Möglichkeit des Falls, nämlich das Sein des Menschen als endliche Freiheit, im Blick hat.
37 Tillich spricht allerdings von „Wissen", nicht direkt von Bewusstsein. Vgl. II 38 („das Wissen des Menschen um seine Endlichkeit") und EW XIV 198 („Darum ist in der Versuchungsgeschichte das Wissen als das Versucherische bezeichnet.")

ausgeführt.³⁸ Endlich ist der Mensch nach Tillich auch im paradiesischen Zustand der träumenden Unschuld. Der Unterschied zur träumenden Unschuld liegt bei der erregten Freiheit im *Wissen* um die eigene Situation (vgl. II 38). Erregte Freiheit weiß um die Aktualisierungsmöglichkeit ihrer Potentialität. Die erregte Freiheit beschreibt den Punkt des Zu-sich-Kommens, des Zur-Existenz-Kommens des Menschen im Modus des Wissens um sich selbst. Die Ursprungsharmonie der träumenden Unschuld bezeichnet hingegen eine unwissende Harmonie, die sich im Erregungszustand zur Spannung wandelt: „Die Spannung entsteht in dem Augenblick, in dem die endliche Freiheit ihrer selbst bewußt wird und danach verlangt, aktuell zu werden." (II 42) Nun treten kraft des Wissens um sich selbst, kraft des Selbstbewusstseins, Freiheit und Schicksal, die im status integrationis noch ineinanderliegen, auseinander und führen zu dem, was die erregte Freiheit nahezu automatisch in Sünde überführt: zu Angst. Sie bildet den maßgeblichen Katalysator für den Übergang von der Essenz zur Existenz, wie Tillich bereits 1936 – 1938 ausführt: „Angst, selfhood, and asking make possible the transition from potentiality to actuality" (EW XIX 176; vgl. auch bezüglich Kierkegaard: EW XIX 166 – 169).

Bevor dies näher betrachtet wird, sei auf einen wichtigen Punkt in Tillichs Argumentation verwiesen, den er im zweiten Band der *Systematischen Theologie* nicht expressis verbis hervorhebt: Das Selbst-Werden, die Individualisierung des Menschen, mithin sein Zu-sich-Kommen im Bewusstsein seiner selbst, ist nicht an sich sündig, sondern – so lässt sich Tillich interpretieren – sogar schöpfungskonform, ja Schöpfung im eigentlichen Sinne. Der Mensch ‚ist' als Potentialität nämlich nicht, es gibt ihn gar nicht. Erst jetzt, in der Bewusstwerdung, in der Aktualisierung, lässt sich von der Kreatur Mensch sprechen. Denn, so formuliert es Tillich in den 1920er Jahren in Dresden: „Schöpfung ist Individuation." (EW XIV 195) Wenn also Schöpfung sein soll, dann muss der Mensch nach Tillich Individuum sein – dazu gehört aber auch Aktualität und nicht reine Potentialität, wie sie der Zustand der träumenden Unschuld metaphorisch beschreibt. Hier erhellt die Verschränkung von Anthropologie, Sündenlehre und Schöpfungslehre, die im Falle Tillichs deshalb niemals als Zeitstufen interpretiert werden dürfen. Genau an diesem Punkt, der Schöpfung als Individuationsgeschehen, wird dies klar deutlich.

Wovor hat der Mensch Angst? Vor Zweierlei, sagt Tillich: Der Mensch „erlebt eine doppelte Angst – die Angst, sich zu verlieren durch Selbstverwirklichung, und die Angst, sich zu verlieren durch Nichtverwirklichung" (II 42). Dies bedeutet: Der Mensch kann sich in seiner Potentialität (träumende Unschuld) verlieren,

---

38 Vgl. dazu die Kommentare zur Stelle.

indem er sich aktualisiert. Oder er kann seine – mögliche – Aktualität (realisierte Freiheit) verlieren dadurch, dass er im Zustand der träumenden Unschuld verbleibt. Was geschieht angesichts dieser Wahl nach Tillich? „Der Mensch entscheidet sich für die Selbstverwirklichung und beendet damit den Zustand träumender Unschuld." (Ebd.) Alterum non datur. Der Mensch hat nur diese eine Entscheidungsrichtung[39] – und das bildet die konsequente Stärke und zugleich die Problematik in Paul Tillichs Sündenlehre. Der Zustand der erregten Freiheit, also die Lage, in der dem Menschen sein Aktualisierungspotential überhaupt erst zu Bewusstsein kommt, ist de facto keine neutrale Zwischenstufe der ‚freien' Entscheidung. Die Unschuld ist hier bereits verlassen und ein Zurück zu ihr damit gänzlich unmöglich. Daher liegt es in der Konsequenz der erregten Freiheit, sich für das zu entscheiden, was sie bereits ist: angefangene Freiheit. *Nach* dem Fall, d. h. ab dem Moment der erregten Freiheit, wohnt Tillichs Konzept daher ein Automatismus inne, der notwendig zur Sünde führt.[40] Diese Automatik lässt sich von der träumenden Unschuld her jedoch eben weder ableiten noch begründen.

Es ist dem Menschen wesenhaft eigen, ein selbstzentriertes, bewusstes Individuum zu sein. Insofern entspricht der Wunsch danach, sich zu aktualisieren, der Freiheitsstruktur des Menschen. Wird dieser Wunsch zur Versuchung, dann schlägt Individualität in Sünde um, weil der Wunsch, der Versuchung ist, nicht mehr auf das blickt, was er ist, sondern wohin er möchte. Sünde ist Entfremdung von Gott, sie ist der Wunsch, die endliche Freiheit zur unendlichen, d. h. unbedingten Freiheit zu wandeln. Lässt sich Tillichs Fallprozess in wenigen Worten so skizzieren, dann muss, um die Annahme der Sünde als fatales Geschick menschlicher Freiheit, als ihr innewohnender Trieb, zu vermeiden, der Horizont abgesteckt werden, in dem sich das Geschehen des Falls abspielt. Mehrfach angeklungen ist bereits die Polarität von Freiheit und Schicksal (vgl. I 214). Diese Polarität aus den ontologischen Elementen[41] ist es, welche den Fall bestimmt. Tillich setzt die traditionelle Lehre von der Individualschuld an der Sünde und

---

39 Deshalb kann Tillich in Dresden zwar zwei Angstrichtungen ansetzen, beide laufen aber auf Ängste hinaus, die sich im Rahmen der realisierten Freiheit befinden. Eine Rückkehr zum Unschuldsstand wird – da sie unmöglich ist – nicht einmal als Angstphänomen von Tillich erwogen. Vgl. EW XIV 196.
40 Dass Tillich an dieser Stelle tatsächlich die Tendenz zur Fatalisierung der Sünde hat, belegen seine Ausführungen in Dresden: „Wenn im Seienden keine Voraussetzung wäre, so wäre die Sünde unmöglich oder ein dämonisches Wunder. Sie ist aber da, in dem nämlich, was zugleich als schöpferisches Element da ist; in der Existenz, die die Besonderung bedeutet." (EW XIV 195) Die Freiheit habe als partizipierend an der göttlichen Tiefe und Klarheit zugleich Teil an deren Verzerrungen bzw. führe katalysiert durch Angst dialektisch, nicht logisch zu diesen. Ähnlich auch II 39.
41 Vgl. hierzu Tillichs Ausführungen in I 199–218.

ihrer faktischen Unausweichlichkeit in die Begriffe von Freiheit und Schicksal bzw. von Moral und Tragik um. Wichtig ist ihm hierbei, dass Freiheit und Schicksal gemäß dem Grundsatz der Polarität keine realen Alternativen (entweder – oder) abbilden, sondern eine Einheit nicht synthetisierbarer Differenz darstellen.[42] Das heißt: Wo Freiheit ist, ist sie immer auch vom Schicksal bestimmt. Und wo Schicksal am Werk ist, ist es das immer in Form der Freiheit.

Freiheit realisiert sich immer unter gegebenen Umständen und sie schafft selbst die Umstände für weitere Freiheitsakte. Das ist ihre Schicksalsseite. Gerät Freiheit dabei auf Abwege, wie es im Sündenfall geschieht, dann beschreibt der Schicksalsanteil der Freiheit ihre tragische Seite. Dass der Mensch fällt, ist tragisch, d. h. es entspringt nicht seiner Willkür; zugleich ist der Fall moralisch, d. h. der Fall stellt keine Schicksalsnotwendigkeit, sondern zurechenbare Schuld dar. Tillich fasst dies in seiner Freiheitsdefinition so zusammen:

> Aber Freiheit ist die Möglichkeit eines totalen und zentrierten Aktes der Person, ein Akt, in dem alle Strebungen und Einflüsse, die des Menschen Schicksal konstituieren, in die zentrierte Einheit einer Entscheidung gebracht sind. Keine dieser Strebungen allein bestimmt die Entscheidung. Sie wirken in Einheit mit allen anderen durch das Entscheidung gebende Zentrum hindurch. (II 50)

Für Tillich bilden die Pole von Freiheit und Schicksal die Selbst-Welt-Struktur ab. Insofern macht der Freiheitspol tendenziell das Innere, Eigene und der Schicksalspol tendenziell das Äußere, Fremde vorstellig, wobei der Mensch als Mitgestalter seines Schicksals zugleich aktiv an dessen Werden beteiligt ist. Beide Pole liegen nun in der Betätigung der Freiheit ineinander, so dass der Fall nicht nur ein menschliches Phänomen ist, sondern ein kosmisches Geschehen symbolisiert. Insofern „partizipiert die Welt als Ganze an jedem Akt menschlicher Freiheit. Sie repräsentiert die Seite des Schicksals im Akt der Freiheit" (ebd.).[43] Kurzum: Die

---

42 So formuliert es Tillich schon in den 1920er Jahren in der Dresdener *Dogmatik-Vorlesung*, wo ebenfalls bereits die Begriffe von Moral und Tragik als Alternativen zu Freiheit und Schicksal auftauchen. Vgl. EW XIV 190. Tillich rekurriert in seinem Freiheitsverständnis stark auf seine Wurzeln beim späten Schelling. Zweifelsfrei lassen sich Anleihen aus der Schellingschen Freiheitsschrift von 1809 erkennen. Auch die oben angesprochene Angst, die den eigentlichen Katalysator für die Aktualisierung der Potentialität, also für die Freiheitstat darstellt, ist in Schellings System – wenn auch wenig prominent – enthalten. Vgl. Friedrich Wilhelm Joseph Schelling, Philosophische Untersuchungen über das Wesen der menschlichen Freiheit und die damit zusammenhängenden Gegenstände, hg. von Thomas Buchheim, Hamburg 1997, 53 und Neugebauer, Tillichs frühe Christologie, 81–101, zum Angstbegriff ebd., 96.
43 Die Schöpfung fällt nach Tillich als Ganze. „Das Christentum muß die idealistische Auffassung, daß der schuldige Mensch von der unschuldigen Natur scharf zu trennen ist, ablehnen." (II 49) Die Selbst-Welt-, die Freiheit-Schicksal-Struktur des Existierenden nimmt die Weltseite in den

Sünde ist nach Tillich nicht einseitig ein moralisches, freiheitliches oder ein tragisches, schicksalhaftes Phänomen. Sie lässt sich nur in der Kombination beider Elemente explizieren. Ihr Woher ist damit aber nicht ableitbar oder bestimmt. Dass die Sünde aufkommt, ist faktisch. Warum sie aufkommt, ist und bleibt unerklärlich (vgl. II 52).[44]

Der Sündenfall ist bei Tillich das In-Aktion-Treten der schicksalsvollen Freiheit kraft Bewusstwerdung. In diesem Phänomen spielen Freiheit und Schicksal, Moralität und Tragik, Schuld und Unschuld zusammen. Die erste Seite wird in der Selbst-Welt-Korrelation durch die Welt, der zweite Aspekt durch den Menschen abgedeckt.[45] Deshalb kann Tillich den Menschen auch als schuldig am Fall bezeichnen – wenngleich seine Schuld eine schicksalshafte ist. Insofern kann Tillich sogar von einer Koinzidenz von Schöpfung und Fall ausgehen (vgl. II 51), ja: „Verwirklichte Schöpfung und entfremdete Existenz sind materialiter identisch." (II 52) Tillich greift damit Schellings Vorstellung eines transzendenten Sündenfalls auf, indem er den „Übergang von der Essenz zur Existenz" zu einer „transhistorische[n] Qualität aller Ereignisse in Raum und Zeit" macht (II 48). In Dresden formuliert Tillich noch deutlicher: „Die Sünde ist weder physisch noch moralisch, sondern metaphysisch, liegt in der Ursprungssphäre des Seienden, in der wir mit allem Seienden verbunden sind." (EW XIV 193) Dies ergibt sich logisch aus Tillichs Ansatz in der Sündenlehre. Existenzbedingungen und Fall sind identisch.[46] Die Sünde verwirklicht sich in jedem Akt menschlichen Existierens.[47] Aus den vorangestellten Prämissen, dass Tillich mit Schöpfung und Fall keine Zeitstufen beschreibt, bleibt Tillichs Konzept davor bewahrt, in einen Sündenfatalismus zu

---

Menschen mit hinein: „Die Welt selbst wirkt durch uns als einen ihrer Teile." (II 50) Der Anthropozentrismus, in welchen die Natur bei Tillich aufgenommen wird, liegt auf der Systemlinie Tillichs. Bereits die ontologische Grundstruktur und ihre Elemente waren vom Menschen aus konzipiert und fanden Analoga in der Natur.

[44] Die Unableitbarkeit der Sünde ist eine Konstante in Tillichs Denken seit seinen Promotionsthesen (vgl. die oben zitierte fünfte These). Auch in der Systematik von 1913 spricht Tillich von der Sünde als das „sich der Ableitung Entziehende" (EW IX 338).

[45] Insofern ist der Fall nach Tillich überindividuell, weil Natur und Mensch, Welt und Selbst gleichermaßen Anteil an ihm haben. Die Verwobenheit von Freiheit und Schicksal führt dazu, dass nicht das Einzelindividuum nur für sich schuldig wird, sondern dass Schuld eine das Individuum transzendierende Größe darstellt. Vgl. II 39: „Die endliche Freiheit ist eingebettet in den Rahmen eines universalen Schicksals. Es gibt keinen individuellen ,Fall'. [...] Adam *und* Eva *und* die Natur [...] sind am Fall beteiligt."

[46] So setzt Tillich schon 1913 in seinem ersten ausgeführten System an. Vgl. EW IX 338.

[47] In dieser Weise interpretiert Tillich dann auch den Plural von ,Sünde', indem er definiert, „daß ,Sünden' die Manifestationen von ,Sünde' sind" (II 54). Damit ist aber nichts anderes gesagt, als dass sich *die* Sünde in den Sünden zeigt bzw. die Sünde immer nur in ihrer punktuellen Verwirklichung zum Vorschein kommt.

verfallen. Einzig die Anfrage, ob nicht letztlich Sündenzustand und Existenz in eins fallen, lässt sich mit Tillichs Prämissen nicht auflösen. Aus der Perspektive des Existenzzustandes betrachtet lassen sich Existenz und Sündhaftigkeit zwar unterscheiden, nicht aber trennen, wie Tillich bereits in den *Advanced Problems in Systematic Theology* formuliert: „Seperated finiteness is sin. And the whole description of existence is a description of sinful finiteness." (EW XIX 176) Tillich nimmt sicherlich keine ‚paradiesische Existenz', also gewissermaßen eine schöpfungskonforme Form menschlichen Daseins im Zustand der Existenz an. Weshalb die Sünde dann nicht fatal sein muss, lässt sich nur von der Antwortseite, also vom Christus Jesus her lösen.

C Die Merkmale der menschlichen Entfremdung und der Begriff der Sünde (II 52–68)

Die Sünde ist, obwohl sie nicht sein sollte. Ihre Faktizität lässt sich in Tillichs Vokabular am besten am Begriff der Entfremdung festmachen. Entfremdet ist der Mensch in dreifacher Hinsicht, nämlich von den beiden Konstituenten der Selbst-Welt-Struktur, also von sich selbst und der Welt bzw. allem, was er nicht selbst ist, sowie – drittens – von dem, was die Selbst-Welt-Struktur konstituiert, dem Sein-Selbst.[48] Das verkehrte Selbst- und Weltverhältnis gründet aber gerade auf der Entfremdung vom Sein-Selbst – der Sündenfall ist also die Voraussetzung für den entfremdeten Existenzzustand, in dem sich der Mensch befindet. Damit ist der Mensch nicht das, was er – essentiell – sein sollte, sondern „die Existenz ist Entfremdung" (II 53). Den Entfremdungsbegriff kennzeichnet insbesondere, dass er – wie der Existenzbegriff auch – ein Dazugehören und ein Außerhalbsein beschreibt: „Die Tiefe des Begriffs ‚Entfremdung' liegt darin, daß man essentiell zu dem gehört, wovon man entfremdet ist. Der Mensch ist seinem wahren Sein nicht fremd." (Ebd.) Wie in der Existenz Sein und Nichtsein verschränkt sind, so lässt sich auch die Entfremdung verstehen: Einerseits steht sie für einen Zustand, welcher der eigentlichen Bestimmung des Menschen, also bei Tillich: seiner Essenz, nicht mehr entspricht; andererseits wäre der Mensch gar nicht existent, wenn er nicht Anteil am Sein-Selbst und somit an seinen essentiellen Elementen hätte. Essentielle und existentielle Anteile liegen für Tillich im Dasein des Existenten ineinander und zwar so, dass sie nicht einfach voneinander scheidbar sind.

---

[48] Vgl. II 52: „Der Zustand der Existenz ist der Zustand der Entfremdung. Der Mensch ist entfremdet vom Grund des Seins, von den anderen Wesen und von sich selbst."

Dies macht den Begriff der *Zweideutigkeit* bei Tillich aus, dessen Überwindung Versöhnung bedeutet.[49]

Verursacht sind Entfremdung und Existenz durch das Heraustreten aus der Essenz (Sündenfall) und somit durch das Verlassen ursprünglicher Gottunmittelbarkeit. In seinem ersten ausgeführten System von 1913 trennt Tillich statt zwischen Essenz und Existenz zwischen Zuständen, die er ‚Intuition' und ‚Reflexion' nennt (vgl. EW IX 307 f. 426). Hieran wird deutlich, was der späte Tillich mit Essenz und Existenz meint: Der essentielle Zustand des Menschen, die Intuition bezeichnet ein selbstverständliches Verhältnis zu Selbst, Welt und dem Grund beider. Intuition bedarf nicht des Reflexes, des Aus-sich-Herausgehens und wieder Zu-sich-Zurückkehrens. Im Gegenteil ist Intuition eine Art ‚Urvertrauen', das der Differenz von Selbst, Welt und Grund beider noch nicht inne ist. Tritt jedoch der bewusste Bezug zu den drei Größen in Form der Reflexion, also der Objektivierung von Selbst, Welt und Grund beider auf, dann ist der Bezug zu allen dreien kein selbstverständlicher mehr. Er wird vielmehr aktiv vom reflektierenden Selbst gesetzt – der Mensch ist entfremdet. Er hat *Wissen*, das ihn von allen drei Größen distanziert.

Ist damit der Existenzzustand zugleich der Sündenstand? Tillich neigt zu dieser Annahme, stellt eine Identität jedoch – wie gesehen – klar in Abrede. Existenz führt nicht automatisch zur Sünde, sondern Letztere ereignet sich in der schicksalshaften Freiheit des existierenden und nicht nur potentiellen Menschen.[50] So mag zwar alles Existente auch sündhaft sein, dies heißt aber nicht, dass dies auch so sein müsste. Vom Christus Jesus her ließe sich dann denken, dass die Essenz in Form der Existenz erscheinen kann, *ohne* der Sünde anheim zu fallen. Doch dies zu behandeln ist bereits Aufgabe der Christologie.

Tillich geht es darum, Existenz und Sünde gerade nicht gegeneinander auszuspielen. Daher sei nochmals daran erinnert, dass er den Sündenfall als *Symbol* begreift. Adam ist deswegen auch kein realer Mensch, sondern er „muß als der essentielle Mensch angesehen werden und als Symbol für den Übergang von der Essenz zur Existenz" (II 65). Sünde spiegelt dabei den persönlich-schuldhaften Aspekt (Freiheit) wider, wohingegen die Existenz den äußeren Rahmen dazu

---

49 Vgl. dazu etwa Tillichs Begriff von der „transzendenten Einheit unzweideutigen Lebens" (z. B. III 153–164).
50 Deshalb möchte Tillich auch nicht auf den Sündenbegriff verzichten und ihn einfach durch den der Entfremdung ersetzen (vgl. II 54). Ansonsten wäre die tatsächliche Schuld an der Entfremdung – die begrifflich auch passiv sein könnte – fraglich.

(Schicksal) bildet.[51] Sünde und Existenz fallen daher nicht zusammen. Zugleich aber ist es „unmöglich, Sünde als Faktum von Sünde als Akt zu trennen" (ebd.).[52]

Die Sünde äußert sich nach Tillich in dreifacher Hinsicht, nämlich als Unglaube und hybris sowie als Konkupiszenz. Gemeinsamer Grund aller drei Realisierungsformen der Sünde ist nach Tillichs Dresdener *Dogmatik-Vorlesung* ein „Mißtrauen gegen Gott" (EW XIV 183). Unglaube und hybris fungieren dabei als zwei Seiten ein und desselben Phänomens: Unglaube ist die Abwendung von Gott als personales Geschehen[53] und hybris bezeichnet die Selbstüberhebung des Menschen als Akt des Sein-wollen-wie-Gott.[54] Geht mit dem Unglauben der Verlust essentieller Einheit einher (vgl. II 55), so macht hybris ein Zuwendungsgeschehen, nämlich dasjenige zu sich selbst namhaft (vgl. II 57). Unglaube und hybris stehen mithin in einem gewissen Abfolgeverhältnis: Im Unglauben reißt sich der Mensch von seiner Einheit mit Gott los, um sich in der hybris sich selbst zuzuwenden und das eigene Selbst zu erheben. Die hybris ist damit, wie Tillich schreibt, die „geistliche Sünde" (II 59) und dadurch, dass der Mensch ein Geistwesen ist,[55] Sünde im eigentlichen Sinne.[56] Tillich begründet dies bereits in den 1920er Jahren in Dresden: „Sie [sc. die hybris] ist das Sich-selbst-unbedingt-Setzen in geistiger Form und damit das eigentliche Sich-Losreißen." (EW XIV 183) Stellt die hybris

---

51 Vgl. II 65: „Sünde ist ein universales Faktum, noch bevor sie zu einem individuellen Akt wird, oder genauer gesagt: Sünde als individueller Akt aktualisiert das universale Faktum der Entfremdung. Als individueller Akt ist Sünde eine Sache der Freiheit, Verantwortlichkeit und persönlichen Schuld. Aber diese Freiheit ist in das universale Schicksal auf solche Weise eingebettet, daß jeder freie Akt das Schicksal der Entfremdung enthält, und umgekehrt, daß das Schicksal der Entfremdung durch jeden freien Akt verwirklicht wird."

52 Auch wenn es etwas befremdlich erscheint, dass Tillich den Einzelnen als mitschuldig an einem Verbrechen bezeichnet, obwohl er gar nicht an diesem teilgenommen hat (vgl. II 68) – verständlich wird dieser Umstand erst, wenn man ihn aus der Verknüpfung von Freiheit und Schicksal begreift. Auch der Einzelne wirkt freiheitlich am Schicksal der Gemeinschaft mit – dies führt dann zu einer ‚Mitbeteiligung' auch an den Verbrechen, die dort begangen werden, auch wenn kein direkter Einfluss besteht.

53 Vgl. II 55: „Unglaube bedeutet für den protestantischen Christen den Akt, in dem der Mensch sich in seiner Ganzheit von Gott abwendet." Deshalb unterscheidet sich Unglaube kategorisch von jedweder Form des Nicht-Fürwahrhaltens, weil es sich beim Unglauben um ein ganzheitliches, nicht ein intellektuelles Geschehen handelt.

54 Vgl. II 58: „*Hybris* ist die Selbsterhebung des Menschen in die Sphäre des Göttlichen."

55 Vgl. dazu die Systematik von 1913, EW IX 287 f.

56 Vgl. II 59: „Denn *hybris* ist nicht eine Form der Sünde neben anderen. Sie ist *das Ganze der Sünde*, die andere Seite des Unglaubens oder der Abwendung vom göttlichen Zentrum, zu dem der Mensch gehört. Diese Abwendung ist zugleich Zuwendung zu sich selbst." (Zweite Hervorhebung S. D.)

daher die Sünde schlechthin vor, so ist sie „keine spezielle Charaktereigenschaft. Sie ist universal menschlich" (II 58 f.).

Die Konkupiszenz zieht die letzten Konsequenzen aus der hybris und steigert deren Drang, die eigene Endlichkeit nicht anerkennen zu wollen (vgl. II 59), dazu, die fehlende Unbedingtheit durch Welteinverleibung zu kompensieren. Durch das Losreißen vom essentiellen Zentrum entsteht Seinsmangel, den der Sünder strebt „aufzuheben durch Aneignung der Unbedingtheit auf dem Boden der Kreatürlichkeit" (EW XIV 179). Dies geschieht durch „die unbegrenzte Sehnsucht, das Ganze der Wirklichkeit dem eigenen Sein einzuverleiben" (II 60). Die Auswüchse der Grenzenlosigkeit, auf der die Konkupiszenz fußt, illustriert Tillich anhand von Freud und Nietzsche, bei denen libido und Wille zur Macht jeweils ihre sündhafte Verkehrung dadurch erhalten, dass sie „nicht mit Liebe geeint und daher nicht auf ein bestimmtes Objekt gerichtet sind" (II 64).

D Existentielle Selbst-Zerstörung und die Lehre vom Übel (II 69–87)

„Entfremdung vom essentiellen Sein ist der universale Charakter der menschlichen Existenz." (II 84) Grundlegend für alle Formen des Übels ist nach Tillich die Trennung vom Sein-Selbst bzw. vom Unbedingten, wie es in den Sündenformen des Unglaubens, der hybris und der Konkupiszenz ansichtig wird. Der Verlust der Anteilhabe am Unbedingten stellt den Grund für alle Folgeprobleme der Sünde dar. Als universales Phänomen führt Entfremdung zu einer „Struktur der Destruktion" (II 69), die alles Existierende umfasst. Dabei mündet der permanente Widerspruch alles Existenten gegen sein essentielles Sein in die „Selbstzerstörung" (ebd.). Letztere äußert sich grundlegend in der Destruktion beider Teile der Selbst-Welt-Struktur, wobei der Verlust einer Seite den Verlust der jeweils anderen zur Konsequenz zeitigt, da Selbst und Welt sich reziprok explizieren (vgl. II 70). Selbst- und Welt-Verlust bleiben jedoch nicht folgenlos, sondern werden schmerzlich in Form des Übels erfahren. Gerade Letzteres treibt dann zusammen mit der Erfahrung des Selbstwiderspruchs hin auf die Frage nach der Überwindung des Entfremdungszustandes, der bei Tillich in einem Blick auf den Christus gipfelt.

Die Sünde bildet nach Tillich den Grund der Selbstdestruktion und stellt zugleich ein Element innerhalb der Selbstzerstörung dar (vgl. ebd.). Von entscheidender Bedeutung ist für Tillich aber nicht die Summierung der Sünde unter die Übel, sondern das exklusive Verständnis des Übels, das dann das Übel „als *Folge* des Zustandes der Entfremdung" (ebd.) beschreibt. Führt der Sündenfall somit unmittelbar zur Entfremdung und dabei in die Selbst- und Weltdestruktion, so äußert sich dieser universale Menschheits- und Weltzustand in Form des Übels bzw. der Übel.[57] Letztere verzeichnet Tillich in allen Lebensbereichen, kategorisiert sie allerdings eher lose, so dass sich die Aufzählungen, wie sich das Übel auswirkt, nicht als eine klare Systematik lesen lassen. Auf die zentralen Punkte sei im Folgenden Bezug genommen:

Unmittelbar mit der Selbst-Welt-Struktur hängen die ontologischen Polaritäten zusammen. Da sie auf der Selbst-Welt-Struktur aufbauen, betrifft der Selbst- und Weltverlust die ontologischen Polaritäten unmittelbar. Konkret treten die Polaritäten so auseinander, dass der ursprüngliche Spannungsbezug nicht mehr gewahrt wird, sondern in einen Konfliktzustand überwechselt (vgl. II 72). Freiheit depraviert ohne Schicksal zu Willkür, wie umgekehrt Schicksal zur „mechanische[n] Notwendigkeit" (ebd.) wird, was beides Leere und Sinnlosigkeit zur Folge hat. Kurz zusammengefasst: „Der Mensch hat seine Freiheit gebraucht, um sie zu vergeuden, und es ist sein Schicksal, sein Schicksal zu verlieren." (II 73) Isolierte Dynamik hinwiederum verliert ihr Formziel und ergeht sich in ihrem dynamischen Wesen um dessen selbst willen („Versuchung des Neuen" [ebd.]), was zum Chaos führt. Demgegenüber wandelt sich Form in heteronome Gesetzlichkeit, die in Erstarrung mündet (vgl. II 74). Individuation und Partizipation machen schließlich die Trennung von Subjekt und Objekt ansichtig, wodurch eigentliche Erkenntnis zum Erliegen kommt, weil das Moment der Partizipation fehlt (vgl. II 75).[58]

In den weiteren Beispielen des Übels als Sündenfolge wird insbesondere die Grundlage für das Übel, die Trennung vom Grund von Selbst und Welt, transparent. So ist das deutlichste Zeichen für die Trennung vom Grund des Seins die Todesangst. Sie ist zwar essentiell gegeben, stellt also keine Sündenfolge dar, wie die Angst Jesu anzeigt (vgl. II 77), doch führt der Schuldaspekt unter Entfremdungsbedingungen zur neuen Wahrnehmung des Todes: „Partizipation am Ewigen macht den Menschen ewig. Loslösung vom Ewigen überläßt ihn seiner natürlichen Endlichkeit." (II 76) Das Losreißen vom Grund des Seins, wie es der Unglaube, und das Selbstvergotten, wie es die hybris vorstellt, sind die Bedingung der Möglichkeit dafür, dass der Mensch nun mit seiner Endlichkeit allein umgehen muss – eben dies erfährt er als Todesgeschick und Todesangst. Nicht anders verhält es sich mit den Kategorien der Endlichkeit – Zeit, Raum, Kausalität und Substanz, denen allesamt eine neue, ängstigende Funktion zuwächst. Zeit wird als

---

[57] Auf die Frage, ob das Übel sein müsse, gibt Tillich eine an Schelling angelehnte Antwort, nämlich dass die Freiheit nicht wäre, sofern Gott die Sünde nicht zugelassen hätte. Auf diese strittige, wenngleich bereits antike These sei nur verwiesen. Da sie im Folgenden für Tillich keine Bedeutung innehat, ist sie systematisch irrelevant.

[58] Der oben vorgestellte Prozess der Erkenntnis in der existentiellen Haltung kann mithin nicht mehr umgesetzt werden.

Vergänglichkeit, Raum als räumliche Kontingenz erfahren (vgl. II 78 f.). Als Beispiele für persönliches Übel fungiert das Leiden, für die soziale Dimension bringt Tillich die Einsamkeit in Anschlag (vgl. II 80–82). Gewissermaßen die intellektuelle Form des Übels repräsentiert der Zweifel, der durch den Verlust essentieller Einheit ausbricht: „Zweifel ist der Ausdruck der allgemeinen Unsicherheit des menschlichen Seins" (II 82). In seiner Zuspitzung wird der Zweifel zur Verzweiflung, hier „gelangt der Mensch ans Ende seiner Möglichkeiten" (II 84), das auch nicht durch Selbstmord zu lösen ist.[59]

E Die Frage nach dem Neuen Sein und der Sinn des Christus-Symbols (II 87–106)

Das Übel charakterisiert bei Tillich die Universalität von Entfremdung und Sünde im Zustand der Entfremdung. Wie der Mensch aber schon aus dem Status der erregten Freiheit nicht mehr von sich aus zur träumenden Unschuld zurück konnte, so ist ihm auch der Weg der Selbst-Erlösung versperrt, wie Tillich eindrucksvoll an den Versuchen des Legalismus, der Askese, der Mystik sowie der sakramentalen, doktrinalen und emotionalen Varianten belegt.[60] Ihnen allen ist ein Grundzug gleich, der sie letztlich scheitern lässt: Sie möchten vom Boden der Existenz aus die Erlösung erlangen.[61] Das Existierende möchte sich selbst über den eigenen Zustand, über die Existenz erheben. Den Versuchen wohnt dadurch eine Zweideutigkeit inne, weil sie alle deutlich machen, dass der Mensch die Frage nach der Erlösung zu stellen vermag und sich aktiv um die Erlösung bemüht. Aber: „Die Frage nach der Erlösung kann nur gestellt werden, wenn Erlösung – und sei sie noch so fragmentarisch – bereits am Werk ist." (II 89) Dies heißt aber nichts anderes, als dass bereits die Frage nach Erlösung die Erlösung – zumindest in Ansätzen – selbst voraussetzt. Mit den Worten der Korrelationsmethode formuliert: Ohne das Wirken der Antwort lässt sich die Frage überhaupt nicht stellen. In Bezug auf die Erlösung ist die Sprache die der Religion. Auch sie ist ambivalent, weil sie zu den Versuchen der Selbst-Erlösung führen kann, zugleich aber von der Antwort her, religiös gesprochen: von der Offenbarung her kommt (vgl. II 90).

---

59 Vgl. hierzu insbesondere Tillichs Argumentation im *Mut zum Sein*, GW XI 48 f.
60 Tillich referiert hier nahezu den § 10 *Die Erlösungswege und ihr Einfluß auf die Lebensführung* aus Max Webers Werk *Religiöse Gemeinschaften*. Vgl. Max Weber, Religiöse Gemeinschaften = Gesamtausgabe, Abt. 1, Bd. 22. Teilbd. 2: Religiöse Gemeinschaften, hg. von Hans G. Kippenberg, Tübingen 2001, 305–367. Den Hinweis auf Weber verdanke ich Georg Neugebauer.
61 Bereits in der 1913er Systematik kann Tillich dies festhalten, indem er die Möglichkeit, vom Boden der Existenz aus zum Absoluten zu kommen, als unmöglich feststellt (vgl. EW IX 314).

Ist daher bereits der Wunsch nach Erlösung das Anzeichen für das Wirken der Erlösung, so ist die Erlösung in gleicher Weise universal wie die Entfremdung: „Das Verlangen nach dem Neuen Sein ist universal, weil die menschliche Entfremdung universal ist." (II 96) Das Neue des Neuen Seins, welches die Erlösung umschreibt, ist nicht mit einer Umwandlung alles Existenten zu verwechseln; im Neuen Sein kommt das, was existiert vielmehr zu seiner Erfüllung (vgl. II 98). Das einzige und alles umfassende Symbol für dieses Neue Sein ist nach Tillich der Christus Jesus. Diese Annahme ist „das einzige, allumfassende Paradox des Christentums" (II 100). Paradox definiert Tillich als das, „was der doxa, der Meinung, widerspricht, die auf die alltägliche Erfahrung – sowohl ihre empirischen wie ihre rationalen Elemente – gegründet ist" (II 102). Entscheidend hierbei ist, dass die ‚alltägliche Erfahrung' der Entfremdungszustand ist. Mit anderen Worten: Das Paradox entstammt gerade *nicht* der Entfremdung, sondern umfasst die Essenz. Paradox und mithin wirklich erlösend ist also nur die Erscheinung der Essenz unter den Bedingungen der Existenz – oder: das Neue Sein. In Jesus Christus sieht Tillich diese Voraussetzungen gegeben. Er ist der wirkliche – existierende – und zugleich der wahre – essentielle – Mensch: „Das Paradox der christlichen Botschaft besteht darin, daß in *einem personhaften Leben das Bild wesenhaften Menschseins unter den Bedingungen der Existenz erschienen ist, ohne von ihnen überwältigt zu werden.*" (II 104) Wie dies vorstellig zu werden hat, ist Aufgabe der Christologie, die Tillich im Antwortteil der Korrelation entfaltet.

Literatur

Donald F. Dreisbach, Essence, Existence, and the Fall. Paul Tillich's Analysis of Existence, in: The Harvard Theological Review 73 (1980), 521–538.
Konrad Glöckner, Personsein als Telos der Schöpfung. Eine Darstellung der Theologie Paul Tillichs aus der Perspektive seines Verständnisses des Menschen als Person, Münster 2004.
Ulrike Murmann, Freiheit und Entfremdung. Paul Tillichs Theorie der Sünde, Stuttgart/Berlin/Köln 2000.
Georg Neugebauer, Tillichs frühe Christologie. Eine Untersuchung zu Offenbarung und Geschichte bei Tillich vor dem Hintergrund seiner Schellingrezeption, Berlin/New York 2007.
Gunda Schneider-Flume, „Entsprechungsdenken" und Sündenerkenntnis. Die Auswirkung der Methode der Korrelation auf das Sündenverständnis in der Systematischen Theologie Paul Tillichs, in: ZThK 76 (1979), 489–513.
Gerhard Schreiber/Heiko Schulz (Hg.), Kritische Theologie. Paul Tillich in Frankfurt (1929–1933), Berlin/Boston 2015.
Peter Slater, Tillich on Fall and the Temptation of Goodness, in: The Journal of Religion 65 (1985), 196–207.

Thietmar Wernsdörfer, Die entfremdete Welt. Eine Untersuchung zur Theologie Paul Tillichs, Stuttgart 1968.

Gunther Wenz, De Causa Peccati. Die Lehre vom Urfaktum der Sünde in Paul Tillichs Systematischer Theologie, in: ders., Tillich im Kontext. Theologiegeschichtliche Perspektiven, Münster 2000, 265–286.

Gunther Wenz, Sünde. Harmatiologische Fallstudien. Studium Systematische Theologie, Bd. 8, Göttingen 2013, 215–232.

Georg Neugebauer
Die Wirklichkeit des Christus (II 107–194)

Die gedankliche Entfaltung der *Wirklichkeit des Christus* knüpft unmittelbar an die Schlusspassagen des vorangegangenen Teils (*I. Die Existenz und die Erwartung des Christus*) an,[1] in denen das keineswegs auf das Christentum beschränkte Symbol des Christus und der gleichsam ontotheologische Begriff des Neuen Seins in einer allgemeineren religionsgeschichtlichen Perspektive zueinander ins Verhältnis gesetzt werden (vgl. II 96–106). Letzterer repräsentiert das Sein der „Gott-Mensch-Einheit" bzw. das Sein „wesenhaften Menschseins" (II 104)[2] und damit zugleich das Sein einer erlösenden (vgl. II 106) bzw. verwandelnden Macht (vgl. II 126). In diesem Sein liegt die – jedenfalls dem methodischen Anspruch nach – prinzipielle Antwort auf die universale Frage nach der Überwindung der existentiellen Entfremdung beschlossen.[3] Wie der Zusammenhang zwischen dem Begriff des Neuen Seins und dem Symbol des Christus innerhalb der christlichen Religion ausfällt und worin dessen Funktion exakt besteht, bilden – im weitesten Sinne gefasst – die Kernfragen der christologischen Konzeption des dritten Systemteils. Allerdings werden diese Fragen diesseits des Geist- und des Geschichtsbegriffs und damit der soziokulturellen Bedingtheit menschlichen Daseins diskutiert. Tillich legt hier das Augenmerk primär auf die Bestimmung allgemeiner Strukturerfordernisse christologischer und soteriologischer Reflexion. Deren Konkretisierung obliegt dem dritten Band der *Systematischen Theologie*.[4] Dementsprechend bemerkt er auf den letzten Seiten des hier zu kommentierenden Systemabschnitts, dass ohne das Folgende „alles Bisherige abstrakt" (II 193) bleibt.

Was den Aufbau betrifft, so lassen sich drei Schwerpunkte identifizieren. Zunächst entwirft Tillich in den ersten beiden Hauptkapiteln (A und B) den Gegenstandsbereich seiner Christologie und fragt nach dessen Konstitutionselementen, die sich im Begriff des Bildes Jesu als des Christus bündeln. Die letzten

---

1 Vgl. dazu den Kommentar zur Stelle.
2 Auch wenn Tillich das „Neue Sein" nicht im idealistischen Sinne verstanden wissen will, kommen schon in seinen Schelling-Dissertationen ähnliche Formulierungen zur Geltung: „In Christus ist nun auch der ursprüngliche Mensch, der Mensch der Idee wiederhergestellt." (EW IX 228) Zum Begriff des ursprünglichen Menschen vgl. Friedrich Wilhelm Joseph Schelling, Philosophie der Offenbarung, in: ders., Sämmtliche Werke, Bd. XIII, hg. von Karl Friedrich August Schelling, Stuttgart/Augsburg 1858, 183. 382. Den Ausdruck „Gott-Mensch" hat Tillich der Hegelschen Religionsphilosophie entnommen, vgl. EW XIX 154. Darüber hinaus verweist er auf Nikolai Berdiajew (vgl. EW XIX 163).
3 Zum methodischen Ansatz der *Systematischen Theologie* vgl. den Kommentar zur *Einleitung*.
4 Vgl. dazu die Kommentare zum dritten Band der *Systematischen Theologie*.

beiden Kapitel (D und E) beschäftigen sich sodann mit der soteriologischen Funktion der Christologie. Doch steht hier nicht mehr der Bildbegriff im Mittelpunkt der Ausführungen. Vielmehr rückt nun der Symbolbegriff in den Fokus, allen voran die Symbole des Kreuzes und der Auferstehung. Das Kapitel C stellt gleichsam einen Exkurs dar, in dem Tillich die traditionelle Christologie diskutiert. Bevor wir die fünf Kapitel im Einzelnen kommentieren, nähern wir uns dem Thema im Horizont der Problem- und Werkgeschichte an.

Problem- und werkgeschichtlicher Hintergrund

Um Tillichs Christologie des Neuen Seins problemgeschichtlich einordnen zu können, ist es hilfreich, die Verschiebungen innerhalb der christologischen Debatte zu berücksichtigen, die im Gefolge der Aufklärung zu verzeichnen sind. Sie schlagen sich am deutlichsten in der Abwendung von der Zweinaturenlehre nieder, die seit der Alten Kirche für die Konzeptualisierung dieses Lehrstücks bestimmend gewesen war. Dieser Transformationsprozess lässt sich in Kants Interpretation des Christentums genauso identifizieren wie in Schleiermachers *Reden* sowie in dessen *Glaubenslehre.* Diese grundlegende Umformung christologischer Reflexion wurde im Laufe des 19. Jahrhunderts durch die immer weiter ausgreifende Historisierung humaner Selbst- und Weltauslegung massiv befeuert. Der moderne Geschichtsbegriff etablierte sich als ein unhintergehbares Reflexionsmuster. Innerhalb der Christologie spiegelte sich diese Entwicklung unmittelbar wider. Als neuralgischer Punkt dieses Lehrstücks kristallisierte sich das Verhältnis von *historischem Jesus* und *dogmatischem Christus* heraus,[5] in welchem sich das systematisch umfassendere Problem des Verhältnisses von – neukantianisch gesprochen – *Genesis* und *Geltung* artikuliert, das innerhalb der Theologie wiederum anhand des Begriffspaars *Geschichte* und *Glauben* reflektiert und diskutiert wurde. Nur hartgesottene Dogmatiker meinten, sich diesen Fragen entziehen zu können. In der Regel jedoch führte – gerade im Bereich der Christologie – am Historismus kein Weg vorbei. Um 1900 erreichte diese Diskussion insofern einen Höhe- und Wendepunkt, als die sogenannte Leben-Jesu-Forschung

---

5 Vgl. Christian Danz, Grundprobleme der Christologie, Tübingen 2013, 1–9; ders./Michael Murrmann-Kahl, Der Problemhorizont der Christologie in der Moderne, in: dies. (Hg.), Zwischen historischem Jesus und dogmatischem Christus. Zum Stand der Christologie im 21. Jahrhundert, Tübingen 2010, 1–12; Georg Neugebauer, Tillichs frühe Christologie. Eine Untersuchung zu Offenbarung und Geschichte bei Tillich vor dem Hintergrund seiner Schellingrezeption, Berlin/New York 2007, 1–18.

in eine Krise geraten war.⁶ Martin Kähler griff im Jahre 1892 mit seinem berühmten Vortrag *Der sogenannte historische Jesus und der geschichtliche, biblische Christus* in diese Debatte ein. Der hallesche Theologe bestritt, dass die historisch-kritische Erforschung des Neuen Testaments in einem Begründungszusammenhang zur Christologie stehe, und versetzte den geschichtlich-biblischen Christus in das „sturmfreie Gebiet"⁷ des Glaubens. Aber auch innerhalb des liberaleren Lagers setzten sich Zweifel an der Leben-Jesu-Forschung durch. So stellte Wilhelm Herrmann, der die historische Kritik innerhalb der Theologie aus wahrheitstheoretischen Gründen für unverzichtbar hielt, fest, dass sie für die Christologie keine konstitutive Funktion haben könne.⁸ Im Zentrum seines christologischen Ansatzes steht nicht die kritische Erforschung des historischen Jesus, sondern ein spezifisch religiöses Erlebnis, das sich an der Begegnung mit dem inneren Leben Jesu entzündet.⁹

Demgegenüber war Ernst Troeltsch darum bemüht, die Kontinuität zwischen religiöser Einstellung und Geschichtskritik zu plausibilisieren. So betonte er in seiner *Glaubenslehre*, dass sich den neutestamentlichen Quellen ein „gesicherte[r] Tatsachenkomplex" der Persönlichkeit Jesu entnehmen lasse, der „deutlich historisch erkennbar" sei.¹⁰ Dieser Tatsachenkomplex besitzt in Troeltschs Argumentation eine zweifache Funktion. Einerseits bilde jener den geschichtlichen Grund des Jüngerglaubens, dessen Entstehung nicht unabhängig von der historischen Person Jesu von Nazareth verständlich gemacht werden könne. An dieser Stelle ist von der historisch-psychologischen „Wirkung" bzw. von dem „Eindruck"

---

6 Sehr informativ und übersichtlich ist auch die Darstellung dieser Forschungsbewegung bei Friedrich Loofs, Wer war Jesus Christus? Für Theologen und den weiteren Kreis gebildeter Christen (Deutsche Nachbearbeitung des Buches: ders., What is the truth about Jesus Christ? Problems of Christology discussed in six Haskell-Lectures at Oberlin/Ohio, New York 1913), Halle ²1916, 28 – 56.
7 Martin Kähler, Der sogenannte historische Jesus und der geschichtliche, biblische Christus, neu hg. von Ernst Wolff, München ⁴1969, 79.
8 „Wir verstehen aber unter dem geschichtlichen Christus auch nicht die Vorstellung von ihm, die eine historische Forschung erreichen will, indem sie zu ermitteln sucht, welche wirklichen Vorgänge der von ihr kritisierten Überlieferung zugrunde liegen. Denn der Ertrag einer solchen Forschung wird immer äußerst gering sein und bleibt problematisch. Für das Leben des Glaubens kommt er direkt nicht in Betracht." (Wilhelm Herrmann, Der geschichtliche Christus der Grund unseres Glaubens, in: ders., Schriften zur Grundlegung der Theologie, Bd. I, hg. von Peter Fischer-Appelt, München 1966, 149 – 185, hier 172) Eine Grundschwierigkeit bei der Interpretation von Herrmanns Christologie besteht freilich darin, was er unter dem Begriff des Geschichtlichen verstanden wissen will.
9 Vgl. Herrmann, Der geschichtliche Christus, 173.
10 Ernst Troeltsch, Glaubenslehre. Nach Heidelberger Vorlesungen aus den Jahren 1911 und 1912, hg. von Gertrud von le Fort. Mit einem Vorwort von Marta Troeltsch (ND der Ausgabe München 1925. Mit einer Einleitung von Jacob Klapwijk), Aalen 1981, 102.

dieser Person die Rede.[11] Andererseits sei mit besagtem Komplex – einschließlich des religionsgeschichtlichen Umfelds – der Gegenstandsbereich einer der *Glaubenslehre* obliegenden religiösen Interpretation abgesteckt, die den Sinn jener Tatsachen für das religiöse Leben bestimmen soll. Und auch hier unterstrich Troeltsch die Kontinuität dieser Deutung zum „geschichtlichen Sinn und Geist der Sache", sodass es „also kein willkürliches Spiel der Phantasie" sei.[12] Gleichwohl räumte er an anderer Stelle zugleich ein, „daß es auf historischem Gebiet nur Wahrscheinlichkeitsurteile gibt".[13] Die Forderung nach einer konsequenten Anwendung der historischen Methode innerhalb der Theologie impliziert daher auch die Anerkennung der „relativen Unsicherheit aller historischen Erkenntnisse" und damit verbunden die auch von Herrmann betonte Einsicht, dass man „die Bindung des religiösen Glaubens an historische Einzeltatsachen nur als eine mittelbare und relative faßt".[14] Somit bleiben auch bei Troeltsch, der sich intensiv darum bemühte, die Vermittelbarkeit der historisch-kritisch begriffenen Geschichte und des Glaubens zu erweisen, konzeptionelle Unschärfen bestehen, die aus den Eigengesetzlichkeiten beider Gegenstandsbereiche resultieren.

Paul Tillich nun, der sich selbst als Schüler Troeltschs (vgl. GW V 72; GW I 109. 112) verstanden hat, rang Zeit seines Lebens mit der Frage, in welchem Verhältnis Glaube und Geschichte zueinander stehen und welche Rolle die historische Kritik in diesem Zusammenhang spielt. Schon in seinen vor dem Ersten Weltkrieg entstandenen Arbeiten schälen sich Antworten heraus, die bis in das Spätwerk hinein bestimmend bleiben sollten. Die besagte Frage kulminiert auch für ihn in der Christologie, insofern in dieser zwei Objektsphären miteinander konfligieren, denen zwei Urteilsformen zugeordnet sind. Dieses Lehrstück impliziert ein *geschichtliches* bzw. *historisches*, auf Jesus von Nazareth bezogenes Urteil und ein die geschichtlich bestimmte Selbstauslegung des Geistes betreffendes *religiöses* Urteil. Ersteres ist allen voran seines modalen Status' wegen letzterem systematisch nachgeordnet. Die religiöse Gewissheit kann nicht auf Wahrscheinlichkeitsaussagen fußen, sondern nur im Gottesgedanken gründen.[15] Daher dient das ge-

---

11 Troeltsch, Glaubenslehre, 102f.
12 Ebd., 102. Nachdenkenswert ist in diesem Zusammenhang, dass Troeltsch ausdrücklich bemerkt, die geschichtswissenschaftlich sicheren Daten setzten bereits das Verfahren eines Isolationsakts voraus (ebd., 85. 102). In welchem Verhältnis dieser Akt zur religiösen Einstellung steht, wird in der *Glaubenslehre* jedoch nicht reflektiert.
13 Ernst Troeltsch, Ueber historische und dogmatische Methode in der Theologie, in: ders. Zur religiösen Lage, Religionsphilosophie und Ethik (= Gesammelte Schriften, Bd. II), Tübingen 1913, 729–753, 731.
14 Ebd., 738.
15 Dementsprechend heißt es in seiner Thesenreihe zur Verteidigung der theologischen Lizentiaten-Dissertation: „*Apologetik*. Der Religionsbegriff muß aus dem Gottesbegriff abgeleitet wer-

schichtliche Element der Christologie, mit Kant gesprochen, nicht primär der Demonstration, sondern der Illustration.[16] Tillichs terminus technicus ist in diesem Zusammenhang der Anschauungsbegriff. Die Anschauungsfunktion der geschichtlichen Dimension der Christologie wird schon in der philosophischen Dissertation (1910) greifbar und lässt sich bis in das späte Hauptwerk hinein verfolgen.[17]

Diese – für Tillich unentbehrliche – Funktion des historischen bzw. geschichtlichen Urteils lässt sich nun nach zwei Seiten hin konkretisieren, die unmittelbar miteinander verwoben sind und die gleichermaßen aufeinander bezogenen Begriffe der Geschichte und des Geistes betreffen. Die historische Dimension der Christologie ist einerseits mit dem schellinginspirierten Begriff einer übergeschichtlichen Geschichte verbunden.[18] Hierbei handelt es sich um eine geschichtstheologische Konzeption der Offenbarungsgeschichte des Absoluten. Die Logos-Christologie bildet ein irreduzibles Aufbaumoment dieses Ge-

---

den, nicht umgekehrt." Die Thesenreihe ist abgedruckt in: Neugebauer, Tillichs frühe Christologie, 422.

16 Vgl. Immanuel Kant, Handschriftlicher Nachlass. Vorarbeiten und Nachträge (= AA, Bd. XXIII), Berlin 1955, 437.

17 In der philosophischen Dissertation heißt es: „Die äußere Geschichte kann hier nur die Bedeutung haben, der inneren die Anschauung zu geben. Darum war es freilich notwendig, daß ein Mensch kam, der die Anschauung von dem persönlichen, sich selbst opfernden, rechtfertigenden Gott darbot" (EW IX 272; vgl. auch EW VI 34, These 26; EW IX 349). Die innere wird von Tillich bzw. Schelling auch als übergeschichtliche Geschichte ausgewiesen. Dass diese Bestimmungen symboltheoretische Implikationen besitzen, lässt sich bereits an Tillichs Schellingstudien ablesen, in denen er den Philosophen wie folgt zitiert: „,Christus, als der Einzelne, ist eine völlig begreifliche Person, und es war eine absolute Notwendigkeit, ihn als symbolische Person und in höherer Bedeutung zu fassen' (I, 5, 296 f.)." (EW X 44 f.) Tillich nimmt hier auf Schellings *Vorlesungen über die Methode des akademischen Studiums* (1803) Bezug. Die prinzipielle Nachrangigkeit des Geschichtlichen und die damit verbundene argumentative Eigendynamik schlägt sich auch in der Studie *Gott und Absolute bei Schelling* (1910) nieder, wo es heißt: „Jesus ist der erste Christ, nicht der Christus" (EW X 45). Die prinzipielle Distanz zum kontingenten Geschichtsverlauf ist mit Händen zu greifen. Sie geht so weit, die Dimension des äußerlich Geschichtlichen als ein „heterogenes Element" (EW IX 272) gegenüber der idealistischen Grundposition Schellings auszuweisen. Die 1911 verfasste Thesenreihe *Die christliche Gewißheit und der historische Jesus*, der Tillich rückblickend eine für seine eigene intellektuelle Biographie herausragende Bedeutung bescheinigt (vgl. GW XII 32; EW VI 80), argumentiert ganz ähnlich: gegenüber dem identitätsphilosophisch begründeten Gewissheitsgrund des Glaubens bildet der historische Jesus wiederum ein heterogenes Element (vgl. EW VI 43. 45). Um die Relevanz der kontingenten Geschichte zu relativieren, versucht Tillich die tatsächliche und notwendige Ungewissheit des historischen Jesus herauszuarbeiten (vgl. EW VI 32. 41).

18 Zum Begriff der übergeschichtlichen Geschichte bei Tillich vgl. Neugebauer, Tillichs frühe Christologie, 182–184.

schichtsbegriffs und repräsentiert dessen prinzipiellen Konkretheitsaspekt. Allerdings belässt es Tillich nicht bei dieser Bestimmung. Vielmehr geht die prinzipielle, übergeschichtliche Lösung in eine – wie es in der theologischen Lizentiaten-Dissertation (1912) heißt – kontingent-geschichtliche über (vgl. GW I 98). Den Konvergenzpunkt stellt das historische Faktum Jesus von Nazareth dar. In diesem scheint – vom Standpunkt des christlichen Glaubens betrachtet – die religiöse Tiefendimension des Geschichtsverlaufs auf, weswegen in Jesus die „Mitte der Geschichte" erkannt wird.[19] Das historisch-kontingente Moment der Christologie verkörpert den religiösen Gehalt des Geschichtsprozesses bzw. die ihrerseits logos-christologisch vermittelte übergeschichtliche Geschichte und wird auf diesem Wege in die Rationalität spekulativer Denkfiguren überführt. Tillichs frühe Christologie bewegt sich im Spannungsfeld eines dynamisch vorgestellten Offenbarungsbegriffs und dem Begriff der empirischen Geschichte.

Andererseits ist der historische Jesus mit einem operationalen Strukturelement des religiösen Bewusstseins verknüpft. Hier liegt der Fokus auf dem Symbol des Kreuzes. In diesem werde – wie Tillich in einem Brief an Friedrich Büchsel im Jahre 1911 schreibt – das „Wesen des christlichen Geistes" (EW VI 74) anschaulich und es ist bezeichnend, wenn es bezogen auf Jesus von Nazareth weiter heißt: „Das aber ist alles." (Ebd.) Das Kreuz symbolisiert das Element der Selbstnegation, das zu den Konstitutiva des religiös bestimmten Selbstvollzugs des Geistes gehört.[20] Genau dieser Gesichtspunkt steht bereits im Mittelpunkt der Breslauer Dissertation: „Geschichtlich sein, heißt aber, sich opfern in seiner Natürlichkeit, um sich wiederzufinden in seiner Geistigkeit. Diese Anschauung war in Christus gegeben […]" (EW IX 271). Für die weitere Entwicklung der Theologie Tillichs sind diese Überlegungen von großer Bedeutung. Nicht zuletzt der in seinem Werk zentral verankerte Paradoxbegriff, der in der *Systematischen Theologie von 1913* erstmals ausführlich entfaltet wird, baut auf dieser Verschmelzung von Christologie auf der einen und Geschichts- bzw. Geistbegriff auf der anderen Seite auf.[21] Diese Ver-

---

[19] Diesem weitreichenden Explikationshorizont entspricht der Sachverhalt, dass das Kreuz einerseits ein kontingentes Ereignis innerhalb des Geschichtsprozesses darstellt und zugleich eine „kosmische Tatsache" (EW IX 357) veranschaulicht.
[20] Zur Figur der Selbstnegation, die im Kreuz zur Darstellung kommt, vgl. EW IX 228. 271; GW I 97. 108.
[21] „Es muß der Ort des Paradox also eine konkrete Religion sein, die aber der Dialektik der Reflexion nicht preisgegeben ist, weil sie ohne sich aufzugeben über sich selbst hinausführen kann, in sich selbst ein Prinzip der Selbstüberwindung hat." (EW IX 316) Die Reflexion kann im weitesten Sinne als Endlichkeitsstandpunkt begriffen werden. Später substituiert er diesen Begriff durch den der Existenz (vgl. dazu den Kommentar zur Stelle [II 25–106]). An anderer Stelle hält er fest, „daß die Paradoxie des Christentums identisch ist mit der Paradoxie des Denkens" (GW XIII 46). Der letztlich kreuzestheologisch imprägnierte Paradoxgedanke, den Tillich als theologisches

bindung hat später sogar Spuren in Beiträgen zur Geist- und Geschichtsphilosophie hinterlassen, die diesseits der Dogmatik stehen. Das gilt für die frühe Kairoskonzeption genauso wie für die religionsgeschichtliche Konstruktion der *Religionsphilosophie* (vgl. GW VI 19; GW I 345).

Die Ausweitung der Christologie um die Dimension der Ontologie wird in der Dresdener Dogmatik (1925–1927) greifbar, weswegen diese werkgeschichtlich betrachtet ein zentrales Scharnier zur Christologie des Neuen Seins darstellt. Der Schwerpunkt liegt hier zwar noch auf der „theologische[n] Geschichtsdeutung" (EW XIV 269), allerdings betont Tillich zugleich das „Sein" Jesu Christi und weist es ausdrücklich als ein transzendentes Sein aus (vgl. EW XIV 344–346 u. ö.). In dem 1928 projektierten Dogmatikentwurf *Die Gestalt der religiösen Erkenntnis* ist die Christologie des Neuen Seins dann auch terminologisch fixiert. An die Stelle des Begriffs ‚transzendentes Sein' tritt nun konsequent der des neuen Seins (vgl. EW XIV 428–431). Dieser Entwurf kann damit als Entstehungsdokument der für das späte Hauptwerk signifikanten Christologiekonzeption angesehen werden. Deren systematische Ausgestaltung fällt jedoch in die Zeit des US-amerikanischen Exils und lässt sich erstmals in dem Vorlesungszyklus *Advanced Problems in Systematic Theology* (1936–1938) identifizieren.[22] Während Tillich in den Jahren zuvor primär von einem Wechselbedingungszusammenhang ausgegangen war, der zwischen Christologie und Geschichtsdeutung besteht, so rückt nun an die Stelle der Geschichtsinterpretation die Anthropologie, die wiederum mit der Ontologie eng verwoben ist.[23] Mit der geschichts*hermeneutischen* Ausrichtung der Christologie ist der neue Entwurf insofern verbunden, als dieser ausdrücklich als eine Form religiöser Selbst*deutung* ausgewiesen wird.[24] Dabei steht er in Korre-

---

Erkenntnisprinzip verstanden wissen will, steht in sachlicher Nähe zu Luthers *theologia crucis*. Es sei berechtigt, „daß die Theologie immer eine Theologie des Kreuzes sein will" (EW IX 356).

22 Der 1930 publizierte Beitrag *Christologie und Geschichtsdeutung* ist von dieser Umstellung noch nicht betroffen und bewegt sich noch stärker in den konzeptionellen Bahnen der Dresdener Dogmatik (das bestätigen indirekt die Angaben zur Textgeschichte dieses Beitrags in: Paul Tillich, Ausgewählte Texte, hg. von Christian Danz/Werner Schüßler/Erdmann Sturm, Berlin/New York 2008, 237). Das gilt auch für die Frankfurter Geschichtsphilosophievorlesung (1929). Auch wenn der christologisch konnotierte Begriff des Neuen Seins darin keine Verwendung findet, ist diese Vorlesung gleichwohl für die Genese der Christologie des Neuen Seins relevant, weil sie die Möglichkeitsbedingung der Vereinbarkeit von Ontologie und der Kategorie des Neuen diskutiert. Vgl. EW XV 71–82. 198–212.

23 „Anthropology and ontology are not two realms, since the approach to being is only possible through our own being" (EW XIX 118). Der Geschichtsbegriff hingegen wird nun – wie im späten Hauptwerk (vgl. dazu die Kommentare zur Stelle [III 341–411. III 412–477]) – mit der Reich-Gottes-Vorstellung koordiniert (vgl. EW XIX 207).

24 „Christology is the direct human selfinterpretation with respect to God." (EW XIX 119)

lation zur a) essentiellen, b) existentiellen und c) eschatologischen Natur des Menschen.[25] Die Frage nach dem Neuen Sein („question for a new being" [EW XIX 185]) bricht aber erst im Rahmen der Existenzanalyse auf. „[T]he reality of a new being" (EW XIX 197) wird im Horizont der eschatologischen Natur des Menschen thematisch. Es bildet schließlich ein Charakteristikum jener Vorlesung, dass dem Inkarnationsgedanken ein größeres argumentatives Gewicht zukommt als dem des Neuen Seins (vgl. EW XIX 185 sowie EW XIX 320). In der *Systematischen Theologie* verlagert Tillich dann den Schwerpunkt auf letzteren.

Kommentar

A Jesus als der Christus (II 107–129)

Der erste Abschnitt ergänzt die eingangs schon erwähnte Relation, die zwischen dem Begriff des Neuen Seins und dem Symbol des Christus besteht, um das historische Subjekt Jesus von Nazareth. Letzterer bildet das faktische Element des Kompositums „Jesus Christus". Zu den Konstitutionsvoraussetzungen des letzteren gehört darüber hinaus die „Aufnahme dieses Faktums durch die, die ihn [sc. Jesus] als den Christus anerkannten" (II 107). Auf diesem Wege ist der Eigenname Jesus von Nazareth mit dem Symbol des Christus verschmolzen worden. Beides zusammen, also die Einheit von Faktum und Deutung bzw. „gläubiger Aufnahme" (II 108),[26] bildet das „Ereignis" (II 107), auf dem das Christentum beruht.[27]

Innerhalb der *Systematischen Theologie* tritt der historische Jesus aber nicht als Gegenstand kritischer Geschichtsforschung auf den Plan. Vielmehr wird er unter den Bedingungen einer christlich-religiösen Einstellung thematisch (vgl. II 117), was Tillich zufolge bedeutet, dass die Historizität nicht über die Faktizität

---

[25] In diesen drei Seins-Modi klingen zugleich die drei Hauptkapitel des dritten Vorlesungsteils an, der mit „Christology and human existence" (EW XIX 111) überschrieben ist. Die beiden Aspekte – Christologie und Existenz – werden also gegenüber der Überschrift des dritten Systemteils der *Systematischen Theologie* (*Die Existenz und der Christus*, II 23) in umgekehrter Reihenfolge angeführt. Aus dem Blickwinkel der Korrelationsmethode betrachtet bedeutet das aber nicht, dass die ‚Antwort' der ‚Frage' vorgeordnet wäre. Vielmehr befinden sie sich auch hier in einem Verhältnis wechselseitiger Abhängigkeit („interdependence" [EW XIX 113]).
[26] Schon in der Kasseler Thesenreihe (1911) spricht Tillich von einer „Wechselwirkung zwischen dem Faktum und dem Anschauenden" (EW VI 54). Vgl. auch EW VI 33; EW XIV 328. 332. 427; EW XV 66.
[27] Vgl. dazu auch I 53. 57; GW VIII 205. Diesen Ereignisbegriff greift Tillich dann im fünften Systemteil wieder auf. Vgl. III 346: „Ein geschichtliches ‚Ereignis' ist ein Ineinander von Tatsache und Interpretation."

hinausgeht. Jesus von Nazareth schmilzt auf ein – mit der Dresdener Dogmatik formuliert – „historisches X" (EW XIV 329) zusammen. Doch trotz dieser rudimentären Gestalt des Historischen bildet der historische Jesus ein für den Glauben und die Dogmatik irreduzibles Datum. Denn entsprechend der Konstruktionsprämissen der Christologie vermag das Neue Sein die existentielle Entfremdung menschlichen Daseins nur dann zu überwinden, wenn diese in einem „personhaften Leben" (II 108) überwunden ist.[28] Im Gedanken der vollständigen Teilhabe des Neuen Seins an der Endlichkeit liegt eine der zentralen Voraussetzungen von Tillichs christologischer – und soteriologischer – Konzeption (vgl. II 131 f.). „Das ist der Grund dafür, daß die christliche Theologie auf der Anerkennung der historischen Faktizität des Jesus von Nazareth bestehen muß." (II 108)[29]

Vor dem Hintergrund dieser Zugangsreflexionen wendet sich Tillich der Leben-Jesu-Forschung zu. Die jener Bewegung gewidmeten Passagen stehen unter der Überschrift *Die Leben-Jesu-Forschung und ihr Scheitern* (II 111–118), worin Albert Schweitzers kritische Sichtung jener Forschungsrichtung genauso anklingt wie das Bild vom „Holzweg", das Martin Kähler von ihr gezeichnet hatte.[30] Im Zentrum dieses Unterkapitels (4.) steht ein Argument, das innerhalb der Theologie um 1900 unumstritten war und auf das zuvor schon hingewiesen wurde: historische Aussagen sind Wahrscheinlichkeitsurteile. Auf dem Wege der historischen Kritik ein sicheres Fundament für den christlichen Glauben zu schaffen bzw. religiöse Gewissheit zu stiften, hält Tillich aus kategorialen Gründen für ausgeschlossen (vgl. II 115).[31] Damit ist zugleich der Blickwinkel fixiert, aus dem heraus

---

[28] Schon in der Dresdener Dogmatik steht die „Überwindung des Dämonischen" unter der Voraussetzung, dass der „Durchbruch der vollkommenen Offenbarung [...] den Charakter der Personhaftigkeit" (EW XIV 322) hat. Auch dieser Gesichtspunkt beschäftigte Tillich bereits in den Schellingpromotionen. Vgl. EW IX 219. 248; GW I 108.

[29] In der 1930 erschienenen Neuauflage seines Aufsatzes *Das religiöse Symbol* (1928) bemerkt Tillich ganz ähnlich: „Das Empirische gehört zum Symbolcharakter des Christus. Nur soviel ist richtig, daß dieses Empirische nicht losgelöst von der symbolischen Anschauung aufgefaßt werden kann. Es ist nicht möglich und es ist auch überflüssig, zu dem Empirischen ‚an sich' durchzudringen, das hinter der symbolischen Empirie des Christus steht – also zu einem Tatsächlichen, das nicht mehr symbolisch wäre, wie es die liberale Theologie versucht hat." (Paul Tillich, Das religiöse Symbol [1928], in: ders., Ausgewählte Texte, hg. von Christian Danz/Werner Schüßler/Erdmann Sturm, Berlin/New York 2008, 183–198, hier 198 Anm. 15)

[30] Kähler, Der sogenannte historische Jesus, 18.

[31] Auch die Dresdener Dogmatik marginalisiert die Relevanz historischer Forschung für die Christologie: „Wollen wir hindurch zu dem Ursprung des Bildes [sc. Jesu Christi], so stoßen wir auf die Wand historischer Unzulänglichkeiten, die auch dann bliebe, wenn wir wieder Augenzeugen werden könnten." (EW XIV 339, vgl. auch ebd. 333 f.)

er das Verhältnis von historischer Forschung und Theologie einerseits (5.) sowie dasjenige von historischer Skepsis und Glauben andererseits (6.) in Augenschein nimmt.

Was ersteres betrifft, so arbeitet Tillich – wie schon in den 1920er Jahren – die Verdienste und den Nutzen der historischen Forschung für die Theologie heraus. Dabei betont er das Element der Kritik, das dazu verholfen hat, die unterschiedlichen Explikationsebenen der biblischen Überlieferung zu scheiden, zu denen die empirisch-historische, die legendäre und die mythische gehören (vgl. II 119).[32] Doch nicht allein diese quellenkritische Arbeit besitzt für die Theologie einen heuristischen Wert. Die historische Methode trägt darüber hinaus dazu bei, die christologischen Symbole zu interpretieren, und zwar nach vier Entwicklungsstufen: a) die soziokulturelle Prägung in der Phase ihrer Entstehung, b) die Herausbildung einer existentiellen Bedeutung für ihre ursprüngliche Trägergruppe, c) ihre Umformung unter den Bedingungen des Christentums und d) ihre supranaturalistische Verfremdung (vgl. II 119–123). Für das Verständnis dieser Ausführungen ist es entscheidend, dass die Symbole hier nicht im Horizont einer religiösen Einstellung befragt werden. Deren Interpretation erfolgt vielmehr im Modus ihrer Historisierung.

Die weitreichendsten und umstrittensten Überlegungen stellt Tillich jedoch erst im folgenden, das Verhältnis von Glaube und historischer Skepsis untersuchenden Abschnitt an (6.).[33] Um zu illustrieren, dass historische Wahrscheinlichkeitsaussagen keine konstitutive Funktion für den Glauben haben können, führt er zunächst ein Gedankenexperiment durch. Er fragt, ob es nicht eine Bedrohung des christlichen Glaubens darstellte, wenn sich die Nicht-Existenz Jesu von Nazareth als historisch wahrscheinlich erweisen ließe.[34] Diese Frage muss verneint werden, weil sich das ‚Woher' des Glaubens und seiner Gewissheit nicht auf historischem Wege andemonstrieren lässt..[35] Vielmehr weiß sich der Glaube von der Wirklichkeit des Neuen Seins in Christus „erzeugt" (II 124) und kein anderes Fundament als dieses vermag der Glaube zu verbürgen. „Der Glaube selbst

---

[32] Vgl. dazu auch EW XIV 334–338; EW XIX 319 sowie GW V 209: „Es ist die religiöse Größe der Leben-Jesu-Forschung, daß sie diese Aufgabe gelöst, das Empirische in die Fragwürdigkeit gerückt, das Symbolische in seiner Bedeutung aufgedeckt hat."
[33] Dieses Thema hat Tillich erstmals in der *Systematischen Theologie von 1913* ausführlich behandelt. Vgl. EW IX 320–325.
[34] Damit greift er ein Argument auf, dass bereits für den christologischen Ansatz seiner Thesenreihe *Die christliche Gewißheit und der historische Jesus* leitend war.
[35] Schon in der Dresdener Dogmatik heißt es nicht weniger pointiert: „Die Frage nach der Begründung des Glaubens an Jesus als den Christus ist also völlig unabhängig von der Frage nach den Ursachen der Entstehung dieses Glaubens zu beantworten." (EW XIV 327)

ist die unmittelbare (nicht durch Schlussfolgerungen vermittelte) Evidenz des Neuen Seins in und unter den Bedingungen der Existenz." (II 125)[36] Genau an dieser Stelle wurde innerhalb der Forschungsliteratur die deutlichste Kritik gegenüber Tillichs später Christologie angemeldet. Schon Wolf-Dieter Marsch fragte an: „Löst Tillich nicht die Frage nach historischer Evidenz des Glaubens allzu einseitig in die Schwebe symbolischer Partizipation am Unbedingten auf [...]?"[37]

Tillich bürdet sich mit dieser Positionierung eine gewaltige Problemlast auf, die sich auch auf die folgenden Darlegungen überträgt. Seiner Auffassung nach ist es ein für der Entfaltung der Christologie des Neuen Seins entscheidender Sachverhalt, dass dieses keine bloß abstrakte Größe darstellt, sondern sich vielmehr unter den Bedingungen endlichen Daseins realisiert, und zwar – wie er zuvor schon angedeutet hat und was er dann vor allem Kapitel B eigens thematisieren wird – in einem personhaften Leben (vgl. II 125. 131f.). Denn nur unter dieser Voraussetzung kommt die umwandelnde Macht des Neuen Seins zum Tragen. Die von Tillich selbst aufgeworfene Schwierigkeit bündelt sich in der Frage: „Wie kann das Neue Sein, das ‚der Christus' genannt wird, die Wirklichkeit verwandeln, wenn alle konkreten Züge in dem Bilde des Christus zweifelhaft sind?" (II 125) Die Ausführungen, die er als Antwort auf diese Frage zu geben versucht, gehören zu den schwierigsten und undurchsichtigsten Passagen des hier zu besprechenden Systemteils.

Tillich ringt an dieser Stelle um eine rationale Legitimationsbasis des Anschaulichkeitskriteriums. Die Christologie kann sich nicht mit der abstrakten Inbeziehungsetzung von Neuem Sein und Christussymbol zufrieden geben. Sie ist vielmehr auf eine Konkretisierung angewiesen.[38] Die gedankliche Herausforderung, der er sich nun ausgesetzt sieht, besteht darin, diese Konkretisierung auf nicht-historischem Wege leisten zu müssen. Seine Bemühungen, die damit ver-

---

36 Auch hier lassen sich Übereinstimmungen zu Kählers Christologie identifizieren, wenn dieser bemerkt: „geschichtliche Tatsachen, welche die Wissenschaft erst klar zu stellen hat, können *als solche* nicht Glaubenserlebnisse werden" (Kähler, Der sogenannte historische Jesus, 51).
37 Wolf-Dieter Marsch, Rez.: Paul Tillich, Frühe Hauptwerke, Stuttgart 1959/Paul Tillich, Wesen und Wandel des Glaubens. Weltperspektiven, Berlin 1961, in: ZdZ 15 (1961), 395–396, 396. Später wurde dieser Gesichtspunkt von Gunther Wenz und zuletzt von Michael Murrmann-Kahl diskutiert. Beide stellen Tillichs Christologie unter Projektionsverdacht, weil dieser das ‚extra se' des Glaubensgrundes nicht auszuweisen vermag. Vgl. Gunther Wenz, Subjekt und Sein. Die Entwicklung der Theologie Paul Tillichs, München 1979, 282; Michael Murrmann-Kahl, Christus ohne Jesus? – Die „Fragwürdigkeit des Empirischen" als Konstruktionsmoment in Paul Tillichs Christologie, in: Jesus of Nazareth and the New Being in History. International Yearbook for Tillich Research, Vol. 6, Berlin/Boston 2011, 23–46, hier 30.
38 Das hat nicht zuletzt auch symboltheoretische Gründe. Denn das Symbol zeichnet sich durch das Merkmal der „*Anschaulichkeit*" (GW V 196) aus.

bundene Problemlast abzutragen, kreisen um den zuvor schon gelegentlich angeführten Bildbegriff,[39] den er nicht direkt auf die historische Person Jesu von Nazareth anwendet. Es geht vielmehr um das Bild, das das Neue Testament von Jesus Christus überliefert hat. Wie aber lässt sich die Konkretion des biblischen Bildes auf nicht-historischem Wege verständlich machen, ohne den „Wahrheitswert" (II 126) desselben zu schmälern? Tillich versucht dieses Problem durch die Figur einer „analogia imaginis" zu lösen. Damit ist gesagt, dass das biblische Bild Jesu Christi aus dem wirklichen, persönlichen Leben Jesu entstanden ist bzw. dass es sich bei Jesus um die Wirklichkeit handelt, „die das Bild schuf, als sie den Jüngern begegnete" (II 125).[40] Die Analogie besteht also zwischen dem persönlichen Leben Jesu und dem neutestamentlichen Bild Jesu Christi. Um dem Einwand vorzubeugen, dass die auf dem Wege der Analogie gewonnenen konkreten Züge des biblischen Christusbildes dem willkürlichen Spiel religiöser Phantasie entsprungen sind,[41] erläutert Tillich die Eigengesetzlichkeit dieses Analogiebegriffs. Dazu greift er die im ersten Systemteil bereits eingeführte analogia entis auf (vgl. I 157 f.), die er hier aber wiederum nicht als eine erkenntnistheoretische Methode verstanden wissen will, sondern als einen Sprachmodus. Beide Analogien verbindet das Element der Indirektheit. Im Falle des Gottesgedankens bedeutet es, dass dieser nur im Medium des Symbols kommuniziert werden kann. Im Falle der Christologie bezeichnet das besagte Element die Glaubensvermitteltheit der Erkenntnis Jesu (vgl. II 126). Die konkreten Züge des biblischen Bildes Jesu Christi sind „das Ergebnis der Aufnahme des Neues Seins durch die ersten Zeugen"

---

39 Mit dem Bildbegriff greift er Überlegungen auf, die er schon in der 1911er Thesenreihe angestellt hatte. Dieser ist dort prominent vertreten und könnte von der Bildchristologie Wilhelm Herrmanns inspiriert sein (vgl. zu letzterem Roderich Barth, Liberale Jesusbilder versus dogmatische Christologie. Konstellationen des 19. Jahrhunderts, in: Christian Danz/Michael Murrmann-Kahl [Hg.], Zwischen historischem Jesus und dogmatischem Christus. Zum Stand der Christologie im 21. Jahrhundert, Tübingen 2010, 111–139, bes. 126–137). Der Marburger Gelehrte spricht vom „Bild des inneren Lebens Jesu", das er mit dem „geschichtlichen Christus" identifiziert (Herrmann, Der geschichtliche Christus, 173). Aber auch Kähler macht vom Bildbegriff im Rahmen seiner christologischen Konzeption Gebrauch (vgl. Kähler, Der sogenannte historische Jesus, 19. 49. 55 u. ö.).
40 Der Begegnungsbegriff steht im Mittelpunkt der Frankfurter Geschichtsphilosophievorlesungen. Vgl. EW XVI 1–289.
41 Mit diesem Projektionsproblem sah sich bereits Kähler konfrontiert: „Wohl, wirft mir jemand ein, von einem Bilde Jesu sprichst du. Das wird auch ein willkürliches Gebilde der Phantasie sein, welches sich der fromme Denker nach Belieben aus der Überlieferung zusammensetzt und zurechtschneidet." (Kähler, Der sogenannte historische Jesus, 59)

(ebd.).⁴² Es kann daher – mit Wilhelm Herrmann gesprochen – als ein „Erzeugnis des Glaubens" bezeichnet werden.⁴³ Dass das Bildmaterial gleichwohl sachhaltig ist bzw. ein „Realbild" (ebd.) ergibt, ist in dessen Abhängigkeit vom persönlichen Leben Jesu begründet.⁴⁴

Die Erläuterung der Konstitutionselemente des Gegenstands christologischer Reflexion baut damit letztlich auf zwei Aspekten auf. Einerseits entstammt das biblische Bild Jesu als des Christus aus dem wirklichen Leben Jesu von Nazareth. Andererseits steht dieses Bild aber immer schon unter den Bedingungen einer religiösen Einstellung. Aufgrund seiner unhintergehbaren religiösen Färbung kann es daher auch als ein Glaubensprodukt angesehen werden. Die Figur der analogia imaginis setzt somit den bereits angesprochenen Wechselbedingungszusammenhang von Faktum und Deutung voraus.⁴⁵ Die Deutung erfolgt aber im Zustand der Teilhabe bzw. des Ergriffenseins durch die Macht des Neuen Seins, das den Jüngern im persönlichen Leben Jesu von Nazareth begegnete. Auch wenn Tillich darum bemüht ist, dem Projektionsverdacht von vornherein den Boden zu entziehen,⁴⁶ handelt es sich bei dem von ihm entworfenen Bild Jesu Christi um eine Größe, die zwischen Faktum und Fiktion oszilliert.

---

42 Im englischen Text heißt es bezogen auf das vermittelte Material etwas ausführlicher: „and the mediated material which is given to us in the biblical picture of the Christ is the result of the reception of the New Being and its transforming power on the part of the first witnesses" (II 115ᵉ).
43 Herrmann, Der geschichtliche Christus, 168.
44 Von einem „religiösen Bild" bzw. einem „Realbild" spricht Tillich bereits in der zweiten Hälfte der 1920er Jahre (GW VIII 217; EW XIV 339. 428). Dass die Diskussion um das historische und religiöse Bild Jesu Christi innerhalb der Theologie seit Jahrzehnten geführt wurde, lässt sich auch exemplarisch an Friedrich Loofs Untersuchung *Wer war Jesus Christus?* ablesen. Der Dogmenhistoriker hält fest: „Was der Geschichtsforscher als solcher nicht kann, vermag nun aber der Glaube. Er kann in ein Bild zusammenschließen, was die geschichtliche Forschung nicht zu vereinigen imstande ist" (Loofs, Wer war Jesus Christus?, 222).
45 Schon in seiner 1911er Thesenreihe heißt es entsprechend: „Für die Anschauung einer historischen Persönlichkeit [...] gilt das Gesetz der Wechselwirkung zwischen Angeschautem und Anschauendem. Das Anschauungsbild ist das unauflösliche Resultat dieser Wechselwirkung." (EW VI 33)
46 An anderer Stelle bemerkt Tillich: „es ist meine Hoffnung, daß dabei die falsche Auffassung vermieden wird, als sei das Bild des Neuen Seins in Jesus als dem Christus eine Schöpfung unseres existenziellen oder empirischen Denkens. Wenn dies der Fall wäre, wäre es ebenso entstellt und schuldbeladen wie die Existenz selbst, und dann könnte es die Existenz nicht überwinden" (GW VIII 217).

B Das Neue Sein in Jesus als dem Christus (II 129–150)

Der Fokus des gesamten Teils B ist auf die konkreten und kontingenten Elemente des Bildes Jesu Christi gerichtet, in denen das Neue Sein zur Darstellung kommt. Doch welche Züge des Seins Jesu stellen Erscheinungsformen des Neuen Seins dar, sodass er sich als Christus erweisen bzw. als dieser aufgenommen werden konnte? Tillich hält fest, dass es die „Totalität" (II 132) des Seins Jesu gewesen ist, die diesen zum Christus machte.[47] Damit grenzt er sich von solchen christologischen Entwürfen ab, die einzelne Aspekte des biblisch überlieferten Bildes Jesu Christi in den Mittelpunkt gerückt haben, zu denen a) „Worte", b) „Taten", c) „Leiden" sowie d) sein „‚inneres Leben'" (ebd.) gehören. Um solche Reduktionismen zu vermeiden, zielt Tillich darauf, das Neue Sein als eine Integrationsformel zu profilieren und die vier genannten Elemente als „Manifestationen" (ebd.) bzw. genauer „expressions" (II 121^e) des Neuen Seins auszuweisen.[48] Erst wenn alle zusammengenommen werden, lässt sich zeigen, wie Jesus zum Christus und damit zum Träger des Neuen Seins werden konnte (vgl. II 132).[49]

Ausgehend von diesen Bestimmungen wendet sich Tillich der dann entscheidenden Frage zu, inwiefern das *Neue Sein in Jesus Christus als die Überwindung der Entfremdung* (II 137–146) bestimmt werden kann. Die Antwort auf dieses Problem, die von der Vorstellung der Sündlosigkeit Jesu ausdrücklich abgegrenzt wird (vgl. II 138), führt zunächst auf den Paradoxgedanken, der bereits in den Prolegomena eingeführt (vgl. I 70 f.) und am Ende der Existentialanalyse menschlichen Daseins profiliert wurde: „Das Paradox der christlichen Botschaft besteht darin, daß in *einem personhaften Leben das Bild wesenhaften Menschseins unter den Bedingungen der Existenz erschienen ist, ohne von ihnen überwältigt zu werden.*" (II 104) Dieses Bild ist im Neuen Testament von Jesus Christus gezeichnet worden und damit der „paradoxe Charakter seines Seins" (II 137). Obwohl den

---

[47] Vgl. auch GW VIII 217.
[48] Die Überschrift des dritten Unterkapitels lautet in der deutschen Übersetzung: *Die Manifestationen des Neuen Seins in Jesus als dem Christus* (II 132). Im englischen Original heißt es aber: *The expressions of the New Being in Jesus as the Christ* (II 121^e). Die deutsche Übersetzung ist missverständlich, weil Tillich zwischen „manifestation of the New Being" (II 138^e) und „expression of the New Being" unterscheidet. Im ersten Fall handelt es sich um einen genitivus subjectivus, im zweiten um einen genitivus objectivus. Tillich bezieht die expressions auf das Sein Jesu Christi, in denen das Neue Sein zur Darstellung kommt. Anders formuliert: dem Ausdruck „expression" eignet – im Unterschied zu „manifestation" – nicht per se eine offenbarungstheologische Konnotation.
[49] In der Dresdener Dogmatik wird Jesus Christus als „Träger der vollkommenen Offenbarung" (EW XIV 334. 366) bezeichnet.

Seinspolitäten unterworfen, war Jesus Christus nicht von Gott entfremdet.[50] Den darauffolgenden Ausführungen obliegt es dann, die konkreten Züge des biblischen Bildes Jesu Christi zu präzisieren, an denen sich die Überwindung des von Gott entfremdeten Seins identifizieren lässt.[51] Dazu gehören die *„Echtheit der Versuchungen Jesu"* (II 139), die *„Merkmale seiner Endlichkeit"* (II 142), seine *„Teilnahme an der tragischen Zweideutigkeit des Lebens"* (II 143), seine *„ungebrochene Einheit mit Gott"* (II 145).

Um die Berechtigung der Position, wonach sich das Neue Sein in der Totalität des Seins Jesu Christi artikuliert, auf den Prüfstand zu stellen, tritt zum Abschluss des Kapitels B die Frage auf den Plan, ob sich die Annahme von einem einheitlichen Bild Jesu Christi auch quellenmäßig erhärten lässt (vgl. II 148). Damit werden die Differenzen zwischen der synoptischen und der johanneischen Überlieferung thematisch. Auch wenn diese – Tillichs Sicht der Dinge nach – nicht so erheblich sind,[52] dass man in einem strengen Sinne von Widersprüchen reden kann, setzen beide Überlieferungsstränge deutlich voneinander abweichende Akzente. Um zu begründen, dass die Abweichungen den Einheitscharakter des biblischen Jesusbildes nicht gefährden, ist zwischen den Symbolen (z. B. Menschensohn) und der „Substanz" (II 150; „substance" [IIe 138]) des Bildes zu unterscheiden. Letztere, von der gilt, dass in ihr die „Macht des Neuen Seins" (II 150) präsent ist und dass sie symbolisch vermittelt wird, umfasst drei irreduzible Aspekte, wobei der dritte im Rahmen der Christologie erstmals und damit etwas unvermittelt Erwähnung findet: a) die Gott-Mensch-Einheit, b) deren Realisierung in einem personenhaften, endlichen Leben, c) die sich hingebende Liebe Jesu Christi als Ausdruck der göttliche Liebe (vgl. ebd.). Tillich ist der Überzeugung, dass keine Passage der neutestamentlichen Überlieferung im Widerspruch zu diesen Bestimmungen steht (vgl. ebd.). Der für sein Denken typische Drang nach Einheit und Synthese spiegelt sich in diesen Ausführungen deutlich wider.

C Die Bedeutung des christologischen Dogmas (II 150–162)

Eine genauere Beschäftigung mit den christologischen Lehrentscheidungen der Alten Kirche findet sich zuvor in den Berliner Vorlesungen (1923/1924) sowie vor

---

50 Analog heißt es in der Dresdener Dogmatik: Jesus als der Christus „ist die Stätte, an der die Dämonisierung der Offenbarung ohne Profanisierung überwunden ist" (EW XIV 326).
51 Ganz ähnliche Überlegungen sind schon in dem 1928er Dogmatikentwurf projektiert. Vgl. EW XIV 428.
52 Vgl. auch EW XIX 319.

allem in der Vorlesung *A History of Christian Thought* (1953, vgl. EW I).[53] Darauf baut die Auseinandersetzung mit der traditionellen Christologie in der *Systematischen Theologie* auf, die sich auf die Lehrentscheidungen des Nicänums sowie des Chalcedonense konzentriert. Diese werden zunächst in einer allgemeineren Perspektive in den Blick genommen und auf ihr „Wesen" (II 150) bzw. ihren „Charakter" (II 151) sowie ihre Funktion hin befragt. Letztere besteht darin, die „Substanz der christlichen Botschaft gegen Entstellung" (ebd.) zu verteidigen, was dem altkirchlichen Dogma gelungen ist.[54] Dessen Grenze besteht aber darin – und das betrifft den Wesens- bzw. Charakteraspekt –, die Symbole in eine begriffliche Form geschmolzen zu haben (vgl. ebd.), was im Horizont des apologetischen Interesses betrachtet zwar alternativlos gewesen ist, konzeptionell gesehen aber von vornherein zum Scheitern verurteilt war. Denn religiöse Symbole sind keine Begriffe („concepts" [II 139^e]) und lassen sich daher auch nicht adäquat in solche überführen. Gleichwohl ist die von Adolf von Harnack geübte Kritik an der altkirchlichen Lehrbildung überzogen. Denn dessen Hellenisierungsthese unterstellt den Begriffen der griechischen Philosophie einen bloß intellektualistischen Zuschnitt und damit religiöse Inkompatibilität, was Tillichs Auffassung nach aber nicht gerechtfertigt ist.

Die Fixierung der *Probleme und Gefahren in der Entwicklung des christologischen Dogmas* (II 154–157) orientiert sich an der Unterscheidung zwischen dem ‚Christuscharakter' und dem ‚Jesuscharakter' (vgl. II 154) des biblischen Bildes vom Stifter der christlichen Religion, sodass es nicht Wunder nimmt, wenn die darauf aufbauenden dogmengeschichtlichen Erwägungen ausgesprochen schematisch ausfallen. Die Güte des jeweiligen christologischen Dogmas wird fast ausschließlich am Kriterium jener Charaktere bemessen. So hat das nicänische *homo ousios* den Fokus auf die Christusvorstellung gerichtet, wodurch das „Bild des Jesus der Geschichte" (II 155) in den Hintergrund trat (vgl. auch EW I 99; EW XIII 463). Diese Tendenz ist durch die volkstümliche, aber auch durch die mönchische Frömmigkeit verstärkt worden. Als Gegenbewegung interpretiert Tillich wiederum das Chalcedonense. Auch wenn dieses nicht imstande war, das christologische Symbol adäquat zu fassen, verhinderte es gleichwohl, „daß der Jesuscharakter des Christus völlig verlorenging" (II 157; vgl. auch EW I 110; EW XIII 463).

Im Schlussabschnitt (3.) fordert Tillich dazu auf, neue Formen der Christologie zu entwickeln, was im Grunde bedeutet, die traditionelle Zweinaturenlehre durch

---

[53] Tillich verweist darin immer wieder auf folgendes Standardwerk: Bibliothek der Symbole und Glaubensregeln der alten Kirche, hg. von August Hahn/Georg Ludwig Hahn, Breslau ²1877.
[54] Im englischen Text kommt sowohl für „Wesen" als auch für „Charakter" der Ausdruck „nature" (II 138^e) zu stehen.

die Christologie des Neuen Seins zu ersetzen.⁵⁵ Die Unangemessenheit dieser schon von der liberalen Theologie kritisierten Lehre erläutert er im Horizont der eigenen Konzeption.⁵⁶ Im Zentrum seiner Kritik steht der Begriff der menschlichen Natur, der drei Explikationsebenen umfasst. Sie kann a) im essentiellen, b) im existentiellen Sinne und c) als Einheit von Essenz und Existenz konzipiert werden. Diese Mehrdeutigkeit macht diesen Begriff ungeeignet, als Grundbaustein der Christologie zu fungieren. Aber auch von der göttlichen Natur zu sprechen, ist „falsch" und „unangemessen" (II 154. 159), weil der Gottesgedanke diesseits der Dimensionen von Essenz und Existenz anzusiedeln ist. Daraus zieht Tillich die Konsequenz: „Die Behauptung, daß Jesus als der Christus die persönliche Einheit einer göttlichen und menschlichen Natur ist, muß durch die Aussage ersetzt werden, daß in Jesus als dem Christus die ewige Einheit von Gott und Mensch historische Wirklichkeit geworden ist." (II 160) An die Stelle der göttlichen Natur tritt die „,ewige Gott-Mensch-Einheit'" (ebd.). Die Kritik an der Zweinaturenlehre färbt schließlich auf die Beurteilung des Inkarnations- und des Adoptionsgedankens ab, die sich dementsprechend auch nicht mehr konsistent konzeptualisieren lassen.⁵⁷ Aufs Ganze gesehen fällt Tillichs Diskussion traditioneller christologischer Entwürfe ausgesprochen schematisch aus, sodass sie weder et-

---

55 Kritik an der Zweinaturenlehre findet sich schon in der Monismusschrift (1908) sowie in der Kasseler Thesenreihe (1911). Dieser zufolge lassen sich die physischen Implikationen dieser Lehre nicht mit dem Anspruch religiöser Autonomie vereinbaren (vgl. EW IX 88. 149; EW VI 45). Die Zweinaturenlehre wirke vielmehr „schlechthin heteronom" (EW VI 45). Später versucht er sie zu substituieren. Das jeweilige Substitut spiegelt die kategoriale Grundausrichtung der christologischen Konzeption wieder. In der Dresdener Dogmatik tritt an die Stelle jener Lehre die Formel: „vollkommene Geschichtlichkeit und vollkommene Aufhebung der Geschichtlichkeit" (EW XIV 381), worin sich die für die 1920er Jahre typische geschichtstheologische Ausrichtung seiner Christologie artikuliert.
56 Der liberalen Theologie wirft Tillich jedoch vor, den „Christus-Charakter des Ereignisses ‚Jesus der Christus'" (II 158) eliminiert zu haben.
57 Zum Inkarnationsgedanken vgl. auch *Die Lehre von der Inkarnation in neuer Deutung* (GW VIII 205–219). Tillich wendet sich darin gegen die Auffassung, Gott als das Subjekt der Inkarnation vorzustellen: „Das Paradox der Inkarnation ist nicht, daß Gott Mensch wird, sondern, daß ein göttliches Wesen, das Gott vertritt und ihn in seiner Fülle offenbaren kann, in einer Gestalt erscheint, die im äußersten Gegensatz zu seiner göttlichen, geistlichen und himmlischen Form steht." (GW VIII 208) Damit greift er Überlegungen Schellings auf. In der 30. Vorlesung der *Philosophie der Offenbarung* betont dieser: „Das unmittelbare Subjekt der Menschwerdung ist uns nicht der Logos als *Gott*, sondern als außergöttlich-göttliche Persönlichkeit. Aber eben darum können wir im eigentlichen Sinn sagen: er ist Mensch *geworden*;" Friedrich Wilhelm Joseph Schelling, Philosophie der Offenbarung, in: ders., Sämmtliche Werke, Bd. XIV, hg. von Karl Friedrich August Schelling, Stuttgart/Augsburg 1858, 164. Wie bereits angedeutet wurde, besitzt der Inkarnationsgedanke in den *Advanced Problems in Systematic Theology* eine noch viel größere argumentative und systematische Reichweite als im späten Hauptwerk (vgl. EW XIX 185–196).

was zum besseren Verständnis der altkirchlichen Christologie beiträgt, noch dazu verhilft, die eigene Position gedanklich zu profilieren.

D Die universale Bedeutung des Ereignisses Jesu als des Christus (II 163–178)

Galten die Kapitel A–B in erster Linie der Entfaltung der historischen, bildtheoretischen und ontologischen Implikationen der Christologie des Neuen Seins, wendet sich das Kapitel D der Erlösungslehre zu.[58] Das zeigt der erste Satz unmissverständlich an: „Christologie ist eine Funktion der Soteriologie" (II 163).[59] Damit ist aber zugleich gesagt – und darauf wurde bereits hingewiesen –, dass letztere den Richtungssinn der ersteren bestimmt. Das gilt sowohl für die „christologische Frage" (ebd.), also für die Frage nach dem Neuen Sein, als auch für die „christologische Antwort" (ebd.), die darin besteht, dass Jesus als der Christus das Neue Sein bringt und damit die Erlösung vom entfremdeten, alten Sein bewirkt (vgl. ebd.). Die Soteriologie bildet das Organisationskriterium der Christologie. Diesen Gesichtspunkt zu extrapolieren, obliegt dem Kapitel D.

Tillich hebt zunächst die „universale Bedeutung" (II 163) des biblischen Bildes Jesu Christi hervor. Nicht weil es Ausdruck eines „einzigartigen Ereignisses" (ebd.) ist, wurde es aufgezeichnet, sondern jener Bedeutung wegen.[60] Um diese weit-

---

[58] Dieses Gefälle im Aufbau der Christologie ist bereits für die Dresdener Dogmatik signifikant. Im Anschluss an die Christologie im engeren Sinne des Worts – „Das grundlegende Urteil über Jesus als den Christus" sowie „Das Urteil über das Sein Jesu als das Sein des Christus" (vgl. EW XIV 322–350) – entfaltet Tillich dort die soteriologische Bedeutung der Christologie: „Das Urteil über die Wirkung Jesu als die Wirkung des Christus" (EW XIV 350–370).

[59] Hieran übte Wolfhart Pannenberg Kritik: „die Christologie muß ausgehen von dem damaligen Jesus, nicht von seiner Bedeutung für uns, wie sie etwa die Verkündigung unmittelbar darbietet. Die Bedeutsamkeit Jesu muß von dem her entfaltet werden, was Jesus damals wirklich war" (Wolfhart Pannenberg, Grundzüge der Christologie, Gütersloh ⁶1982, 42f.). Eine Grundschwierigkeit in der Pannenbergschen Argumentation besteht wiederum darin, dass seiner Auffassung nach „die Offenbarungsbedeutung in den Begebenheiten selbst beschlossen ist" (Wolfhart Pannenberg, Heilsgeschehen und Geschichte [1959], in: ders., Grundfragen systematischer Theologie. Gesammelte Aufsätze, Göttingen ²1971, 22–78, 63). An anderer Stelle hält er fest, „daß der Offenbarungscharakter des Heilsgeschehens in diesem Geschehen selbst, so wie es sich dem Historiker darbietet, beschlossen sein muß" (ebd., 66). Abgesehen davon, dass geschichtliche Ereignisse nicht ausschließlich selbstexplikativ sind, werden auf diesem Wege historische und religiöse Urteile kategorial egalisiert.

[60] In der Dresdener Dogmatik reflektiert Tillich an systematisch gleicher Stelle das Spannungsverhältnis, das zwischen den Aspekten *historisch-einmalig* und *überhistorisch-typisch* besteht (vgl. EW XIV 323f.).

reichende These bewähren zu können, greift er die drei bereits zuvor eingeführten (vgl. II 119), auf dem Wege der historischen Kritik gewonnenen Explikationsebenen der biblischen Berichte über Jesus Christus auf. Deren Rekonstruktion differenziert zwischen historischen, legendären und mythisch-symbolischen Darstellungsformen (vgl. II 164). Für die Erfassung der besagten Bedeutung im Bild Jesu Christi ist der dritte Gesichtspunkt maßgeblich. Die symbolischen und mythischen Elemente sind, wie Tillich ausdrücklich bemerkt, die „entscheidende[n] für das christologische Denken" (II 164).[61] Die Schlüsselfunktion der Symboltheorie tritt hier zutage und die angezeigte Bestimmung der Christologie, eine Funktion der Soteriologie zu sein, wird in Kapitel D in primär symboltheoretischer Perspektive entfaltet, wobei dieser Gesichtspunkt auf der Textoberfläche an vielen Stellen lediglich ansatzweise greifbar ist. Das gilt auch für den konstitutiven Zusammenhang zwischen religiösem Symbol und religiösem Bewusstsein.[62]

Mit der Symboltheorie ist zugleich der Reflexionshorizont für die Inanspruchnahme des zu Missverständnissen einladenden Universalitätsbegriffs abgesteckt. Um diese zu vermeiden, ist zunächst zu berücksichtigen, dass der soteriologische Bedeutungsgehalt der Christologie dem Sinnspektrum der christologischen Symbole angehört. Das aber heißt zugleich, dass die Frage nach der Geltung dieses Bedeutungsgehalts soziologische Implikationen besitzt. Denn die Geltung der Bedeutung eines Symbols bewegt sich immer innerhalb der

---

[61] Schon Wolfgang Trillhaas gab zu bedenken, dass für eine Interpretation der Christologie des Neuen Seins das Augenmerk auf die Theorie des religiösen Symbols zu lenken sei und vor diesem Hintergrund rekonstruiert werden müsse: „Es ist nicht als die Lösung aller Schwierigkeiten zu betrachten, wenn sich die Christologie (S. Th. II) bei Tillich in lauter Symbole und Symbolik umsetzt. Dennoch erscheint es mir als ein wichtiger Schritt auf dem Wege der ‚religiösen' Interpretation dogmatischer Begriffe und Sätze, über den Symbolbegriff von der groben Buchstäblichkeit der Deutung abzulenken" (Wolfgang Trillhaas, Paul Tillich im Lichte seiner Wirkungsgeschichte. Eine Bilanz, in: ZThK 75 [1978], 82–98, 93).
[62] Denn für Tillich steht an sich außer Frage, dass „Symbol und Mythos von Formen des Denkens und der Anschauung zeugen, die mit der Struktur des menschlichen Bewußtseins untrennbar verbunden sind" (GW VIII 146). Tillich wirft in diesem Zusammenhang einen Seitenblick auf die von Rudolf Bultmann angestoßene Entmythologisierungsdebatte, wobei am Rande bemerkt sei, dass er schon in seiner Dresdener Dogmatik von „Entmythologisierung" sowie „Entmythisierung" (EW XIV 333) gesprochen hat. Dem Marburger Gelehrten gibt er darin Recht, dass die neutestamentlichen Schriften nicht literalistisch verstanden werden dürfen. Vielmehr handelt es sich vielfach um eine symbolisch-mythische Sprache. Die besagte Debatte geht für ihn aber dann in die Irre, wenn sie auf eine „Ausscheidung des Mythos" (II 164) zielt. Denn das beraubt „die Religion ihrer Sprache" (II 165). Vgl. dazu die berühmte Formulierung aus dem Aufsatz *Recht und Bedeutung religiöser Symbole* (1961): „Das Symbol ist die Sprache der Religion." (GW V 237) Zum Mythosbegriff Tillichs vgl. Christian Danz/Werner Schüßler (Hg.), Die Macht des Mythos. Das Mythosverständnis Paul Tillichs im Kontext, Berlin/München/Boston 2015.

Grenzen derjenigen religiösen Gruppe, in der das Symbol samt seines Bedeutungsgehalts anerkannt ist.[63] Die universale soteriologische Bedeutung der christologischen Symbole darf also nicht losgelöst von ihrer sozialen Trägergruppe vorgestellt werden.[64]

Ausgehend von diesen Vorüberlegungen wendet sich Tillich den beiden Hauptsymbolen zu, die mit der soteriologischen Funktion der Christologie verknüpft sind: Kreuz und Auferstehung. Die Teile A und B legen es keineswegs zwingend nahe, den Fokus nun auf diese beiden Symbole zu richten. Das gilt allen voran für die Auferstehung, die dort nur einmal Erwähnung gefunden hat und daher auch nicht – im Unterschied zum Kreuz – als Element des neutestamentlichen Bildes Jesu ausgewiesen wurde, in welchem das Neue Sein bzw. die Überwindung der Entfremdung zum Ausdruck kommt. Dass sie beide verhandelt werden, ist darin begründet, zueinander in einem Verhältnis wechselseitiger Abhängigkeit zu stehen (vgl. II 165). Das ist wiederum ihrer jeweils symbolisierten Bedeutung geschuldet. Das Kreuz repräsentiert die Unterwerfung des Christus unter die Existenz, die Auferstehung seinen Sieg über die Existenz (vgl. ebd.).[65]

Das eine verliert ohne das andere seinen Sinn und in beidem artikuliert sich die universale soteriologische Bedeutung Jesu Christi. Symboltheoretisch betrachtet, ist damit zugleich dasjenige bezeichnet, was das religiöse Bewusstsein meint, wenn es sich auf Kreuz und Auferstehung richtet. Das Symbolmerkmal der „*Uneigentlichkeit*" tritt an dieser Stelle auf den Plan (GW V 196).

Die Näherbestimmung von Kreuz und Auferstehung setzt mit Feststellung ein, dass beide „reality and symbol" sind (II 153ᵉ). sind. Das Realitätsmerkmal, das tatsächlichen Ereignissen unter den Bedingungen der Existenz zukommt, bildet eine unhintergehbare Voraussetzung dafür, dass Kreuz und Auferstehung Symbolstatus besitzen. Es berührt sich mit dem Symbolmerkmal der „*Anschaulichkeit*" (GW V 196). Dieses Merkmal lässt sich dem Kreuz aber einfacher zuweisen als der

---

63 In der „*Anerkanntheit*" besteht ein Grundmerkmal des Symbols (GW V 197).
64 In der *Systematischen Theologie von 1913* heißt es noch ganz unvermittelt: „Das Kreuz Christi ist der Ausdruck einer kosmischen Tatsache, eine absolute Gottestat, deren Folgen für das ganze Weltgeschehen bestimmend sind." (EW IX 357)
65 Auf eine ähnliche Konzeption steuerte bereits der 1928er Dogmatikentwurf zu: „Das in dem Realbild Jesu Christi angeschaute Neue Sein hebt den empirischen Zusammenhang der Zweideutigkeit nicht auf. Der Träger des Neuen Seins geht in die Zweideutigkeit ein und erfährt ihre Wirkung bis zu den letzten Konsequenzen der Seinszerstörung. Der symbolische Ausdruck dafür ist das Kreuz. Zugleich erfährt er sie nicht im Gericht. Der symbolische Ausdruck dafür ist die Auferstehung oder die Überwindung des vom Leben isolierten Todes." (EW XIV 438) Schon die *Systematische Theologie von 1913* argumentiert in dieser Weise. Dort spricht Tillich von der „*vollkommne[n] Aufhebung seiner [sc. Jesu] Selbstheit in die Einheit göttlichen Lebens*" (EW IX 348). Vgl. auch EW IX 228; GW I 108.

Auferstehung, denn jenes ist – im Unterschied zu dieser – ein „Faktum von höchster historischer Wahrscheinlichkeit" (II 166). Gleichwohl ist Tillich der Überzeugung, den Ereignischarakter der Auferstehung gedanklich transparent machen zu können, und zwar als ein „geheimnisvolles Erlebnis" (ebd.). Das in die Existenz fallende Ereignis der Auferstehung hat sich demnach nicht räumlich manifestiert, sondern bezeichnet eine Angelegenheit des inneren Menschen[66]. Es ist ein Erlebnisgehalt, der aber zunächst ein Negativitätselement voraussetzt, nämlich „the disappearance of him [sc. Jesus] whose being was the New Being" (II 156^e). Doch der auf ihren Meister gerichtete Erlebnisstrom der Jünger versiegte nicht im Anblick des Kreuzes und des Todes Jesu. Vielmehr wurde das Negativitätselement überwunden, weil sich ihnen die Kraft von Jesu Sein als die Kraft des Neuen Seins einprägte.[67] „In einer ekstatischen Erfahrung verschmolz das konkrete Bild Jesu von Nazareth unlösbar mit der Realität des Neuen Seins: Er ist gegenwärtig, wo immer das Neue Sein gegenwärtig ist." (II 169) Diese ekstatische Erfahrung, die Ausdruck des Ergriffenseins durch das Neue Sein in Jesus als dem Christus ist, nachdem dieser den Kreuzestod erlitten hat, ist das Ereignis bzw. die Realität der Auferstehung. Das religiöse Erleben der Präsenz Jesu Christi in Vergangenheit und Gegenwart kommt in diesem Symbol zur Darstellung und das Erleben verbürgt wiederum die Realität des Ereignisses. Mit diesen Bestimmungen ist zugleich die Grundlage für den Versuch gelegt, die Auferstehungsvorstellung in die Gestalt einer Theorie der „Restitution" (II 170) zu überführen.[68]

Allgemeinere Reflexionen zum Wesen und zur Funktion religiöser Symbole beschließen das Kapitel D (vgl. II 177 f.). Der in diesem Zusammenhang verwendete Machtbegriff leitet zum letzten Hauptkapitel (E) über. Dieser steht der Sache nach in einem symboltheoretischen Begründungszusammenhang und verweist auf das „wichtigste" Symbolmerkmal, das der „Selbstmächtigkeit" (GW V 196)[69]. In der *Systematischen Theologie* wird dieser Sachverhalt aber insofern verschleiert, als die christologischen Symbole – allen voran die Auferstehung – sowie der Begriffsausdruck ‚Symbol' insgesamt in den Hintergrund treten. Dass sie dennoch als

---

[66] In seinem Symbolaufsatz von 1928 bemerkt Tillich, dass die Anschaulichkeit eines Symbols keineswegs eine sinnliche sein zu brauchen (vgl. GW V 196).
[67] Wenn Jesus nicht mehr gegenwärtig erfahrbar, sondern nur noch als Teil der Vergangenheit erinnerbar gewesen wäre, hätte das dem Wesen des Neuen Seins widersprochen, das in der Überwindung solcher Vergänglichkeit („the conquest of such transitoriness" [II 157^e]) besteht. „Jesus, it appeared, could not have been its bearer." (Ebd.)
[68] Tillich betreibt im Kapitel D einen ausgesprochen großen argumentativen Aufwand, um den Sinn des Auferstehungssymbols darzulegen. Umso mehr verwundert es, dass es im letzten Hauptkapitel (E), in dem die soteriologische Funktion der Christologie unter dem Blickwinkel des Machtgedankens reflektiert wird, nicht einmal mehr Erwähnung findet.
[69] Tillich, Das religiöse Symbol, 196 Anm. 1.

Subtext erhalten bleiben und mitzulesen sind, deutet die Eingangsformulierung der englischen Fassung an: „The universal significance of Jesus as the Christ, which is expressed in the symbols of subjection to existence and the victory over existence, can also be expressed in the term ‚salvation'." (II 165ᵉ) Diese Formulierung fehlt in der deutschen Übersetzung, was misslich ist, weil sie eine wichtige Scharnierfunktion zwischen den beiden besagten Kapiteln besitzt.

E Das Neue Sein in Jesus als dem Christus als die Macht der Erlösung (II 178–194)

Tillich ventiliert zunächst verschiedene Explikationsmöglichkeiten der Erlösungsvorstellung.[70] Besondere Beachtung verdient der Heilungsgedanke, dessen Bedeutung in der Wiedervereinigung dessen, was entfremdet ist („reuniting that which is estranged" [II 166ᵉ]), besteht. Dieser Sinn lässt sich sowohl auf das Gottesverhältnis des Menschen als auch auf dessen Beziehung zur Welt und schließlich auf dessen Selbstbezug anwenden. Allen voran in Rücksicht auf das Situationskriterium der *Systematischen Theologie*, also den soziokulturellen Gesamteindruck der Gegenwart, erweist sich die Heilungsvorstellung gerade für die Moderne als in besonderer Weise geeignet, um die soteriologische Bedeutung der Christologie des Neuen Seins zu vermitteln.[71]

Neben dem Heilungsbegriff kommen sodann der Mittlerschaftsgedanke und der des Loskaufs als mögliche Substitute der Erlösungsvorstellung in Betracht, die

---

[70] Eine Schwierigkeit in der Interpretation der ersten beiden Unterkapitel besteht darin, dass deren Argumentationsgang teilweise sehr unübersichtlich ausfällt. Das ist nicht zuletzt dem Umstand geschuldet, dass die Abfolge der Absätze in der deutschen Übersetzung grundlegend von der englischen Fassung abweicht. Am auffälligsten ist der folgende Sachverhalt: Die ersten beiden Absätze des ersten Unterkapitels in der deutschen Übersetzung (*Erlösung und das Neue Sein* [II 178f.]) stehen in der englischen Ausgabe am Anfang des zweiten Unterkapitels (*The Christ as the Savior [Mediator, Redeemer]* [II 168–169ᵉ]). Der erste Abschnitt des zweiten Unterkapitels in der deutschen Übersetzung (*Der Christus als Erlöser und Mittler* [II 181]) befindet sich in der englischen Ausgabe im ersten Unterkapitel (*The Meaning of Salvation* [II 165ᵉ]).

[71] Dass diese Vorstellung in den Fokus seines Interesses rückte, ist auch der Auseinandersetzung mit der damaligen Psychologie geschuldet (vgl. GW VIII 232–235f.; GW XI 59–61). Von der Erschließungskraft dieser Vorstellung für das religiöse Bewusstsein überzeugt zu sein, zeigen darüber hinaus die *Religiösen Reden*. Im zweiten Teil dieser Reden findet sich eine Predigt, die mit *Erlösung und Heilung* überschrieben ist und eine Auslegung der letzten Bitte des *Vater unser* darstellt. Vgl. RR 110–118. Vgl. dazu Werner Schüßler, „Healing Power." Zum Verhältnis von Heil und Heilen im Denken Paul Tillichs, in: Trierer Theologische Zeitschrift 123 (2014), 265–299.

aber religiös nicht mehr plausibilisierbar sind (vgl. II 181–183).[72] Das gilt auch für das traditionell von der Person zu unterscheidende Werk Christi sowie von dessen dreifacher Auffächerung in ein prophetisches, priesterliches und königliches Amt (vgl. II 178 f.).[73] Wie schon in der Dresdener Dogmatik werden diese Aspekte aus der Christologie ausgegliedert, im Spätwerk mit der Begründung, dass die mit Jesus als dem Christus gegebene Erlösung eine „unmittelbare Wirkung seines Seins als Neues Sein" (II 179) ist.[74] Auch im Horizont des Erlösungsgedankens erweist sich das Neue Sein als eine Integrationsformel, die christologische, auf die Soteriologie bezogene Binnendifferenzierungen weitgehend hinfällig macht.

Im Mittelpunkt von Kapitel E steht der Versöhnungsbegriff.[75] Diesem kommt in systematischer Perspektive deswegen ein herausgehobener Stellenwert zu, weil er den symboltheoretisch begründeten Machtcharakter des Neuen Seins in Jesus als dem Christus am adäquatesten zum Ausdruck bringt. Doch findet hier nicht der Machtbegriff selbst Verwendung, sondern der darauf aufbauende Gedanke der Wirkung („effect" [II 171ᵉ]). Dementsprechend ist „Versöhnung" definiert als „die Wirkung des Neuen Seins in Jesus dem Christus auf alle die, die im Zustand der Entfremdung davon ergriffen sind" (II 183).

---

[72] In der *Systematischen Theologie von 1913* reflektiert Tillich verschiedene „Ideen", welche zum Verständnis des Versöhnungsgedankens beitragen (vgl. EW IX 357–361), zu denen vor allem die der Stellvertretung und des Opfers gehören. Vor allem ersterer wird von Tillich – sofern dieser nicht im heilsmechanistischen Sinne verwendet wird – positiv konnotiert. Vgl. EW IX 358. 360 sowie EW VI 39. Hier stehen Überlegungen Schellings im Hintergrund. Vgl. Schelling, Philosophie der Offenbarung, Bd. XIV, 198–202.
[73] In der *Systematischen Theologie von 1913* hält Tillich noch an der Unterscheidung zwischen „*Jesu Wort und Werk*" (EW IX 353) fest.
[74] In der englischen Ausgabe ist stattdessen von der „universal significance of his being as the New Being" (II 169ᵉ) die Rede.
[75] Die Selbstverständlichkeit, mit der dieser Begriff in das Zentrum der Soteriologie gerückt wird, darf nicht als Reminiszenz an die Theologie Albrecht Ritschls missverstanden werden (Ritschls enorm einflussreiches, dreibändiges Hauptwerk trägt bekanntlich den Titel *Rechtfertigung und Versöhnung*, Erstauflage 1870–1874). Distanz zu dessen Werk bildet vielmehr eine Konstante in Tillichs intellektueller Entwicklung. Im Spätwerk kapriziert er sich auf die „Ablehnung der Ontologie durch die Ritschlianer" (EW II 180). Naheliegender ist es, von einer Beeinflussung durch Schellings positive Philosophie auszugehen. Schon in der philosophischen Dissertation stellt Tillich die Begriffe „*Erlösung*" und „*Versöhnung*" in das Zentrum seiner Interpretation von Schellings später Christologie (EW IX 211). Vgl. dazu auch Schelling, Philosophie der Offenbarung, Bd. XIV, 198–205 sowie Tillichs Beitrag *Entfremdung und Versöhnung im modernen Denken* (1944, GW IV 183–199).

Der Versöhnungsbegriff umfasst sodann eine objektiv-universale und eine subjektiv-erfahrungsmäßige Seite (vgl. ebd.).[76] Analog zur Dresdener Dogmatik entfaltet Tillich unterschiedliche Versöhnungstypen, deren jeweiliges Profil durch eine spezifische Kombinatorik jener beiden Seiten bestimmt ist.[77] Als Repräsentant eines objektiven Versöhnungstyps gilt Origenes. Von dieser erfahrungslosen Konzeption ist diejenige Abaelards abzugrenzen, in der die subjektive Seite im Vordergrund steht, ohne jedoch die andere aufgegeben zu haben. Diese erneut hochgradig schematischen Überlegungen verbindet Tillich sodann mit den Begriffen der „Liebe" und der „Gerechtigkeit" (II 185), die beide für eine sachgemäße Entfaltung des Versöhnungsgedankens unverzichtbar sind. Gerade der Gerechtigkeitsaspekt ist erforderlich, um den Versöhnungsgedankens vor sentimentalen Missverständnissen zu schützen (vgl. ebd.).[78] Die Unverzichtbarkeit des Gerechtigkeitsbegriffs zeigt vor allem die Stellvertretungschristologie Anselms auf (vgl. II 185 f.; vgl. auch EW I 181), deren Manko aber darin besteht, die Versöhnung zu stark nach ihrer objektiven Seite hin gewichtet zu haben.

Das vierte Unterkapitel macht dann die zuvor eingeführten Aspekte für eine prinzipielle Bestimmung der Versöhnungslehre fruchtbar. Allerdings werden sie nun vom Gottesgedanken her entfaltet und sind somit theozentrisch ausgerichtet[79]. Tillich führt insgesamt sechs Prinzipien auf (vgl. II 187–189), die dann im Schlussabschnitt (5.) mit den Elementen des *ordo salutis* (Wiedergeburt, Rechtfertigung, Heiligung) skizzenhaft verknüpft werden.[80] Die Wiedergeburt steht für die Teilnahme am Neuen Sein, die Rechtfertigung für die Annahme des Neuen Seins, wobei es sich hier wie dort erst um ein „objektives Ereignis" und dann um ein „subjektives Aufnehmen" (II 191) handelt. Die Heiligung *„als Umwandlung durch das Neue Sein"* (II 193) verweist auf den individuellen und sozialen Prozess, der durch Wiedergeburt und Rechtfertigung angestoßen wird. Diese Ausführungen stellen wiederum eher formale Charakterisierungen des Erlösungsgedankens dar, sodass es nicht überrascht, wenn sie im dritten Band der *Systematischen Theologie* erneut aufgegriffen und im Horizont der geschichtlichen Selbstausle-

---

[76] Damit greift Tillich Elemente des im ersten Systemteil entfalteten Offenbarungsbegriffs auf. Dort heißt es: „Das objektive Ereignis und die subjektive Aneignung gehören beide zum Ganzen des Offenbarungsgeschehens." (I 135)
[77] Vgl. EW I 173–187; EW XIV 366–370.
[78] Vgl. dazu auch schon EW IX 359 f.
[79] Auch dieser Gesichtspunkt lässt sich symboltheoretisch einfangen, kann doch das Symbolisierte – in diesem Fall die universale soteriologische Bedeutung Jesu Christi – „selbst wieder ein Symbol für ein Symbolisiertes höheren Ranges" (GW V 196) sein.
[80] Vgl. EW XIV 360–365.

gung des Geistes konkretisiert werden.[81] Auch die Schlusspassagen unterstreichen damit einmal mehr das besondere Gepräge des hier kommentierten Systemteils, in dem sich Tillich darauf konzentriert, Strukturerfordernisse christologischer und soteriologischer Reflexion herauszuarbeiten.

Literatur

Christian Danz, Religion als Freiheitsbewußtsein. Eine Studie zur Theologie als Theorie der Konstitutionsbedingungen individueller Subjektivität bei Paul Tillich, Berlin/New York 2000, 179–181. 218–274.

Christian Danz/Marc Dumas/Werner Schüßler/Mary Ann Stenger/Erdmann Sturm (Ed.), Jesus of Nazareth and the New Being in History. International Yearbook for Tillich Research, Vol. 6, Berlin/Boston 2011.

Hermann Fischer, Die Christologie als Mitte des Systems, in: ders. (Hg.), Paul Tillich. Studien zu einer Theologie der Moderne, Frankfurt a. M. 1989, 207–229.

Paul Galles, Situation und Botschaft. Die soteriologische Vermittlung von Anthropologie und Christologie in den offenen Denkformen von Paul Tillich und Walter Kasper, Berlin/Boston 2012, 32–273.

Peter Haigis/Gert Hummel/Doris Lax (Ed.), Christus Jesus – Mitte der Geschichte!? Christ Jesus – the Centre of History!? Beiträge des X. Internationalen Paul-Tillich-Symposiums Frankfurt/Main 2004. Proceedings of the X. International Paul-Tillich-Symposium. Frankfurt/Main 2004, Berlin/Münster 2007.

Georg Neugebauer, Tillichs frühe Christologie. Eine Untersuchung zu Offenbarung und Geschichte bei Tillich vor dem Hintergrund seiner Schellingrezeption, Berlin/New York 2007.

Klaus-Dieter Nörenberg, Analogia imaginis. Der Symbolbegriff in der Theologie Paul Tillichs, Gütersloh 1966, 173–182. 193–206.

Anne Marie Reijnen, Tillich's Christology, in: Russell Re Manning (Ed.), The Cambridge Companion to Paul Tillich, Cambridge 2009, 56–73.

Gunther Wenz, Subjekt und Sein. Die Entwicklung der Theologie Paul Tillichs, München 1979, 190–208. 215–225. 270–302.

Folkart Wittekind, Die Vernunft des Christusglaubens. Zu den philosophischen Hintergründen der Christologie der Marburger Dogmatik, in: Wie viel Vernunft braucht der Glaube? International Yearbook for Tillich Research, Vol. 1, Wien 2005, 133–157.

---

81 Hierbei sticht die geist- und die geschichtstheologische Reformulierung der Christologie im vierten und im fünften Systemteil besonders hervor, mit der Tillich an den für seine deutsche Zeit typischen Explikationshorizont dieses Lehrstücks anknüpft. Vgl. dazu die Kommentare zur Stelle (III 134–337. III 341–411. III 412–477).

Peter Schüz
Das Leben, seine Zweideutigkeiten und die Frage nach dem unzweideutigen Leben (III 21–133)

Bereits in jungen Jahren hatte Tillich ein besonderes Gespür für die Ambivalenzen menschlicher Lebensprozesse. In ganz unterschiedlichen Kontexten und theoretischen Ansätzen verfolgte er die Frage nach der Wirklichkeit des Lebens und dem darin aufscheinenden Sinn. Damit bewies Tillich eine herausragende Sensibilität für die großen Fragen seiner Zeit, denn der Lebensbegriff gilt – nicht nur in Philosophie und Theologie – in den ersten Jahrzehnten des 20. Jahrhunderts und darüber hinaus als ein Schlüsselproblem der Moderne.[1]

Problem- und werkgeschichtlicher Hintergrund

Problemgeschichtlicher Hintergrund

Wie in den Einleitungen zu den ersten beiden Bänden seines Hauptwerks unternimmt Tillich auch in der Einleitung zum dritten Band der *Systematischen Theologie* den Versuch, den inneren Zusammenhang seines Hauptwerks zu begründen. Besonders die ersten Kapitel des Bandes rücken dabei in den Mittelpunkt:

> Die Kapitel dieses Buches, die von den Dimensionen und Zweideutigkeiten des Lebens handeln, sprechen das explizit aus, was in jeder Theologie – selbst in der antiphilosophischsten – implizit enthalten ist. [...] Das sind die Gründe, warum ich es gewagt habe, vom theologischen Gesichtspunkt aus eine Philosophie des Lebens zu entwickeln, obwohl ich mir des damit verbundenen Risikos bewußt war. (III 15)

Zweifellos weist Tillich den Kapiteln über das Leben und seine Zweideutigkeiten eine Schlüsselrolle zu. Der Begriff des Lebens ist für Tillich nicht weniger als die Bewährungsprobe seines systematischen Unternehmens, versteht er ihn doch als Grundproblem der Theologie überhaupt. Im Lebensbegriff laufen entscheidende

---

[1] Vgl. hierzu grundlegend Georg Pfleiderer, Zum Lebensbegriff in der protestantischen Theologie um den Ersten Weltkrieg, in: Stephan Schaede/Gerald Hartung/Tom Kleffmann (Hg.), Das Leben. Historisch-systematische Studien zur Geschichte eines Begriffs, Bd. 2, Tübingen 2012, 185–219.

Linien der *Systematischen Theologie* zusammen und bündeln zugleich die Hauptstränge von Tillichs Denken. Er fasst den Begriff des Lebens als „Fundamentalbegriff" auf, in dem sich die Teile eines umfassenden Systementwurfs der Theologie vor einen gemeinsamen Horizont bringen lassen.[2] Insofern bedeutet der Auftakt des dritten Bandes von Tillichs Hauptwerk einen Wendepunkt oder zumindest eine Akzentverschiebung in der Gesamtanlage des Systems.[3] Der ontologisch-abstrakte Duktus der ersten Teile tritt zurück und wird in eine andere Tonart transponiert, die dem Buch einen gewissen Eigenständigkeitscharakter verleiht.[4] So schreibt Tillich auf den letzten Seiten des zweiten Bandes über die Funktion des nun folgenden IV. Teils:

> Das menschliche Sein enthält nicht nur essentielle Vollkommenheit und existentielle Entfremdung, es enthält auch die Zweideutigkeiten von Leben und Geschichte. Ohne die Darstellung von Leben und Geschichte und ihrer Beziehung zum göttlichen Geist und zum Reich Gottes bleibt alles Bisherige abstrakt. (II 193)

Mit anderen Worten: Der Lebensbegriff im dritten Band fungiert als Konkretion der bisherigen Kapitel.[5] Die Unterscheidung von essentiellem Sein und existentieller

---

[2] Joachim Ringleben spricht in diesem Zusammenhang von einer Aufhebung und Vermittlung der einzelnen Stränge der *Systematischen Theologie* im Lebensbegriff: „Die Abfolge der drei Hauptteile gehorcht also der Logik eines Unternehmens, das von zunächst isolierten Aspekten ausgehend, deren konkrete Vermittlung zu rekonstruieren und so die Wirklichkeit einzuholen versucht. Die Dimension essentieller Wirklichkeitsmerkmale (Ontologie) und die Dimension existentieller Entfremdungsphänomene (Lehre von der Existenz) werden aufgehoben in dem systematischen Zusammenhang der Lebensphilosophie, dessen Analyse sie sich immer schon verdankten." Vgl. Joachim Ringleben, Der Geist und die Geschichte (Systematische Theologie Bd. III), in: Hermann Fischer (Hg.), Paul Tillich. Studien zu einer Theologie der Moderne, Frankfurt a. M. 1989, 230 f. Ausdrücklich betont Tillich selbst, er habe keine theologische „summa" verfassen wollen, in der das „Leben" dann nur ein Teilaspekt im dogmatischen Kanon wäre (vgl. III 15).

[3] Werner Schüßler und Erdmann Sturm sprechen sogar vom hier einsetzenden „Höhepunkt" des Hauptwerkes, vgl. Werner Schüßler/Erdmann Sturm, Paul Tillich. Leben – Werk – Wirkung, Darmstadt 2007, 191.

[4] Hierfür spricht auch, dass insbesondere der IV. Teil der *Systematischen Theologie* in Tillichs letzten Lebensjahren zu einem thematischen Schwerpunkt geworden ist, der sich in einer Vielzahl von Vorträgen und Aufsätzen zu ganz unterschiedlichen Themen niedergeschlagen hat (vgl. unten Kap. 2 zur Werkgeschichte).

[5] Vgl. hierzu Tillichs Bemerkung in II 35: „Essentielle so gut wie existentielle Elemente sind Abstraktionen von der konkreten vieldeutigen Aktualität des Seins, dem ‚Leben', dem Thema des IV. Teils der Systematischen Theologie." Gemeint ist damit nicht nur eine Konkretion im Sinne einer konkreteren Veranschaulichung, sondern auch im ontologischen Sinne als einer Aktualisierung des Potentiellen im Zusammentreten von Essenz und Existenz. Vgl. hierzu besonders die

Entfremdung findet im Lebensvollzug ihre Verwirklichung. Das Leben kündigt Tillich schon in der Einleitung des ersten Bandes als die Erscheinungsform jener „komplexen und dynamischen Einheit" an, von der „die Essenz- und Existenzmerkmale" in Theologie und Philosophie als „Abstraktionen" ihren Ausgang nehmen (I 81f.). Die letzten Kapitel des Werkes führen damit zum Ausgangspunkt des Systems zurück.[6]

Als Tillich bei seinem Japanbesuch im Jahre 1960 – also in der unmittelbaren Entstehungszeit des dritten Bandes – gebeten wurde, den philosophischen Hintergrund seiner Theologie zu skizzieren, spitzte er in seinem Vortrag diesen Gedanken nochmals zu:[7] In einer Kompilation der wichtigsten Linien seines philosophischen Lebensweges bis hin zu den existentialistisch-lebensphilosophischen Schwerpunkten seines Spätwerks lässt Tillich das Problem des Lebens und die „Beschreibung dessen, was der Mensch ist" als „die einzige" Beschreibung des Seins gelten, „die der Wirklichkeit entspricht" (GW XIII 486).[8] Im Lebensbegriff erkennt Tillich gewissermaßen das Nadelöhr seiner Philosophie, in dem „essentielles und existentielles Sein ineinander verflochten sind" und letztlich auch den Ort jener „Kraft" markieren, „von der die Religion spricht" (ebd.). Auf dem Begriff des Lebens lastet damit ein besonderer Druck, dem Tillich nur durch eine umfassende interdisziplinäre Analyse aller Lebensformen und Lebensbereiche gerecht werden kann. Hieraus erklärt sich der komplexe Theorieaufwand und die Materialfülle zur Erschließung der einzelnen „Dimensionen" des Lebens im IV. Teil der *Systematischen Theologie*.[9] In der Aufbaulogik des dritten Bandes ist es vor diesem Hintergrund nicht unerheblich, dass Tillich den fünften Teil des Systems lediglich „aus Gründen der Tradition und der Zweckmäßigkeit" als eigenen Teil vom Themenkomplex „Leben und Geist" abtrennt.[10] Als Dimension des Lebens – freilich als komplexeste und umfassendste – gehören „Geschichte und Reich Gottes" inhaltlich betrachtet zum IV. Teil mit dazu, der damit den gesamten dritten

---

Eröffnung des IV. Teils, III 21f. mit der Einführung der aristotelischen Unterscheidung von Akt und Potenz.

6 Vgl. hierzu die Eingangskapitel der *Systematischen Theologie*, I 9–83, bes. 81–83.

7 Vgl. den Aufsatz *The Philosophical Background of my Theology*, MW I 411–420; dt. GW XIII 477–488.

8 Die beiden Hauptlinien seines philosophischen Denkens, die essentielle einerseits und die existentielle andererseits, bleiben demnach letztlich abstrakt, wenn sie nicht auf der Ebene „des wirklichen Seins, nämlich des Lebens mit all seinen Zweideutigkeiten", zusammentritt (vgl. hierzu GW XIII 482f. bzw. MW I 415f.).

9 Joachim Ringleben bezeichnet die interdisziplinäre Sachkenntnis und den Materialreichtum des dritten Bandes treffend als „bewunderungswürdig, sachhaltig, um nicht zu sagen, welthaltig". Vgl. Ringleben, Der Geist und die Geschichte, 237.

10 Vgl. hierzu die Einleitung in III 341 sowie die frühere Bemerkung zum Systemaufbau in I 82.

Band umschließt. Der inhaltliche Gegenstand des IV. Teils, die dynamische Spannung und Ambivalenz hinter dem Begriff des Lebens, erweist sich letztlich – das stand Tillich schon früh vor Augen – gleichsam als Einleitung in das große Abschlussthema seines Gesamtwerkes. Von der Architektur der klassischen Dogmatik ist Tillichs Entwurf an dieser Stelle denkbar weit entfernt: Die Pneumatologie nimmt eine herausragende, das System geradezu bestimmende Rolle ein und wird nicht – wie klassischerweise üblich – mit der Ekklesiologie, sondern grundlegend mit der Anthropologie verbunden.[11] In letzter Konsequenz ist die Frage nach dem Leben eine Spiegelung der früh formulierten Idee des „theologischen Paradox", der Unverfügbarkeit letzter Sinnfragen in der existentiellen Situation des Menschen. „Das Leben bleibt zweideutig, solange es Leben gibt" (II 10),[12] so lautete schon in den ersten beiden Bänden der *Systematischen Theologie* die Grundüberzeugung, die dann bis zur letzten Zeile seines Hauptwerks bestimmend bleibt. Im Lebensbegriff kommt damit in besonderer Weise zur Geltung bzw. zur Durchführung, was Tillich den „nicht-deduktive[n] Charakter" seines Hauptwerks nennt (II 11). Der „theologische Zirkel",[13] der laut Tillich das Wesen eines – und insbesondere *seines* – theologischen Systems bestimmt, wird gerade in der Ambivalenz des Lebensbegriffs anschaulich, da in ihm das unlösbare Problem einer letzten Begründung des Unbedingten zur Darstellung kommt.[14] Die Unableitbarkeit theologischer Letztbegründungen wird in der Zweideutigkeit des Lebens anschaulich, denn Leben „in seiner schöpferischen Dynamik und überwältigenden Fülle kann nicht deduziert werden" (ebd.). Das Wesen des Lebens hat, wie Tillich in seinen Werken immer wieder betont, ebenso wie der Gegenstand theologischen Denkens überhaupt den Charakter des Geheimnisses.

Werkgeschichtlicher Kontext

Der Lebensbegriff und seine Bedeutung für Theologie und Philosophie ist kein Teilaspekt oder Einzelthema in Tillichs Denken, sondern es handelt sich um ein sein gesamtes Œuvre durchziehendes Problembewusstsein, das dann erst seit den Fünfzigerjahren und schließlich in der *Systematischen Theologie* umfassend

---

11 Zu der besonderen Stellung der Pneumatologie in Tillichs Systemaufriss vgl. den Kommentar zur Stelle.
12 Vgl. hierzu zahlreiche weitere Belege mit der gleichen Grundaussage, so z. B. I 81 f.
13 Vgl. hierzu die grundlegende Einführung zum „theologischen Zirkel" in seiner Bedeutung für die *Systematische Theologie* in der *Einleitung*, I 15–18.
14 Zum zirkulären Charakter des Systems im Zusammenhang mit dem Lebensbegriff vgl. II 11.

ausgearbeitet wird. Insofern reichen die Ausführungen im IV. Teil des Hauptwerks bis in die früheren Lebensabschnitte Tillichs zurück.

1 Von den frühen Werken bis zum ersten Systementwurf von 1913

In seiner autobiographischen Schrift *On the Boundary* von 1936 betont Tillich immer wieder die tiefe Verwurzelung der Hauptlinien seines Denkens in den Kontexten seiner eigenen Biographie. Auch für das im IV. Teil der *Systematischen Theologie* entscheidende Thema des Lebens und seiner Zweideutigkeiten trifft dies – in vielleicht sogar besonderer Weise – zu. Die frühsten Prägungen Tillichs sind eng mit der lutherischen Frömmigkeit seiner preußischen Herkunft verbunden. Im Rückblick sieht Tillich hier die Wurzel seines Interesses für die „‚Verfallenheit' der Existenz, [...] das Wissen um den dämonisch-irrationalen Charakter des Lebens" und „die Hochschätzung des mystischen Elements der Religion" (GW XII 45). Jene Perspektive ließ Tillich später besonders in Gestalten wie Böhme, Schelling, aber auch in Nietzsche und der sogenannten ‚Lebensphilosophie' Verbündete im Blick auf die moderne Frage nach einer „Lehre vom Menschen" sehen, da auch sie ein Auge für die Ambivalenzen und Widersprüche des Lebens hatten (vgl. GW XII 45 f.). Hinzu treten beim jungen Tillich naturmystische Elemente der Romantik, die den Gedanken einer geheimnisvollen Schau des Unendlichen im Endlichen und der Einheit aller Gegensätze gerade auch im Blick auf die Frage nach dem Sinn und der Einheit des Lebens betreffen.[15] So lassen sich auch in Tillichs frühsten Werken schon Spuren ausmachen, die ein besonderes Interesse an den Prozessen des Lebens erkennen lassen.[16]

Von besonderer Wichtigkeit ist in diesem Zusammenhang Tillichs frühe Auseinandersetzung mit Schelling im Rahmen der beiden Dissertationen von 1910 und 1912.[17] Jahrzehnte später – just während der Abfassungszeit seines Haupt-

---

15 Tillich nennt als Beispiel in diesem Zusammenhang Schellings Naturphilosophie, Dichtung und Kunst sowie die Erfahrung des Heiligen (GW XII 59–61).
16 Dies gilt bereits für erste Arbeiten aus dem Studium, z.B. für Tillichs Seminararbeit zu Fichtes Religionsphilosophie (vgl. die Arbeit *Fichtes Religionsphilosophie in ihrem Verhältnis zum Johannesevangelium* von 1906 [EW IX 1–19]) wo Tillich das Leben als „Sich-Selbst-Erfassen des Absoluten" definiert (EW IX 11). Vgl. hierzu Matthias Neugebauer, Auf der Grenze. Der Lebensbegriff Paul Tillichs und die Grenze zur Naturwissenschaft, in: Theology and Natural Science. International Yearbook for Tillich Research, Vol. 7, Berlin/Boston 2012, 123–149, bes. 123 f.
17 Vgl. zur Bedeutung des Lebensbegriffs in Tillichs Dissertationen besonders Christian Danz, Religion als Freiheitsbewußtsein. Eine Studie zur Theologie als Theorie der Konstitutionsbedingungen individueller Subjektivität bei Paul Tillich, Berlin/New York 2000, 280–282 und ferner Neugebauer, Auf der Grenze, 124.

werks in den Fünfzigerjahren – erinnert Tillich in einem Vortrag an die wegweisende Bedeutung von Schellings Spätphilosophie.[18] Dabei hebt er Aspekte aus Schellings Freiheitsschrift hervor, die förmlich zum späteren Konzept der „Zweideutigkeit des Lebens" in seinem eigenen Hauptwerk überleiten:

> In der Beschreibung der ersten seiner Potenzen (universale Seinsmächte) beschreibt er [sc. Schelling] den schöpferisch-zerstörerischen Untergrund alles Lebendigen, seine Zweideutigkeit, seine Qual, seine Schwermut und seine Sehnsucht. Und das gilt von der individuellen Seele wie von dem Universum des Lebendigen. Es war das Dämonische in ihm selbst, das ihn diesen Urgrund des Lebens sehen ließ. (GW IV 137)

Die Spannung von Identitätsbegriff und Lebenswirklichkeit bei Schelling prägte Tillichs Auffassung des Lebens entscheidend. Ausgehend von seinen vorwiegend vom Deutschen Idealismus geprägten frühen Studien verfasste Tillich 1913 seinen ersten Entwurf einer Systematischen Theologie (vgl. EW IX 273–434). Auch hier spielt der Lebensbegriff bereits eine wichtige Rolle. Gleichwohl sind die existenzialistischen und lebensphilosophischen Grundstrukturen des späteren Lebenskapitels im dritten Band des Hauptwerks hier hinter Tillichs noch stark idealistisch-spekulativen Überlegungen noch nicht zu erkennen.[19] „Leben in umfassender Perspektive" wird hier noch primär entfaltet als „Prozess der Selbstexplikation und Vermittlung des Absoluten, des unendlichen und ewigen Lebens Gottes".[20] Der Mensch und das menschliche Leben wird als Zentrum verstanden, „in dem die konkrete Einheit des göttlichen Lebens vollkommen zur Darstellung kommt" (EW IX 335).

2 Vom Ersten Weltkrieg bis zur Kulturtheologie der Zwanzigerjahre

Seine Erlebnisse an der Westfront im Ersten Weltkrieg, aber auch die sozialen Probleme und Verwerfungen jener Zeit bedeuteten für Tillich einen fundamentalen Umbruch. Die idealistische Epoche und ihr philosophisches Erbe sieht er in diesem „Abgrunderlebnis" förmlich versinken (GW XII 34). Die bereits beim späten Schelling erahnte Perspektive auf die Ambivalenz und drohende Abgründigkeit der Lebensrealität kommt nun in Begriffen wie „Sinnlosigkeit" und „Verzweif-

---

18 Vgl. den Vortrag *Schelling und die Anfänge des existentialistischen Protests* von 1954, GW IV 133–144 (auch: MW I 391–402).
19 Zum „implizit mitgeführten Lebensbegriff" in Tillichs frühem System von 1913 vgl. Neugebauer, Auf der Grenze, 124.
20 So zusammenfassend in Neugebauer, Auf der Grenze, 133.

lung" zum Durchbruch.²¹ Grundlegend ist dabei die im Krieg beginnende Auseinandersetzung Tillichs mit Nietzsche.²² Ein immer wieder angeführtes Zitat aus Nietzsches *Zarathustra* bringt die Pointe von Tillichs Nietzscherezeption für seinen späteren Begriff des Lebens auf den Punkt und rangiert auch im Lebenskapitel der *Systematischen Theologie* als Schlüsselsatz: „Geist ist Leben, das selber ins Leben schneidet; an der eignen Qual mehrt sich das eigne Wesen".²³ Weit über ein bloß biologisches Verständnis des Lebens hinausweisend, verbindet sich hier der Lebensbegriff mit dem Begriff des Geistes.²⁴ Der entscheidende Ausdruck für diese Verbindung von Geist und Leben ist der für Tillichs Schaffensperiode nach dem Ersten Weltkrieg zentrale Begriff des „Sinns".²⁵ Der Sinn steht für Tillich nun bekanntlich für die eigentliche Dimension der Tiefe, des Durchbruchs des Unbedingten im Leben. Seither rückt neben dem Sinnbegriff auch das Leben als Ort der *Sinnverwirklichung* in den Fokus von Tillichs Überlegungen. Sinn erscheint in seiner Verwirklichung als „Lebenssinn" und in seiner existentiellen Entfremdung als Erfahrung der Sinnlosigkeit und Verzweiflung.²⁶ Als eine der wichtigsten In-

---

21 Vgl. hierzu GW XII 34 f. und den bereits erwähnten späten Schellingaufsatz in GW IV 133 – 144 und MW I 391– 402.
22 Zur vielschichtigen und seit dem Ersten Weltkrieg nahezu durchgängigen Präsenz Nietzsches in Tillichs Denken vgl. Christian Danz/Werner Schüßler/Erdmann Sturm (Hg.), Tillich und Nietzsche. International Yearbook for Tillich Research, Vol. 3, Wien 2008.
23 Vgl. III 39 und die Vorlage: Friedrich Nietzsche, Also sprach Zarathustra, in: ders., Kritische Studienausgabe, Bd. 4, hg. von Giorgio Colli/Mazzino Montinari, Berlin/München ²1988, 134. Weitere Belege des Zitats bei Tillich sind u. a. zu finden in GW X 24; GW II 135; GW XIII 101 und immer wieder in seinen Vorlesungen. Die Bedeutung der bei Nietzsche erfassten, fundamentalen Spannung von Sinn und Sinnlosigkeit, die „innere Dialektik im Verhältnis des Geistes zu den vorausgehenden Dimensionen des Lebens" (III 39), kann daher für Tillichs späteren Lebensbegriff kaum überschätzt werden.
24 Zu Nietzsches Lebensbegriff und seiner Rezeption bei Tillich vgl. Tom Kleffmann, Aufnahme des Dionysischen in die christliche Dogmatik. Evangelische Nietzsche-Rezeption der 20er Jahre am Beispiel Paul Tillichs, in: Tillich und Nietzsche. International Yearbook for Tillich Research, Vol. 3, Wien 2008, 35 – 50 sowie ders., Nietzsches Begriff des Lebens und die evangelische Theologie. Eine Interpretation Nietzsches und Untersuchungen zu seiner Rezeption bei Schweitzer, Tillich und Barth, Tübingen 2003, bes. 410 – 499.
25 Ausdrücklich zum Sinnbegriff als Verbindungsstück von Tillichs Frühwerk und dem Lebensbegriff der *Systematischen Theologie* vgl. Danz, Religion als Freiheitsbewußtsein, 300 – 312, bes. 305 f. Grundlegend zum Hintergrund des Sinnbegriffs bei Tillich vgl. Ulrich Barth, Die sinntheoretischen Grundlagen des Religionsbegriffs. Problemgeschichtliche Hintergründe zum frühen Tillich, in: ders., Religion in der Moderne, Tübingen 2003, 89 – 123.
26 Vgl. hierzu beispielsweise die Studie *Rechtfertigung und Zweifel* von 1924 (MW VI 83 – 97), in der die wichtigsten Linien von Tillichs Arbeiten jener Zeit zusammen laufen. Überzeugend fasst Christian Danz grundsätzlich bei Tillich das „Leben als Sinnverwirklichung" auf und führt in

spirationsquellen für die Verbindung von Sinn- und Lebensbegriff in jener Zeit ist Georg Simmel zu nennen, den Tillich auch ausdrücklich als Ideengeber nennt.[27] Die Frage nach dem Leben bricht damit bei Tillich gerade im Zuge der sinntheoretischen Wende am Beginn der 1920er Jahre auf: Die konkrete und unmittelbare Wirklichkeit des Lebens und ihr existentieller Ernst werden mit dem idealistischen Erbe Tillichs verbunden, indem sie im Sinnbegriff auf die Frage nach dem Unbedingten hin transparent werden.[28] Die bis in sein Spätwerk reichende Linie der Rede von der Zweideutigkeit des Lebens und der Dimension des Geistes ist hierin angelegt.

Die Verbindung von Geist- und Lebensbegriff im Sinnbegriff bringt Tillich aus dem Krieg in seine 1919 beginnende Lehrtätigkeit als Privatdozent in Berlin mit.[29] Hier ist es nun die „Kultur", in der er Verwirklichungsformen des Sinns und seiner Bedrohung identifiziert. Im Kulturbegriff wird damit eine signifikante – sinntheoretische – Erweiterung des Lebensbegriffs gewonnen. In seinem Tübinger Vortrag *Kirche und Kultur* von 1924 fasst Tillich die Verbindung von Sinntheorie und Kulturbegriff in ihrer Bedeutung für den Begriff des Lebens zusammen und nimmt damit Ansätze des späteren Konzepts der „vieldimensionalen Einheit des Lebens" (vgl. unten Kommentar zur Stelle) theoretisch vorweg:

> Jedes Leben, das über die Unmittelbarkeit des bloß Biologischen, Psychischen und Soziologischen hinausgeht, ist Leben in einem Sinnvollzug. In jeder unserer logischen und ästhetischen, rechtlichen und sozialen Handlungen ist Beziehung auf Sinn enthalten. In jedem Sinnvollzug liegt aber die stillschweigende Voraussetzung von der Sinnhaftigkeit des Ganzen, der Einheit aller möglichen Sinnvollzüge, d. h. der Glaube an den Lebenssinn überhaupt. (GW, IX 33)

---

diesem Zusammenhang den Lebensbegriff der *Systematischen Theologie* mit der frühen Sinntheorie zusammen (vgl. Danz, Religion als Freiheitsbewußtsein, 300–312).

[27] Tillich verweist besonders auf Simmels *Rembrandt* (vgl. EW VI 97). Und in der Tat spielt hier der Lebensbegriff eine entscheidende Rolle, gerade auch in Bezug auf die Religion (vgl. z. B. Georg Simmel, Rembrandt. Ein kunstphilosophischer Versuch, Leipzig ²1917, 1–5. 65–76. 83–87, bes. 151–156 und zusammenfassend 203–205). Zu den Hintergründen und besonders zur Verbindung von Religion und Leben vgl. ders., Die Religion (1906. ²1912), in: Gesamtausgabe, Bd. 10, Frankfurt a. M. 1995, 39–118. 41–46, bes. 47–54. Zum Hintergrund vgl. Erdmann Sturm, Selbstbewußtsein zwischen Dynamik und Selbst-Transzendenz des Lebens und unbedingter Realitätserfassung. Paul Tillichs kritische Rezeption der Religions- und Lebensphilosophie Georg Simmels, in: Christian Danz (Hg.), Theologie als Religionsphilosophie. Studien zu den problemgeschichtlichen und systematischen Voraussetzungen der Theologie Paul Tillichs, Münster 2004, 23–48; Ulrich Barth, Religion und Sinn, in: ders., Kritischer Religionsdiskurs, Tübingen 2014, 440–443.

[28] Christian Danz spricht von der „Überwindung der Alternative von realistischen und idealistischen Modellen der Erkenntnis" (vgl. Danz, Religion als Freiheitsbewußtsein, 307).

[29] Vgl. hierzu Tillichs frühe Vorlesung in Berlin zu *Religion und Kultur*, EW XII 297–332.

Das umfassende Projekt der Beschreibung der Kultur als Verwirklichung von Sinn in den Prozessen des Lebens unternimmt Tillich auch im Blick auf zeitgenössische Kulturformen. Besonders die Kunst dient ihm am Beispiel des Expressionismus als Darstellungsform der Zweideutigkeit des Lebens und seiner Sinndimension.[30] Die in den Zwanzigerjahren gelegten Fundamente der Verbindung von Sinn, Kultur und Religion vor dem Hintergrund des Lebensbegriffs finden dann in der späten *Systematischen Theologie* ihren Abschluss in der umfassenden Analyse der „Funktionen" des Lebens, in denen die Kultur als Funktion des „Sich-Schaffens" in der Dimension des Geistes von zentraler Bedeutung ist.

Eine nochmals eigene Linie der Entwicklung von Tillichs Lebensbegriff deutet sich in den beiden frühen Hauptschriften zur Enzyklopädie und zur Religionsphilosophie an. In Tillichs *System der Wissenschaften nach Gegenständen und Methoden* von 1923 wird mit dem Versuch einer enzyklopädischen Deutung des Kanons der Wissenschaften ein interdisziplinärer und – wenn man so will – universalwissenschaftlicher Ansatz skizziert, der mithilfe des Sinnbegriffs auch die Wissenschaft als solche in die schöpferischen Prozesse des Lebens zu integrieren versteht: „Ist die Wissenschaft ein Akt schöpferischer Sinnerfüllung, so ist sie ein Akt des Lebens selbst" (GW I 290) – ein Satz, der auch im IV. Teil der *Systematischen Theologie* stehen könnte.[31] In der *Religionsphilosophie* von 1925 skizziert Tillich in der Unterscheidung von heilig und profan und im Begriff des „Dämonischen" Momente der Zweideutigkeit hinter dem Religionsbegriff, die später in der *Systematischen Theologie* dann als Lebensfunktion der „Selbst-Transzendenz" wieder auftauchen (III 107–130).[32] Es soll in diesem Zusammenhang „die erkenntnistheoretische Alternative von Idealismus und Realismus

---

[30] Vgl. zur Zweideutigkeit des Lebens am Beispiel des Expressionistischen in der Kunst III 90 f. Zu den frühen Hintergründen vgl. Peter Steinacker, Passion und Paradox. Der Expressionismus als Verstehenshintergrund der theologischen Anfänge Paul Tillichs. Ein Versuch, in: Gert Hummel (Hg.): God and Being/Gott und Sein. The Problem of Ontology in the Philosophical Theology of Paul Tillich/Das Problem der Ontologie in der philosophischen Theologie Paul Tillichs, Berlin/New York 1989, 59–99.

[31] Grundlegend wichtig ist das *System der Wissenschaften* besonders für die interdisziplinäre Auseinandersetzung mit dem Leben, vor allem mit den Naturwissenschaften, die auch das Lebenskapitel in der *Systematischen Theologie* prägt (vgl. hierzu Neugebauer, Auf der Grenze, 125. 144–146 sowie die sehr luziden Bemerkungen in Claas Cordemann, Religion und Kultur. Paul Tillichs religionsphilosophische Grundlegung einer Theologie der Kultur, in: Christian Danz/Werner Schüßler [Hg.], Paul Tillichs Theologie der Kultur, Berlin/Boston 2011, 94–127, bes. 119–122).

[32] Wichtig ist in diesem Zusammenhang auch der von Tillich Mitte der 1920er Jahre entfaltete Begriff des „Dämonischen". Vgl. *Das Dämonische*, GW VI 42–66 und die Wiederaufnahme des Themas im Kontext der „Selbst-Transzendierung des Lebens", III 124–130.

überwunden werden" – ein Anliegen, das sich bei Tillich bis in die späteren ontologischen Überlegungen zum Lebensbegriff verfolgen lässt.[33]

Der in den 1920er Jahren immer markanter werdende Einfluss der sogenannten ‚Lebensphilosophie' auf Tillichs Denken wird besonders in dem Buch *Die Religiöse Lage der Gegenwart* von 1926 deutlich. Neben Nietzsche nennt Tillich nun Dilthey, erneut Simmel und besonders den ein Jahr später mit dem Literaturnobelpreis ausgezeichneten Bergson als Referenzen, die – so Tillich – „dem Leben sein Recht als erstes und ursprüngliches wiedergegeben" haben (GW X 21). Gemeint ist damit eine Durchbrechung rein analytischer Untersuchungen zu Aspekten des Lebens in biologischer, soziologischer oder gar materialistischer Hinsicht hin zu einem „Weg in die Tiefe des Lebendigen" (ebd.), zu den „tieferen Schichten des Lebens" (GW X 20). Jenseits klassischer dualistischer Modelle versucht Tillich eine Verbindung des Lebensbegriffs mit dem Begriff des Geistes zu erreichen. Den Geist versteht er nun selbst als eine „Lebensfunktion", in der das Leben sich selbst durchsichtig wird und dabei auch auf Fragen des „Sinngrundes" und des „Unbedingten" stößt (vgl. GW X 24–27). Es geht Tillich um eine Durchstoßung der „in sich selbst ruhenden Diesseitigkeit der bürgerlichen Kultur und Religion" der Moderne (GW X 20). Dabei kommt besonders die individuelle, existentielle Perspektive auf das Leben in den Blick, durch ein „intuitives Eindringen, ein Verstehen auf Grund der eigenen Lebenswirklichkeit" (GW X 21) in Richtung auf die „schöpferische und doch unerschöpfliche Tiefe des Wirklichen, die von der Lebensphilosophie wieder aufgedeckt ist" (ebd.). Was Tillich später seinen „Fundamentalbegriff" des Lebens nennt und im Zusammenhang mit seiner Pneumatologie als Teil IV über *Leben und Geist* in der *Systematischen Theologie* abarbeitet, ist hier – zumindest als Spur – schon deutlich angelegt. Dies spiegelt sich auch in dem 1927 in Dresden gehaltenen Vortrag über *Die Bedeutung der Gesellschaftslage für das Geistesleben* (GW II 133–138), in dem er explizit auf die Koinzidenz von Geist und Leben insistiert:

> Geist und Leben [...] stehen ineinander. Sie können nicht voneinander getrennt werden. Die Geistseite ist dem Allgemeinen, dem Gültigen zugewandt, die Lebensseite dem Besonderen, Einmalig-Schöpferischen. Lebendiger Geist aber ist beides in Einheit. (GW II 135)[34]

---

[33] Vgl. hierzu die Überlegungen in Christian Danz, Der Mut zum Sein. Ein werkgeschichtlicher Prospekt, in: Paul Tillich, Der Mut zum Sein. Mit einem Vorwort von Christian Danz, Berlin/Boston ²2015, 1–14, bes. 11, mit dem Hinweis auf die direkten Verbindunglinien zwischen der frühen *Religionsphilosophie* und der Lebensphilosophie im Spätwerk Tillichs.

[34] Der Auftakt zum dritten Band der *Systematischen Theologie* über das Verhältnis von Essenz und Existenz sowie die Idee der vieldimensionalen Einheit des Lebens im Blick auf den Geistbegriff scheint hier fast mit Händen zu greifen. Tillich baut auch hier das bereits erwähnte, später auch im Hauptwerk zitierte Nietzschewort vom Geist, der Leben ist, „das selber ins Leben

Zusammengefasst entwickelt sich bei Tillich also zum Ende der 1920er Jahre hin eine signifikante Zuspitzung auf die Ambivalenz des menschlichen Lebens vor dem Hintergrund der modernen Geistesgeschichte (GW XIII 113–129). Ausgehend vom existentialistischen Protest Schellings und geschärft an grundsätzlichen sinntheoretischen Überlegungen kristallisiert sich eine durch Nietzsche und die Lebensphilosophie geschulte Sensibilität für die tiefe Verbundenheit aller Lebensprozesse in einer spannungsvollen und dialektischen Einheit heraus, die Tillich dann in der Vorbereitung des letzten Bandes seines späten Hauptwerkes systematisch ausarbeitet.[35]

3 Von der Marburg-Dresdener Dogmatik-Vorlesung bis zum Exil

In Tillichs ab 1924 in Marburg und besonders in Dresden gehaltene *Dogmatik-Vorlesung* liegt im Gegensatz zum dritten Band des späteren Hauptwerks kein eigenes Kapitel über das Leben vor. Dennoch kommen aber im Verlauf der Vorlesung zahlreiche Aspekte und Überlegungen zu Tage, die als Vorstufen des späten Lebens-Kapitels gelten können.[36] Dies gilt zunächst für die Prolegomena, in denen Tillich sich den Lebensbegriff bzw. die „Lebensbeziehung" der Dogmatik zur grundsätzlichen Aufgabe in allen dogmatischen Überlegungen macht (EW XIV 2–7). Ähnlich wie im dritten Band der *Systematischen Theologie* stellt sich der Lebensbegriff schon hier als grundlegende Konkretionsfolie für den Gesamtentwurf dar, vor deren Hintergrund sich die systematisch-theologischen Überlegungen bewähren müssen. Ist die Dogmatik Rede von dem, was uns „unbedingt

---

schneidet" ein (GW II 134; vgl. auch oben Anm. 23). Ebenfalls aufschlussreich ist in diesem Zusammenhang der wenig später gehaltene Rundfunkvortrag über *Natur und Geist im Protestantismus* von 1930, in dem Tillich – erneut mit Verweis auf das Nietzschezitat über Geist und Leben – mit Natur meint, was er an anderer Stelle – und besonders dann in dritten Band des Hauptwerks – mit „Leben" bezeichnet: Was er hier über die „Einheit von Geist und Natur" und über ihren „Bruch" und die „gebrochene Natur" des Menschen sagt, liegt ganz auf der Linie des Kapitels über die Einheit und Zweideutigkeit des Lebens in der *Systematischen Theologie* (vgl. GW XIII 95–102, bes. 101).

35 In diesem Zusammenhang sind auch die *Kairos*-Schriften aus den Zwanzigerjahren und damit verbunden der Begriff des „gläubigen Realismus" zu sehen – auch wenn der Lebensbegriff hier explizit nur wenig vorkommt. Vgl. hierzu *Kairos II* (GW VI 29–41). Ebenfalls zum „gläubigen Realismus" und der darin aufscheinenden „Zweideutigkeit" in „Religion und Kultur" vgl. GW V 13–31.

36 Vgl. zur Bedeutung der *Dogmatik-Vorlesung* für den Lebensbegriff Tillichs: Neugebauer, Auf der Grenze, 133–137 und mit Fokus auf die Rückbezüge zu Schelling: Danz, Religion als Freiheitsbewußtsein, 275–299, bes. 280 f. Ausführlich, aber sehr zugespitzt auf Nietzsche, vgl. Kleffmann, Nietzsches Begriff des Lebens, 410–499.

angeht", bleibt es nicht aus, dass hierin auch und gerade der existentielle „Lebenszusammenhang in dem ‚Angehen' ausgedrückt" (EW XIV 6) wird.[37] So verbindet Tillich dann auch Gottesbegriff und Lebensbegriff miteinander, indem er „Gott als Leben des Lebens" (EW XIV 165) und als das „Unbedingt-Seiende" (EW XIV 167) beschreibt: „Gott ist der Tragende des Lebendigen und des Unlebendigen in ihrer Einheit" (ebd.).[38] Bemerkenswert für das spätere Dimensionenmodell des Lebens in der *Systematischen Theologie* ist hierbei besonders die Betonung der dynamischen Einheit organischer und anorganischer Elemente, die damit jeder Form eines Hierarchie- oder Stufenmodells des Lebens eine Absage erteilt.[39] Auch der im dritten Band des Hauptwerks zentrale Begriff der „Zweideutigkeit des Lebens" taucht in der Dogmatikvorlesung bereits auf (vgl. EW XIV 167–222). Gekoppelt an den Sinnbegriff bringt Tillich so den grundsätzlichen „Zwiespalt" (EW XIV 231) und das „Weseswidrige" (EW XIV 177–268) des Kosmos mit den Strukturen des Lebens im religiösen Bewusstsein des Menschen zusammen.[40]

In Tillichs Frankfurter Jahren 1929–1933 kommen zum Lebensbegriff im Blick auf die spätere *Systematische Theologie* nur wenige neue Aspekte hinzu. Grundsätzlich zu beobachten ist eine stärkere Verlagerung auf anthropologische Schwerpunkte, insbesondere in den zahlreichen Schriften zum Sozialismus. Wie eine Zusammenfassung der lebensphilosophischen Erörterungen in den vergangenen Jahren klingt es, wenn Tillich in seiner Geschichtsphilosophie-Vorlesung (1929/30) schreibt, es sei das Leben ein „Spannungserlebnis" im „Über-sich-Hinausstoßen auf der Basis des Bei-sich-Bleibens" und der „Lebensprocess" ein „ständiges Über-uns-hinaus-Gesetzt-Sein" (EW XV 10).[41] Ganz offensichtlich liegt hier die Wurzel der „Elemente im Lebensprozeß", die Tillich in der *Systematischen Theologie* mit dem Dreischritt von „Selbst-Identität, Selbst-Veränderung" und

---

[37] Grundsätzlich stellt Tillich schon eingangs fest: „Dogmatik handelt von etwas, das uns angeht. Darin ist die unmittelbare Lebensbeziehung der Dogmatik enthalten und das aufgenommen, was gemeint ist, wenn man die Theologie als praktische Wissenschaft bezeichnet." (EW XIV 2)

[38] Hiermit korrespondiert an anderer Stelle der Satz: „Die Vollkommenheit des unmittelbar Seienden ist das Leben." (EW XIV 166)

[39] Vgl. hierzu EW XIV 166 f. und die Darstellung der Dimensionen des Lebens mit der Verwerfung der Stufen-Metapher im Bezug auf unterschiedliche Formen des Lebens in III 23–25.

[40] Die Unterscheidung von „heilig und profan" und der Begriff des „Dämonischen" und des „Geistes" – allesamt zentrale Topoi des späten Hauptwerks – kommen hier bereits vor. Die anthropologische Perspektive, die „Zweideutigkeit des Kreatürlichen", aus der Tillich den Gesamtbestand dogmatischer Tradition durchleuchtet und die existentielle Konkretion, die auch im Spätwerk entscheidend bleibt, ist demnach in der Vorlesung von 1925 schon durchaus präsent. Vgl. hierzu EW XIV 224–268.

[41] In der Vorlesungsmitschrift von 1929/30 ist dabei sogar die Rede von einem lebensphilosophischen „Apriori" hinter allen Lebensprozessen (vgl. EW XV 125–127).

„Rückkehr-zu-sich-selbst" beschreibt (III 42).⁴² Die Frankfurter Hegelvorlesung (1931/32) greift dieses Schema ebenfalls auf. In Hegels *Phänomenologie des Geistes* findet Tillich einen Lebensbegriff, der das Leben jenseits des Gegensatzes von „Subjekt und Objekt" in dialektischen Prozessen als „das Ganze der Mannigfaltigkeit" (EW VIII 226) erfasst.⁴³ Erneut formuliert Tillich hier den auch später in der *Systematischen Theologie* entscheidenden dialektischen Zusammenhang, in dem „das Leben [...] sich im Leben selber findet": „Sich-selbst-Haben, Über-sich-selbst-hinaus-Sein und dann Sich-Wiederfinden" (ebd.).⁴⁴

4 „Lehre vom Menschen". Von den ersten Jahren in den USA bis zur Nachkriegszeit

Die Entwicklung seit der Übersiedlung ins amerikanische Exil in den 1930er Jahren beschreibt eine anthropologische Akzentverschiebung in Tillichs Arbeiten, die den Lebensbegriff in der *Systematischen Theologie* in besonderer Weise betrifft.⁴⁵ Unter den frühen Vorlesungen in New York (1934–1935) ist besonders jene für das Lebenskapitel im späteren Hauptwerk wichtig, die dem Thema der *Lehre vom Menschen* (*Doctrine of Man*) gewidmet ist.⁴⁶ „Lehre vom Menschen" ist in den genannten Vorlesungen zugleich auch Lehre vom Leben und markiert deutlich den anthropologisch-lebensphilosophischen Fokus, der dann auch den dritten Band der *Systematischen Theologie* eröffnet.⁴⁷ Wie schon in den Frankfurter Vorlesungen ist auch nun wieder das „Sich-selbst-Haben („having oneself" [EW XVII 181–188. 230–252]) als ontologische Kategorie entscheidend, um das Wesen

---

42 Zur Verbindung von Lebensbegriff und Geschichtsbegriff bei Tillich vgl. den Kommentar zur Stelle.
43 Vgl. Tillichs Hegelvorlesung, EW VIII, 217. 225 f.
44 Vgl. zu diesem Dreischritt die durchaus verwandte Grundstruktur des Kapitels über die „Selbst-Aktualisierung des Lebens", III 45–129.
45 Christian Danz spricht treffend von einer „Übergangszeit" und vom Versuch Tillichs, seine „Geistphilosophie gleichsam ‚tiefer' zu legen" (Danz, Der Mut zum Sein, 8).
46 Vgl. die Vorlesungen zum Thema *The Doctrine of Man* in New York (Union Theological Seminary, 1934/35) und an der Yale University (1935), EW XVII 157–347, und hierzu die Einleitung von Erdmann Sturm in EW XVII, XXVII–XXIX. XXXVIII.
47 Vgl. hierzu den Definitionsversuch Tillichs: „Die Lehre vom Menschen ist keine spezielle Wissenschaft, sondern Ausdruck des neuen konkreten Charakters des Lebens, *unser* Leben als Zugang zu jedem Leben. Sinn als ursprüngliche Kategorie des Lebens und Spontaneität als die Voraussetzung von Normen und Werten." (EW XVII 191).

des Lebens zu beschreiben.⁴⁸ Leben wird verstanden als „konkrete Wirklichkeit" (EW XVII, 190) im Sinne eines alle Lebenswissenschaften umfassenden Universalbegriffs, der sowohl anorganisches und organisches Leben, aber auch physikalische und mathematische Elemente des Lebens bis hin zur Dimension des Geistes und der Geschichte umfasst (vgl. u. a. EW XVII 182f. 189f.). Auch wenn Tillichs Ausführungen zum Leben hier noch eher skizzenhaft formuliert sind, ist das in den nächsten Jahren zu beobachtende Ringen um eine Systematisierung und Konkretisierung der einzelnen dynamischen Prozesse des Lebens deutlich zu erkennen. Was später in der *Systematischen Theologie* ausführlich als „Selbst-Aktualisierung" des Lebens behandelt wird (III 42–129), kündigt sich hier bereits an:

> Das Selbst ist die Voraussetzung für wirkliches Leben; aber gleichzeitig setzt das Selbst Individualisation voraus, um Selbst zu werden und Intentionalität oder Welt zu haben. Darum die paradoxe Situation, daß die Trennung von der Welt, die Individualisation, es ermöglicht, Welt zu haben. Das ist dieselbe Paradoxie, die sich auch in unserer individuellen Existenz ausdrückt, nämlich zur Totalität des Lebens, seiner Vitalität und seiner Intentionalität zu gehören und doch von ihr getrennt zu sein und der Totalität widersprechen zu können. (EW XVII 251)⁴⁹

Die Attribute, mit denen Tillich schon in den Dreißigerjahren das „Sich-selbst-Haben" des Menschen bestimmt, nämlich „innere Zweideutigkeit", „dynamischen Charakter", „Freiheit und die Gefährdung unserer Existenz" (EW XVII 278), werden in der *Systematischen Theologie* zu Hauptvokabeln seiner Theologie des Lebens.

Seit Mitte der 1930er Jahre begann Tillich schließlich erste Skizzen seiner im Entstehen begriffenen *Systematischen Theologie* in Vorlesungen vorzustellen und zu diskutieren. Der viersemestrige Vorlesungszyklus *Advanced Problems of Systematic Theology*, gehalten 1936–1938 am Union Theological Seminary in New

---

48 Tillich fasst hier das „Sich-selbst-Haben" als „allgemeine ontologische Qualität" (EW XVII 182) und beschreibt damit „die Totalität der menschlichen Natur" (EW XVII 278) – die Anknüpfung an die Frankfurter Hegelvorlesung ist hier besonders deutlich.
49 Die in der New Yorker Vorlesung gewählten Ausdrücke lassen sich späteren Formulierungen im dritten Band der *Systematischen Theologie* durchaus zuordnen (im Folgenden in Klammern): „Der Mensch entfernt sich von sich selbst" (EW XVII 158–160; entspricht später der „Selbst-Integration" und „Konstituierung des personhaften Selbst" [III 45–64]); „Der Mensch sucht sich selbst fern von sich selbst" (EW XVII 163–170; später die „Selbst-Veränderung" und die Lebensfunktion des „Sich-Schaffens" [III 64–107]); „Der Mensch kehrt zu sich selbst zurück" (EW XVII 170–177; später in III 42 die „Rückkehr-zu-sich-selbst"); „Der Mensch findet sich und die Dinge in sich selbst" (EW XVII 178) bzw. es wird „das Leben selbst transzendiert" (EW XVII 189; entspricht der „Selbst-Transzendierung" [III 107–129]).

York, ist hierbei besonders hervorzuheben.⁵⁰ Bemerkenswert ist allerdings im Blick auf das spätere Hauptwerk, dass die Vorlesung nur aus vier Teilen besteht und das spätere Kapitel *Life and the Spirit* zwischen den Abschnitten III. (*Christology and Human Existence*) und IV. (*The Kingdom of God and History*) fehlt.⁵¹ Erst in den folgenden Jahren emanzipiert sich dann die zunächst im Kontext der Christologie verortete Anthropologie in Tillichs Systementwurf hin zu einem eigenen, am Lebensbegriff orientierten und mit der Pneumatologie verbundenen Hauptteil des Systems.⁵²

Eine neue Tonlage bringt Tillich 1944 in seinem Versuch ein, dem amerikanischen Publikum die Tradition der ‚Existenzphilosophie' und ihre Bedeutung für die Gegenwart vorzustellen.⁵³ Er skizziert hier moderne Transformationsprozesse der Geistesgeschichte, welche die „‚rationale' Ordnung des Denkens und Lebens" zu durchbrechen versuchen, um dahinter die „Ursprünglichkeit und Unmittelbarkeit des Lebens" frei zu legen (GW IV 169). Es geht Tillich dabei auch um eine „mystische" Dimension der Existenzphilosophie, die sich zur „Wirklichkeit, wie sie die Menschen in ihrem Leben unmittelbar erfahren, zur ‚Innerlichkeit'" hin zu öffnen versteht (ebd.). Dass die anthropologische Verschiebung in seinem Denken spätestens nach dem Zweiten Weltkrieg programmatischen Charakter hat, deutet Tillich dann bei seinem ersten Deutschlandbesuch 1948 in Marburg an.⁵⁴ Von einer umfassenden „Doctrine of Man" verspricht er sich nun nicht weniger als den Versuch, „die Wissenschaft als Ganzes greifen und begreifen" zu können (GW XIII

---

50 Vgl. hierzu die jüngst erschienene Edition der Vorlesung, EW XIX.
51 Vgl. hierzu und zu den Hintergründen die historische Einleitung von Erdmann Sturm in EW XIX, XXI–LVII.
52 Zur Bedeutung der Anthropologie in den *Advanced Studies* vgl. EW XIX 124–126, wo Tillich den Lebensbegriff im Kontext der Christologie einbringt und dabei mit Begriffen wie „having oneself" oder „self-transcendence" Formulierungen verwendet, die für die spätere Anthropologie im Hauptwerk grundlegend wichtig werden (vgl. hierzu auch Sturm, Einleitung in: EW XIX, XLIIIf.). Zur Verbindung von „spirit" und „life" vor dem Hintergrund des Inkarnationsgedankens in der Christologie vgl. EW XIX 199–202.
53 Vgl. die Schrift *Existential Philosophy*, MW I 353–381 und GW IV 145–174. Schon in den frühen 1930er Jahren setzte sich Tillich immer intensiver mit der aufkommenden Existenzphilosophie auseinander. Dies gilt insbesondere für seine Rezeption Heideggers. Vgl. hierzu beispielsweise die Frankfurter Vorlesung zur Systematischen Philosophie (1932/33), wo Tillich auch hier und da Verbindungslinien zwischen Existenzphilosophie und Lebensbegriff andeutet (vgl. z. B. EW XVIII 648, und dann im amerikanischen Exil die Vorlesung *Einführung in die Existentialphilosophie* [*The Interpretation of Existence in Recent German Philosophy*] von 1934 [EW XVII 57–156]). Hinzu kommen in Amerika die Eindrücke weiterer philosophischer Richtungen wie Pragmatismus und Prozessphilosophie (vgl. hierzu vor dem Hintergrund des hier kommentierten Kapitels III 21 u. a.).
54 Vgl. den Jubiläums-Festvortrag zur Frage der *Verwirklichung der Einheit der Wissenschaften*, GW XIII 359–363.

359) und damit letztlich hinter dem Kanon der Wissenschaften und „Lebensprozesse" auch an jene Sphäre letzter Fragen des Lebens zu rühren, die den Menschen „unbedingt angeht" (GW XIII 360 f.). Eine Schlüsselrolle auf dem Weg zu einem die idealistischen und materialistischen Einseitigkeiten der Moderne überwindenden, universalen Lebensbegriff spielt dabei auch Tillichs zunehmende Auseinandersetzung mit der aufkommenden Tiefenpsychologie und Psychopathologie.[55] In dem 1945 gehaltenen Vortrag *The Relation of Religion and Health* (dt. GW IX 246–286) entwirft er einen Problemaufriss, der über das „Verständnis des Menschen als eines Statischen und aus Teilen Zusammengesetzten" im Blick auf ein universales „Lebensprinzip" hinauszugehen versucht (GW IX 281). Das Rätsel der menschlichen Psyche lässt ihn nun die für den IV. Teil der *Systematischen Theologie* grundlegende Frage nach der „dynamische[n] Einheit" und dem „dynamischen Charakter des personhaften Lebens des Menschen" stellen (GW IX 285 f.) und eröffnet einen neuen Zugang zu Begriffen wie „Selbst", „Persönlichkeit" und „Geist" (GW IX 282–286).[56]

5 Von den frühen Fünfzigerjahren bis zur Entstehung der Systematischen Theologie

In den 1950er Jahren setzte Tillich in seinen Vorlesungen die Arbeit an der *Systematischen Theologie* fort und trug in diesem Zusammenhang auch die seit den 1940er Jahren konzipierten Inhalte des dritten Bandes zum Thema *Life and the Spirit* vor.[57] Erste konkrete Skizzen des Lebenskapitels im Hauptwerk sind be-

---

55 1952 bekennt Tillich seit Jahren in „ständigem Kontakt" mit „der Tiefenpsychologie und vielen ihrer Vertreter" gestanden zu haben (vgl. GW XII 74) und denkt dabei wohl an Freundschaften wie insbesondere jene zu Rollo May und seine intensive Rezeption Sigmund Freuds, Carl Gustav Jungs, Erich Fromms uvm. Er resümiert (ebd.): „Ich glaube nicht, daß es heute möglich ist, eine christliche Lehre vom Menschen zu entwickeln [...] ohne das ungeheure Material zu benutzen, das die Tiefenpsychologie ans Licht gebracht hat." Tillichs bekanntes Werk *The Courage to Be* ist nur eines der Beispiele dafür, wie sich dies auch ausdrücklich in seinen Arbeiten niedergeschlagen hat.
56 Die dynamischen Prozesse hinter der Korrelation von Leben und Geist zeichnen sich hier deutlich als die anthropologische Leitfrage für die kommenden Jahre ab und bestimmen auch die als Ontologie der Angst und des Mutes konzipierten Überlegungen in Tillichs 1952 erschienenem Buch *The Courage to Be*, das auch als Anwendungsfall seines vieldimensionalen Lebensbegriffs gelesen werden kann. Zur Verbindung von *Der Mut zum Sein* zum späten Lebensbegriff Tillichs vgl. Danz, Der Mut zum Sein, 10 f.
57 Tillich hat die für das spätere Kapitel zu *Leben und Geist* relevanten Inhalte erstmals in den frühen Vierzigerjahren umfassend ausgearbeitet und in seine Vorlesungen integriert. Insbeson-

sonders in den als Edition vorliegenden Gastvorlesungen zu finden, die Tillich nach dem Zweiten Weltkrieg in Deutschland hielt. In der Berliner Vorlesung von 1952 wird die „Lehre vom Menschen" grundsätzlich mit dem Ausdruck der „Zweideutigkeit des Lebens" verbunden.[58] Dahinter steht die nun ausgearbeitete Konzeption eines ontologischen Lebensbegriffs als „Aktualisierung des Seins" hinter der Erfassung des „Lebensprozesses" als „zweideutige Mischung der essentiellen und existentiellen Elemente".[59] Wegweisend für die weiteren Vorarbeiten an der *Systematischen Theologie* ist die Unterscheidung der dynamischen Vielfalt der Lebensprozesse von dem, was Tillich das „geistige Leben" bzw. „Geist" nennt (EW XVI 324). Im Geist erblickt er – analog zum Lebenskapitel im späteren Hauptwerk – eine besondere Sphäre von „Sinn und Macht, Intentionalität und Vitalität" im menschlichen Lebensvollzug, in der sich mit „Moralität", „Kultur" und „Religion" das essentielle Wesen des Lebens verwirklicht bzw. zu sich selbst

---

dere in der dritten Lesung seines Vorlesungszyklus zur *Systematic Theology* in den Studienjahren 1940/41 und 1941/42 konzipierte Tillich erstmals den IV. Teil des Systems unter dem Titel *Life and the Spirit* und trug damit einen ersten Entwurf des späteren, gleichnamigen IV. Teils im dritten Band der *Systematischen Theologie* vor. Vgl. hierzu grundlegend die historische Einleitung von Erdmann Sturm, EW XIX, XXIVf. Da die späteren amerikanischen Vorlesungen Tillichs in den Vierziger- und Fünfzigerjahren noch nicht als Edition zugänglich sind, kann hier nur angedeutet werden, wann und in welcher Weise Tillich die Inhalte des späteren IV. Teils der *Systematischen Theologie* in seinen Vorlesungen ausgearbeitet und weiterentwickelt hat. Im deutschen Paul-Tillich-Archiv sind Unterlagen von Vorlesungen der Jahre 1952–1954 am Union Theological Seminary, New York vorhanden, die den Stoff des nachmaligen IV. Teils der Systematischen Theologie (*Life and Spirit*) behandeln. In den Materialien der 1953–1954 gehaltenen „Gifford Lectures" in Aberdeen wird das Thema *Life and the Spirit* und seine „ambiguities" ausführlich behandelt und ist im amerikanischen Tillich-Archiv erhalten. Überdies sind im deutschen Tillich-Archiv unter der Signatur 015 B und H die Unterlagen von Vorlesungen zum Thema *Leben und Geist* an der Universität Harvard und am Union Theological Seminary NY aus dem Jahr 1956 vorhanden. Hinzu kommen eine weitere Vorlesung mit dem Titel *Life and the Spirit*, gehalten 1960 in Harvard (deutsches Tillich-Archiv, Sign. 015 C) und zahlreiche Tonbandmaterialien der Vorlesungen und Seminare (allesamt zum Thema *Leben und Geist*), die Tillich unmittelbar nach dem Erscheinen des dritten Bandes der *Systematic Theology* im Dezember 1963 in Zürich hielt (deutsches Tillich-Archiv, Sign. 020 A, 5–7, sowie 020 C/01).

58 Vgl. in der Berliner Nachkriegsvorlesung besonders die Ausführungen ab der 13. Sitzung in EW XVI 297–334, bes. 301. Der Herausgeber Erdmann Sturm spricht hier von einer mit der Ontologie verbundenen „Anthropozentrik" der Vorlesung (EW XVI, XLI).

59 Vgl. EW XVI 298–300. Deutlich erkennbar ist hier das spätere Kapitel über das Leben in der *Systematischen Theologie* wenn Tillich die „Polaritäten" des Lebens in dialektischen Kategorien wie „schöpferisch" und „zerstörerisch" oder „heilig" und „dämonisch" beschreibt (EW XVI 301–323, zus. 312).

kommt.⁶⁰ Hinter dieser bei Tillich fortan immer wieder explizierten dreifachen Aufspaltung der zweideutigen Lebensdimension des Geistes steht letztlich auch die Pointe von seiner Deutung der christlichen Botschaft und ihrer Symbole als „Antwort auf die Frage: Wie können wir in der Zweideutigkeit eine Eindeutigkeit haben, die die Zweideutigkeit in sich aufnimmt?" (EW XVI 334) Um nichts anderes geht es in der Frage nach dem „unzweideutigen Leben", die Tillich – ebenfalls 1952 an der FU Berlin – in seinem Vortrag *Liebe, Macht und die Gerechtigkeit*⁶¹ formuliert und später zum entscheidenden Ankerpunkt zwischen Leben und Geist im IV. Teil seiner *Systematischen Theologie* erhebt (vgl. III 130–133).

Als Tillich 1958 erneut eine Vorlesung – diesmal zur *Zweideutigkeit der Lebensprozesse* – an der FU Berlin hielt, waren die ersten beiden Bände seines Hauptwerkes bereits erschienen und der dritte in unmittelbarer Vorbereitung. Den Formulierungen in der Vorlesung ist dies deutlich anzumerken.⁶² Eine Innovation gegenüber früheren Ansätzen zum Lebensbegriff ist zunächst die im Hauptwerk konsequent umgesetzte Dimensionenlehre (vgl. EW XVI 344–351 und III 25f.). Anders als starre Schichtenmodelle sieht Tillich in der Metapher der „Dimension" die Möglichkeit einer Abbildung der Dynamik zwischen Aktualität und Potentialität in allen Prozessen des Lebens. Ein neuer Schwerpunkt in der Vorlesung ist außerdem die Fokussierung auf die „Prozesse" und „Funktionen" des Lebens. Was Tillich nun in der Vorlesung mit „Selbstintegration", „Selbstproduktion" und „Selbstmanifestation" des Lebens beschreibt (EW XVI 352–409), erscheint dann wenige Jahre später im dritten Band der *Systematischen Theologie* als umfassende

---

60 Vgl. EW XVI 324–334, insbes. mit Blick auf die umfassende Ausarbeitung der „Dimension des Geistes" als Moralität, Kultur und Religion in den „Hauptfunktionen des Lebens" in III 45–129. Vgl. hierzu auch den 1955 – also drei Jahre später – erstmals auf Englisch veröffentlichten Aufsatz zum Thema *Religion als eine Funktion des menschlichen Geistes?* (GW V 37–42).

61 Zu den historischen Umständen des Vortrags vgl. Erdmann Sturms Ausführungen in EW XVI, XLII. Die Übersetzung der englischen Erstveröffentlichung von 1954 liegt vor in GW XI 143–225. Ausgehend von der „Dynamik alles Lebendigen" (GW XI 166) interpretiert Tillich Liebe, Macht und Gerechtigkeit als „wahre Symbole des göttlichen Lebens", als „letzte Einheit" (GW XI 216) die gerade in ihrer zweideutigen Aktualisierung im Leben als Antwort auf die Frage nach dem unzweideutigen Leben gelten können (vgl. GW XI 218–225). An dieser Stelle tut sich auch eine direkte Überleitung zur zweiten Hälfte des IV. Teils der *Systematischen Theologie*, zu den Kapiteln über den göttlichen Geist auf (III 134–323), in der Liebe, Macht und Gerechtigkeit als Manifestationen des göttlichen Geistes interpretiert werden. Vgl. hierzu den Kommentar zur Stelle.

62 Vgl. EW XVI 335–409. Auch in Hamburg hat Tillich im Sommer 1958 eine Vorlesung – wohl zum gleichen Thema – gehalten. Leider liegt die Hamburger Vorlesung von 1958 ebenso wie diejenige von 1961 (ebenso zum *Leben und dem Geist*) nicht als Edition vor. Zum Hintergrund vgl. Erdmann Sturms historische Einleitung, EW XVI, LI. Im deutschen Tillich-Archiv liegen unter der Signatur 020 A und B Tonbandmaterialien der Vorlesungen zum Thema *Das Leben und der Geist* an der Universität Hamburg aus den Jahren 1958 und 1961 und Nachschriften unter Sign. 009 vor.

Abhandlung zu den „Hauptfunktionen des Lebens".⁶³ Tillich gelingt damit zum ersten Mal eine systematische und umfassende Erschließung des dynamischen Charakters des Lebens und seiner Zweideutigkeit in allen denkbaren Lebenszusammenhängen bis hin zur Dimension des Geistes, die sich – wie bereits 1952 angedeutet – in den Zweideutigkeiten von Moralität, Kultur und Religion aktualisiert. Am Ende der Vorlesung wagt Tillich schließlich ein bemerkenswertes Schlusswort, das gewissermaßen eine theologische Klammer um das Gesagte fasst und zugleich den Ausblick auf den später in der *Systematischen Theologie* ausgeführten Gesamtzusammenhang bietet. Tillich fragt:

> Gibt es Erfahrungen, in denen uns das Unzweideutige oder Ewige, das ewige Leben gegenüber dem Zweideutigen des Lebens erscheint? Ich sagte, es erscheint in der Religion mitten durch ihre Zweideutigkeiten, die Zweideutigkeiten schaffend, aber zugleich richtend. Das ist die religiöse Antwort. (EW XVI 408)

Am Ende schließt Tillich mit einer Bemerkung, die man gleichsam als Zusammenfassung seines alten Konzepts vom ‚positiven Paradox' des Christentums und als Kommentar zum dritten Band der *Systematischen Theologie*, ausgehend von der Zweideutigkeit des Lebens bis hin zur Idee des ewigen und göttlichen Lebens am Ende von Teil V deuten könnte:

> Das Letzte, was vielleicht auch in unserer Weltsituation in den unendlichen Zweideutigkeiten unserer Situation uns bleibt und mehr ist, als was es zu sein scheint, ist die unbedingte Ernsthaftigkeit des Fragens nach dem, was jenseits der Zweideutigkeit des Lebens steht. (EW XVI 409)

Wie wichtig Tillich die skizzierten Überlegungen zum Lebensbegriff und seinen problemgeschichtlichen Hintergründen waren, zeigt neben der prominenten Stellung im dritten Band des Hauptwerkes auch die Präsenz des Themas in den anthropologischen Veröffentlichungen der späten 1950er und frühen 1960er Jahre. Allein im Jahr 1958 sind der Vortrag zur Verleihung des Hansischen Goethepreises,⁶⁴ der Artikel *The Lost Dimension in Religion* (dt. GW V 43–50) und der Vortrag *Dimensions, Levels, and the Unity of Life*⁶⁵ zu nennen, die alle als pointierte

---

63 Vgl. III 45–129 allerdings in neuer Nomenklatur: Tillich nennt die drei Hauptfunktionen hier nun „Selbst-Integration", „Sich-Schaffen" und „Selbst-Transzendierung" des Lebens.
64 Vgl. hierzu den Aufsatz *Humanität und Religion* (GW IX 110–121) in dem einige anthropologische Überlegungen zum Lebensbegriff aus der Berliner Vorlesung in einen allgemeinverständlichen Horizont der Gegenwartsanalyse gefasst werden.
65 Der in MW VI 401–416 und als Übersetzung in GW IV, 118–129 abgedruckte Aufsatz kann als pointierteste Zusammenfassung der Thematik des Lebens und seiner Zweideutigkeiten gelten. Im

Durchführungsversuche des im Entstehen befindlichen Anthropologiekapitels gelten können. Ein besonderes Anwendungsfeld ist schließlich das Problem von Heilung und Gesundheit, das Tillich 1961 in dem Aufsatz *The Meaning of Health* mit der Frage nach einer „Anschauung der Gesamtheit des Lebens" zusammenbringt.[66] Nach den jahrzehntelangen Entwicklungsprozessen von Tillichs Annäherung an die Prozesse des Lebens steht damit in den letzten Lebensjahren besonders die Universalität und interdisziplinäre Anschlussfähigkeit des Lebensbegriffs an die großen Debatten und Fragen seiner Zeit im Vordergrund und verleiht dem letzten Band des Hauptwerks damit gleichermaßen den Charakter von Abschluss und Aufbruch.

Kommentar

A Die vieldimensionale Einheit des Lebens (III 21–41)

Abschnitt A des ersten Kapitels im IV. Teil der *Systematischen Theologie* handelt von grundsätzlichen Fragen der Definition und Interpretation des Lebensbegriffs. Er steht unter dem Gedanken einer „vieldimensionalen Einheit des Lebens" („multidimensional unity of life" [III 12^e]). Tillich geht es dabei zunächst um eine schon seit den 1920er Jahren angestrebte Ausweitung des Lebensbegriffs über seine Bedeutung in einzelnen Wissenschaftsdisziplinen und Alltagskontexten hinaus. Hierfür greift er auf die für sein Denken grundlegende Unterscheidung von essentiellem und existentiellem Sein zurück. Leben ist demzufolge der Ort bzw. das Geschehen, in dem das Sein in seinen essentiellen und existentiellen Elementen aktuell wird: „Leben ist die Aktualisierung des Seins" (III 21). Tillich spricht daher von einem „ontologischen Lebensbegriff"[67] in dem sich Essenz und Existenz „mischen" (III 22. 41) und dadurch dem Leben seinen zweideutigen Charakter verleihen:

Mittelpunkt steht hier einmal mehr der Gedanke der „multidimensional unity of life", also jenes dialektische Dimensionenmodell, das dann auch in der *Systematischen Theologie* zu Grunde gelegt wird.

[66] Vgl. MW II 345–352 und die deutsche Übersetzung in GW IX 287–296. Angerissen wurde das Thema auch schon in dem Dimensionenaufsatz in GW IV 118–129. Vgl. zum Thema grundsätzlich Werner Schüßler, „Healing Power." Zum Verhältnis von Heil und Heilen im Denken Paul Tillichs, in: ders., „Was uns unbedingt angeht". Studien zur Theologie und Philosophie Paul Tillichs, ⁴2015, 383–418.

[67] Vgl. III 21, wo Tillich resümiert: „Dieser Lebensbegriff vereinigt zwei Hauptqualitäten des Seins, die meinem ganzen theologischen System zugrunde liegen."

> In allen Lebensprozessen ist ein essentielles und ein existentielles Element – geschaffene Gutheit und Entfremdung – so miteinander verflochten, daß weder das eine noch das andere ausschließlich wirksam ist. Das Leben umfasst immer essentielle und existentielle Elemente – das ist die Wurzel seiner Zweideutigkeit. (III 130)

Mit dem Begriff der „Zweideutigkeit" („ambiguity") greift Tillich auf eine grundlegende Konzeption zurück, die er – wie im werkgeschichtlichen Überblick deutlich wurde – bereits Jahrzehnte zuvor mit dem Lebensbegriff verbunden hatte.[68] Das Leben wird definiert als die Wirklichkeit, in der das essentielle Wesen und die Bestimmung des Seins mit seiner existentiellen Verzerrung und Entfremdung zusammentritt und zugleich in einem Prozess konkret wird. Dieser fundamentale Konkretionsschritt hin zu einer „komplexen und dynamischen Einheit" gibt dem Verlauf des Gesamtwerks damit im Auftakt des IV. Teils eine entscheidende Wendung, die man als ganzheitlichen Ansatz bezeichnen könnte.[69] Was sich zunächst abstrakt in Korrelationen auseinanderlegen ließ, spiegelt sich nun in den dynamischen und ambivalenten Prozessen des Lebensvollzugs. Tillich spricht in Anlehnung an die Lebensphilosophie von einem „universalen Lebensbegriff" (III 22), der sowohl die Einheit, als auch die „existentiellen Zweideutigkeiten" und Konflikte des Lebensprozesses umfasst. Das Leben ist demnach kein Zustand, sondern ein dynamisches Geschehen. Aus diesem Grund lehnt Tillich jeden Versuch ab, die Ambivalenzen des Lebens durch Ordnungs- und Klassifikationsmodelle zu glätten und zu vereindeutigen. Solche Modelle, die mit Metaphern wie „Schicht" („Levels" [III 12–15e]) oder „Hierarchie" arbeiten, führen – so Tillich – zwangsläufig zur Banalisierung der dynamischen Komplexität des Lebens in reduktionistischen Deutungen eines naturalistischen Monismus oder eines die Welt in zwei Sphären zerreißenden Dualismus.[70] Tillich wählt daher die Metapher der „Dimension". Anders als in der Stufenordnung eines Schichten-

---

68 Zu nennen sind hier besonders die Schriften der 1920er Jahre, insbesondere die Marburg-Dresdener *Dogmatik-Vorlesung*. Zu diskutieren bleibt in diesem Zusammenhang, inwiefern der im Englischen verwendete Begriff „ambiguity" als angemessene Übersetzung des deutschen Begriffs „Zweideutigkeit" gelten kann (Tillich spricht in der englischen Ausgabe von „ambiguities of life" und „quest for unambiguous life" [vgl. III 11e]). Die Übersetzerinnen weisen treffend auf die Unterschiede der beiden Begriffe und die damit einhergehenden Übersetzungsprobleme hin (vgl. hierzu III 42 Anm. 1 und hierzu III 30e). Es wäre zu überlegen, ob nicht eine Übertragung mit „Ambiguität" oder „Ambivalenz" im vorliegenden Zusammenhang den dynamischen Charakter der beschriebenen Lebensprozesse noch treffender beschreiben würde, als der vergleichsweise enge deutsche Begriff der „Zweideutigkeit".
69 Tillich spricht 1961 in seinem Aufsatz *Die Bedeutung der Gesundheit* von einer „Anschauung der Gesamtheit des Lebens" (vgl. GW IX 287).
70 Zur Diskussion um die Alternative von „Schichten" und „Dimensionen" vgl. III 23–25 und die werkgeschichtlichen Hintergründe, MW VI 401–416.

modells liegt im Begriff der Dimension der Vorteil, unterschiedliche Bereiche, Prozesse und Ebenen des Lebens in ihrer ineinander liegenden Gegenwärtigkeit beschreiben zu können.[71] In allen Lebensprozessen sind demnach alle Dimensionen des Lebens potentiell gegenwärtig und unterscheiden sich nur durch die Grade ihrer Aktualität. Werkgeschichtlich reicht dieser Gedanke zurück bis zu Tillichs Konzept einer Theologie der Kultur aus den frühen 1920er Jahren.[72] So wie Tillich Kultur und Religion nicht als nebeneinander liegende Schichten der Wirklichkeit, sondern die Religion als „Tiefendimension der Kultur" verstand (GW IV 121), versucht er nun alle Bereiche des Lebens als eine dynamische Einheit von Dimensionen in interdisziplinärer Perspektive zu begreifen.[73] Das Panorama der Lebensdimensionen erstreckt sich demzufolge von den Dimensionen des Anorganischen und Organischen bis hin zur Dimension des Geistes und der Geschichte (III 28–32). Letztere erlangen ihre Aktualität allein im menschlichen Leben und machen dessen „besonderen Charakter" aus.[74] Da Tillich die Explikation des Geschichtsbegriffs und der geschichtlichen Dimension des Lebens aus pragmatischen Gründen in den fünften Teil des Hauptwerkes auslagert, ist es besonders die Dimension des Geistes, die in den folgenden Abschnitten eine entscheidende Rolle spielt.

Die Dimension des Geistes umfasst, ganz im Sinne der „vieldimensionalen Einheit" des Lebens, kein „anorganisches Substrat", das zu anderen Dimensionen des Lebens hinzutritt, sondern kann nur als in allem Leben potentiell enthalte „Kraft", „Macht" oder als „Leben im Sinn" beschrieben werden (III 32–34). Damit knüpft Tillich an geisttheoretische Überlegungen an, die bis zu seiner frühen Auseinandersetzung mit dem Deutschen Idealismus zurückreichen.[75] Geist ist bei

---

[71] Den Durchbruch dieses Gedankens sieht Tillich bei Nikolaus von Kues in dessen Idee der coincidentia oppositorum, vgl. III 23 und ferner GW IV 120.
[72] Diese Verbindungslinie artikuliert Tillich in den 1950er Jahren explizit in GW IV 121. Vgl. zur signifikanten Anknüpfung von Tillichs Lebenskapitel in der *Systematischen Theologie* an das Projekt einer Theologie der Kultur: Christian Danz/Werner Schüßler, Einleitung, in: dies. (Hg.), Paul Tillichs Theologie der Kultur. Aspekte – Probleme – Perspektiven, Berlin/Boston 2011, 5 f.
[73] Vgl. hierzu die bereits im werkgeschichtlichen Überblick deutlich gewordene Auseinandersetzung Tillichs mit der signifikanten Komplexitätssteigerung, Technisierung und Ausdifferenzierung der Wissenschaften seit der Mitte des 20. Jahrhunderts, insbesondere im Blick auf Fragen der Anthropologie.
[74] Vgl. III 27. Der Dimension der Geschichte kommt dabei die „wertmäßig höchste Stelle" zu (III 27. 36). Deshalb gliedert Tillich die Geschichte als eigenen Teil V des Systems aus dem IV. Teil aus.
[75] Vgl. hierzu die werkgeschichtlichen Überlegungen oben und dazu u. a. Ringleben, Der Geist und die Geschichte, 234 sowie die umfassenden Studien: Danz, Religion als Freiheitsbewußtsein; Georg Neugebauer, Tillichs frühe Christologie. Eine Untersuchung zu Offenbarung und Geschichte bei Tillich vor dem Hintergrund seiner Schellingrezeption, Berlin/New York 2007.

Tillich nichts, was sich in einem Leib-Geist-Dualismus von den materiellen Dimensionen des Lebens lösen ließe (III 35–39), sondern ist selber Leben in allen Lebensprozessen, das sich im freien Akt, im „Sprung" dialektisch von sich selbst unterscheidet.[76] In der Dimension des Geistes ereignet sich – so könnte man Tillichs Ausführungen zusammenfassen – ein Zu-Sich-Selbst-Kommen des Lebens im Prozess, indem es sich in einem Akt der Selbstunterscheidung zu sich selbst ins Verhältnis setzt. Insofern spielt der Geist eine Sonderrolle unter den Lebensdimensionen: Es besteht eine „innere Dialektik im Verhältnis des Geistes zu den vorausgehenden Dimensionen des Lebens" (III 39). Tillich fasst diese Pointe schließlich mit jenem bereits erwähnten Nietzsche-Zitat zusammen, das auch in den Jahrzehnten zuvor immer wieder in seinen Schriften zum Lebensbegriff auftaucht: „Geist ist Leben, das selber ins Leben schneidet."

B Die Selbst-Aktualisierung des Lebens und ihre Zweideutigkeiten (III 42–130)

Tillich weist in dem für seinen späten Lebensbegriff und seine Dimensionenlehre grundlegenden Aufsatz über *Dimensionen, Schichten und die Einheit des Seins* aus den späten 1950er Jahren darauf hin, dass eine „Einheitslehre des Lebens die Einheit so sehr betont, daß die Spannungen, Konflikte und Zweideutigkeiten des Lebens verdeckt sind" (GW IV 126). Für den tatsächlichen Lebensvollzug gilt jedoch: „es gibt keinen Lebensprozeß ohne solche Konflikte, ohne solche Zweideutigkeiten" (ebd.). Eben jene Lebensprozesse und die darin wirksamen „Funktionen des Lebens" sind es, die Tillich daher nun im umfangreichen Teil B des Lebenskapitels auf ihren Charakter der Zweideutigkeit hin untersucht (III 42–130). War die Lehre von der „vieldimensionalen Einheit des Lebens" noch ein eher konzeptionelles Klassifikationsmodell für die unterschiedlichen Erscheinungsformen des Lebens, ist die ausführliche Rede von den „Lebensfunktionen" nun die eigentliche Erfassung der dahinterliegenden dynamischen Prinzipien. Die Grundidee hierbei ist, wie auch schon in früheren Studien, dass sich alle Lebensprozesse in drei Bewegungsrichtungen (in „Elementen" [III 42]) aktualisieren: zunächst zwischen den beiden Polen der „Selbst-Identität" und der „Selbst-Veränderung" und schließlich in ihrer Umkehrung, der „Rückkehr zu sich selbst". Alles, was Leben ist, muss sich laut Tillich nach diesem Schema beschreiben

---

[76] Vgl. III 38. Joachim Ringleben erläutert den Geistbegriff Tillichs an dieser Stelle treffend als „Selbstunterscheidung des Lebens von seiner Unmittelbarkeit" sowie als „Selbstvermittlung von Einheit in Selbstunterscheidung" (Ringleben, Der Geist und die Geschichte, 232. 234).

lassen. Wirksam sind diese Elemente in den hiervon nochmals unterschiedenen drei „Hauptfunktionen" des Lebens (III 42–44, bzw. „basic functions of life" [III 30 f.ᵉ]), die sich in allen Lebensdimensionen realisieren bzw. aktualisieren. Jene Funktionen realistisch am Ort ihres Geschehens zu beschreiben, bedeutet für Tillich, sie gerade in ihrer „Zweideutigkeit" zu erfassen, d.h. die in ihnen wirksamen Momente der „existentiellen Entfremdung" direkt mitzudenken.[77] Eine besondere Herausforderung ist dabei die enorme enzyklopädische Weite der hierbei in den Blick kommenden Erscheinungsformen des Lebens, die fast alle erdenklichen Wissenschaftsfelder, auch jene der modernen Natur- und Sozialwissenschaften, berühren.

In der Darstellung der werk- und problemgeschichtlichen Hintergründe (vgl. oben 2.) kamen bereits wichtige Grundlagen und Argumente von Tillichs Theorie der Lebensfunktionen zur Sprache. In ihnen entfaltet Tillich nicht nur ein Hauptanliegen seiner „Doctrine of Man" im Kontext der wichtigsten wissenschaftlichen Debatten seiner Zeit, sondern führt zugleich auch die Epochen seines eigenen Denkens zusammen: Geistphilosophie, Sinntheorie, Kulturtheologie, Religions- und Geschichtsphilosophie fließen hier ineinander. Im Folgenden geht es daher vor allem um die Bündelung der facettenreich auseinandergelegten Einzelaspekte des Kapitels anhand seiner drei Unterkapitel. Ein Schwerpunkt liegt dabei auf den besonders wichtigen Lebensfunktionen in der *Dimension des Geistes* (III 35–39). Denn die hier entscheidenden Begriffe „Moralität", „Kultur" und „Religion" bilden nicht nur Kernthemen von Tillichs Theologie überhaupt, sondern auch eine direkte Verbindungslinie zu der Frage nach dem „unzweideutigen Leben" und der Idee des „göttlichen Geistes", die in den Kapiteln II und III ausführlich behandelt wird und damit den IV. Teil des Systems abschließt.

1 Die Selbst-Integration des Lebens und ihre Zweideutigkeiten (III 45–64)

Als erste Hauptfunktion im Prozess der Selbst-Aktualisierung des Lebens nennt Tillich den Vorgang, durch den ein ‚Selbst' entsteht und sich als Individuelles, Einzelnes vom Ganzen unterscheidet. Es ist damit nicht weniger als der ewige Kreislauf des Lebens von „Individualisation und Partizipation" gemeint, den Tillich mit der „Selbst-Integration" (III 44) bzw. mit „self-integration" (III 32–50ᵉ) beschreibt. Alles Leben strebt im Wandel von Werden und Vergehen danach, sich

---

[77] Vgl. III 44. Entscheidend ist dabei die Einsicht, dass in der Zweideutigkeit der Lebensfunktionen „positive und negative Elemente gemischt sind" und sich letztlich auch nicht voneinander trennen lassen.

zu zentrieren, also ein ‚Selbst' zu werden und zu bleiben – dies gilt von der einfachsten Kristallstruktur bis zu astrophysikalischen Naturphänomenen und Lebewesen. Dahinter steckt die ständige Bewegung des „Aus-sich-Herausgehens" und „Zu-sich-Zurückkehrens" (III 47), durch die sich das Selbst gegenüber der Mannigfaltigkeit der Welt behaupten muss: „Es stößt in den Raum vor, soweit es ihm seine individuelle Struktur erlaubt, und es zieht sich zurück, wenn es diese Grenzen überschritten hat" (ebd). Zweideutig ist die Funktion der Selbst-Integration deshalb, weil sie nie ihre Vollendung findet und stets mit desintegrierenden Kräften konfligiert. Jedes Selbst unterliegt dem Druck, sein Selbst zu verlieren und sich im Ganzen des Lebens zu assimilieren. Die Spannung von Krankheit und Gesundheit nennt Tillich insbesondere im Blick auf die Psychologie als Beispiel für diese Dynamik (III 48–51).

In der Dimension des Geistes wird sich das Selbst seiner selbst-integrativen Dynamik bewusst. Dies befreit den Menschen von seiner Verwobenheit in das Weltganze hin zu einem der Welt gegenüberstehenden Selbst und macht ihn zur Person (III 51–54). Tillich spricht von der Verwirklichung der „essentiellen Zentriertheit" des Menschen im „moralischen Akt" (III 51). Mit Moralität ist kein befolgen von Gesetzen gemeint, sondern das grundlegende Phänomen, dass sich Leben „als Person in einer Gemeinschaft von Personen konstituiert" (ebd.). Eindrucksvoll gelingt es Tillich so, die basalen Grundstrukturen der Lebensprozesse mit den Konstitutionskräften von menschlicher Gemeinschaft und persönlicher Beziehung zu verbinden (III 54) und zugleich die Entfremdungen und Widersprüche in Konflikten der Persönlichkeit im sozialen Gefüge anhand von Grundfragen der Ethik zu erklären (III 54–64).

2 Das Sich-Schaffen des Lebens und seine Zweideutigkeiten (III 64–107)

Als zweite Hauptfunktion beschreibt Tillich das Prinzip des „Schöpferischen" in allen Lebensdimensionen. Es gibt demnach im Lebensprozess nicht nur Kreisläufe der Selbst-Integration, sondern auch horizontale Dynamiken des Wachstums, der Weiterentwicklung und Veränderung, der Erzeugung von Neuem (III 64–66). Die unendliche Vielfalt der Natur lebt aus dieser ständigen Selbst-Überschreitung hin zu neuen Lebensformen der Evolutionsgeschichte. Die Zweideutigkeit besteht hier in den zerstörerischen Kräften, die in allem Schöpferischen als ewiger Lebenskampf wirksam sind. Neue Arten setzen das Aussterben anderer voraus, neue Formen erfordern die Sprengung und Zersetzung der alten (III 66–72). Der naturmystische Zug des jungen Tillich mag hier durchscheinen, wenn er schreibt, im „Antlitz eines jeden Lebewesens" drücke sich „die Zweideutigkeit von Wachstum und Verfall aus" (III 68).

In der Dimension des Geistes bringt die Funktion des „Sich-Schaffens" („self-creativity" [III 50–86ᵉ]) eine ungeheure Fülle an Produktivität und Formenreichtum hervor – daher ist dieses Feld der materialreichste Abschnitt des ganzen Kapitels (III 72–85). Kommt das schöpferische Prinzip des Lebens im Geist zu sich selbst, lässt es den Menschen sich seiner Verstrickung in das Werden und Vergehen der Lebensformen, in die Zweideutigkeit von Neuschöpfung und Zerstörung bewusst werden. Um diesen Vorgang zu beschreiben, knüpft Tillich an die Grundbegriffe seiner vielleicht innovativsten Schaffensperiode nach dem Ersten Weltkrieg an: Er beschreibt den letzten Grund des Schöpferischen als ‚Sinn' und den Ort, in dem sich Sinn in der Dimension des Geistes aktualisiert als ‚Kultur'. Was nun folgt, ist eine Explikation einzelner „Grundfunktionen der Kultur" (III 72) in komplexen Exkursen zur Kultur- und Sprachtheorie (III 72–78), zu Erkenntnistheorie und Ästhetik (III 78–82) und zur Ethik und Gesellschaftstheorie (III 82–85). Sprache und Technik sind dabei gewissermaßen die Medien, in denen sich der Mensch schöpferisch betätigt: Einerseits „aufnehmend" in der Verarbeitung von kognitiven und ästhetischen Eindrücken im Streben nach Wahrheit („*theoria*"), andererseits „umgestaltend" in seinem moralischen und sozialen Handeln im Streben nach dem Guten („*praxis*"). Auch die Lebensprozesse der Kultur sind grundlegend zweideutig – um dies zu erklären knüpft Tillich an seine sinntheoretischen Überlegungen an (III 85–90). Die Zweideutigkeit der Kulturfunktionen besteht darin, „daß sie, indem sie die Wirklichkeit in Sinn transformiert, gleichzeitig Geist und Wirklichkeit voneinander trennt" (III 86). Konkret heißt das: Sprache und Denken verfehlen letztlich das, was sie meinen und bezeichnen; Kultur unterliegt der „Spaltung zwischen Subjekt und Objekt" (III 87), die den Sinn von der Wirklichkeit trennt. In der Kunst findet Tillich hierfür ein Beispiel in der Alternative naturalistischer-, idealistischer- und expressionistischer Stilelemente, die alle letztlich die Unerreichbarkeit ihres Ziels – und damit die Zweideutigkeit des kulturellen Schaffens implizit zum Ausdruck bringen: Naturalismus als unvollkommene Nachahmung des Natürlichen, Idealismus als unaufrichtige Inszenierung des Idealen, Expressionismus als Norm- und Formenauflösung in „einer letztlich bedeutungslosen Subjektivität".[78] Alle weiteren Beispiele für die Zweideutigkeit des „Sich-Schaffens" laufen ebenfalls letztlich auf das Problem der „Subjekt-Objekt-Spaltung" hinaus (III 95), die von technischer Gestaltung bis hin zur Pädagogik (III 91–96) und vom sozialen Leben bis zu Fragen der Gerechtigkeit und Ethik (III 96–104) das schöpferische Subjekt von dem, was es erreichen oder

---

[78] Vgl. III 89–91. Der Abschnitt über die Zweideutigkeit des Expressionismus (III 90 f.) fehlt in der amerikanischen Ausgabe durch einen Irrtum bei der Drucklegung (vgl. III 72ᵉ und hierzu die Hinweise von Werner Schüßler in GW XIV² 99).

verändern will, vom Sinn, in letzter Konsequenz trennt. Das Ziel der Sinnerfüllung bleibt immer bedroht vom Sinnverlust.

3 Die Selbst-Transzendierung des Lebens und ihre Zweideutigkeiten (III 107–130)

Eine besondere Funktion des Lebens erblickt Tillich dort, wo „das Leben über sich als endliches Leben hinaustreibt" (III 43). Momente, in denen dies geschieht, nennt er die „Erfahrung des Heiligen" und ordnet ihnen eine „vertikale" Bewegungsrichtung zu, die „nur in der Dimension des Geistes sichtbar" ist (III 43 f. 107 f.). Gemeint ist damit ein Prozess, in dem sich das Leben in seinen endlichen Bezügen als Profanes von einem schlechterdings unendlichen, transzendenten Grund, vom Heiligen, unterscheidet: „der Mensch ist der Spiegel, in dem die Beziehung eines jeden Endlichen zum Unendlichen bewußt wird" (III 107).[79] Tillich unternimmt damit den Versuch, die Religion als eine Lebensfunktion zu beschreiben, die sich durch die übrigen Funktionen hindurch aktualisiert – sie ist „essentiell mit Moralität und Kultur verbunden", indem sie sich als deren Grund und Richtung auf das Unbedingte erweist (III 117 f.). Die Selbst-Transzendierung („self-transcendence" [III 86–106ᵉ]) offenbart den unbedingten Sinn in und hinter allen Lebensprozessen und ihren zweideutigen Erscheinungsformen (III 118). Dieses Aufscheinen des Unbedingten in den bedingten Lebensprozessen ist jedoch – das sagt Tillich ganz klar – selbst zweideutig, da die Formen, in denen sich das Heilige aktualisiert, in die Profanität des Lebens verflochten sind (III 119). Das Heilige steht einerseits unter der ständigen Gefahr, mit Profanem verwechselt und damit profanisiert bzw. in die horizontalen Prozesse des Lebens gezogen zu werden (III 120–124), andererseits besteht zugleich die Gefahr der Verwechselung profaner Wirklichkeit – zu der auch die geschichtlichen Religionen gehören – mit dem eigentlich Heiligen; ein Vorgang, den Tillich seit Jahrzehnten mit dem Begriff des „Dämonischen" beschreibt (III 124–130). Die Zweideutigkeit der Religion besteht also in der Uneindeutigkeit ihrer Aktualisierung: Heiliges erscheint als Profanes, Profanes erscheint als Heiliges und wird damit dämonisch. Der Abschnitt über die Selbst-Transzendierung ist somit Religionskritik und Religions-

---

79 Der maßgebliche Impuls zu Tillichs Auseinandersetzung mit dem Begriff des Heiligen und seiner religionsphilosophischen Bedeutung ist in seiner Rezeption Rudolf Ottos zu sehen, mit dessen Werk er sich besonders in den Zwanzigerjahren intensiv befasst hat. Vgl. hierzu Werner Schüßler, „My very highly esteemed friend Rudolf Otto." Die Bedeutung Rudolf Ottos für das religionsphilosophische Denken Paul Tillichs, in: Interpretation of History. International Yearbook for Tillich Research, Vol. 8, Berlin/Boston 2013, 153–174.

theorie zugleich. Sie ist Ausdruck des „innerreligiösen Kampfes gegen die Religion" bzw. „für die Heiligkeit des Heiligen" (III 127) und gleichzeitig ist sie „der Ort, an dem die Antwort auf die Frage nach dem Unzweideutigen empfangen wird" (III 126). Insofern ist die Selbst-Transzendierung – auch in ihrer Zweideutigkeit – das, was in allen Lebensprozessen die Frage und Sehnsucht nach dem „unzweideutigen Leben" aufbrechen lässt.

C Die Frage nach dem unzweideutigen Leben und seine Symbole (III 130–133)

Das Kapitel schließt mit dem sehr kurzen Abschnitt C, der nicht nur als Zusammenfassung und Ausblick fungiert, sondern auch eine Art Drehscheibenfunktion innerhalb des gesamten Bandes erfüllt. Die hier eingeführte „Frage nach dem unzweideutigen Leben" zeichnet nicht nur den die folgenden Kapitel bestimmenden Gedanken der „Gegenwart des göttlichen Geistes" vor, sondern stellt auch eine Querverbindung zum fünften und letzten Teil des Systems her, der die umfassende Dimension der Geschichte behandelt und damit alle Dimensionen des Lebens umschließt (III 341–477). Mit „Spiritual Presence", dem „Reich Gottes" und dem „Ewigen Leben" werden jene drei großen „Hauptsymbole" für unzweideutiges Leben angerissen, die in den letzten Kapiteln der *Systematischen Theologie* erschlossen werden.[80] Insofern werden hier die maßgeblichen Linien des dritten Bandes wie durch einen Knoten zusammengehalten und machen erneut die fundamentale Bedeutung von Tillichs Lebensbegriff innerhalb seines Hauptwerkes deutlich.[81] Im Rückblick kann Tillich nun die vieldimensionale Einheit des Lebens als ein hochkomplexes und letztlich unauflösbares Geflecht existentieller und essentieller Elemente begreifen, die im Menschen „als dem Träger des Geistes" in ihrer dialektischen Spannung intuitiv aktuell werden und ihn die in allen Zweideutigkeiten des Lebens latent vorhandene „Frage nach dem unzweideutigen Leben" bewusst stellen lassen:

---

[80] Vgl. III 130–132. Besonders wichtig ist hier nicht nur der Verweis auf die „Gegenwart des göttlichen Geistes", die in Teil IV als direkte Antwort auf die Frage nach dem unzweideutigen Leben behandelt wird, sondern auch der Ausblick auf den Begriff der Geschichte, der als eigene Dimension des Lebens einen umfassenden und den systematischen Gesamtentwurf umschließenden Stellenwert hat (III 341–343).
[81] Treffend spricht Christian Danz im Blick auf Tillichs Gesamtwerk von einer „vollzugsgebundene[n] Theorie des Lebens aus der Perspektive des Lebensvollzugs selbst" (Danz, Der Mut zum Sein, 11).

Er erlebt die Zweideutigkeit des Lebens in allen Dimensionen, da er an allen Dimensionen partizipiert, und er erlebt sie unmittelbar in sich selbst als die Zweideutigkeiten der Funktionen des Geistes: der Moralität, der Kultur, der Religion (III 130).

Spätestens im Auftakt des dritten Bandes der *Systematischen Theologie* entwirft Tillich damit letztlich die Skizze eines universal-lebenswissenschaftlichen Ansatzes,[82] der nicht nur die enorm heterogenen Bahnen moderner Forschung in der Frage nach dem ihnen innewohnenden Kern und unbedingten Fluchtpunkt zu verknüpfen versteht, sondern auch die bemerkenswerte Geschichte seines eigenen Lebens und Denkens zu einem Fazit führt. Die letzten Fragen der Theologie versucht Tillich so unter den Bedingungen der Moderne als die letzten Fragen des Lebens in allen Lebensdimensionen zu übersetzen und führt damit sein eigenes Werk zu einem vorläufigen Abschluss:

> Wir können nur deshalb nach unzweideutigem Leben fragen, weil das Leben den Charakter der Selbst-Transzendierung hat. In allen Dimensionen bewegt sich das Leben in vertikaler Richtung über sich hinaus. Aber innerhalb keiner Dimension erreicht es das, worauf es sich hinbewegt – das Unbedingte. Es erreicht es nie aber das Verlangen danach besteht (III 133).

Literatur

Eduardo R. Cruz, On the Relevance of Paul Tillich's Concept of Ontological Life and its Ambiguity, in: Frederick J. Parrella (Ed.), Paul Tillich's Theological Legacy: Spirit and Community, Berlin/New York 1995, 118–124.

Christian Danz, Religion als Freiheitsbewußtsein. Eine Studie zur Theologie als Theorie der Konstitutionsbedingungen individueller Subjektivität bei Paul Tillich, Berlin/New York 2000, 275–299.

Evangelische Akademie Bad Boll, Was ist der Mensch? Paul Tillichs theologische Anthropologie im Dialog mit zeitgenössischen Fragen nach dem Wesen des Menschen, Protokolldienst 16/99 der Evangelischen Akademie, Bad Boll 1999.

Tom Kleffmann, Nietzsches Begriff des Lebens und die evangelische Theologie. Eine Interpretation Nietzsches und Untersuchungen zu seiner Rezeption bei Schweitzer, Tillich und Barth, Tübingen 2003, 410–499.

Matthias Neugebauer, Auf der Grenze. Der Lebensbegriff Paul Tillichs und die Grenze zur Naturwissenschaft, in: Theology and Natural Science. International Yearbook for Tillich Research, Bd. 7, Berlin/Boston 2012, 123–149.

---

82 Tillich selbst nennt seinen Ansatz eine „Philosophie des Lebens" bzw. „a philosophy of life" (III 15/5ᵉ). Mit der philosophiegeschichtlichen Richtung der ‚Lebensphilosophie' ist dieser Ausdruck sicher nicht gleichzusetzen, gleichwohl Tillich in deutlicher Nähe zu einigen lebensphilosophischen Ansätzen steht.

Adam Pryor, Tillichian Teleodynamics: An Examination of the Multidimensional Unity of Emergent Life, in: Zygon 46 (2011), 835–856.
Joachim Ringleben, Der Geist und die Geschichte (Systematische Theologie Bd. III), in: Hermann Fischer (Hg.), Paul Tillich. Studien zu einer Theologie der Moderne, Frankfurt a. M. 1989, 230–255.
Werner Schüßler, „Healing Power." Zum Verhältnis von Heil und Heilen im Denken Paul Tillichs, in: ders., „Was uns unbedingt angeht". Studien zur Theologie und Philosophie Paul Tillichs, Münster ^{4}2015, 383–418.
Georg Simmel, Die Religion (1906. ^{2}1912), in: ders., Gesamtausgabe, Bd. 10, Frankfurt a. M. 1995, 39–118.
Sturm Wittschier, Paul Tillich. Seine Pneuma-Theologie. Ein Beitrag zum Problem Gott und Mensch, Nürnberg 1975.

Christian Danz
Die Gegenwart des göttlichen Geistes und die Zweideutigkeiten des Lebens (III 134–337)

In der *Systematischen Theologie* thematisiert Paul Tillich die Pneumatologie unter der Überschrift *Die Gegenwart des göttlichen Geistes*.[1] Entsprechend der Gesamtkonzeption des theologischen Systems stellt dieser Teil des Entwurfs die ‚Antwort' auf die Ausführungen zum Leben und dessen Zweideutigkeiten dar. Entwickelt werden in diesen, den vierten Teil abschließenden, Überlegungen Grundprobleme der Lehre vom Heiligen Geist mit Bezug auf die vieldimensionale Einheit des Lebens. Die Pneumatologie der *Systematischen Theologie* stellt zwar die umfassendste Darstellung der Geistlehre Tillichs dar, aber nicht die einzige. Ausführliche Reflexionen zum Gottesgeist bietet bereits der aus dem Nachlass edierte frühe Entwurf einer Systematischen Theologie aus dem Jahre 1913.[2] Schon hier wird die Lehre vom Heiligen Geist im Horizont eines eigenen Systementwurfs entfaltet. Mit den beiden genannten Texten, der frühen Konzeption sowie dem späten Hauptwerk, sind die bislang zugänglichen Hauptquellen für eine Rekonstruktion von Tillichs Pneumatologie benannt. In seinem publizierten Werk hat Tillich außer in der *Systematischen Theologie* die Lehre vom Geist nicht behandelt. Die in Marburg und Dresden gehaltene *Dogmatik-Vorlesung* endet mit der Christologie.[3] Der erstmals 1936 in New York vorgetragene viersemestrige Vorlesungszyklus *Advanced Problems of Systematic Theology* enthält ebenfalls keine ausge-

---

[1] In der bisherigen Forschungsliteratur hat die Pneumatologie nur wenig Aufmerksamkeit erfahren. Vgl. Nimi Wariboko/Amos Young (Ed.), Paul Tillich and Pentecostal Theology. Spiritual Presence and Spiritual Power, Bloomington/Indianapolis 2015; Christian Henning, Die evangelische Lehre vom Heiligen Geist und seiner Person. Studien zur Architektur protestantischer Pneumatologie im 20. Jahrhundert, Gütersloh 2000, 101–144; Falk Wagner, Christus und die Weltverantwortung als Thema der Pneumatologie Paul Tillichs, in: Hans-Dieter Klein/Johann Reikerstorfer (Hg.), Philosophia perennis. Festschrift für Erich Heintel zum 80. Geburtstag, Teil 2, Frankfurt a. M. 1993, 235–252; Joachim Ringleben, Der Geist und die Geschichte (Systematische Theologie Bd. III), in: Hermann Fischer (Hg.), Paul Tillich. Studien zu einer Theologie der Moderne, Frankfurt a. M. 1989, 230–255; Sturm Wittschier, Paul Tillich. Seine Pneuma-Theologie. Ein Beitrag zum Problem Gott und Mensch, Nürnberg 1975.
[2] Vgl. Paul Tillich, Systematische Theologie von 1913, EW IX 278–434.
[3] Vgl. Paul Tillich, Dogmatik-Vorlesung (Dresden 1925–1927), EW XIV.

arbeitete eigenständige Pneumatologie.⁴ An die Christologie schließt sich, wie schon zuvor in der Dresdener Vorlesung, die Eschatologie an. Erst als Tillich den Vorlesungszyklus in den Jahren 1940/41 und 1941/42 erneut vorgetragen hat, fand die Pneumatologie im Zusammenhang mit dem Lebensbegriff Aufnahme in die Gesamtkonzeption.⁵

Auch wenn mit Blick auf das Gesamtwerk Tillichs die *Systematische Theologie* die Hauptquelle für dessen Pneumatologie darstellt, so bildet doch der dieser zugrunde liegende Geistbegriff ein Element, dem geradezu eine Schlüsselfunktion für dessen gesamte Theologie zukommt. Auch das späte Hauptwerk entfaltet die Pneumatologie auf einer geistphilosophischen Grundlage. Der Geist wird hier nicht nur als eine Dimension des Lebens verstanden, er fungiert auch als Ausgangspunkt für die Bestimmung des göttlichen Geistes. Die Selbsterfassung des Menschen als Geist, so die grundlegende Bestimmung, sei die Voraussetzung, damit der Mensch symbolisch „von ‚Gott als Geist' und vom ‚göttlichen Geist'" (III 134) reden kann. In dieser Fassung der Pneumatologie greift Tillich Überlegungen auf, die er sich bereits vor dem Ersten Weltkrieg erarbeitet, nach diesem sinntheoretisch modifiziert hat und die schließlich in die *Systematische Theologie* eingegangen sind. Der Gehalt der späten Geistlehre wird somit allein vor dem Hintergrund ihrer werkgeschichtlichen Entwicklung verständlich.

Bevor die argumentative Entfaltung der Pneumatologie der *Systematischen Theologie* in den Blick genommen werden kann, sind die werkgeschichtlichen Eckpunkte des Geistverständnisses zu untersuchen. Einzusetzen ist mit dem frühen Entwurf einer Systematischen Theologie. Sodann sind die Modifikationen zu benennen, die Tillich nach dem Ersten Weltkrieg an der prinzipientheoretischen Fassung seiner Theologie vorgenommen hat, sowie die damit verbundenen Konsequenzen für das Geistverständnis. Vor dem Hintergrund der werkgeschichtlichen Entwicklung des Geistbegriffs wird im zweiten Abschnitt die Eigenart der Pneumatologie des Hauptwerks thematisiert.

Problem- und werkgeschichtlicher Hintergrund

Tillichs erster Entwurf einer Systematischen Theologie entstand im Jahre 1913. Schon sie enthält eine ausgeführte Pneumatologie. Der Gottesgeist wird hier als „Prinzip der Rückkehr zu Gott" (EW IX 365f.) konstruiert. Diese Fassung der

---

4 Vgl. Paul Tillich, Advanced Problems of Systematic Theology. Courses at Union Theological Seminary, New York 1936–1938, EW XIX.
5 Vgl. Erdmann Sturm, Historische Einleitung, EW XIX, XXI–LVII, hier XXIVf.

Pneumatologie resultiert aus der prinzipientheoretischen Grundlegung des theologischen Systems, die sich selbst wiederum der Auseinandersetzung mit dem Werk Schellings verdankt.[6] Gegliedert in die drei Hauptteile Fundamentaltheologie, Dogmatik und Ethik, die selbst jeweils triadisch strukturiert sind, arbeitet das System von 1913 eine eigenständische theologische Konzeption aus. Dessen Grundlage bildet eine wahrheitstheoretische Fassung des Prinzips, in dem absolutheits-, erkenntnistheoretische und spekulative Momente kunstvoll miteinander verzahnt sind. Dem absoluten Wahrheitsgedanken steht das Denken gegenüber. Es ist zugleich in Identität und in Differenz zur Wahrheit.[7] Diese Konstellation fungiert als Movens der Systementwicklung, die im ersten Teil auf eine Begründung des theologischen Prinzips zielt, im zweiten materialdogmatisch ausgeführt wird und im dritten eine kulturtheologische Anwendung erfährt. Die Geistlehre wird in allen drei Teilen des Systems abgehandelt. In der Apologetik als Geistphilosophie, in der Dogmatik als Pneumatologie und in der Ethik werden die gemeinschafts- und individualitätsbezogenen Bestandteile der Lehre vom Heiligen Geist ausgeführt.

Tillich nimmt die Kritik am Systemgedanken in seine eigene Konzeption auf. Der Ort der Theologie ist das Paradox, also weder das absolute System noch der Reflexionsstandpunkt. Es sei, wie der Paragraph 22 ausführt, „weder von der

---

6 Vgl. Paul Tillich, Die religionsgeschichtliche Konstruktion in Schellings positiver Philosophie, ihre Voraussetzungen und Prinzipien, EW IX 156–272; ders., Mystik und Schuldbewußtsein in Schellings philosophischer Entwicklung, GW I 13–108; ders., Gott und das Absolute bei Schelling, EW X 9–54. Zur Genese von Tillichs früher Theologie vgl. Lars Heinemann, Sinn – Geist – Symbol. Eine systematisch-genetische Rekonstruktion der frühen Symboltheorie Paul Tillichs, Berlin/Boston 2017; Christian Danz, Freedom as Autonomy. Observations on Paul Tillich's Reception of Fichte, in: Bulletin of the NAPTS 41 (2015), Nr. 1, 15–19; Stefan Dienstbeck, Transzendentale Strukturtheorie. Stadien der Systembildung Paul Tillichs, Göttingen 2011, 37–234; Folkart Wittekind, „Allein durch den Glauben". Tillichs sinntheoretische Umformulierung des Rechtfertigungsverständnisses 1919, in: Christian Danz/Werner Schüßler (Hg.), Religion – Kultur – Gesellschaft. Der frühe Tillich im Spiegel neuer Texte (1919–1920), Wien 2008, 39–65, bes. 40–46; Georg Neugebauer, Tillichs frühe Christologie. Eine Untersuchung zu Offenbarung und Geschichte bei Tillich vor dem Hintergrund seiner Schellingrezeption, Berlin/New York 2007, 146–347; Doris Lax, Rechtfertigung des Denkens und ihre kulturelle Gestaltung. Grundzüge der Genese von Paul Tillichs Denken dargestellt und erläutert an vier Schriften aus den Jahren 1911–1913, Göttingen 2006.

7 Vgl. Tillich, Systematische Theologie von 1913, EW IX 281: „Das Denken findet in sich den Gegensatz und die Einheit von Denken und Wahrheit." Vgl. hierzu Christian Danz, Theologie als normative Religionsphilosophie. Voraussetzungen und Implikationen des Theologiebegriffs Paul Tillichs, in: ders. (Hg.), Theologie als Religionsphilosophie. Studien zu den problemgeschichtlichen und systematischen Voraussetzungen der Theologie Paul Tillichs, Wien 2004, 73–106, bes. 74–80; Wittekind, „Allein durch den Glauben", 40–46.

Intuition (Vernunft) noch von der Reflexion (Verstand) gesetzt", aber „doch von beiden gefordert und für beide gesetzt". Das Paradox stammt folglich „nicht aus der Vernunft und nicht aus dem Verstand, aber es bedeutet die Rückkehr des Verstandes zur Vernunft, des Zweifels [sc. des Reflexionsstandpunktes] zur Wahrheit [sc. der Intuition], des Relativen zum Absoluten" (EW IX 315). Der systematische Gehalt des Paradoxes besteht in der Selbsterfassung der Reflexion als Moment der Intuition. Das Denken wird sich dessen inne, Medium des absoluten Wahrheitsgedankens zu sein. Durch seine Selbstaufhebung steht es in Identität mit dem Absoluten. Der Ort des Paradoxes ist die Religion. Sie wird von Tillich bereits im Kontext der Ausführungen zum absoluten System als Rückkehr des Bestimmten zur Wahrheit, eben als „Selbstaufhebung" (EW IX 291) des Denkens gegenüber dem Absoluten verstanden. Die Religion führt das Paradox, also die Rückkehr des Bedingten zum Absoluten, in die Geschichte ein.[8]

Die Apologetik des ersten Systemteils zielt insgesamt auf eine Begründung des theologischen Standpunktes in dem Paradox. Es wird im weiteren Fortgang der Argumentation als theologisches Prinzip bestimmt. Da das Paradox die Einheit von Absolutem und Relativem bezeichnet, enthält es für die Reflexion selbst wiederum drei Momente. Sie resultieren daraus, dass diese Einheit sowohl von der Seite des absoluten als auch von der des relativen Moments dargestellt werden kann. Aus dem Widereinander seiner beiden Bestandteile ergibt sich das dritte Moment des theologischen Prinzips, die Aufhebung des Gegensatzes von absolutem und relativem Moment. Da die Aufhebung der Reflexion dazu führen würde, die Sphäre des Bestimmten insgesamt aufzuheben, kann, wie Tillich ausführt, das dritte Moment des Prinzips nur so gefasst werden, dass es jederzeit im Begriff sei, den Gegensatz der beiden Momente aufzuheben.[9] Mit der Ableitung des theologischen Prinzips in seinen drei Momenten kommt die Begründung des theologischen Standpunktes zum Abschluss. Es fungiert zugleich als Grundlage zur Strukturierung von Dogmatik und Ethik.

Die Dogmatik, die von Tillich in drei Teile untergliedert ist, behandelt die Lehre vom Geist im Anschluss an die Christologie, genauer an die Erhöhung Christi. Diese bedeute die „Aufhebung der absoluten Paradoxie, wie das dritte Moment des theologischen Prinzips die Aufhebung der theologischen Paradoxie

---

[8] Vgl. hierzu Wittekind, „Allein durch den Glauben", 44.
[9] Vgl. Tillich, Systematische Theologie von 1913, EW IX 317f.: „Das dritte Moment ist also dasjenige, in dem das theologische Prinzip als aufgehoben gesetzt ist, aber so, daß die Aufhebung nicht als vollendete, sondern als geschehende zu fassen ist. Das theologische Prinzip ist seinem Wesen nach jederzeit im Begriff, aufgehoben zu werden, aber niemals wirklich aufgehoben. Das ist seine Unendlichkeit."

überhaupt enthält" (EW IX 361).¹⁰ Der Pneumatologie kommt somit die Funktion zu, die Verwirklichung der Religion in der Geschichte zu thematisieren. Das ist das Thema der Paragraphen 14 bis 19 des zweiten Teils der Systematischen Theologie. Die Durchsetzung des absoluten Paradoxes in der Geschichte bezieht sich nicht auf den Einzelnen, sondern auf den als Stand der Sündhaftigkeit insgesamt gedeuteten Reflexionsstandpunkt.¹¹ Aus diesem Grund nimmt die Pneumatologie die Gestalt einer Lehre von der Kirche sowie der Eschatologie an. In der Kirche geht das theologische Prinzip in die „unendliche[] Relativität des geschichtlichen Prozesses" (EW IX 370) ein.

Da die Religion insgesamt die Sphäre der Rückkehr des Bedingten zum Absoluten darstellt, bestimmt Tillich den Gottesgeist als „Prinzip der Rückkehr zu Gott" (EW IX 365f.). Während die Christologie die prinzipielle Rückkehr des Reflexionsstandpunktes zum Absoluten zum Inhalt hat, geht es in der Pneumatologie um die faktische Rückkehr, also die Frage, wie sich die Selbstaufhebung des Bedingten in der Geschichte verwirklicht. Es ist der Geistbegriff Schellings, wie ihn Tillich in seinen Dissertationen herausgearbeitet hat, der zur Beschreibung der Realisierungsdimension der Religion in der Geschichte avanciert.¹² Die Geistlehre thematisiert die geschichtliche Durchsetzung des theologischen Prinzips. Die Fixierung des Übergangs ins Unbestimmte, für die der Reflexionsstandpunkt im Ganzen steht, wird durch die Religion aufgehoben. Das bedeutet freilich, dass das Besondere in dem frühen Systementwurf lediglich als Durchgangsmoment gefasst wird.

Die individualitätsbezogenen Bestandteile der überlieferten Pneumatologie, also den ordo salutis, verschiebt Tillich in den dritten Teil seines theologischen Systems, die Ethik.¹³ Diese wendet insgesamt das theologische Prinzip auf die Sphäre der Kultur an und wird mithin als Kulturtheologie konzipiert. „Der allgemeine Ort der theologischen Ethik ist die Kirche, weil sie der Ort ist, wo das

---

10 Zur Pneumatologie der *Systematischen Theologie von 1913* vgl. Dienstbeck, Transzendentale Strukturtheorie, 223–234.
11 Vgl. Tillich, Systematische Theologie von 1913, EW IX 367: „Seine sachliche Begründung hat er [sc. der Gedanke von der Kirche als Organismus] darin, daß die Überwindung des Zustands der Sündhaftigkeit, der sich selbst behauptenden Einzelheit, nur möglich ist durch die Zusammenfassung des einzelnen zu der Einheit einer mit Gott begründeten Gemeinschaft."
12 Vgl. Tillich, Mystik und Schuldbewußtsein in Schellings philosophischer Entwicklung, GW I 108: „Weil er [sc. der menschgewordene Sohn Gottes] aber die Selbstheit nicht annimmt, um sie zu bejahen, sondern um sie in seiner Person zu verneinen, darum opfert er sie und sich in ihr und wirkt dadurch den Geist. [...] Diese innere dialektische Bewegung von dem Menschgewordenen über den Gekreuzigten zu dem Erhöhten, von Jesus über den Christus zum Geist, macht das Wesen des Christentums aus." Vgl. auch ders., Die religionsgeschichtliche Konstruktion, EW IX 254.
13 Vgl. Tillich, Systematische Theologie von 1913, EW IX, 382–400.

theologische Prinzip mit dem Geistesleben überhaupt in Synthese tritt" (EW IX 377). Die Ethik thematisiert somit die Anwendung des theologischen Prinzips auf die Kultur.

Die *Systematische Theologie von 1913* bietet ein eindrucksvoll geschlossenes System mit einer ausgeführten Pneumatologie. Grundlegende Elemente dieses Entwurfs nimmt Tillich in seiner späteren Konzeption auf, allerdings auf einer veränderten prinzipientheoretischen Grundlage. Während und nach dem Ersten Weltkrieg kommt es zu einer sinntheoretischen Umformung der vormaligen wahrheitstheoretischen Fundierung des theologischen Systems.[14] Das hat Konsequenzen nicht nur für den Begriff des Geistes, auch die Theologie erhält eine andere Funktion. Sie wird zur Beschreibung des konkreten Standorts und seiner geschichtlichen Einbindung. Beibehalten wird die antinomische Struktur des Selbstverhältnisses des Geistes. Er kann sich nur durch einen Widerspruch hindurch erfassen.[15] Ausgearbeitet liegt die neue, sinntheoretische Fassung des Geistbegriffs in den Hauptschriften der 1920er Jahre vor, im *System der Wissenschaften nach Gegenständen und Methoden* sowie der *Religionsphilosophie*.[16] Eine ausgeführte Pneumatologie findet sich in den deutschen Texten dieser Zeit nicht. Die in Marburg, Dresden und Leipzig unter verschiedenen Titeln gehaltenen Vorlesungen über Dogmatik brechen mit der Christologie ab. Überliefert sind lediglich die Gliederungen.[17] Im Folgenden sind Grundlinien der sinntheoretischen Geistphilosophie zu erörtern und im Anschluss daran ein paar Beobachtungen zur Geistlehre und ihrer Strukturierung mitzuteilen, die sich den Gliederungen der Vorlesungen entnehmen lassen.

Auch in den 1920er Jahren arbeitet Tillich seine Theologie auf einer geistphilosophischen Grundlage aus. Im Unterschied zu seiner Vorkriegstheologie verzichtet er jedoch auf einen dem individuellen Geist übergeordneten absoluten

---

[14] Vgl. hierzu Ulrich Barth, Die sinntheoretischen Grundlagen des Religionsbegriffs. Problemgeschichtliche Hintergründe zum frühen Tillich, in: ders., Religion in der Moderne, Tübingen 2003, 89–123; Folkart Wittekind, ‚Sinndeutung der Geschichte'. Zur Entwicklung und Bedeutung von Tillichs Geschichtsphilosophie, in: Christian Danz (Hg.), Theologie als Religionsphilosophie. Studien zu den problemgeschichtlichen und systematischen Voraussetzungen der Theologie Paul Tillichs, Wien 2004, 135–172; Danz, Theologie als normative Religionsphilosophie, 73–106; Dienstbeck, Transzendentale Strukturtheorie, 235–247.
[15] Vgl. zu dieser Fassung des Selbstverhältnisses schon die philosophische Dissertation: Tillich, Die religionsgeschichtliche Konstruktion in Schellings positiver Philosophie, EW IX 167.
[16] Vgl. Paul Tillich, Das System der Wissenschaften nach Gegenständen und Methode [1923], GW I 111–293; ders., Religionsphilosophie [1925], GW I 297–364.
[17] Tillich, Dogmatik-Vorlesung, EW XIV 388. 391. Die Dresdner Vorlesung *Die Gestalt der religiösen Erkenntnis* von 1928, von der die Leitsätze überliefert sind, endet ebenfalls mit der Christologie. Vgl. Tillich, Dogmatik-Vorlesung, EW XIV 395–431.

Geist. Die genannten Verschiebungen schlagen sich in der Formel nieder, Geist sei „Selbstbestimmung des Denkens im Sein" (GW I 210). Der Geist steht hier für einen reflexiven Selbstsetzungsakt, der nur als individueller Vollzug möglich ist. Diesen Geistbegriff verbindet Tillich mit dem frühen Gedanken, dass sich das Selbstverhältnis nur durch einen Widerspruch hindurch auf sich selbst richtet. Deshalb ist jeder Akt des Geistes, also jede Setzung im Selbstverhältnis, zugleich seine Erfüllung und Verfehlung.[18] Alle weiteren Bestimmungen des Geistbegriffs, das Verhältnis von Allgemeinem und Besonderem, die normative Dimension des Geistes, seine reflexive Unendlichkeit bauen hierauf auf. Der Geist ist ein selbstbezüglicher Reflexionsakt, der im Bewusstsein in zwei Seiten auseinandertritt. Diese komplexe Struktur des Geistes, als Einheit zugleich Differenz zu sein, beschreibt Tillich mit dem Begriff des Unbedingten.[19] Aus dieser Konstruktion folgt zunächst, dass kein Akt die Unendlichkeit des Geistes erschöpft.[20] Da der Geist sich selbst setzt, sich darin zugleich erfasst und verfehlt, muss jede konkrete Bestimmung wieder negiert werden. Tillich behauptet somit die Notwendigkeit des Konkreten für die Erfassung des Selbstverhältnisses des Geistes und dessen gleichzeitige Unangemessenheit.[21]

Der sich selbst erschlossene Geist ist auf diese Weise die Grundlage aller Bestimmtheiten der Kultur, aber zugleich ist er selbst grundlos. „Es gibt keinen *Anfang des Geistes*; denn jede geistige Schöpfung setzt Geist voraus." (GW I 217)

---

[18] Vgl. nur Paul Tillich, Das Unbedingte und die Geschichte [1923], EW X 335–350, hier 340: „Nun ist aber auch der Geist seiend und insofern unerfüllt. Aber er ist der Träger der Erfüllung und daraus folgt seine Doppelstellung dem Unbedingten gegenüber, daß er, d. h. der Geschichtsproceß, zugleich Träger der Schuld und der Erlösung ist."

[19] Vor allem Folkart Wittekind hat darauf hingewiesen, dass es bei Tillichs Konzeption des Unbedingten um eine angemessene Beschreibung des Selbstverhältnisses im Bewusstsein geht. Vgl. Folkart Wittekind, Gottesdienst als Handlungsraum. Zur symboltheoretischen Konstruktion des Kultes in Tillichs Religionsphilosophie, in: Das Symbol als Sprache der Religion. International Yearbook for Tillich Research, Vol. 2, Wien 2007, 77–100, hier 80–82.

[20] Vgl. Tillich, Religionsphilosophie, GW I 319: „Der Sinngehalt hat für die Sinnform einerseits die Bedeutung des Grundes der Sinnhaftigkeit; andererseits macht er sich ihr gegenüber bemerkbar als Forderung auf unbedingte Sinnerfüllung, eine Forderung, der nur der vollendete Zusammenhang alles Sinnes nachkommen könnte, die *unbedingte Form*. Nun aber ist die unbedingte Sinnform eine dem Verhältnis von Form und Gehalt widersprechende Idee. Die Sinnhaftigkeit alles Sinnes ist der Grund aber auch der Abgrund jedes Sinnes, auch der unbedingten Sinnform."

[21] Vgl. Tillich, System der Wissenschaften, GW I 215: „Denn der Geist ist unendlich, und wirklich wird er immer nur im Individuellen, ganz gleich, ob in einem einzelnen oder in der Menschheit oder in einem übergreifenden Geisterreich."

Der Geist ist bereits in die Geschichte eingebunden, er findet sich also schon vor.[22] Eine Konstitutionstheorie, der zufolge der Geist die Wirklichkeit erst durch seine Akte hervorbringt, wird damit von Tillich abgelehnt. Der Geist ist vielmehr stets schon in die Wirklichkeit verwoben, ohne freilich aus dieser ableitbar zu sein.[23]

Der skizzierte Begriff des Geistes bildet die Grundlage für Tillichs Verständnis des Heiligen Geistes. „Nur im ‚heiligen Geist'", so heißt es in der *Religionsphilosophie* von 1925, „kommt das Wesen des Geistes zur Verwirklichung. Es kommt aber zur Verwirklichung nicht in Formen, die neben den kulturellen stehen, wodurch die Unbedingtheit der Religion aufgehoben wäre, sondern eben in den kulturellen Formen" (GW I 329). Religion ist ein Reflexionsakt im reflexiven Selbstverhältnis des Geistes. Als eine eigene Kulturform neben anderen kulturellen Formen löst Tillich die Religion auf. Diese fußt nicht auf einem bestimmten Bewusstseinsvermögen, sie ist vielmehr als eine Art begleitende Bewusstheit in allen kulturellen Formen möglich. Das ist der Gehalt von Tillichs Beschreibungen der Religion als Richtung auf das Unbedingte. Der Geist erfasst sich in seinen konkreten Akten als selbst grundloser Grund aller kulturellen Bestimmtheiten sowie in der Unendlichkeit seiner Reflexivität. Für die Fassung des Heiligen Geistes bedeutet dies, dass dessen Gegenwart, also der unableitbare Reflexionsakt in seiner konkreten, geschichtlichen Einbindung, stets in Differenz zu seiner vollständigen Selbsterfassung bleibt. In seiner Selbsterfassung kann sich der (menschliche) Geist also niemals auf den Begriff bringen. Jeder Abschlussgedanke und jede Beschreibung des Geistes als Einheit bleibt somit ein Symbol für die nicht einholbare Reflexivität, die der Geist ist.[24]

Vor dem Hintergrund der skizzierten, gegenüber der Fassung von 1913 veränderten prinzipientheoretischen Grundlegung der Theologie erhält die Pneumatologie eine neue Einordnung in das dogmatische System. In den Texten der deutschen Zeit hat Tillich zwar keine dogmatische Geistlehre ausgeführt, aber die in Marburg und Dresden gehaltene Dogmatik-Vorlesung lässt die Verschiebungen erkennen. Die Theologie wird in den 1920er Jahren als Beschreibung des konkreten Standorts in seiner geschichtlichen Einbindung umformuliert. Religion ist gleichsam diejenige reflexive Geschichtsbewusstheit, welche die Dogmatik ex-

---

[22] Tillich hat dies in seinen Texten der 1930er Jahre mit dem von Martin Heidegger übernommenen Begriff „Geworfensein" bezeichnet. Vgl. Paul Tillich, Die sozialistische Entscheidung, MW III 283–407, hier 290.
[23] Vgl. hierzu Wittekind, Gottesdienst als Handlungsraum, 79 f.
[24] Das gilt ebenso für die Kultur wie für die Religion. So wie die „vollendete Synthesis" (GW I 321) ein Symbol bleibt, so auch Gott. „‚Gott' ist das Symbol für das Unbedingte; aber es ist ein Symbol, genau wie der Glaube als Akt – nicht als Akt-Grund und -Abgrund – ein symbolischer Akt ist. Gott ist nicht nur sein eigener Grund, sondern auch sein eigener Abgrund." (GW I 334)

pliziert. Hieraus resultiert die Strukturierung des Geschichtsbewusstseins im Ausgang von der Konzeption der Mitte der Geschichte.[25] Die Offenbarungsgeschichte, die auf das aktuale Wissen um die geschichtliche Wandelbarkeit aller Bewusstseinsgehalte zielt, wird gegliedert in eine Geschichte der Vorbereitung und eine der Aufnahme.[26] Die Pneumatologie ordnet Tillich in die letztere ein, also die Geschichte der Aufnahme der vollkommenen Offenbarung. Im Aufriss der Dogmatik-Vorlesung erscheint die Geistlehre ähnlich wie in der *Systematischen Theologie von 1913* in der Christologie, und zwar als deren abschließender Abschnitt.[27] Allerdings erhält sie vor dem Hintergrund des sinntheoretisch reformulierten Geistbegriffs eine neue Funktion. Sie wird zur Darstellung der reflexiven Struktur des Geistes in seiner Ausrichtung auf seine vollständige Selbsterfassung.

Kommentar

Die *Systematische Theologie* bietet die umfassendste Bearbeitung von Tillichs Pneumatologie. Gegenüber den Ausführungen des Frühwerks fällt zweierlei auf. Einerseits weicht deren systematische Einordnung in den Aufbau des theologischen Systems von den früheren Konzeptionen ab. Unter der Überschrift *Das Leben und der Geist* erscheint die Geistlehre hier als ein eigener Abschnitt nach der Christologie und vor der Eschatologie.[28] Die Entscheidung für diese Einordnung der Pneumatologie in den systematischen Aufriss der Gesamtkonzeption ist erst 1940 gefallen. Die in den 1930er Jahren gehaltene Vorlesung über Systematische Theologie ordnet die Geistlehre noch ähnlich wie die Dresdener Dogmatik-Vorlesung in die Christologie sowie die Eschatologie ein. Andererseits behält die

---

25 Vgl. Paul Tillich, Christologie und Geschichtsdeutung, GW VI, 83–96. Vgl. hierzu Folkart Wittekind, Die Vernunft des Christusglaubens. Zu den philosophischen Hintergründen der Christologie der Marburger Dogmatik, in: Wie viel Vernunft braucht der Glaube. International Yearbook for Tillich Research, Vol. 1, Wien 2005, 133–157; Christian Danz, Jesus Christus als Mitte der Geschichte. Die geschichtsphilosophischen Grundlagen von Paul Tillichs Christologie, in: Peter Haigis/Gert Hummel/Doris Lax (Hg.), Christus Jesus – „Mitte der Geschichte"!? Beiträge des X. Internationalen Paul-Tillich-Symposions Frankfurt/Main 2004, Berlin 2007, 142–154.
26 Vgl. Tillich, Dogmatik-Vorlesung, EW XIV 49: „Also die Perioden des Vaters, des Sohnes und des Geistes. Es ist ohne weiteres deutlich, daß niemals eine isolierte Offenbarung, in der dieser Dreitakt fehlt, der Anforderung von vollkommener Offenbarung genügen kann."
27 Vgl. Tillich, Dogmatik-Vorlesung, EW XIV 388: „C. Die Geschichte der Aufnahme der vollkommenen Offenbarung (Die Kirche)".
28 Im Nachlass Tillichs ist eine von der gedruckten Fassung des dritten Bandes der *Systematischen Theologie* abweichende Gliederung des Stoffes überliefert. Vgl. Renate Albrecht/Werner Schüßler (Hg.), Schlüssel zum Werk von Paul Tillich, GW XIV² 94–96.

Geistlehre der *Systematischen Theologie* grundlegende Motive der frühen Geistphilosophie bei. Auch hier ist der Geist als Dimension des Lebens die methodische Grundlage für die Fassung des Geistes Gottes. Und wie in der frühen Konzeption konstruiert Tillich das Selbstverhältnis des Geistes als einen inneren Widerspruch. In der *Systematischen Theologie* erscheint der antinomische Bezug des Geistes auf sich selbst als *ambiguity*, als Zweideutigkeit des Lebens. Die konkreten Akte des Geistes sind zugleich dessen Erfüllung und dessen Verfehlung. Ebenso bleibt der Heilige Geist auch in dem Spätwerk in Differenz zum menschlichen Geist: Die Gegenwart des göttlichen Geistes im menschlichen ist das Wissen um deren bleibende Differenz.[29]

Die Darstellung der Pneumatologie in der *Systematischen Theologie* ist ebenso wie die der Eschatologie im Unterschied zu den anderen Teilen des Systems in zwei Hauptabschnitte untergliedert. Abschnitt *II. Die Gegenwart des göttlichen Geistes* erörtert das Verständnis des göttlichen Geistes als Symbol (III 134–190). Auf die Ausführungen zum Verständnis des göttlichen Geistes und seines Verhältnisses zum menschlichen folgt eine Anwendung auf das Leben in der Dimension des Geistes in seinen drei Funktionen Religion, Kultur und Moralität (*III. Der göttliche Geist und die Zweideutigkeiten des Lebens* [III 191–323]). Diese Anordnung des Stoffes hat zur Folge, dass der Argumentationsgang der Entfaltung der Pneumatologie sehr verschlungen ist und zahlreiche Vor- und Rückverweise auftreten. Den Abschluss der Pneumatologie bildet eine Reformulierung der überlieferten Trinitätslehre. Sie ist das Thema von Abschnitt *IV. Die trinitarischen Symbole* (III 324–337).

---

29 Vgl. hingegen Jean Richard, The Hidden Community of the Kairos and the Spiritual Community: Toward a New Understanding of the Correlation in the Work of Paul Tillich, in: Frederick J. Parrella (Ed.), Paul Tillich's Theological Legacy: Spirit and Community. International Paul Tillich Conference, New Harmony, 17–20 June 1993, Berlin/New York 1995, 43–64, bes. 60. Die Interpretation von Richard verspielt die Pointen Tillichs sowohl durch eine substanzontologische Fassung des göttlichen Geistes als auch durch die Anwendung der Unterscheidung von Kultur- und Kirchentheologie aus dem Vortrag von 1919 auf die Pneumatologie der *Systematischen Theologie*. Zu einem Verständnis des Textes trägt das nichts aus.

II Die Gegenwart des göttlichen Geistes (III 134– 190)

A Die Manifestation des göttlichen Geistes im menschlichen Geist (III 134–164)

Der Abschnitt *II. Die Gegenwart des göttlichen Geistes* ist von Tillich in zwei Unterabschnitte gegliedert. Zunächst behandelt er *Die Manifestation des göttlichen Geistes im menschlichen Geist* (III 134–164) und im Anschluss daran *Die Manifestation des göttlichen Geistes in der geschichtlichen Menschheit* (III 165–190). Während der erste Teil der Ausführungen die Struktur des Gottesgeistes und seines Verhältnisses zur Dimension des Geistes erläutert, widmet sich der zweite Teil dem geschichtlichen Ort, an dem sich die Religion allein realisiert, nämlich die Geschichte.

1 Der Charakter der Manifestation des göttlichen Geistes im menschlichen Geist (III 134–153)

Tillich beginnt seine Ausführungen zur Pneumatologie mit grundsätzlichen Überlegungen zum Status des Gottesgeistes. Wie die anderen theologischen Gehalte sei auch die Gegenwart des göttlichen Geistes symbolisch zu verstehen.[30] Das setzt voraus, dass sich der Mensch selbst als Geist versteht.[31] Der menschliche Geist als Dimension des Lebens wird „als Aktualisierung von Macht und Sinn in ihrer Einheit" (III 134) definiert. Das menschliche Selbstverhältnis ist ein um sich wissender Selbstvollzug im Medium Sinn. Das ist die methodische Basis für die Bestimmung des Gottesgeistes. Beide sind jedoch weder identisch, noch ist es möglich, den Gottesgeist von dem menschlichen Geist abzuleiten. Es besteht somit eine Differenz zwischen dem menschlichen und dem göttlichen Geist, auch wenn über letzteren nur vor dem Hintergrund der Selbsterfassung des Menschen als Geist gesprochen werden kann. Im Fokus der Argumentation Tillichs steht somit die Frage, wie das Verhältnis von göttlichem und menschlichem Geist angemessen beschrieben werden kann.

---

[30] Zu Tillich Symbolverständnis vgl. Paul Tillich, Das religiöse Symbol, GW V 196–212. Vgl. Das Symbol als Sprache der Religion. International Yearbook for Tillich Research, Vol. 2, Wien 2007.
[31] Vgl. III 134: „Ohne sich selbst als Geist zu erfahren, wäre der Mensch nicht fähig, von Gott als Geist oder vom Geist Gottes zu reden. Es gibt keine Lehre vom göttlichen Geist ohne ein Verständnis des Geistes als einer Dimension des Lebens."

Wie wird nun vor diesem Hintergrund der göttliche Geist und seine Gegenwart im Geist des Menschen näher bestimmt? Tillich selbst erläutert die Gegenwart des Gottesgeistes mit dem Begriff der Ekstase.[32]

> Der Geist als eine Dimension des endlichen Lebens wird zur Selbst-Transzendierung getrieben, er wird von etwas Letztem und Unbedingtem ergriffen. Er ist noch der menschliche Geist, er bleibt, was er ist, aber zu gleicher Zeit geht er unter dem Einwirken des göttlichen Geistes über sich hinaus. (III 135)

Die Gegenwart des Gottesgeistes im menschlichen Geist zielt auf ein Reflexiv-Werden des Letzteren. Die grundlegende Bestimmung des frühen Geistbegriffs, die oben skizziert wurde, ist hier aufgenommen. Die Dimension des Geistes repräsentiert ein sich bewusstes Selbstverhältnis. Andernfalls könnte es nicht als Sinn-Universum verstanden werden.[33] Desgleichen wird die Religion in der *Systematischen Theologie* als ein Reflexionsakt verstanden, eben als Selbst-Transzendierung.[34]

Es ist das sich bewusste Selbstverhältnis, welches reflexiv wird. Der Geist wird sich seiner Unendlichkeit inne, die er nur als konkrete in seinen Akten erfassen und darin zugleich verfehlen kann. Diese reflexive Selbsterfassung des Geistes als eine Dimension des Lebens bezeichnet das Symbol der Gegenwart des göttlichen Geistes.[35] Eben weil der Gottesgeist die reflexive Selbsterfassung des menschlichen Geistes symbolisiert, wird dieser über sich hinausgetrieben, ohne dass seine Struktur zerstört wird. Allein darin besteht das unzweideutige Leben. Da der Reflexionsakt nicht hergestellt werden kann, ist er auch nicht ableitbar. Ebenso ist der Geist Gottes keine äußere substantielle Instanz, die irgendwie zu dem menschlichen Geist hinzukommt oder auf die dieser sich richtet. Ein solches Verständnis des göttlichen Geistes lehnt Tillich ausdrücklich als dualistisch-supranaturalistisches Missverständnis ab. Es wird ersetzt durch ein Reflexionsgeschehen im Selbstverhältnis des Bewusstseins und terminologisch als Ekstase beschrieben.

Damit sind die Argumente bereits benannt, die in dem Abschnitt *Struktur und Ekstase* weiter entfaltet werden (III 137–144). Die Gegenwart des Gottesgeistes im menschlichen Geist lässt sich weder durch ein dualistisch-supranaturalistisches

---

32 Vgl. hierzu auch die Ausführungen im ersten Band der *Systematischen Theologie*, I 135–139.
33 Vgl. III 72–78. Vgl. den Kommentar zur Stelle.
34 Vgl. III 108–119. Vgl. den Kommentar zur Stelle.
35 Vgl. III 135: „Der göttliche Geist äußert sich in beiden Erfahrungen ekstatisch, d. h. er treibt den menschlichen Geist über sich hinaus, ohne seine essentielle, d. h. seine rationale Struktur – seinen *Logos*-Charakter – zu zerstören."

Modell noch durch ein naturalistisches angemessen erfassen. Beides führt nicht zu einer angemessenen Darstellung der Selbsterfassung des menschlichen Geistes. Dementsprechend können auch die überlieferten dogmatischen Beschreibungen der Gegenwart des göttlichen Geistes als Inspiration oder Infusion nicht als äußere Einwirkung verstanden werden. Beide sind symbolische Darstellungen des Reflexionsgeschehens, in dem sich der Geist in seiner reflexiven Struktur innewird. Tillich bezeichnet dies im vorliegenden Abschnitt als Einheit von Struktur und Ekstase, die er auf den Geistbegriff des Paulus zurückführt.[36] Sie, die Einheit, fungiert als Kriterium der Beurteilung der Geister.

Die Ausführungen über das Verhältnis von göttlichem und menschlichem Geist beschließt Tillich mit Überlegungen zu Medien des Geistes (III 144–153). In den drei Argumentationsgängen werden Grundzüge der überlieferten Lehre von den Heilsmitteln symboltheoretisch reformuliert: zunächst das Sakraments- (III 144–148) und sodann das Wortverständnis (III 148–153). Als methodische Grundlage fungiert der als Gottesgeist symbolisierte Reflexionsakt. Dieser ist stets schon konkret bestimmt, so dass seine Bestimmungen zu Medien der Darstellung seiner Selbsterfassung werden. Dafür stehen Wort und Sakrament. Die symboltheoretische Fassung bildet den Hintergrund für die Behauptung Tillichs, sowohl eine Neuinterpretation als auch eine Erweiterung der überlieferten Lehre von den Heilsmitteln vorzulegen.[37] Sie verdankt sich wiederum der Auflösung des protestantischen Schriftprinzips in der Moderne durch die Anwendung der historischen Kritik. Die Kritik der ‚Schwärmer' an Luthers Bindung des Geistes an den äußeren Buchstaben der Schrift, auf die Tillich in diesem Abschnitt rekurriert, hat genau die Funktion, die Auflösung des Schriftprinzips in die Neufassung der media salutis einzureihen.[38] Die Bindung des Geistes an ein Medium wird damit aufgenommen, aber unter Wegfall der engen Bindung an die Schrift kulturtheologisch erweitert.

Das Symbol der Gegenwart des göttlichen Geistes bezieht sich auf die Darstellung der Selbstschlossenheit des menschlichen Geistes, der jedoch stets schon in eine Geschichte eingebunden und durch diese bestimmt ist. In dem unableitbaren Reflexionsakt werden die konkreten kulturellen Bestimmungen des Geistes zu symbolischen Medien. Diesen Übergang, in dem die konkreten kultu-

---

36 Vgl. III 141.
37 Vgl. III 144: „Ich sehe es als meine doppelte Aufgabe an, erstens diese traditionelle Auffassung von der Kirche im Lichte unseres Verständnisses des göttlichen Geistes und seines Verhältnisses zum menschlichen Geist neu zu interpretieren; und zweitens die Frage nach den Mittlern des göttlichen Geistes so zu erweitern, daß sie auch alle persönlichen und geschichtlichen Ereignisse, in denen der göttliche Geist wirksam ist, mit einzubeziehen."
38 Vgl. III 150.

rellen Formen zur Darstellung reflexiver Selbsterschlossenheit werden, bezeichnet Tillich als sakramentalen Akt und die Medien als sakramentale Elemente.[39] Auf dieser Grundlage unterscheidet er zwischen einem weiteren und zwei engeren Verständnissen des Sakramentalen. Von der Möglichkeit, sakramentales Element, also Medium der Darstellung des göttlichen Geistes zu werden, ist keine kulturelle Form ausgeschlossen. Alles kann folglich zum Träger des göttlichen Geistes werden. Da der religiöse Selbstdeutungsakt jedoch in eine inhaltliche Kultur eingebunden ist, kommt es zu einer Auswahl an bestimmten sakramentalen Elementen. In den religiösen Gemeinschaften, die sich in der Religionsgeschichte herausgebildet haben, haben sich bestimmte Medien als besonders signifikante Träger herauskristallisiert.[40] Die Begründung dafür, warum und wie viele Sakramente es in einer religiösen Gemeinschaft gibt, hängt somit an dem, was diese für religiös bedeutungsvoll erachtet.

Im Anschluss an die Ausführungen zum Sakrament wendet sich Tillich dem Wort Gottes zu, dem zweiten Medium der Vermittlung des Geistes in der protestantischen Deutung des Christentums.[41] Ähnlich wie die Sakramente ist das Wort Gottes nichts Feststehendes oder Vorliegendes. Auch der Bibel kommt nicht wie im Altprotestantismus der Status eines fest umgrenzbaren Bestandes an göttlichen Worten zu. Vielmehr kann jedes Wort und mithin jede Kommunikation zum Wort Gottes werden.[42] Der menschliche Geist ist stets durch eine geschichtlich gewordene Kultur bestimmt. In dem religiösen Reflexionsakt werden die kulturellen Formen zu Medien der Darstellung der Selbsterfassung, also zum Wort Gottes. Vor dem Hintergrund der Einbindung der religiösen Kommunikation in eine inhaltlich

---

39 Vgl. III 144: „Gegenstände, die Träger des göttlichen Geistes sind, werden im sakramentalen Akt zu sakramentalen Elementen."
40 Vgl. III 145: „Im weitesten Sinne des Wortes ist ‚sakramental' alles, durch das der göttliche Geist erfahren wird; in einem engeren Sinne sind solche Gegenstände und Handlungen sakramental, in denen eine religiöse Gemeinschaft ihre Begegnung mit dem göttlichen Geist ausdrückt, und im engsten Sinne bezieht sich ‚sakramental' auf die großen Sakramente, in denen sich eine religiöse Gemeinschaft verwirklicht." Vgl. hierzu auch Paul Tillich, Natur und Sakrament, GW VII 105–123.
41 Zu Tillichs Verständnis des Wortes Gottes vgl. Joachim Ringleben, Sprachloses Wort? Zur Kritik an Barths und Tillichs Worttheologie – von der Sprache her, Göttingen 2015, 153–197. Ringlebens Darstellung von Tillichs Verständnis des Wortes Gottes krankt allerdings daran, dass er dieses durchweg an seinem eigenen, an Luther, Hamann und Hegel angelehnten spekulativen Sprachverständnis misst. Vgl. auch Martin Seils, Zur Problematik von Sein und Wort in der Theologie Paul Tillichs, in: ThLZ 85 (1960), Sp. 867–870.
42 Vgl. III 149: „Alle menschlichen Worte sind grundsätzlich für die Möglichkeit offen, ‚Wort Gottes' zu werden. Das gilt auch für alle religiösen und kulturellen Dokumente, [...] wenn es den menschlichen Geist so trifft, daß es in ihm die Frage nach dem, was ihn unbedingt angeht, erweckt."

bestimmte Tradition kommt die Bibel in ihrer Bedeutung als Kriterium in den Blick.

Die Gegenwart des göttlichen Geistes ist die symbolische Beschreibung eines Reflexionsgeschehens im menschlichen Geist. Eine solche Darstellung ist ohne eine Einbindung in eine religiöse Tradition und ihre symbolischen Formen nicht möglich. Schon deren Artikulation bedarf der Sprache, die sich einer bestimmten geschichtlich gewordenen Kultur verdankt.[43] Der Gedanke eines unvermittelten Wirkens des göttlichen Geistes ist damit ausgeschlossen, wie Tillich in dem letzten Abschnitt *Das Problem des ‚inneren Wortes'* (III 150–153) ausführt. Zwar ist der Gottesgeist nicht an bestimmte Medien gebunden, wie die spiritualistischen Gruppen im Reformationszeitalter geltend gemacht haben, aber das bedeutet nicht, dass er ohne Vermittlung ist. Jede religiöse Deutung, auch das sogenannte innere Wort, verdankt sich einer Tradition, in die sie eingebunden ist.[44]

2 Das Werk des göttlichen Geistes im menschlichen Geist: Die Schöpfung von Glauben und Liebe (III 153–164)

Die Ausführungen über *Das Werk des göttlichen Geistes im menschlichen Geist* knüpfen an den im ersten Abschnitt skizzierten Geistbegriff an und beschreiben die Struktur des religiösen Reflexionsaktes näher als transzendente Einheit.[45] Das erfolgt in drei Unterabschnitten *Die transzendente Einheit und die Teilnahme an ihr* (III 153–155), *Die Gegenwart des göttlichen Geistes als Glaube* (III 155–159) und *Die Gegenwart des göttlichen Geistes als Liebe* (III 160–164). Den Gehalt des Aktes, in dem der menschliche Geist sich in seiner inneren Struktur erfasst, bezeichnet Tillich als transzendente Einheit, deren beide Seiten Glaube und Liebe sind. Doch was ist unter der transzendenten Einheit unzweideutigen Lebens zu verstehen? Inwiefern ist diese Einheit transzendent, und wie überwindet sie die Zweideutigkeiten des Lebens?

---

43 Vgl. III 152: „Das Wort als Mittler ist immer gegenwärtig, weil das Leben des Menschen in der Dimension des Geistes durch das Wort bestimmt ist, ganz gleich, ob es lautlos ist oder nicht. Der denkende Geist denkt stets in Worten."

44 Vgl. ebd.: „Deshalb reden und schreiben die Propheten und Mystiker und alle, die von sich behaupten, eine göttliche Inspiration erhalten zu haben, in der Sprache der Tradition, aus der sie kommen."

45 Vgl. den Überblick bei Hans Röer, Heilige – profane Wirklichkeit bei Paul Tillich. Ein Beitrag zum Verständnis und zur Bewertung des Phänomens der Säkularisierung, Paderborn 1975, 194– 231, der allerdings wenig zum Verständnis der Ausführungen Tillichs beiträgt. Vgl. auch Christian Danz, Religion als Freiheitsbewußtsein. Eine Studie zur Theologie als Theorie der Konstitutionsbedingungen individueller Subjektivität bei Paul Tillich, Berlin/New York 2000, 358–382.

Die Zweideutigkeiten des Lebens in der Dimension des Geistes fußen auf der antinomischen Struktur des menschlichen Selbstverhältnisses.[46] Der Geist kann sich selbst nur als Widerspruch zu sich selbst erfassen. Für die Religion, also die Dimension der Selbst-Transzendierung des Lebens in der Sphäre des Geistes, bedeutet dies, das Meinen oder die Richtung auf das Unbedingte ist zugleich dessen Verfehlung.[47] Worin besteht nun die Überwindung der Zweideutigkeiten des Lebens in der Dimension des Geistes? Deutlich ist, dass es nicht um eine Überwindung der antinomischen Struktur des Selbstverhältnisses gehen kann. Damit würde die Dimension des Geistes selbst aufgehoben. Tillich lehnt folglich konsequent ein solches Verständnis der Gegenwart des göttlichen im menschlichen Geist ab. Sie meint weder Berauschtheit noch ein Herabsinken in eine untermenschliche Dimension. Wenn allerdings die fragmentarische Überwindung der Zweideutigkeiten des Lebens nicht in einer Ausschaltung der antinomischen Struktur des Selbstverhältnisses – der Subjekt-Objekt-Spaltung – bestehen kann, dann bleibt nur, jene als das Evident-Werden von dieser zu verstehen. Allein eine solche Deutung legt sich vor dem Hintergrund des bislang Ausgeführten zur Gegenwart des göttlichen Geistes nahe. Religion, als Selbst-Transzendierung des Lebens in der Dimension des Geistes, ist kein empirischer Sachverhalt.[48] Sie meint nichts anderes als ein Reflexiv-Werden des Reflexionsaktes der Selbst-Transzendierung. Dieser wird sich dessen inne, Grund und Abgrund des unendlichen Prozesses von Sinndeutung zu sein. Genau das ist der Gehalt der transzendenten Einheit unzweideutigen Lebens.[49]

Die beiden Bestimmungen des Glaubens und der Liebe sind damit als Beschreibungen der reflexiven Struktur dieses Reflexionsaktes zu verstehen. „Die transzendente Einheit erscheint im menschlichen Geist als das ekstatische Erlebnis [sc. nämlich der Vollzug des Reflexionsaktes], das, von der einen Seite gesehen, Glaube, von der anderen Seite gesehen, Liebe genannt wird." (III 154) Die reflexive Selbsterschlossenheit des menschlichen Geistes ist an deren unableitbaren Vollzug gebunden. Deshalb ist der Reflexionsakt – der Glaube – das Primäre gegenüber der Liebe.[50] Nur in seinem Vollzug liegt diejenige Selbsterschlossenheit

---

46 Zum Lebensbegriff vgl. den Kommentar zur Stelle.
47 Tillich hat seinen frühen Sündengedanken zur Beschreibung der inneren Struktur des Geistes aufgenommen.
48 Vgl. III 107.
49 Vgl. III 154: „In der Wiedervereinigung von essentiellem und existentiellem Sein wird das zweideutige Leben über sich hinausgehoben zu einer transzendenten Einheit, die es aus eigener Kraft nicht hätte erreichen können."
50 Vgl. ebd.: „Glaube ist der Zustand des Ergriffenseins von der transzendenten Einheit, und Liebe ist der Zustand des Hineingenommenseins in die transzendente Einheit. Aus dieser Be-

vor, die nach der eine Seite als Glaube und nach der anderen als Liebe zu bestimmen ist. Beide Begriffe werden in den beiden nachfolgenden Abschnitten erläutert.

Tillichs reflexionslogische Konstruktion der Gegenwart des göttlichen Geistes bindet diese an einen Akt, den er als Glauben bezeichnet und sowohl in formaler als auch in materialer Hinsicht beschreibt. In formaler Hinsicht ist Glaube „der Zustand des Ergriffenseins durch das, worauf sich die Selbst-Transzendierung richtet", nämlich „das Unbedingte in Sein und Sinn" (III 155). Reflexive Selbsterschlossenheit ist für die Dimension des Geistes grundlegend, aber sie tritt nur als inhaltlich konkret bestimmte auf. Schon die Aufstellung eines formalen Begriffs des Glaubens setzt einen konkreten Standpunkt voraus und ist nur vor dem Hintergrund eines materialen Glaubensbegriffs möglich. Im Sinne des letzteren ist der Glaube „der Zustand des Ergriffenseins durch das Neue Sein, wie es in Jesus als dem Christus erschienen ist" (III 156).

Der Glaubensakt ist ein Vollzug im menschlichen Bewusstsein. Damit stellt sich die Frage, wie sich jener zu den Bewusstseinsvermögen verhält. Das gibt Tillich die Möglichkeit, seinen Glaubensbegriff mit Blick auf dessen traditionelle Fassung als *fiducia*, *notitia* und *assensus* näher zu erläutern. Der Glaubensakt verwirklicht sich in der Struktur des Bewusstseins, ist aber mit keinem einzelnen Bewusstseinsvermögen gleichzusetzen.[51] Er ist der Vollzug von reflexiver Selbsterschlossenheit des menschlichen Geistes, die sich selbst als Gegenwart des göttlichen Geistes darstellt. Die reflexive Struktur dieses Aktes beschreibt Tillich am Ende seiner Ausführungen in Anlehnung zum *ordo salutis* der lutherischen Dogmatik als Geöffnetwerden, Aufnehmen und Erwartung. Die transzendente Einheit unzweideutigen Lebens ist an den Vollzug des Glaubens gebunden, also eine Wirklichkeit, die nur in und durch ihren Vollzug da ist. Das bezeichnet Tillich als eine „Art übergreifender unabhängiger Macht" (III 159).

Im Unterschied zum Glauben bezeichnet die Liebe den „Zustand des Hineingenommenseins in die transzendente Einheit unzweideutigen Lebens durch

---

schreibung folgt, daß rein logisch der Glaube das Primäre und die Liebe das Sekundäre ist, aber in der Wirklichkeit ist das eine nie ohne das andere vorhanden." Vgl. auch Paul Tillich, Wesen und Wandel des Glaubens, GW VIII 111–196. Zum Glaubensbegriff Tillichs vgl. Martin Seils, Glaube. Handbuch Systematischer Theologie, Bd. 13, Gütersloh 1996, 241–295.

51 Vgl. III 158: „Obwohl der Glaube eine Schöpfung des göttlichen Geistes ist, lebt er doch in der Struktur des menschlichen Geistes, in seinen Funktionen und seiner Dynamik." Eine solche Kritik an vermögenstheoretischen Religionsbegriffen findet sich – wenn auch vor einem etwas anderen prinzipientheoretischen Hintergrund – bereits in der philosophischen Dissertation von 1910. Vgl. Tillich, Die religionsgeschichtliche Konstruktion, EW IX 231–236. Zum Glaubensbegriff in der *Systematischen Theologie* vgl. auch Danz, Religion als Freiheitsbewußtsein, 367–382.

den göttlichen Geist" (III 160).⁵² Sie wird als „Drang nach Wiedervereinigung des Getrennten" (ebd.) erläutert. Tillichs Hinweis, dieser Begriff der Liebe sei ontologisch und universal, macht darauf aufmerksam, dass die Liebe sich auf den Gehalt desjenigen Aktes bezieht, der mit dem Glaubensbegriff bezeichnet wurde. Nur so kann Liebe dessen andere Seite sein. Tillich bezeichnet diese Dimension der Liebe im Unterschied zu anderen Formen als *agape*. Die reflexive Selbsterschlossenheit des Geistes, sich seiner Unendlichkeit ungeachtet nur als Setzung und Negation von konkreten Bestimmungen realisieren zu können, stellt den Gehalt des Liebesbegriffs dar. Darin kommt ja der endliche Geist zu sich selbst und ist in seinem Vollzug Ausdruck seines essentiellen Seins. Eben das bezeichnet Tillich als Hineingenommensein in die transzendente Einheit bzw. als Drang nach Wiedervereinigung des Getrennten. So wird auch verständlich, dass Liebe im Unterschied zum Glauben ein „Element des göttlichen Lebens selbst" (III 164) ist.

Die Erörterung des Liebesbegriffs ist parallel zu der des Glaubens strukturiert. Wie bei diesem diskutiert Tillich das Verhältnis zu einem vermögenstheoretischen Bewusstseinsverständnis, und stuft die Liebe in drei Momente: sie ist rezeptiv, paradox und antizipatorisch.⁵³ Darin entspricht die Liebe der Struktur des Reflexionsaktes, in dem der Geist sich als begrifflich uneinholbar erfasst.

B Die Manifestation des göttlichen Geistes in der geschichtlichen Menschheit (III 165–190)

In den Ausführungen des ersten Teils der Geistlehre ging es um die Struktur des Gottesgeistes in seinem Verhältnis zum menschlichen Geist. Schon hier wurde jedoch deutlich, dass eine religiöse Deutung des Gottesgeistes an eine geschichtlich gewordene Tradition gebunden ist und ohne deren Einbeziehung gar nicht artikuliert werden kann. Damit ist das Thema des Abschnitts *Die Manifestation des göttlichen Geistes in der geschichtlichen Menschheit* (III 165–190) benannt. In vier Unterabschnitten wird die Gegenwart des göttlichen Geistes im menschlichen erörtert. Auch hier geht es allein um dasjenige Reflexionsgeschehen und seine Struktur, welches bereits im ersten Abschnitt zur Darstellung gekommen ist, nun aber am Orte seines wirklichen Vorkommens. Tillich entfaltet die Frage, wie sich Religion als reflexive menschliche Selbsterschlossenheit in der Geschichte verwirklicht. Die transzendente Einheit unzweideutige Lebens realisiert

---

52 Zum Liebesbegriff Tillichs vgl. Paul Tillich, Liebe, Macht, Gerechtigkeit, GW XI 143–225. Vgl. hierzu Justice, Power, and Love. International Yearbook for Tillich Research, Vol. 9, Berlin/Boston 2014.
53 Vgl. III 163f.

sich stets in der Geschichte, und zwar so, dass diese nur in geschichtlich konkreten Formen auftritt, in denen Selbsterschlossenheit sich darstellt und zugleich verfehlt.

Der erste Unterabschnitt *Göttlicher Geist und Neues Sein: Das Zweideutige und das Fragmentarische* (III 165–167) benennt die Geschichte als diejenige Dimension, in der sich Religion als reflexive Selbsterschlossenheit ereignet. Geschichte ist jedoch stets die von sozialen Gruppen, da sich in der zwischenmenschlichen Begegnung der Mensch als Träger des Geistes und somit als ein Wesen, welches Geschichte hat, konstituiert, und jede Selbstdeutung in eine Kultur eingebunden ist. Das hat Konsequenzen für das Symbol der Gegenwart des göttlichen Geistes.

> Der Einbruch des göttlichen Geistes in den menschlichen Geist ereignet sich nicht in isolierten Einzelnen, sondern in sozialen Gruppen, da alle Funktionen des menschlichen Geistes – moralische Selbst-Integration, kulturelles Sich-Schaffen und religiöse Selbst-Transzendierung – durch die Ich-Du-Beziehung im sozialen Zusammenhang bedingt sind. (III 165)[54]

Auf diese Weise ist die methodische Grundlage für den Begriff der Geistgemeinschaft gelegt. Er bezeichnet die geschichtliche Verwirklichung der selbstreflexiven Religion und wird synonym mit den Begriffen Neues Sein und transzendente Einheit unzweideutigen Lebens verstanden.

Tillich geht davon aus, dass es immer reflexive Selbsterschlossenheit in der Geschichte gibt.[55] In dem individuellen Vollzug dieses Reflexionsaktes, der stets in eine Sozialdimension eingebunden ist, sind die Zweideutigkeiten des Lebens überwunden, aber nur fragmentarisch. In dieser Konstruktion, die grundlegend für die *Systematische Theologie* ist, ist die Selbsterfassung des Geistes mit dem Wissen um seine begriffliche Uneinholbarkeit verbunden. Die Gegenwart des göttlichen Geistes, also die Einheit von Gott und Mensch im Glaubensakt, ist das Wissen um die bleibende Differenz von göttlichem und menschlichem Geist.[56]

Aus der Voraussetzung, in der Geschichte gebe es stets reflexive Selbsterschlossenheit, resultiert die in dem zweiten Unterabschnitt *Die Gegenwart des göttlichen Geistes und die Antizipation des Neuen Seins in den Religionen* (III 167–

---

54 Schon in der *Systematischen Theologie von 1913* findet sich der Gedanke, die Konstitution der Persönlichkeit erfolge in der Dimension der Sittlichkeit. Vgl. Tillich, Systematische Theologie von 1913, EW IX 298.
55 Vgl. III 165: „Die Gegenwart des göttlichen Geistes ist in aller Geschichte sichtbar, aber die Geschichte als solche ist nicht die Manifestation des göttlichen Geistes." Vgl. auch III 166: „Immer und überall ist Partizipation an der transzendenten Einheit unzweideutigen Lebens vorhanden."
56 Vgl. III 167: „Das Neue Sein ist fragmentarisch und antizipatorisch gegenwärtig, aber insofern es gegenwärtig ist, ist es als Unzweideutiges gegenwärtig."

171) ausgeführte Konstruktion der Religionsgeschichte.[57] Sie wird als Kampf der Religion gegen ihre Dämonisierung und Profanisierung dargestellt. Ähnlich wie bei anderen solchen religionsgeschichtlichen Konstruktionen Tillichs,[58] bildet deren Ausgangspunkt eine Einheit von Religion und Kultur, die sich ausdifferenziert und ihren Zielpunkt in der Religion des Paradoxes findet. Diese ist das Thema des dritten Abschnitts *Die Gegenwart des göttlichen Geistes in Jesus als dem Christus: Eine Geist-Christologie* (III 171–176). Tillich reformuliert hier seine Christologie als Geist-Christologie.[59] Sie bildet das Kriterium der Pneumatologie.[60] Es geht hierbei weder um eine Begründung der Christologie noch um eine gleichsam objektive Konstruktion der Geschichte. Die Überlegungen gelten vielmehr einer Beschreibung des gegenwärtigen christlich-religiösen Standpunktes in seiner geschichtlichen Einbindung. Jesus Christus ist das Real-Bild des Glaubens, da Jesus sich selbst als konkrete Person negiert und darin Darstellung der reflexiven Struktur des Selbstverhältnisses ist.[61] Er symbolisiert eine Weise von Selbsterschlossenheit, die alle ihre Verwirklichungen negiert. Das macht ihn zur Normierung der Geistesgegenwart. Die konkreten Formen der Selbstdarstellung von Erschlossenheit im Selbstverhältnis werden vom Selbst als zugleich notwendig und wandelbar gewusst. Deshalb sind hier Profanisierung und Dämonisierung überwunden.

Vor dem Hintergrund dieser Ausführungen diskutiert der vierte Unterabschnitt *Die Gegenwart des göttlichen Geistes und das Neue Sein in der Geistgemeinschaft* (III 176–190). Die Geistgemeinschaft – der nur individuell zu vollziehende Akt von Selbsterschlossenheit in seiner sozialen Einbindung – bildet die Grundlage des Verständnisses der Kirche. Jene wird in vier Unterabschnitten entfaltet: *Das Neue Sein in Jesus als dem Christus und in der Geistgemeinschaft* (III 176–179), *Die Geistgemeinschaft in ihrem latenten und manifesten Stadium* (III 179–182), *Die Kennzeichen der Geistgemeinschaft* (III 182–185) und *Die Geistgemein-*

---

[57] Vgl. ebd.: „Man könnte unter diesem Titel [sc. *Die Gegenwart des göttlichen Geistes und die Antizipation des Neuen Seins in den Religionen*] eine ganze Religionsgeschichte schreiben, weil er einen Schlüssel darstellt, mit dessen Hilfe man Sinn in der verwirrenden Mannigfaltigkeit des religiösen Lebens der Menschheit entdecken kann."
[58] Vgl. GW I 340–349; I 254–273.
[59] Zur Christologie vgl. den Kommentar zur Stelle.
[60] Vgl. III 171: „Der göttliche Geist war in Jesus als dem Christus ohne Verzerrung gegenwärtig. In ihm erschien das Neue Sein als das Kriterium aller Geist-Erfahrung in Vergangenheit und Zukunft."
[61] Vgl. I 161: „Der Gegenstand von Frömmigkeit und Theologie ist Jesus als der Christus und nur als der Christus. Und er ist der Christus als der, der alles, was *nur* ‚Jesus' in ihm ist, zum Opfer bringt. Der entscheidende Zug seines Bildes ist die ständige Selbstpreisgabe des Jesus, der Jesus ist, an den, der der Christus ist." Vgl. den Kommentar zur Stelle.

schaft und die Einheit von Religion, Kultur und Moralität (III 185–190). Mit dem Begriff der Geistgemeinschaft bezeichnet Tillich die geschichtliche Verwirklichung von religiöser Selbsterschlossenheit, die sich in der christlich-religiösen Tradition mit dem Symbol Gegenwart des göttlichen Geistes selbst beschreibt. Der bereits in den 1920er Jahren ausgearbeitete Gedanke einer Offenbarungsgeschichte wird in der *Systematischen Theologie* aufgenommen. Hieraus resultiert die Strukturierung der Offenbarungsgeschichte in eine vorbereitende, eine zentrale und eine aufnehmende Manifestation des göttlichen Geistes, die in diesem Zusammenhang als Geistgemeinschaft bezeichnet wird.[62] Tillich unterscheidet zwischen der Geistgemeinschaft in ihrem latenten und ihrem manifesten Stadium. „Die Geistgemeinschaft ist latent, solange sie der zentralen Offenbarung in Jesus dem Christus nicht begegnet ist, und die Geistgemeinschaft ist manifest, nachdem eine solche Begegnung erfolgt ist." (III 180) Die Unterscheidung zielt darauf, dass es religiöse Selbsterschlossenheit „in der ganzen Menschheit" (III 181) gibt, also auch unabhängig von der christlichen Religion.[63] Die christliche Selbstbeschreibung der Geistgemeinschaft fügt dieser das Kriterium hinzu, jede ihrer Realisierungen wieder zu negieren. Dadurch wird die Geistgemeinschaft zur Kirche.[64]

Bereits im ersten Unterabschnitt hatte Tillich Merkmale der Geistgemeinschaft benannt. In dem Abschnitt *c. Die Kennzeichen der Geistgemeinschaft* (III 182–185) nimmt er dieses Thema wieder auf und erörtert Glaube, Liebe, Einheit und Universalität. Bei diesen Bestimmungen handelt es sich um Beschreibungen des Reflexionsaktes, durch den die Zweideutigkeiten überwunden werden. Wie sich in diesem Akt, der die Geistgemeinschaft auszeichnet, der Geist in seiner antinomischen Struktur erfasst, sind in ihm die Zweideutigkeiten des Lebens dadurch überwunden, dass sie als notwendiger Bestandteil seiner Realisierung gewusst werden. Das ist das Thema des Abschnittes *d. Die Geistgemeinschaft und die Einheit von Religion, Kultur und Moralität* (III 185–190). Er hat die Funktion, zu dem Hauptabschnitt III. überzuleiten.

---

62 Vgl. III 176.
63 Tillichs Differenzierung von latenter und manifester Geistgemeinschaft ist strikt von Karl Rahners ontologischer Konstruktion eines anonymen Christentums zu unterscheiden. Vgl. Karl Rahner, Grundkurs des Glaubens. Einführung in den Begriff des Christentums, Freiburg i. Br./ Basel/Köln 1985.
64 Vgl. III 181: „Es fehlt ihr [sc. der latenten Geistgemeinschaft] ein letztes Prinzip des Widerstandes, wie es die als Kirche organisierte Geistgemeinschaft besitzt und selbstkritisch – wie in den prophetischen und reformatorischen Bewegungen – anzuwenden vermag." Eine frühe Form dieser Konstruktion findet sich in dem Vortrag *Nichtkirchliche Religionen*. Vgl. GW V 13–31.

III Der göttliche Geist und die Zweideutigkeiten des Lebens (III 191–323)

Der zweite Hauptabschnitt der Pneumatologie Tillichs wendet die mit dem Symbol Gegenwart des göttlichen Geistes bezeichnete reflexive Selbsterschlossenheit auf die Zweideutigkeiten des Lebens in der Dimension des Geistes sowie die dieser vorangehenden Dimensionen an. Hieraus resultiert die Gliederung von Teil *III. Der göttliche Geist und die Zweideutigkeiten des Lebens* in die vier Abschnitte Religion, Kultur und Moralität sowie vieldimensionale Einheit des Lebens.

A Die Gegenwart des göttlichen Geistes und die Zweideutigkeiten der Religion (III 191–281)

Der Abschnitt *Die Gegenwart des göttlichen Geistes und die Zweideutigkeiten der Religion* (III 191–281) ist der umfangreichste Teil der *Systematischen Theologie*. Er bietet Tillichs Lehre von der Kirche auf der Grundlage der Geistgemeinschaft in vier Unterabschnitten.[65] Die Strukturierung der Ausführungen ergibt sich aus den verschiedenen Perspektiven, in denen der Reflexionsakt entfaltet wird. Einsetzend mit der Struktur des Kirchenbegriffs wird sodann die Frage diskutiert, wie die Geistgemeinschaft in den Kirchen Gestalt gewinnt. Parallel hierzu thematisiert der dritte Unterabschnitt den Einzelnen in der Kirche. Die Ausführungen zur Religion münden in den letzten Abschnitt ein, der sich der Funktion der Religion in einer doppelten Perspektive annimmt. Religion repräsentiert in der Geschichte die fragmentarische Überwindung des Gegensatzes von Religion, Kultur und Moralität und zugleich deren geschichtliche Unüberwindbarkeit.

Unter der Überschrift *Die Geistgemeinschaft, die Kirche und die Kirchen* (III 191–202) erörtert Tillich unter Aufnahme von Motiven der Reformation den Kirchenbegriff. Reflexive Selbserschlossenheit ist stets in eine konkrete, inhaltlich bestimmte Geschichte eingebunden. Wenn diese Selbsterschlossenheit sich mit Bezug auf Christus darstellt, dann handelt es sich um eine Kirche (III 191). Die Geistgemeinschaft bezeichnet die sich in der Geschichte verwirklichende reflexive Selbsterschlossenheit, die verborgen ist. Tillich identifiziert diese mit der Di-

---

65 Vgl. auch Paul Tillich, Kirche und Kultur, MW II 101–114; ders., Kirche und humanistische Gesellschaft, MW II 131–144; ders., Die Doppelgestalt der Kirche, MW II 145–149. Zum Kirchenverständnis Tillichs vgl. Johann Werner Mödlhammer, Kirche und Welt bei Paul Tillich, Wien 1971; Röer, Heilige – profane Wirklichkeit bei Paul Tillich, 248–280; Josef Mader, Kirche innerhalb und Kirche außerhalb der Kirchen. Der Kirchenbegriff in der Theologie Paul Tillichs, St. Ottilien 1987.

mension von Luthers Kirchenverständnis, die dieser verborgene Kirche im Unterscheid zur sichtbaren nennt. Ähnlich wie der Reformator behauptet Tillich die Geistgemeinschaft als Grundlage der Kirche, die jedoch nur in der sichtbaren Institution sich verwirklichen kann. Während das Geschehen von Selbstverschlossenheit unzweideutig ist, bleibt deren Verwirklichung in der Geschichte als kirchliche Religion zweideutig. Aus dieser Konstellation, die in dem Abschnitt *a. Der ontologische Charakter der Geistgemeinschaft* (III 191–194) ausgeführt wird, resultiert der weitere Fortgang der Argumentation. Zunächst erörtert Tillich in *b. Das Paradox der Kirchen* (III 194–202) die doppelte Betrachtungsweise, der die Kirchen unterliegen. Soziologisch sind diese durchweg geschichtliche Institutionen, die als Teil der Kultur der Zweideutigkeit des Lebens unterliegen. Da ihnen jedoch die Geistgemeinschaft zugrunde liegt, manifestiert sich diese in den Kirchen als Kampf gegen deren Dämonisierung und Profanisierung. Die traditionellen *notae ecclesiae* gelten – ähnlich wie im Protestantismus – der Geistgemeinschaft und den Kirchen nur paradox.[66] Glaube, Liebe, Heiligkeit, Einheit und Universalität kommen somit der Geistgemeinschaft zu und den geschichtlichen Kirchen lediglich auf eine paradoxe Weise.

Auf der Grundlage dieses Verständnisses der Kirchen geht der Abschnitt *2. Das Leben der Kirchen und der Kampf gegen die Zweideutigkeiten der Religion* (III 202–250) in zwei Unterabschnitten der Frage nach, wie die Geistgemeinschaft in den Kirchen Gestalt gewinnt. Wieder ist es das Geschehen von reflexiver Selbstverschlossenheit des Geistes, dessen Struktur in verschiedenen Hinsichten entfaltet wird. Als *Glaube und Liebe im Leben der Kirchen* (III 202–213) wird die Spannung zwischen dem Reflexionsakt und seiner notwendigen inhaltlichen Bestimmtheit dargelegt. Das grundlegende Argument sowohl in dem Unterabschnitt *1. Die Geistgemeinschaft und die Kirchen als Gemeinschaften des Glaubens* (III 202–207) als auch in *2. Die Geistgemeinschaft und die Kirchen als Gemeinschaften der Liebe* (III 208–213) ist das mit der reflexiven Selbstverschlossenheit verbundene Wissen um die Zweideutigkeit aller ihrer geschichtlichen Realisierungen als Religion. Diese werden der Selbstkritik unterstellt. Die endlichen Formen, in denen sich Glaube und Liebe darstellen, sind also zugleich Ausdruck des Unbedingten sowie dessen Verfehlung.

Der Abschnitt *b.* diskutiert sodann *Funktionen der Kirche, ihre Zweideutigkeiten und die Geistgemeinschaft* (III 213–250). Tillich unterscheidet die drei Funktionen der Begründung, der Ausbreitung und des Aufbaus (III 213), denen

---

[66] Vgl. III 196: „Der paradoxe Charakter der Kirchen zeigt sich in der Art, wie die Charakteristika der Geistgemeinschaft übertragen werden müssen. Jedes von ihnen kann den Kirchen nur unter Hinzufügung eines ‚trotzdem' zugeschrieben werden."

jeweils eine Polarität zugeordnet wird (III 214). Die begründende Funktion steht unter der Polarität von Tradition und Reformation, die ausbreitende Funktion unter der von Wahrheit und Anpassung und die aufbauende Funktion unter der von Transzendierung der Form und Bejahung der Form. Die Gliederung resultiert aus dem reflexiven Akt, der die Geistgemeinschaft ist.[67] Er wird von Tillich in drei Hinsichten näher beschrieben. Die Geistgemeinschaft ist an den Vollzug reflexiver Selbstgeschlossenheit gebunden, aber sie kann sich nur in konkreten symbolischen Formen darstellen, die geschichtlich geworden sind. Das ist die *Funktion der Begründung in den Kirchen* (III 219–224). Tillich erörtert diese Dimension durch die Strukturierung des Aktes in Anbetung, Gebet und Kontemplation (Theorie des Gottesdienstes). Die reflexive Struktur des Aktes besteht in dem Wissen, dass die konkreten Formen, in denen er seinen Gehalt darstellt, zugleich notwendig und diesem unangemessen sind.[68] *Die Funktion der Ausbreitung der Kirchen* (III 224–228) steht unter der Polarität von Wahrheit und Anpassung. Tillich beschreibt unter diesem Titel die reflexive Struktur des Reflexionsaktes im Hinblick auf dessen universale Dimension als Mission und strukturiert diese durch Erziehung und Evangelisation. Die letzte Funktion ist die des *Aufbaus in den Kirchen* (III 228–245), und sie steht unter der Polarität von Transzendierung der Form und Bejahung der Form. Auch hier ist es wieder das Verhältnis von reflexiver Selbstgeschlossenheit und den kulturellen Formen, in denen sich diese allein darstellen kann, das thematisiert wird. Tillich differenziert die Realisierung der Geistgemeinschaft und ihr Verhältnis zur Kultur entsprechend der Kulturfunktionen aus. Er unterscheidet theoretische und praktische Funktionen und differenziert erstere weiter in ästhetische und kognitive und letztere in gemeinschaftsbildende und personbildende Funktionen.[69] Daraus ergibt sich die Gliederung des Abschnitts. Die grundlegende These, die der Argumentationsgang jeweils in den einzelnen Funktionen ausführt, lautet: in der Geistgemeinschaft, also in dem reflexiven Akt der Selbst-Transzendierung, kommt die Spannung zwischen den Elementen zu einem Ausgleich, denn der Akt ist das Wissen darum, dass sich die Unendlichkeit des Geistes allein in der permanenten Negation seiner Setzungen angemessen verwirklicht. Die Geistgemeinschaft realisiert sich in der Kultur, zu der die Kirchen als geschichtliche Gestalten gehören, als Kritik und Gestaltung.

---

67 Vgl. III 213: In „den Funktionen der Kirchen" verwirkliche sich „ihr Wesen lebendig".
68 Vgl. III 223 f.: „Das geschieht am deutlichsten im Akt der Kontemplation, und man könnte sagen, daß jedes ernsthafte Gebet zur Kontemplation führen muß, denn in der Kontemplation ist das Paradox des Gebets offenbar: die Identität und Nicht-Identität dessen der betet, mit dem, zu dem gebetet wird – Gott als Geist."
69 Vgl. hierzu auch GW I 228–230. 321–324.

Nachdem der Reflexionsakt im Hinblick auf die Geistgemeinschaft und deren Verhältnis zu den Kirchen dargestellt wurde, wendet sich Tillich dem Vollzug dieses Aktes und seiner reflexiven Struktur als solchem zu. Das ist das Thema der Ausführungen über *Der Einzelne in der Kirche und die Gegenwart des göttlichen Geistes* (III 250–281), der in drei Schritten den überlieferten *ordo salutis* reformuliert.[70] Auf das in dem Unterabschnitt *a. Der Einzelne in der Kirche und die Erfahrung der Bekehrung* (III 250–254) dargelegte folgt in *b. Der Einzelne in der Kirche und die Erfahrung des Neuen Seins* (III 254–281) eine theologische Beschreibung der inneren Struktur des Reflexionsaktes. Er wird durch die theologischen Symbole Wiedergeburt, Rechtfertigung und Heiligung strukturiert.[71] Im Fokus steht die Rechtfertigung. Sie beschreibt die Reflexivität des Glaubensaktes als Wissen um die Wandelbarkeit der symbolischen Selbstdarstellungen des Selbst. Der Gottesbegriff ist Ausdruck der reflexiven Struktur des Glaubensaktes, und ebenso kommt das im Bild Christi als eines Gekreuzigten zur Darstellung. Der Reflexionsakt der wahren Religion wird in verschiedene Momente strukturiert. Es ist ein Akt, der eingebunden ist in eine konkrete Kultur und ihre Geschichte: Die Realisierung des Neuen Seins durch den Einzelnen in der Geschichte.

Die Überlegungen zur Gegenwart des göttlichen Geistes in der Religion fasst Tillich in den abschließenden Reflexionen dieses Teils der *Systematischen Theologie* zusammen. Sie stehen unter der Überschrift *Die Überwindung der Religion durch die Gegenwart des göttlichen Geistes und das protestantische Prinzip* (III 279–281). Die wahre Religion ist keine Kulturform im Unterschied zur Kultur, sondern eine den Kulturprozess begleitende Bewusstheit. Die Ausführungen greifen frühere Überlegungen zur Überwindung des Religionsbegriffs auf und fokussieren diese im protestantischen Prinzip.[72] Es ist „Ausdruck für die Überwindung der Religion durch den göttlichen Geist und dadurch Ausdruck für den Sieg über die Zweideutigkeiten der Religion – ihre Profanisierung und Dämonisierung" (III 281). Das protestantische Prinzip fasst die Selbsterschlossenheit des Geistes begrifflich zusammen, seine Unendlichkeit allein in konkreten Formen realisieren zu können, die selbst wieder der Kritik zu unterziehen sind.

---

70 Vgl. hierzu Notger Slenczka, Die klassische Pneumatologie im Gespräch, in: Christian Danz/ Michael Murrmann-Kahl (Hg.), Zwischen Geistvergessenheit und Geistversessenheit. Perspektiven der Pneumatologie im 21. Jahrhundert, Tübingen 2014, 109–129.
71 So schon in der *Systematischen Theologie von 1913*. Vgl. EW IX 382–398.
72 Vgl. Paul Tillich, Die Überwindung des Religionsbegriffs in der Religionsphilosophie, GW I 367–388; ders., Der Protestantismus als kritisches und gestaltendes Prinzip, GW VII 29–53. Vgl. hierzu Ulrich Barth, Protestantismus und Kultur. Systematische und werkgeschichtliche Erwägungen zum Denken Paul Tillichs, in: Christian Danz/Werner Schüßler (Hg.), Paul Tillichs Theologie der Kultur. Aspekte – Probleme – Perspektiven, Berlin/Boston 2011, 13–37.

B Die Gegenwart des göttlichen Geistes und die Zweideutigkeiten der Kultur (III 282–305)

Die Gegenwart des göttlichen Geistes symbolisiert ein reflexiv gewordenes Selbstverhältnis. In diesem Akt ist der Gegensatz von Religion und Kultur fragmentarisch in der Geschichte überwunden. Den Facetten dieses Themenfelds geht Tillich unter der Überschrift *Die Gegenwart des göttlichen Geistes und die Zweideutigkeiten der Kultur* (III 282–305) in drei Überlegungsgängen nach. Reflexive Selbsterschlossenheit des Geistes kann sich allein in und an den von ihm selbst gesetzten kulturellen Formen darstellen.[73] Das ist der Gehalt der Formel von der Religion als Substanz der Kultur und der Kultur als Form der Religion.[74] Deren Erörterung widmet sich der Abschnitt *Religion und Kultur und die Gegenwart des göttlichen Geistes* (III 282–285). Er diskutiert drei Prinzipien des Verhältnisses von Religion und Kultur: die Freiheit des göttlichen Geistes, die Konvergenz des Heiligen und des Profanen und – als deren Grundlage – die wesenhafte Zusammengehörigkeit von Religion und Kultur. Religion als eine Sondersphäre in der Kultur ist hier aufgelöst. An die Stelle des Gegensatzes tritt die Kultur als Ausdrucksform religiöser Selbsterschlossenheit.

Tillich nimmt damit die Idee einer theonomen Kultur in der *Systematischen Theologie* zur Beschreibung des Verhältnisses von wahrer Religion und Kultur auf. Ihr gelten die Ausführungen in dem Abschnitt *Der Humanismus und die Idee der Theonomie* (III 285–289). Die Theonomie steht für das Reflexiv-Werden des Kulturbewusstseins, „das Gerichtetsein des kulturellen Lebens auf das Unbedingte in Sein und Sinn" (III 286). Tillich unterscheidet drei Charakteristika einer theonomen Kultur, den Stil, die Bejahung der autonomen Formen des schöpferischen Prozesses und den Kampf der Theonomie gegen eine unabhängige Heteronomie und eine unabhängige Autonomie. Der grundlegende Gedanke ist auch hier die reflexive Selbsterfassung des menschlichen Geistes. Die kulturellen Formen bis hin zum Abschlussgedanken werden in diesem Geschehen zu Symbolen der Darstellung von Reflexivität im Selbstverhältnis des Geistes.[75] In dem als Gegenwart des göttlichen Geistes symbolisierten Reflexionsgeschehen erfasst der menschliche Geist seine eigene Unendlichkeit, die durch keine seiner Bestimmungen eingeholt werden kann. Der abschließende Abschnitt *Theonome Manifestationen der Gegenwart des göttlichen Geistes* (III 289–305) wendet diese

---

[73] Vgl. III 285: „Der einfachste Satz, in dem das Heilige sich vom Profanen zu unterscheiden versucht, ist in seiner Form profan."
[74] Vgl. schon GW I 319–321.
[75] Vgl. III 288: „Das erste Charakteristikum einer theonomen Kultur ist, daß sie in all ihren Schöpfungen die Erfahrung des Heiligen ausdrücken, d. h. eines Unbedingten in Sein und Sinn."

Struktur auf die einzelnen Kulturfunktionen der theoretischen und praktischen Reihe an (Wahrheit und Ausdruckskraft, Zweck und *humanitas*, Macht und Gerechtigkeit).

C Die Gegenwart des göttlichen Geistes und die Zweideutigkeiten der Moralität (III 305–315)

Die fragmentarische Überwindung der Zweideutigkeiten des Lebens in der Dimension des Geistes betrifft nicht nur die Religion und die Kultur, sondern auch die Moralität, also die Sphäre, in der sich der Geist in der Begegnung mit dem Anderen konstituiert. Ihr gelten die Ausführungen in dem Abschnitt *Die Gegenwart des göttlichen Geistes und die Zweideutigkeiten der Moralität* (III 395–315).[76] In drei Argumentationsgängen wird der Leitbegriff *Theonome Moralität* (III 305–307) traktiert, und in den Abschnitten *Die Gegenwart des göttlichen Geistes und die Zweideutigkeiten der personhaften Selbst-Integration* (III 307–311) sowie *Die Gegenwart des göttlichen Geistes und die Zweideutigkeiten des moralischen Gesetzes* (III 311–315) näher entfaltet. Die Gegenwart des göttlichen Geistes, so lautet auch hier die grundlegende These, symbolisiert die fragmentarische Überwindung der Zweideutigkeiten der Moralität. Diese ist an einen Akt reflexiver Selbsterschlossenheit gebunden, der vom Einzelnen nicht herstellbar ist. Die Erhebung des personhaften Zentrums in die transzendente Einheit unzweideutigen Lebens zielt auf ein Reflexiv-Werden des menschlichen Geistes. Darin wird er sich seiner eigenen Unendlichkeit inne, die durch keine Bestimmung einholbar ist.[77] In diesem Sinne steht das persönliche Zentrum *über* den Begegnungen mit der Wirklichkeit. Die Verwirklichung des Geistes impliziert, dass er stets nur bestimmte Möglichkeiten wählen kann und andere notwendig ausschließen muss. Diese Bewusstheit des Geistes befreit das Selbst von den Zufälligkeiten der Freiheit und des Schicksals. So ist die Annahme dieser Selbsterkenntnis einerseits das allumfassendste Opfer und andererseits die allumfassendste Erfüllung: ein reflektierter Umgang des Selbst mit seinen Möglichkeiten.[78]

Die Gegenwart des göttlichen Geistes symbolisiert personale Selbsterschlossenheit, also das Wissen des Geistes um seine eigene Unendlichkeit, die er nicht

---

[76] Vgl. hierzu auch Paul Tillich, Das religiöse Fundament des moralischen Handelns, GW III 13–83.
[77] Vgl. hierzu Christian Danz, „Ethik des ‚Reiches Gottes'". Moralität und Eschatologie bei Paul Tillich, in: Ethics and Eschatology. International Yearbook for Tillich Research, Vol. 10, Berlin/Boston 2015, 1–17.
[78] Vgl. III 308–311.

einholen kann. Diese Struktur wendet Tillich auf die Zweideutigkeiten des moralischen Gesetzes an und diskutiert die absolute Geltung des moralischen Imperativs, die Relativität seiner Inhalte und die Motivation zum moralischen Handeln. Wieder ist es die reflexive Selbsterschlossenheit, in der die Geltungsdimension mit der konkreten, wandelbaren Situation verbunden ist, die als Motivation des sittlichen Handelns fungiert.

D Die Heilende Macht des göttlichen Geistes und die Zweideutigkeiten des Lebens in allen Dimensionen (III 315– 323)

Die Gegenwart des göttlichen Geistes betrifft die Dimension des Geistes. Mit der Frage nach dem Verhältnis des göttlichen Geistes zu der vieldimensionalen Einheit des Lebens kommt die Pneumatologie zum Abschluss. Tillich erörtert sie unter der Überschrift *Die heilende Macht des göttlichen Geistes und die Zweideutigkeiten des Lebens in allen Dimensionen* (III 315–323) in zwei Überlegungsgängen. Zunächst behandelt er *Die Gegenwart des göttlichen Geistes und die Zweideutigkeiten des Lebens außerhalb der Dimension des Geistes* (III 315–317). Da das Symbol der Geistesgegenwart Gottes an die Dimension des Geistes gebunden ist, können die dieser vorangehenden Dimensionen des anorganischen, organischen und physischen nur mittelbar betroffen sein. Vor dem Hintergrund dieser Überlegungen widmet er sich abschließend dem Themenfeld *Heilung, Erlösung und die Gegenwart des göttlichen Geistes* (III 317–323). Religion kann zwar die Medizin nicht ersetzen, gleichwohl schlägt sich die Selbsterfassung des endlichen Menschen in seinem leibseelischen Selbstverständnis nieder.[79]

IV Die trinitarischen Symbole (III 324–337)

Die Ausführungen zur Pneumatologie im dritten Band der *Systematischen Theologie* schließt Tillich mit Überlegungen zur Neuformulierung der Trinitätslehre ab. Das geschieht in drei kurzen Reflexionsgängen. Zunächst werden *Gründe für die Entwicklung des trinitarischen Symbolismus* benannt (III 324–328), sodann wird *Das trinitarische Dogma* dogmengeschichtlich beleuchtet (III 328–333), um schließlich mit Überlegungen zur *Neuerschließung des trinitarischen Symbolismus*

---

[79] Vgl. hierzu Karin Grau, „Healing Power" – Ansätze zu einer Theologie der Heilung im Werk Paul Tillichs, Münster 2000.

(III 333–337) zu enden. In seinen Ausführungen zum trinitarischen Symbolismus greift er zurück auf seine Ausführungen zur Entwicklung der Gottesidee sowie zum Leben Gottes aus dem ersten Band seines Systems.[80] Ebenso werden Betrachtungen zu einer offenbarungstheologischen Reformulierung der überlieferten Trinitätslehre in diesem Abschnitt verarbeitet, die bis in die Marburger und Dresdener *Dogmatik-Vorlesung* zurückreichen.[81]

Tillich diskutiert in dem ersten Abschnitt drei Faktoren, die zur Herausbildung des trinitarischen Symbolismus geführt haben: „erstens die Spannung zwischen dem absoluten und dem konkreten Element in dem, was uns unbedingt angeht; zweitens die symbolische Anwendung des Begriffs ‚Leben' auf den göttlichen Grund des Seins; und drittens die dreifache Manifestation Gottes als schöpferische Macht, als erlösende Liebe und als Kraft ekstatischer Verwandlung" (III 324). Grundlegend für die Herausbildung der christlichen Trinitätslehre sei der dritte Faktor gewesen, die dreifache Manifestation Gottes. Damit bindet Tillich die überlieferte Trinitätslehre an die „Offenbarungs-Situation" (III 327) zurück. Diese tritt sowohl an die Stelle von Schleiermachers als auch von Barths Reformulierungsversuchen der traditionellen Lehrgestalt. Der trinitarische Symbolismus strukturiert das als Offenbarung gedeutete Geschehen von reflexiver Selbstgeschlossenheit in seiner geschichtlichen Einbindung.[82]

Die Nachzeichnung der dogmengeschichtlichen Entwicklung der Herausbildung der Trinitätslehre im zweiten Unterabschnitt hat die Funktion, die Kritik des Protestantismus an deren klassischer Lehrgestalt in eine Neuformulierung aufzunehmen.[83] Mit Berufung auf Adolf von Harnacks und Friedrich Loofs Kritiken am trinitarischen Dogma und dessen Herausbildung, die freilich selbst kritisiert werden, läuft die Geschichte der Trinitätslehre auf die Forderung nach deren Umformulierung hinaus. Eine solche wird in den abschließenden Überlegungen zur Neuerschließung des trinitarischen Symbolismus angedeutet. Dabei wird die traditionelle immanente Trinitätslehre durch deren offenbarungstheologische

---

80 Vgl. I 247–273. 280–290, bes. 288–290. Vgl. den Kommentar zur Stelle.
81 Vgl. hierzu Christian Danz, Geschichtliche Offenbarung. Die Trinitätslehre Paul Tillichs, in: ders., Gott und die menschliche Freiheit. Studien zum Gottesbegriff in der Neuzeit, Neukirchen-Vluyn 2005, 102–128.
82 Vgl. III 327: „Die menschliche Situation, aus der die existentiellen Fragen aufsteigen, ist durch drei Begriffe charakterisiert: *Endlichkeit* – im Hinblick auf das essentielle Sein des Menschen als Geschöpf; *Entfremdung* – im Hinblick auf das existentielle Sein des Menschen in Raum und Zeit; *Zweideutigkeit* – im Hinblick auf die Partizipation des Menschen am universalen Leben."
83 Vgl. III 333: „Aber wir müssen die Frage stellen, ob dieser Zustand [sc. die Spannung zwischen der Kritik der Reformation am Dogma sowie dessen formelle Beibehaltung] nach der geschichtlichen Kritik des Dogmas durch die protestantische Theologie seit dem 18. Jahrhundert aufrecht erhalten werden kann".

Reformulierung ersetzt. Das trinitarische Problem sei nicht, wie drei gleich eins sein können, sondern das der „Einheit in der Vielheit göttlicher Selbst-Manifestationen" (III 335). Es ist auch hier das Geschehen reflexiver Selbsterschlossenheit als in die Geschichte eingebundener Vollzug, dessen Aufbaumomente durch die trinitarischen Symbole strukturiert werden. Der Glaubensakt stellt sich in diesen Symbolen selbst dar. Da diese einem kulturgeschichtlichen Wandel unterliegen, ist deren Symbolisierung nicht nur unabgeschlossen – Tillich selbst diskutiert die Möglichkeit weiblicher Symbolisierungen – es kann auch die Lehrgestalt der Trinität nicht abgeschlossen sein.

> In ihrer traditionellen Form kann sie [sc. die Lehre von der Trinität] weder verworfen, noch bejaht werden. Sie muß offen gehalten werden, so daß sie ihre ursprüngliche Funktion erfüllen kann: in umfassenden Symbolen die Manifestation des göttlichen Lebens für den Menschen zum Ausdruck zu bringen. (III 337)

Literatur

Christian Danz, Religion als Freiheitsbewußtsein. Eine Studie zur Theologie als Theorie der Konstitutionsbedingungen individueller Subjektivität bei Paul Tillich, Berlin/New York 2000.
Christian Danz (Hg.), Theologie als Religionsphilosophie. Studien zu den problemgeschichtlichen und systematischen Voraussetzungen der Theologie Paul Tillichs, Wien 2004.
Lars Heinemann, Sinn – Geist – Symbol. Eine systematisch-genetische Rekonstruktion der frühen Symboltheorie Paul Tillichs, Berlin/Boston 2017.
Jean Richard, The Hidden Community of the Kairos and the Spiritual Community: Toward a New Understanding of the Correlation in the Work of Paul Tillich, in: Frederick J. Parrella (Ed.), Paul Tillich's Theological Legacy: Spirit and Community. International Paul Tillich Conference, New Harmony, 17–20 June 1993, Berlin/New York 1995, 43–64.
Joachim Ringleben, Der Geist und die Geschichte (Systematische Theologie Bd. III), in: Hermann Fischer (Hg.), Paul Tillich. Studien zu einer Theologie der Moderne, Frankfurt a. M. 1989, 230–255.
Hans Röer, Heilige – profane Wirklichkeit bei Paul Tillich. Ein Beitrag zum Verständnis und zur Bewertung des Phänomens der Säkularisierung, Paderborn 1975.
Falk Wagner, Christus und die Weltverantwortung als Thema der Pneumatologie Paul Tillichs, in: Hans-Dieter Klein/Johann Reikerstorfer (Hg.), Philosophia perennis. Festschrift für Erich Heintel zum 80. Geburtstag, Teil 2, Frankfurt a. M. 1993, 235–252.
Nimi Wariboko/Amos Young (Ed.), Paul Tillich and Pentecostal Theology. Spiritual Presence and Spiritual Power, Bloomington/Indianapolis 2015.
Sturm Wittschier, Paul Tillich. Seine Pneuma-Theologie. Ein Beitrag zum Problem Gott und Mensch, Nürnberg 1975.
Gunther Wenz, Subjekt und Sein. Die Entwicklung der Theologie Paul Tillichs, München 1979.

Jörg Lauster
Die Geschichte und die Frage nach dem Reich Gottes (III 341–411)

Problem- und werkgeschichtlicher Hintergrund

Der fünfte Teil *Die Geschichte und das Reich Gottes* bildet das Finale der *Systematischen Theologie*. Die zentralen Fäden der Gotteslehre, der Christologie und der Ekklesiologie – bei Tillich verstanden als Manifestation des göttlichen Geistes in der geschichtlichen Menschheit – laufen hier zusammen und eröffnen den eschatologischen Ausblick. Schon von ihrer Stellung im Gesamtgefüge her sind Tillichs Ausführungen zur Philosophie und Theologie der Geschichte voraussetzungsreich, sie nehmen frühere Debatten auf, wiederholen Überlegungen, fassen diese zusammen und führen sie fort. Dieser summarische Aspekt gilt in einem noch höheren Maße für die werkgeschichtliche Perspektive. Während es an sich nicht überraschend ist, eine systematische Gesamtdarstellung mit der Eschatologie zu beschließen, versteht sich die Positionierung der Geschichtstheologie nicht von selbst. Ihre vorliegende Einordnung könnte von einer besonderen Hochschätzung künden, die in der theologischen Betrachtung der Geschichte die Summe erblickt. Schon an der Textoberfläche sind Indizien nicht zu übersehen, die für eine andere Lesart sprechen. Die Einleitung zum dritten Band, in der Tillich noch einmal knapp sein Verfahren einer systematischen Theologie erläutert und zu Reaktionen auf die ersten beiden Bände Stellung nimmt, lenkt ausdrücklich den Blick auf die Theologie und Philosophie des Lebens. Sie liegt ihm offensichtlich besonders am Herzen (III 15f.). Das Lebenskapitel (III 21–133) ist fast doppelt so lang wie das Kapitel zur Geschichte (III 344–411). Ist die Geschichtstheologie ein Appendix zur Theologie des Lebens?

Tillich hat diese Spannung selbst gesehen und löst sie in der Einleitung zum fünften Teil salomonisch auf. Er räumt ein, dass die finale Anordnung der Korrelate Geschichte und Reich Gottes „zum Teil in der theologischen Tradition begründet" (III 342) seien. Gleichwohl unterstreicht er die besondere Bedeutung der Geschichte: „Sie erfordert eine eigene Behandlung, da sie die umfassendste von allen Dimensionen ist, die die anderen Dimensionen voraussetzt und den in diesen enthaltenen Elementen ein neues Element hinzufügt" (III 341). Die Theologie der Geschichte ist nicht nur ein Anhang, sie ist der Anwendungsfall, in dem sich die Erkenntnisse der Theologie des Lebens systematisch zu bewähren haben. Dieser Gedanke bestimmt dann auch die Durchführung. Geschichte ist der Prozess, in dem die Strukturen und Dynamiken des Lebens im Zusammenwirken der

Menschen in Erscheinung treten. In der Geschichte der Menschen und ihrer Deutung werden die Strukturen des Lebens sich ihrer selbst bewusst.

Die Beschäftigung mit der Geschichte spielt in Tillichs Werk erwartungsgemäß eine ausnehmend große Rolle. Ein gutes halbes Jahrhundert arbeitet er von den ersten Gehversuchen bis zum letzten Band der *Systematischen Theologie* daran, Geschichte philosophisch und theologisch zu verstehen. Die Beiträge erstrecken sich auf das gesamte Werk. Wichtige Schriften versammelt Band VI der *Gesammelten Werke: Der Widerstreit von Raum und Zeit. Schriften zur Geschichtsphilosophie*, sie reichen von der Mitte der Zwanzigerjahre bis 1959, also bis in das Umfeld der Abfassung des dritten Bandes der *Systematischen Theologie*. Die inzwischen zugänglichen Frankfurter Vorlesungen zur Geschichtsphilosophie aus dem Wintersemester 1929/30 leisten einen Beitrag zur Rekonstruktion der Entwicklung.[1] Wichtige Aufsätze sind zudem über das Gesamtwerk verstreut, darunter z. B. *Geschichte als das Problem unserer Zeit* (1939).[2] In seiner amerikanischen Zeit hat Tillich unter dem Titel *The Interpretation of History* eine Sammlung der Arbeiten zur Geschichtstheologie auf Englisch herausgegeben. Das gibt einen interessanten Einblick in die Schriften, an denen ihm offensichtlich besonders lag. Dazu zählten *Kirche und Kultur* (1924), *Christologie und Geschichtsdeutung* (1929) und *Eschatologie und Geschichte* (1929).[3] Für die systematische Ausrichtung sind schließlich die Kurse aus den Dreißigerjahren eine außerordentlich wichtige Quelle, die Tillich am Union Theological Seminary hielt.[4] Die prominente Rolle der Geschichtstheologie in Tillichs ersten akademischen Veranstaltungen in den USA springt ins Auge. Im Zentrum steht das Manuskript *Reich Gottes und Geschichte* (*The Kingdom of God and History*).[5] Ansätze der späteren Strukturanalyse der Geschichte finden sich,[6] es zeigt sich aber, dass diese noch einmal erheblich durch die späte Verbindung von Geschichtstheologie und Lebensphilosophie in dem dritten Band der *Systematischen Theologie* angereichert wird. Die für die späte Fassung dann zentrale These von Christus als Mitte der Geschichte ist hier al-

---

[1] Paul Tillich, Vorlesungen über die Geschichtsphilosophie und Sozialpädagogik (Frankfurt 1929/30), EW XV.
[2] GW X 159–169.
[3] Paul Tillich, The Interpretation of History, New York/London 1936. Vgl. dazu auch Erdmann Sturm, Einleitung, EW XIX, LI (vor allem Anm. 44).
[4] Paul Tillich, Advanced Problems in Systematic Theology. Courses at Union Theological Seminary, New York, 1936–1938, EW XIX.
[5] Ein deutsches Typoskript von 1936 findet sich in: EW XIX 207–242; zwei englische Fassungen ebd., 243–316; zum Entstehungshintergrund im Umfeld einer Zusammenarbeit Tillichs mit dem Ökumenischen Rat der Kirchen vgl. Sturm, Einleitung, EW XIX, L–LII.
[6] Vgl. EW XIX 212–219.

lerdings schon ausgeführt,[7] ebenso – so ja schon der Titel – die Korrelation von Geschichte und Reich Gottes.

Im Durchgang durch die Werkgeschichte lässt sich Tillichs Interesse an der Geschichte – mit dem üblichen Problem, das solche Schematisierungen mit sich bringen – in sieben Fragerichtungen einteilen.[8]

In einer ersten Fragerichtung zeigt sich, wie Tillich von seinem Herkommen in die großen Debatten des 19. Jahrhunderts eingebunden war. *Die christliche Gewißheit und der historische Jesus* aus dem Jahr 1911 ist die früheste Stellungnahme zum Thema, sie ist maßgeblich von Ernst Troeltschs Bearbeitungen des Themas beeinflusst. Zentral geht es um die Frage, ob sich aus der Geschichte eine individuelle Gewissheit des Glaubens begründen lässt.[9] Tillich unternimmt seine Antwortversuche unter Rückgriff auf die idealistische Geschichtsphilosophie.[10] Das Interesse an und die Auseinandersetzung mit dem Idealismus zieht sich in der Geschichtstheologie bis in das Spätwerk durch, allerdings löst dabei Hegel immer mehr Schelling als bevorzugten Gesprächspartner ab.

Zweitens beschäftigt Tillich die grundsätzliche Erörterung der Rolle der Geschichte im Verbund der Geisteswissenschaften. Die frühen enzyklopädischen

---

[7] Vgl. EW XIX 219.
[8] Die Zusammenstellung der Forschungsliteratur zu Tillichs Geschichtstheologie tritt rasch in den dreistelligen Bereich an Titeln ein; eine kompakte Einführung bieten: Werner Schüssler/Erdmann Sturm, Paul Tillich. Leben – Werk – Wirkung, Darmstadt 2007, 82–95; zu verweisen ist hier auf die weiterführende Literatur am Ende dieses Artikels, dort insbesondere auf die von Christian Danz, Marc Dumas, Peter Haigis und Gert Hummel herausgegebenen Sammelbände, die die wichtigsten gegenwärtigen Debatten abbilden. Sorgfältige Interpretationen der Geschichtstheologie in der *Systematischen Theologie* bieten die Dissertationen: Eberhard Rolinck, Geschichte und Reich Gottes. Philosophie und Theologie der Geschichte bei Paul Tillich, München/Paderborn/Wien 1976; M. Francis Reeves, God and History in the Thought of Paul Tillich, Boston 1967; eine knappe Übersicht: Joachim Ringleben, Der Geist und die Geschichte (Systematische Theologie Bd. III), in: Hermann Fischer (Hg.), Paul Tillich. Studien zu einer Theologie der Moderne, Frankfurt a. M. 1989, 230–255, hier 243–246.
[9] Paul Tillich, Die christliche Gewißheit und der historische Jesus, EW VI 31–50. Ein früher systematisch-theologischer Entwurf von 1913 führt das Thema fort: „Das Urteil, daß in Jesus von Nazareth das Absolute sich herabgelassen hat zum Relativen und das Relative zurückkehrt zum Absoluten, ist der Inhalt des konkreten Momentes des theologischen Prinzips. In diesem Urteil ist naturgemäß ein geschichtliches und ein Glaubensurteil verbunden." (EW IX 320 f.). Vgl. dazu Schüßler/Sturm, Paul Tillich, 84 f.
[10] Vgl. Christian Danz, Birth of an Idea: Tillich's Budding Understanding of History against the Backdrop of his Reception of Schelling, in: Marc Dumas/Martin Leiner/Jean Richard (Hg.), Paul Tillich – interprète de l'histoire, Münster 2013, 23–33; Folkart Wittekind, ‚Sinndeutung der Geschichte'. Zur Entwicklung und Bedeutung von Tillichs Geschichtsphilosophie, in: Christian Danz (Hg.), Theologie als Religionsphilosophie. Studien zu den problemgeschichtlichen und systematischen Voraussetzungen der Theologie Paul Tillichs, Wien 2004, 135–172.

Bearbeitungen des Themas geben einen markanten Grundzug zu erkennen, der sich fortan bis in die *Systematische Theologie* durchzieht. Tillich interessiert geschichtsphilosophisch eine Wesensbestimmung des Begriffs der Geschichte, die er überwiegend in ontologischen Kategorien angeht. Zugleich verknüpft er diesen metaphysischen Ansatz mit der Tradition der klassischen Hermeneutik. Diese zweifache Herangehensweise ist bereits in *Das System der Wissenschaften nach Gegenständen und Methoden* von 1923 zu erkennen.[11] Die dem Andenken von Ernst Troeltsch gewidmete Arbeit ordnet die Geschichte den Seinswissenschaften zu, innerhalb derer sie die Ermittlung von sinnerfüllten Folgezusammenhängen zum Gegenstand habe.[12] Die zugrunde liegende Erkenntnishaltung nennt er „wahrnehmendes Verstehen" (GW I 198). Das Zusammenspiel von Geschichtsmetaphysik und Geschichtsdeutung ist die besondere Pointe in Tillichs Theologie der Geschichte.

Das Interesse an der Geschichtsdeutung mündet drittens ein in die Frage nach dem Sinn-Begriff. Zeitdiagnostische Intentionen, hermeneutische Interessen sowie die Auseinandersetzung mit den philosophischen Debatten seiner Zeit veranlassten Tillich dazu, die Kategorie des Sinns zur Erläuterung seines Religionsbegriffs heranzuziehen.[13] Die Leistungskraft der Religion liegt in ihrem Vermögen, Bedeutungszuschreibungen vor dem Horizont eines umfassend Unbedingten vorzunehmen. Religiöse Sinnzuweisungen ordnen Erfahrungen in ein großes Ganzes ein. Von da aus wird deutlich, warum Tillich der Religion für das Verstehen von Kultur und Geschichte eine besondere Funktion zuweist. Seit den 1920er Jahren ist darum die Geschichtstheologie bei Tillich nicht mehr von der Frage nach dem Sinn der Geschichte zu trennen.

Tillich hat allerdings von Anfang an den Sinn-Begriff an der Schnittstelle von Hermeneutik und Ontologie angesiedelt. Von daher verdrängt viertens die Einführung des Sinn-Begriffs nicht das starke Interesse an geschichtsphilosophischen Fragestellungen. Aufschlussreich ist hier vor allem die Frankfurter Vorlesung. Sie steht stark unter dem Einfluss von Martin Heideggers kurz zuvor erschienen *Sein und Zeit* und entfaltet im Anschluss daran eine Theorie der Strukturelemente der Geschichte. Dem Einfluss Heideggers mag es geschuldet sein, dass dabei in der Darstellung die Zeit den Raum nahezu verschlingt, gleichwohl ist die Suche nach einem kategorialen System zur Beschreibung ge-

---

[11] GW I 109–294.
[12] Vgl. GW I 197.
[13] Vgl. Ulrich Barth, Die sinntheoretischen Grundlagen des Religionsbegriffs. Problemgeschichtliche Hintergründe zum frühen Tillich, in: ders., Religion in der Moderne, Tübingen 2003, 89–123.

schichtlicher Bewegungen offensichtlich. Die Beschreibungsleistung ermittelt Tillich hier als die Aufgabe der Geschichtsphilosophie.

Über den Sinnbegriff wird fünftens ersichtlich, was Tillich an der Geschichtsmetaphysik interessiert. Es geht um Kriterien, die Geschichtsdeutungen aus ihrer vermeintlich subjektiven Ecke herausführen. Tillich sucht nach Anhaltspunkten, die einer Geschichtsdeutung – weich formuliert: Plausibilität – streng ontologisch gesprochen: Wahrheit verleihen. Der zugehörige Spitzensatz lautet: „Geschichtsdeutung aber ist Metaphysik." (EW X 341)[14] Dieser Anspruch an eine Philosophie der Geschichte speist sich aus Tillichs Auseinandersetzung mit dem Idealismus, er ist aber in besonderer Weise durch seinen religiösen Sozialismus begünstigt.[15] In den Zwanzigerjahren kann Tillich in gelegentlichen Äußerungen die Teleologie der sozialistischen Geschichtsauffassung durchaus teilen. Deren Auftreten nennt er das „entscheidende Anliegen der abendländischen Menschheit überhaupt" (GW II 330). Tillich mag von der sozialistischen Geschichtstheorie die Begeisterung für eine umfassende Geschichtsdeutung gewonnen haben, die die Gegenwart als Resultat dieser Geschichte zu begreifen lehrt, den Anspruch der marxistischen Dialektik weist er von Anfang an zurück.[16] Sie weitet die Geschichtsmetaphysik zu einer Gesetzlichkeit aus, die die Kontingenz geschichtlicher Abläufe unterschlägt.

Sechstens verknüpft Tillich die Frage nach der Geschichtsdeutung mit der Existenz des Einzelnen. Der Aufsatz *Geschichte als Problem unserer Zeit* aus dem Jahr 1939 ist zweifelsohne ein wichtiges Dokument, das Tillichs Auseinandersetzung mit den weltpolitischen Ereignissen beleuchtet. Erstaunlich ist, dass jenseits des dramatischen Aktualitätsbezugs bereits wesentliche Grundzüge seiner späteren Bearbeitung des Geschichtsthemas angelegt sind. Das bezieht sich auf das Verhältnis von Individuum und Geschichte, den Zusammenhang von Kirchen- und Weltgeschichte und schließlich das Verhältnis der Geschichte zum Reich Gottes.[17] Am Ende führt Tillich aus, dass die Frage nach dem Sinn der je einzelnen Existenz nicht ohne die Einbettung in den größeren Zusammenhang der Geschichte beantwortet werden kann. Darin sieht er das „besondere Problem, das uns auferlegt ist" (GW X 169).

---

14 Vgl. dazu: Christian Danz, Die Krise der Subjektivität und deren geschichtsphilosophische Überwindung. Überlegungen zu Paul Tillichs frühem religiösen Sozialismus, in: Ingolf U. Dalferth/Philipp Stoellger (Hg.), Krisen der Subjektivität. Problemfelder eines strittigen Paradigmas, Tübingen 2005, 157–174, hier 167.
15 Vgl. Danz, Krise der Subjektivität, 168–175.
16 Vgl. GW II 331 f.
17 Vgl. GW X 164.

Siebtens schließlich ist es für Tillichs Theologie der Geschichte entscheidend, dass er der christlichen Geschichtsdeutung eine besondere Perspektive attestiert. Diese ist bedingt durch das Christus-Ereignis als Mitte der Geschichte.[18] Es ist der rote Faden seiner Geschichtstheologie, in vielfältigen Anläufen untersucht er, wie die Plausibilität dieser Perspektive argumentativ entfaltet werden könnte. Tillich bestimmt die Mitte als „*das* Ereignis in der Geschichte, in dem eine geschichtliche Gruppe den Sinn der Geschichte zu erfassen glaubte" (GW VI 130). Für das Christentum heißt dies: „In dem Ereignis, das wir ‚Jesus den Christus' nennen, enthüllt die Geschichte ihren Sinn, im Alten Testament als Erwartung, im Neuen Testament als Erfüllung." (GW VI 134) Die daraus hervorgehende Geschichtsdeutung nennt er christliche Prophetie, da sie auf das „Reich Gottes" als das „Ziel der Geschichte" (GW VI 136) verweist. Diese Zielbestimmung definiert Tillich genauer als das „Einbrechen der Ewigkeit in die Zeit. Dann werden die Ergebnisse des geschichtlichen Prozesses, die Sinngebungen, Werte und Wesen in die transzendente Einheit und Reinheit des Reiches Gottes erhoben" (ebd.). Das hier angedeutete Grundgerüst einer Geschichtstheologie wird in der *Systematischen Theologie* schließlich unter Aufnahme seiner geschichtsphilosophischen Überlegungen systematisch ausgeführt.

Diese sieben Problemhorizonte einer Geschichtstheologie werden in der *Systematischen Theologie* umfassend aufgenommen und weitergeführt, sie sind also werkgeschichtlich gründlich vorbereitet. In einem Punkt weicht Tillich in der *Systematischen Theologie* jedoch beachtlich von seinen bisherigen Arbeiten ab. Bis in die letzten Veröffentlichungen vor Abfassung der *Systematischen Theologie* ist nicht zu ersehen, dass Tillich das Thema der Geschichte mit seiner Philosophie und Theologie des Lebens verknüpft hätte. Offensichtlich ist es der systematische Gestaltungswille seines späten Hauptwerks, der ihn dazu veranlasst, diese beiden großen Linien seines Denkens zusammenzuführen.

Kommentar

Tillich unternimmt die Bearbeitung seiner Geschichtstheologie in drei Schritten. Schon die Überschriften belegen den engen thematischen Bezug zu seiner Phi-

---

[18] Zur werkgeschichtlichen und systematischen Rekonstruktion dieses essentiellen Gedankengangs vgl. Christian Danz, Jesus Christus als Mitte der Geschichte. Die geschichtsphilosophischen Grundlagen von Paul Tillichs Christologie, in: Peter Haigis/Gert Hummel/Doris Lax (Hg.), Christus Jesus – Mitte der Geschichte!?/Christ Jesus – the Center of History!? Beiträge des X. Internationalen Paul Tillich-Symposions Frankfurt/Main 2004/Proceedings of the X. International Paul Tillich-Symposion Frankfurt/Main 2004, Berlin 2007, 142–154.

losophie des Lebens und verleihen damit seinen Ausführungen bereits auf der Oberflächenstruktur der Gliederung ihren besonderen Akzent. Die Geschichtstheologie ist ein Anwendungsfall der Theologie und Philosophie des Lebens. Er setzt ein mit einem Kapitel *Leben und Geschichte* (III 344–387), und führt dies knapper in *Die Zweideutigkeiten des Lebens in der geschichtlichen Dimension* (III 388–397) fort, worin er aufzuweisen sucht, wie sich die Grundstrukturen und Dynamiken des Lebens konkret auf die Geschichtsprozesse auswirken. Der dritte Part *Deutungen der Geschichte und die Frage nach dem Reich Gottes* (III 398–411) nimmt auf, was Tillich zuvor über den Zusammenhang von Ereignis und Deutung herausgearbeitet hat. Beide zusammen, Ereignis und Deutung, konstituieren den Begriff der Geschichte. Die Pointe liegt am Ende für Tillich darin: Die theologische Denkfigur des Reiches Gottes bietet auf der Suche nach dem Sinn der Geschichte die schlüssigste Antwort. Denn allein die Vorstellung eines in der Geschichte bereits wirksamen, aber in seiner Vollendung die Geschichte wiederum transzendierenden Reiches Gottes erlaubt es, den Prozess der Geschichte angemessen zu verstehen. Die Idee des Reiches Gottes überwindet in der Geschichtsinterpretation die grundsätzlichen Sinnbestreitungen einerseits oder die unzureichenden Sinnstiftungen andererseits, die Tillich zufolge allesamt nicht hinreichend die Zweideutigkeiten des Lebens in den geschichtlichen Vollzügen berücksichtigen. Diese Pointe ist unübersehbar theologisch imprägniert. Das ist von Tillich so auch klar deklariert und von der Werkgeschichte an diesem Punkt auch schlüssig vorbereitet. Die Sinnstiftungskraft des Reiches Gottes geht aus von der Person Jesus Christus. In dessen Erscheinen sieht Tillich die Mitte der Geschichte, von der aus Licht auf die Vergangenheit und die Zukunft fällt. Der hohe Anspruch in Tillichs Philosophie und Theologie der Geschichte liegt an diesem Punkt. Die christliche Deutung der Geschichte läuft nicht im Stile eines heilsgeschichtlichen Modells parallel zur profanen Weltgeschichte, sondern bietet aufgrund der aufweisbaren Strukturen und Dynamiken eine tiefgründigere Interpretation der Geschichte im Vergleich zu Deutungsmodellen, die meinen, ohne eine transzendente Vollendungsvorstellung auskommen zu müssen oder zu können.

A Leben und Geschichte (III 344–387)

Am ausführlichsten widmet sich Tillich dem Zusammenhang von ‚Leben und Geschichte', den er in drei Schritten beleuchtet.[19] In *Mensch und Geschichte* (III 344–358) werden Grundfragen geklärt und Definitionen vorgenommen, das Ka-

---

[19] Vgl. Rolinck, Geschichte und Reich Gottes, 118–138.

pitel *Geschichte und die Kategorien des Seins* (III 358–372) bindet den Geschichtsbegriff zurück an Tillichs Ontologie, was dann drittens in *Die Dynamik der Geschichte* (III 373–387) zur Strukturbeschreibung der Geschichte herangezogen wird.

1 Mensch und Geschichte (III 344–358)

Die in *Mensch und Geschichte* vorgenommenen Klärungen sind eher assoziativ miteinander verknüpft, sie erfüllen gewissermaßen die Aufgabe begrifflicher Prolegomena einer Theologie der Geschichte. Ganz im Stile der hermeneutischen Tradition – Tillich selbst benennt bemerkenswerterweise jedoch diese Verbindung nicht – verweist er darauf, dass der Begriff der Geschichte nicht einseitig auf die Seite der Ereignisse oder die der Deutungen hin aufgelöst werden kann. Von ‚nackten Tatsachen' zu reden, erscheint ihm höchst fragwürdig (vgl. III 345), Geschichte ist ihrem Wesen nach immer deutungsimprägniert. Was als Geschichte bezeichnet wird, lebt von einem Überlieferungsinteresse, einer Tradition, die im Begriff der Geschichte artikuliert, was einstmalige Ereignisse für sie bedeuten. „Subjektiv-objektiv" (III 346) nennt er diesen notwendigerweise interpretierenden Zugriff auf die Ereignisse. Sein besonderes Augenmerk gilt dabei dem Geschichtsbewusstsein, das aus der historischen Wissenschaft der Moderne hervorgeht. Auch hier ist es nicht angebracht, von ‚objektiver' Geschichtsbetrachtung zu sprechen. Was man an dem wissenschaftlichen Zugang zur Geschichte als ‚objektiv' bezeichnet, ist allein die Aufklärung über die Methoden, mit denen historische Ereignisse analysiert werden und die darum das Verhältnis der Interpretation zu den Ereignissen in ein klareres Licht rücken können als es etwa die an sich ganz legitimen Methoden der Geschichtsdarstellung im Mythos und der Legende tun. ‚Objektivität' ist Tillich zufolge also besser als eine über sich selbst aufgeklärte ‚Subjektivität' der Geschichtsdeutung zu begreifen und auch da ist mit unüberwindlichen Grenzen zu rechnen. Wenigstens andeutungsweise lässt Tillich einfließen, dass auch der wissenschaftliche Zugang zur Geschichte „unabsichtlich" und „unbewusst" (ebd.) Einflüssen ausgesetzt ist, die die Interpretation lenken, ohne dass der Interpret oder die Interpretin sich darüber hinreichend Rechenschaft geben könnte.

Tillich knüpft, wie erwähnt, in diesen einleitenden Passagen an die Tradition hermeneutischer Geschichtstheorien an, die auf die Standortgebundenheit und Voraussetzungshaftigkeit historischer Urteilsbildungen abhebt, in manchem scheinen seine Überlegungen gar Vorstellungen vorweg zu nehmen, die heute im Gefolge von Jan Assmann unter dem Motto des kulturellen Gedächtnisses gefasst werden.[20] Auch darin liegt ein offensichtliches Erbe der hermeneutischen Tradition, das aber von der Interpretationsleistung des einzelnen Subjekts abrückt und stärker auf die Einbindung in kulturelle Überlieferungsphänomene und soziale Überlieferungsgruppen achtet und sich so sensibler für die unbewussten Steuerungsmechanismen von historischen Interpretationsprozessen zeigt. Tillichs beachtliches Gespür für die hermeneutischen Konstellationen der Geschichtsinterpretation macht es dann freilich umso erstaunlicher, dass er dann später in dem Teil *Geschichte und die Kategorien des Seins* (III 358–373) offensichtlich an einer Ontologie der Geschichte interessiert ist.

Zunächst fährt er jedoch im Eingangsteil mit begrifflichen Klärungen fort. In *Die Charakteristika der menschlichen Geschichte und die geschichtliche Dimension* definiert er die Besonderheit der menschlichen Geschichte im Gegenüber zur geschichtlichen Dimension im Allgemeinen, wie sie sich in der Natur oder im Universum vollziehen. Die menschliche Geschichte ist, so Tillichs Grundthese, „Leben in der Dimension des Geistes" (III 350) und als solche von vier Faktoren bestimmt. Sie bewegt sich erstens auf von Menschen gesetzte Ziele und Zwecke zu, und erweist sich gerade darin zweitens als über die konkrete Situation jeweils hinausführend, also nicht von ihr bedingt, was Tillich als Freiheit bezeichnet. Drittens ist die Schaffung von Neuem das antreibende Motiv. Tillich versteht unter dem Neuen „Verkörperungen von Sinn" (III 348) und streicht viertens die historische „Einmaligkeit" (ebd.) solcher Sinnrealisierungen als wesentliches Merkmal der menschlichen Geschichte heraus.

Überlegungen zur zeitlichen Ausdehnung des Prozesses der Geschichte in *Vorgeschichte und Nachgeschichte* (III 350–353) und zu *Die Träger der Geschichte* (III 353–358) runden das ausführliche Eingangskapitel ab. Der rote Faden zieht sich auch hierin durch. Geschichte ist in ihrer zeitlichen Ausdehnung an die Realisierung jener vier Grundcharakteristika gebunden, die Tillich in Anlehnung an seine Lebensphilosophie als Aktualisierung von Potentialität (vgl. III 358) begreift. Nicht die biologische Bestimmung als Mensch ist für ihn entscheidend, um den Anfangspunkt der Geschichte anzugeben, sondern das absichtsvolle, auf künftige Realisierung ausgerichtete Handeln ist der Einsatzpunkt. Als solche ist die Geschichte maßgeblich an Individuen gebunden, erst diese schaffen und binden Gemeinschaften als geschichtliche Faktoren aus (vgl. III 357f.).

---

20 Reeves, God and History, 52, schlägt vor, diesen Ansatz einen „confessional approach" zu nennen. Das mag zunächst ob der damit geweckten Assoziationen kirchlicher Konfessionalität nicht ganz stimmig erscheinen, die Umschreibung allerdings trifft Tillichs Ansatz gut: „That is to say, an approach to history based upon a self-conscious awareness of a perspective conditioned by a particular tradition" (ebd.).

Die Betonung des Individuellen ist es auch, die Tillich zu der für seinen Gesamtansatz zentralen Beobachtung veranlasst, dass es aufgrund der Uneinigkeit der Menschheit keine Realisierung des Zieles der Geschichte „innerhalb der Geschichte" (III 356) geben kann. Interessant sind seine Überlegungen zur Nachgeschichte, einer theoretischen Möglichkeit, in der es zwar Menschen noch gäbe, diese aber nicht mehr geschichtlich handeln könnten oder wollten. Es wäre – wie er mit Nietzsche schreibt – ein Zustand der letzten Menschen und ein Dasein in „animalischer Seligkeit" (III 352). Tillich hält sich mit diesem Gedanken nicht sehr lange auf, aus heutiger Perspektive mutet es dennoch seltsam an. Es ist dies eine der Stellen, die Tillichs tiefe Verwurzelung im 20. Jahrhundert dokumentieren. Denn die Überlegungen zum Zustand der Nachgeschichte der Menschen in animalischer Seligkeit weist Tillich ausdrücklich als Reflex auf die Erfahrungen der totalitären Utopien des 20. Jahrhunderts aus (ebd.), die zwar nicht den Menschen und auch nicht die Geschichte beendet hätten, aber mit der Abschaffung von Freiheit und der Möglichkeit, die Zukunft zu gestalten, all das zerstört hätten, was die menschliche Geschichte ausmacht.

2 Geschichte und die Kategorien des Seins (III 358–373)

Der zweite Teil des ersten Kapitels *Geschichte und die Kategorien des Seins* (III 358–373) markiert auf den ersten Blick einen Bruch. Während seine bisherigen Ausführungen den Anschluss hin zu Fragestellungen der Geschichtswissenschaften verhandelten, schwenkt er nun hinüber zu ontologischen Themen, mit denen er eigener Auskunft nach die Einbindung seiner Geschichtstheorie in sein Verständnis des Seins, genauer muss man sagen: der Endlichkeit des Seins herzustellen versucht (vgl. III 358). Was er damit beabsichtigt, ist nicht wenig: Die Kategorien des Seins sollen erstens als plausible Strukturmerkmale seines Begriffs des Lebens ausgewiesen und auf dieser Grundlage auf die Geschichte ausgeweitet werden. Für das Gesamtanliegen der *Systematischen Theologie* wird offensichtlich, dass Tillichs ontologisches Interesse dem Aufbau einer Theorie des Wirklichen entspringt, das auch das Phänomen des Lebens in seiner ganzen Weite und das der Geschichte als eines besonderen Anwendungsfalles des Lebens mit zu integrieren vermag. Das leistet er, indem er in der Kategorie des Raumes das „Nebeneinander" beschreibt, in der Zeit das „Nacheinander" (III, 367 u.ö.),[21] in der Substanz die „bleibende Einheit im Wechsel" (III 359) und in der Kausalität „die Beziehung, in der ein Zustand einem anderen vorausgeht, so dass der folgende

---

[21] Zu Tillichs Philosophie der Zeit vgl. Reeves, God and History, 263–268.

nicht wäre, was er ist, ohne den vorhergehenden" (III 367). Obgleich er – wie sich am Beispiel des Raumes eindrücklich zeigen lässt – dabei den physikalischen Raum vom Raum als Ort des Geistes unterscheidet, macht er in beiden Dimensionen Strukturanalogien aus, die eine Verknüpfung von Ontologie und Geschichtsauffassung ermöglichen. Geschichte ist ein Daseinsbereich, in dem die Strukturmomente des Seins und des Lebens sich durchziehen. Was Tillich mit den komprimierten Ausführungen intendiert, ist theologisch höchst relevant. Seiner Auffassung nach falsche Verknüpfungen abwehrend, räumt Tillich dem rechten Verständnis von Substanz und Kausalität die Möglichkeit ein, „die Beziehung Gottes zur Welt, die Beziehung des göttlichen Geistes zum menschlichen Geist und die der Vorsehung zur *agape* zu beschreiben" (ebd.). Die Kategorienlehre wäre demnach von ihrem Ansatz her dazu bestimmt, das zu verhandeln, was die klassische Dogmatik unter dem Motto ‚Handeln Gottes in der Geschichte' erörtert. Tillichs Durchführung wird freilich die enttäuschen, die an dieser Stelle eine spezifische Handlungs- oder Wirkungstheorie Gottes erwarten. Das gerade will er durch seine Ontologie umgehen. Sie vermeidet die Ausflucht in supranaturalistische Theorien eines göttlichen Handelns.[22] Tillichs Antwort zielt auf ein Verständnis göttlicher Wirksamkeit in der Geschichte als „schöpferische[r] Kausalität" (III 370), die in der Dimension des Geistes sowohl in den Prozessen des Lebens als auch in der Geschichte mit einer determinierten Kausalität zwar in kontinuierlicher Wechselwirkung steht, diese aber immer wieder auch durchbricht (vgl. III 371). Tillich selbst umgeht diese Zuspitzung – mit gutem Grund. Wenn man jedoch sein Konzept in die Sprache der klassischen Dogmatik übersetzen möchte, dann ist der Ort des göttlichen Handelns in der Geschichte der der „Freiheit der schöpferischen Kausalität" (ebd.).

3 Die Dynamik der Geschichte (III 373–387)

Im Folgenden zieht Tillich seine ontologische Grundlegung heran, um die *Dynamik der Geschichte* (III 373–387) zu untersuchen. Vom Ende der Geschichtstheologie her gelesen, erscheinen diese Ausführungen als ein Anfahrtsweg. Diskursiv und die Argumente abwägend, bereitet Tillich seine zentralen Thesen vor. Mit dem Begriff des Trends beugt er einerseits der Vorstellung vor, dass in der Geschichte Gesetze am Werke wären (vgl. III 373), kann aber andererseits doch die

---

[22] Vgl. Reeves, God and History, 211: „[...] so the Kingdom of God does not refer to some divine ‚act' in history which miraculously interferes with the empirical chain of events describable by established methods of historical research."

Annahme von Bewegungslinien zulassen. Auf die Frage, wie sich diese Bewegungsrichtungen der Geschichte beschreiben lassen, verwendet er die meiste Aufmerksamkeit. In seiner Beschreibung der Strukturprinzipien der Geschichte gibt er deutliche Sympathien für Hegels Dialektik zu erkennen (vgl. III 376). Bemerkenswerterweise argumentiert Tillich dabei über den Lebensbegriff. Der in der Bewegung des Lebens wirksame Impuls „von Selbst-Identität zu Selbst-Veränderung und zurück zu Selbst-Identität" (ebd.) entspricht durchaus dem, was Hegel mit seinem dialektischen Dreischritt bezeichnete. Mit Hegel sieht also Tillich in der Geschichte Kräfte am Werk, die ihre Energie aus der Gegenbewegung zum Bestehenden beziehen und dann am Ende als eine synthetische Einigung des Bestehenden und seiner Gegenbewegung aus sich heraussetzten, die die vorauslaufenden Zustände auf einer höheren Ebene aufhebt. An Hegel kritisiert er allein, dass dieser die Dialektik im Range eines Gesetzes der Geschichte behandelt und damit letztlich die Geschichte auf ein „mechanisches Schema" (ebd.) reduziert habe. Das wird Tillich zufolge der Vielfalt der Geschichte und dem in ihr durchaus auch mächtig wirkenden Faktor der Kontingenz nicht gerecht. In der Fortschreibung der Hegel'schen Geschichtsphilosophie zur materialistischen Dialektik verstärkt sich dieser Fehler. Auch hier konzediert er die zunächst richtige Einsicht in die fundamentale Bedeutung von ökonomischen Konflikten, fährt dann aber fort: „Die Wahrheit wird zu Irrtum, wenn diese Art der Dialektik zum Gesetz erhoben wird, das für die gesamte Geschichte gelten soll" (III 378). Tillich hat sich trotz seiner zeitweiligen Nähe zum religiösen Sozialismus stets auf Abstand zur Geschichtsphilosophie des dialektischen Materialismus gehalten. Die Ausführungen in der *Systematischen Theologie* sind darum keine Wende und kein Novum, sondern ein summarisches und deutliches Fazit seiner Absage an die marxistische Geschichtsdeutung.[23]

Die Erörterung, ob sich Geschichte periodisieren lasse, zeigt zunächst die Leistungskraft der Geschichtsontologie. Die Kategorie der Substanz erlaubt es, Identitätskriterien auszuweisen, auf deren Grundlage Epochenzuweisungen dann zu einem sinnvollen Kriterium der Geschichtsbeschreibung werden (vgl. III 377). Bemerkenswert ist die erwähnte Anbahnung der Zentralthese seiner Geschichtstheologie. Zunächst noch andeutungshaft merkt Tillich an, dass neben den vielen geschichtswissenschaftlich etablierten Periodisierungen die „universalste Periodisierung [...] die Zeiteinteilung in die Zeit vor und die Zeit nach Christi Geburt in

---

[23] In der marxistischen Geschichtsphilosophie ist dies klar gesehen worden. Eine in der DDR entstandene Dissertation zu Tillichs Geschichtsauffassung mündet darum auch in eine scharfe Kritik ein. Vgl. Gerhard Winter, Zur Geschichtsauffassung Paul Tillichs, Diss. Berlin 1967. Bemerkenswerterweise wird gerade die Einführung des Sinnbegriffs als eine bürgerliche und darum unzureichende Umgangsform mit der Kategorie der Entfremdung kritisiert (vgl. ebd., 242f.).

der christlichen Welt darstellt" (ebd.). Sie unterstreiche die christliche Überzeugung von einer Mitte der Geschichte. Mit den Mitteln der Geschichtswissenschaft ist freilich die Plausibilität einer solchen Mitte nicht zu erweisen. Geradezu lakonisch merkt Tillich zu diesem Dilemma an: „Perioden sind Perioden nur für die, die sie sehen können" (III 378). Hier laufen die zentralen Linien seiner Geschichtstheologie zusammen. Wie verhält sich die Ontologie der Geschichte, die ja offensichtlich nach ‚objektiven' Kriterien der Geschichtsbetrachtung Ausschau hält zum hermeneutischen Konzept, dem zufolge Sinn und Entwicklungslinien in der Geschichte immer nur ‚subjektiv' im Auge des Betrachters liegen? An Brisanz gewinnt diese Spannung in der spätestens hier von Tillich eingeschlagenen theologischen Wendung, die die Sinnmitte der Geschichte in dem Ereignis Jesus Christus ansetzt.

Nachdem Tillich zunächst noch einmal auf den inneren Zusammenhang von Geschichte und den Prozess des Lebens hinweist, nimmt er das Problem in einer wiederum anders gewendeten Fassung bei der Frage nach dem Fortschritt in der Geschichte wieder auf. Ist die der Geschichte unabweisbar innenwohnende Dynamik mit dem Begriff des Fortschritts zu beschreiben? (III 380–388). Diese vermutlich erfolgreichste Kategorie abendländischer Geschichtsdeutung verdankt ihre Plausibilität der Beobachtung, dass alle geschichtlichen Konstellationen immer auch über sich hinausweisen. Dennoch bedarf der Begriff Fortschritt einer doppelten Perspektive. Unstrittig – und darum von Tillich am Ende gewissermaßen nur abgehakt – ereignet sich Fortschritt in den Kultursphären der Technik, der Wissenschaft und der Erziehung. Dort aber, „wo individuelle Freiheit entscheidend ist" (III 381), kann es keinen Fortschritt geben. „Jedes Individuum muss, um eine Person zu werden, selbständige moralische Entscheidungen treffen" (ebd.). Versteht man im philosophischen Kontext einer Theorie der Sittlichkeit Fortschritt als Voranschreiten in einer weisen Lebenshaltung, dann kann es ihn nur der Quantität nach geben, im Sinne eines Zuwachses der Zahl der Individuen, die sich zu einer Verwirklichung des Ideals der Humanität und Gerechtigkeit entschließen, nicht aber der Qualität nach, die eine einzelne persönliche Haltung auszeichnet. Tillich führt seine Argumentation schließlich auf die Frage zu, ob es einen Fortschritt in der Religion geben kann – und lenkt sie damit zurück auf das für ihn zentrale Problem nach der Mitte der Geschichte. Die Dringlichkeit der Frage entsteht einmal mehr aus den Sympathien für Hegel. Dessen Philosophie der Religionsgeschichte bringt in diese einen evolutionären Aspekt hinein, der am Ende dazu führen muss, von einer „progressiven Offenbarungsgeschichte" (III 385) zu sprechen. Tillich lehnt diesen Gedanken zunächst keineswegs in Bausch und Bogen ab. Zwar kann es hinsichtlich der Offenbarung selbst keinen Fortschritt oder Rückschritt geben, da der sich offenbarende göttliche Geist „immer derselbe ist" (ebd.). Auf Seiten der menschlichen Aufnahme hingegen kann es Konstellationen einer größeren Akzeptanz, Offenheit, „der Klarheit und des Ergriffenseins" geben, „mit denen die Manifestationen des Göttlichen aufgenommen werden" (ebd.). Ein Fortschritt in der Religionsgeschichte wird hier also ganz ähnlich wie in der Kulturgeschichte bestimmt, unter der Maßgabe der Quantifizierung ist auch das Phänomen des Rückschritts denkbar. Fortschritt jedenfalls ist keine der Religionsgeschichte innewohnende Kategorie. Als geschichtliche Phänomene betrachtet kann daher keine Religion für sich Endgültigkeit mit einhergehendem Absolutheitsanspruch geltend machen (vgl. ebd.).[24] So weit, so gut, wäre man an dieser Stelle zu sagen geneigt, da es sich aus der Perspektive der Religionsgeschichte um eine wenig überraschende Einschätzung handelt. Dennoch proklamiert Tillich in diesem Zusammenhang eine Sonderstellung des Christentums. Da in ihm als einziger Religion die Macht des Dämonischen gebrochen sei, ereigne sich in dem „Erscheinen Jesu als des Christus […] die vereinigende und richtende Erfüllung aller Potentialitäten, die in der Begegnung mit dem Heiligen enthalten sind" (III 386). Die „gesamte Religionsgeschichte, die vergangene wie die zukünftige" bilde daher „das allgemeine Fundament und der prophetische Typ der Offenbarungserfahrung das besondere Fundament für das zentrale Ereignis" (ebd.). Diese Sonderstellung des Christentums bringt Tillich schließlich auf die Pointe: „Nicht das Christentum als Religion ist absolut, sondern das Ereignis, aus dem das Christentum erwachsen ist und von dem aus es gerichtet wird." (Ebd.)

B Die Zweideutigkeiten des Lebens in seiner geschichtlichen Dimension

Der zweite Teil führt aus, was Tillich bislang mehrfach angedeutet und thematisiert hat: den inneren Zusammenhang der Lebensprozesse mit der Geschichte.[25] Er systematisiert diesen Zusammenhang nun stärker, indem er das, was er in seiner Theologie des Lebens als die basalen Zweideutigkeiten herausgearbeitet hat, in ihrer Wirksamkeit in der geschichtlichen Dimension darstellt. Die Spannung der Selbst-Integration realisiert sich in der Geschichte als Imperium und Zentralisation. Tillich untersucht darin die Ambivalenzen des Machtstrebens, das sich in der Geschichte in Sendungsbewusstsein und dem Aufbau von Imperien äußert. Es trägt in sich beide Seiten, die „zerstörende" ebenso wie die „schöpferische" (III 389). Die Zweideutigkeit auf der Ebene des Sich-Schaffens zieht Tillich heran, um

---

[24] Die religionsgeschichtliche Fragestellung hat Tillich offensichtlich bei der Vorbereitung des letzten Bandes stark beschäftigt. Vgl. Mircea Eliade, Paul Tillich and the History of Religions, in: Jerald C. Brauer (Ed.), The Future of Religions, New York 1966, 31–36, bes. 33 f.
[25] Vgl. Rolinck, Geschichte und Reich Gottes, 138–155; Reeves, God and History, 200–208.

die Wechselwirkung von Revolution und Reaktion in der Geschichte zu erklären (III 392f.), während schließlich drittens die Selbst-Transzendierung in jenen historischen Prozessen wirksam wird, die in besonderer Weise von der Realisierung eines letzten Zieles in der Geschichte geprägt sind – sei es als Verabsolutierung der je eigenen historischen Situation als Vollendungsgestalt der Geschichte oder als utopischer Ausgriff auf einen dereinst zu realisierenden Idealzustand (vgl. III 394f.).

Mit der strukturellen Einbettung der Geschichte in die Prozesse des Lebens intendiert Tillich keine vitalistische oder gar biologistische Theorie der Geschichte. Vielmehr dient die Integration in die Philosophie des Lebens dazu, die existentielle Dimension der Geschichte deutlich herauszustreichen. Als Phänomen des Lebens ist auch die Geschichte durchzogen von den „unausweichlichen Konflikten, die sowohl die Größe wie die Tragik der geschichtlichen Existenz verursachen" (III 395). Abweichend vom Gliederungsschema der Lebensphilosophie und dennoch folgerichtig fügt Tillich darum hier einen Abschnitt über *Die Zweideutigkeiten des Einzelnen in der Geschichte* ein (III 395–397). Hineingestellt in eine ihn weit übersteigende Dynamik des Lebens und deren Realisierungsformen auf dem Feld der Geschichte ausgeliefert, drängt sich für den Einzelnen mit Macht die Frage auf: „Was bedeutet die Geschichte für den Sinn der Existenz überhaupt?" (III 397)

C Deutungen der Geschichte und die Frage nach dem Reich Gottes

Der Frage widmet sich der dritte Teil *Deutungen der Geschichte und die Frage nach dem Reich Gottes* (III 398–411).[26] Tillich lenkt darin wieder zurück auf die hermeneutische Fragestellung der Geschichtsphilosophie, mit der er einsetzte. Die Geschichte erscheint ihm als der geeignetste Ort, die Frage nach dem Sinn der Existenz anzugehen, denn Geschichte ist „die alles umfassende Dimension des Lebens" (III 399). Mögliche Antworten auf die Frage sind an „der Erfüllung der Selbst-Transzendierung" (III 400) zu messen. Wie gehen Geschichtsdeutungen mit dem Grundphänomen um, dass die Geschichte ihren Bewegungsimpuls aus einem inneren Ziel der Geschichte heraus empfängt und doch aufgrund der Zweideutigkeit aller Selbst-Transzendierungen dieses Ziel nicht innerhalb der Geschichte selbst realisieren kann? Zunächst räumt Tillich ein, dass es prominente Geschichtsdeutungen gibt, die nicht mit einer Überwindung dieser Zweideutigkeit

---

[26] Vgl. Reeves, God and History, 195–200.

rechnen. Die tragische Geschichtsdeutung rechnet nicht mit einer wie auch immer gearteten Realisierung des letzten Zieles, es ist die Haltung des Weisen und des Helden, die sich dieser Sinnlosigkeit allein mit dem Mut entgegenstellt, sie auszuhalten. Die mystische Geschichtsdeutung wiederum deutet sich als über diese erhaben aus dem Lauf der Geschichte heraus, während die mechanistische Deutung die Geschichte als bloße Abfolge von Ereignissen versteht, die durch nichts zusammengehalten oder -gefügt werden, was eine Richtung erkennen ließe.

Die von Tillich als „positive, aber unzulängliche Antworten auf die Frage nach dem Sinn der Geschichte" (III 402) bezeichneten Deutungen kreisen schwerpunktmäßig um den Fortschrittsbegriff. Zwei Aspekte sind dabei zu unterscheiden. Man kann Fortschritt als „endlosen Prozess" (III 403) denken. Dabei ist gewissermaßen der Weg das Ziel und nicht die Erfüllung eines Zustandes. In diesem Fortschrittsglauben, für den er gleichermaßen idealistische und Hegel'sche Motive verantwortlich macht, sieht er geradezu eine Ersatzreligion der „modernen Industrie-Gesellschaft" (ebd.). Bemerkenswerterweise destruiert er diese von ihm ja schon durch die Einordnung als unzulänglich betrachtete Sinnstiftung gar nicht erst von ihren geschichtsphilosophischen Voraussetzungen her, sie gilt ihm schon durch „die Erfahrungen unseres Jahrhunderts" (III 404) als unwiderruflich widerlegt – und zwar so grundlegend, „daß heute viele Menschen – der Verfasser eingeschlossen –, die vor zwanzig Jahren gegen die Fortschrittsideologie kämpften, es für nötig halten, die berechtigten Elemente dieser Idee zu verteidigen" (ebd.). Tillichs interessante Selbstkorrektur macht deutlich, dass er für die Entfaltung seiner auf die Vorstellung vom Reich Gottes hinführenden Geschichtstheologie nicht auf Grundgedanken des Fortschrittsbegriffs verzichten kann. Dieser realisiert sich Tillich zufolge freilich unangemessen in den utopischen Fassungen des Fortschrittsbegriffs, seien sie religiöser oder säkularer Natur. Utopien begehen einen kategorialen Fehler, sie verklären einen innergeschichtlichen Endzustand und manchen darum „ein Vorläufiges zum Endgültigen" (III 405). Die Lösung liegt ihm zufolge in einer Geschichtsdeutung, die im Reich Gottes den Sinn der Geschichte erblickt. Damit ist nicht ein nachtodlicher Idealzustand gemeint, das wäre eine bloß statische Verlängerung der Utopie über den Tod hinaus (III 406f.). Reich Gottes ist für ihn vielmehr als eines der drei Symbole zu fassen, in denen sich die Überwindung der Zweideutigkeiten des Lebens ausspricht. Während die Rede von der ‚Gegenwart des göttlichen Geistes' die Überwindung der Zweideutigkeiten des menschlichen Geistes symbolisiert und der Begriff ‚Ewiges Leben' die Aufhebung der Ambivalenz des Lebens im universalen Sinn bedeutet, korrespondiert ‚Reich Gottes' mit der Erfüllungsdimension der Geschichte.

In der an dieser Stelle noch vorbereitenden Skizze – die Ausführungen bilden das Scharnier zur zweiten Hälfte des fünften Teils *Das Reich Gottes innerhalb der*

Geschichte – argumentiert Tillich für seine Verhältnisse ausgesprochen biblisch, genauer: mit Verweisen auf das Alte Testament. Dort sieht er die wesentlichen Charakteristika der Reich Gottes Vorstellung bereits angelegt. Diese liegen erstens in der politischen Dimension des Symbols als Reich einer realen Machtausübung, zweitens in der sozialen als Realisierung von Frieden und Gerechtigkeit, drittens im Personalismus, dem zufolge im Reich Gottes der Einzelne an das „Ziel der Existenz" (III 409) gelangt und viertens schließlich im Universalismus, der sich nicht nur auf die Vollendung der Menschen bezieht, sondern dem „Leben in allen Dimensionen Erfüllung" (ebd.) zuspricht. Die eigentliche Pointe im Reich Gottes-Begriff liegt für Tillich in der wechselseitigen Durchdringung der immanenten und transzendenten Elemente, die eng aufeinander bezogen sind und nicht zugunsten der einen oder der anderen Seite aufgelöst werden können. Ein deutliches Beispiel liefert hierfür die alttestamentliche Prophetie. Sie betont stark die innerweltliche Realisierung als politische Machtsphäre Jahwes und lebt doch auch entscheidend von starken Vorstellungen wie der Zionswallfahrt oder dem messianischen Friedensreich, das den Glauben an das Reich Gottes über die Geschichte selbst hinaustreibt (vgl. III 410). Auch wenn sich im Urchristentum die Akzente verschieben, knüpft es doch an die doppelte Bedeutung von immanenter und transzendenter Realisierung des Reiches Gottes an und gründet darauf die christliche Deutung der Geschichte.

Tillichs Theologie der Geschichte in der *Systematischen Theologie* bildet den Abschluss eines langen Denkweges. Seine theologische Methode kommt hier mustergültig zur Umsetzung. Das Verhältnis von Geschichte und Reich Gottes ist das einer wechselseitigen Erhellung. Das Verstehen der Geschichte drängt stets über sich hinaus auf eine sie selbst transzendierende Vollendung, die in ihr nicht realisiert, aber dennoch als treibende Kraft wirksam ist. Das Reich Gottes wiederum ist nicht einfach die Antwort auf all die Fragen, die die Geschichte notwendigerweise offen lässt, sondern es ist die Vorstellung einer Vollendungsgestalt der Geschichte, die überhaupt erst in der Erfahrung der Geschichte aufleuchtet und aus ihr plausibel wird. Von diesem Ansatz her hält Tillich seine Geschichtstheologie in zwei Richtungen anschlussfähig. Erstens setzt er sich intensiv mit der Philosophie der Geschichte auseinander, um aus ihr die skizzierten Strukturen der Geschichte erheben zu können. Eine besondere Pointe ist die Heranziehung seiner Philosophie des Lebens. Sie ordnet das Phänomen der Geschichte in einen größeren Zusammenhang ein. So gelangt er zu einer umfassenden Strukturbeschreibung der Geschichte, die klassisch geschichtsphilosophisch informiert, hermeneutisch geschult und lebensphilosophisch bereichert ein beachtliches Instrumentarium bereitstellt, um geschichtliche Prozesse in ihren Strukturen, Bewegungslinien und Dynamiken beschreiben zu können. Das ist es, was er ‚Geschichtsmetaphysik' nennt. Über die Lebensphilosophie bindet er in die Frage nach dem Großen und Ganzen der Geschichte zugleich auch die nach dem Sinn der Existenz der Einzelnen ein. Die Standortgebundenheit geschichtlicher und existentieller Bedeutungszuweisungen steht ihm von seinen geschichtstheoretischen und hermeneutischen Überlegungen her deutlich vor Augen.

Gerade sie nutzt er produktiv, um zweitens die Geschichte für eine theologische und religiöse Deutung offen zu halten. Erst durch sie gelingt es Tillich zufolge, die über sich selbst hinausweisenden Bewegungslinien der Geschichte sinnvoll zu verstehen. Das ist ein bedenkenswerter Vorschlag, die theologischen Zentralmotive des göttlichen Handelns und der Vorsehung nicht heilsgeschichtlich parallel oder gar supranaturalistisch über den Verlauf der Geschichte zu legen, sondern sie zur Interpretation der inneren Dynamik der Geschichte heranzuziehen. In der für Tillich überraschend biblisch orientierten Argumentation am Ende seiner Geschichtstheologie führt er deren Stärken vor. In der sich im Alten Testament anbahnenden Geschichtsdeutung setzt sich ein Durchbruch auf das Reich Gottes durch, der sich aus der Interpretation der Geschichte selbst ergibt. In der prophetischen und dann vor allem in der apokalyptischen Literatur des Alten Testaments setzt eine religiöse Interpretation der Geschichte ein, die auf deren innere Dynamik und Bewegungskraft reagiert. Diese Interpretation steht und fällt Tillich zufolge mit dem Christusereignis als Mitte der Geschichte. Die These ist in der Geschichtstheologie vorbereitet (vgl. oben; vgl. III 386), die Theologie des Reiches Gottes setzt mit ihrer Explikation ein (vgl. III 414–418). Tillichs spätes Interesse an der Religionsgeschichte als universalem Phänomen dürfte ihm diese These kaum einfacher gemacht haben, entsprechend fallen auch seine Abgrenzung vom Judentum und Islam (vgl. III 418f.) einerseits, aber auch vom Buddhismus (vgl. III 408) andererseits aus.[27] Sie mündet ein in die Feststellung: „Das Erscheinen Jesu als des Christus ist das geschichtliche Ereignis, in dem die Geschichte sich ihrer selbst und ihres Sinnes bewusst wird" (III 419). Tillich weiß, dass sich diese These nicht aus der Geschichte selbst gleichsam empirisch ablesen lässt. Sie ist von ihrem Status her eine standortgebundene, religiöse Deutungsoption. Er unterbreitet in seiner Geschichtstheologie einen Vorschlag, die Geschichte von der religiösen Voraussetzung des Christusereignisses her zu interpretieren und in ihrer Offenheit auf das Reich Gottes hin zu entfalten. Anhängern einer heilsgeschichtlichen und supranaturalistischen Geschichtsbetrachtung ist dies entschieden zu wenig, Gegnern einer religiösen Interpretation der Geschichte

---

[27] Vgl. darum auch kritisch: Mary Ann Stenger, Christus Jesus – Center of History for Whom? Exploring Tillich's Christology for Developing a Critical Pluralism, in: Peter Haigis/Gert Hummel/Doris Lax (Hg.), Christus Jesus – Mitte der Geschichte!?/Christ Jesus – the Center of History!? Beiträge des X. Internationalen Paul-Tillich-Symposions Frankfurt/Main 2004, Berlin 2007, 257–269.

deutlich zu viel. Tillichs Theologie der Geschichte setzt hingegen darauf, die Plausibilität der religiösen Geschichtsinterpretation durch eine geschichtsphilosophische Anbindung argumentativ vertretbar zu machen.

Literatur

Christian Danz, Das Reich Gottes als Ziel der Geschichte. Eschatologie und Geschichtsreflexion bei Paul Tillich, in: Lucie Kaennel/Bernard Reymond (Hg.), Les peurs, la mort, l'esperance: autour de Paul Tillich. Actes du XVIIe colloque international Paul Tillich, Fribourg (Suisse) 2007, Berlin 2009, 195–208.

Christian Danz/Marc Dumas/Werner Schüßler/Mary Ann Stenger/Erdmann Sturm (Hg.), Interpretation of History. International Yearbook of Tillich Research, Vol. 8, Berlin/Boston 2013.

Christian Danz/Marc Dumas/Werner Schüßler/Mary Ann Stenger/Erdmann Sturm (Hg.), Jesus of Nazareth and the New Being in History. International Yearbook for Tillich Research, Vol. 6, Berlin/Boston 2011.

Marc Dumas/Martin Leiner/Jean Richard (Hg.), Paul Tillich – Interprète de l'histoire, Berlin 2013.

Peter Haigis/Gert Hummel/Doris Lax (Hg.), Christus Jesus – Mitte der Geschichte!?/Christ Jesus – the Center of History!? Beiträge des X. Internationalen Paul Tillich-Symposions Frankfurt/Main 2004/Proceedings of the X. International Paul Tillich-Symposion Frankfurt/Main 2004, Berlin 2007.

Gert Hummel (Hg.), Truth and History – a Dialogue with Paul Tillich/Wahrheit und Geschichte – ein Dialog mit Paul Tillich. Beiträge des VI. Internationalen Paul-Tillichs-Symposions in Frankfurt/Main 1996, Berlin/New York 1998.

M. Francis Reeves, God and History in the Thought of Paul Tillich, Diss. Boston University, 1967.

Eberhard Rolinck, Geschichte und Reich Gottes. Philosophie und Theologie der Geschichte bei Paul Tillich, München 1976.

Hartmut Rosenau, Das Reich Gottes als Sinn der Geschichte. Grundzüge der Geschichtstheologie Tillichs, in: Marburger Jahrbuch Theologie 11 (1999), 63–83.

Folkart Wittekind, ‚Sinndeutung der Geschichte'. Zur Entwicklung und Bedeutung von Tillichs Geschichtsphilosophie, in: Christian Danz (Hg.), Theologie als Religionsphilosophie. Studien zu den problemgeschichtlichen und systematischen Voraussetzungen der Theologie Paul Tillichs, Wien 2004, 135–172.

Harald Matern
Das Reich Gottes innerhalb der Geschichte und als Ziel der Geschichte (III 412 – 477)

Problem- und werkgeschichtlicher Hintergrund
Problemgeschichtlicher Hintergrund

> Erst mit den geschichtlichen Katastrophen in der ersten Hälfte dieses Jahrhunderts und mit der drohenden Gefahr der Selbstvernichtung des Menschen seit der Mitte des Jahrhunderts ist das eschatologische Problem zu einem leidenschaftlichen Anliegen des Menschen geworden. (III 448)

Das „eschatologische Problem" stellt in mehreren Hinsichten einen zentralen Aspekt des Gesamtwerks, besonders aber auch der *Systematischen Theologie* Paul Tillichs dar. Worum es sich dabei genau handelt, ist aber nicht auf den ersten Blick augenfällig – denn dieses „Problem" hat mehrere Dimensionen.

Zum einen steht Tillichs Auseinandersetzung mit der Eschatologie im weiteren Kontext der Wiederaneignung und Transformation des eschatologischen Denkens in der deutschsprachigen protestantischen Theologie im 20. Jahrhundert. Diese wiederum steht in unmittelbarem Zusammenhang mit den Veränderungen der gesellschaftlichen Lebenswelt, die insbesondere durch politische Katastrophen und das damit einhergehende kulturelle Krisenbewusstsein geprägt ist. Die beiden Weltkriege aber auch das in den 1950er Jahren einsetzende atomare Wettrüsten im ‚Kalten Krieg' stellen solche Entwicklungen dar, angesichts derer die Menschen sich der Fragilität der eigenen wie der kollektiven Existenz sowie ihrer kulturellen und politischen Strukturen deutlicher als sonst bewusst werden. Begleitet wird dieses Krisenbewusstsein von Deutungsdiskursen, die nicht selten auf die Sprache der apokalyptischen Tradition zurückgreifen.[1] Innerhalb der protestantischen Theologie wird dieses Krisenbewusstsein vor allem im Rückgriff auf die Themenbestände der Eschatologie verarbeitet, der von einer funktionellen und terminologischen Neueinordnung begleitet wird.[2] Vielleicht ein wenig zu poin-

---

[1] Vgl. exemplarisch Klaus Vondung, Die Apokalypse in Deutschland, München 1988; Reto Sorg/ Bodo Würffel (Hg.), Utopie und Apokalypse in der Moderne, München 2010.
[2] Vgl. zum Überblick Alf Christophersen, „Das Jenseits ist die Kraft des Diesseits". Zur Entwicklung protestantisch-theologischer Transzendenzdeutungen im späten 19. und frühen

tiert, keinesfalls aber zu Unrecht ist das 20. Jahrhundert daher als „Jahrhundert der Eschatologie"[3] bezeichnet worden.

Besonders prägnant kommt die eschatologische Neuausrichtung protestantischer Theologie in einer Formulierung Karl Barths aus der zweiten Auflage seines *Römerbriefs* (1922) zum Ausdruck: „Christentum, das nicht ganz und gar und restlos Eschatologie ist, hat mit Christus ganz und gar und restlos nichts zu tun."[4] Hier erhält die Eschatologie einen „prinzipiellen Sinn"[5] – ihr wird nicht nur eine fundamentaltheologische Funktion zugewiesen, sondern der ‚eschatologische' Charakter der Theologie soll zugleich ihre Verbundenheit mit dem religiösen Bewusstsein ausdrücken und dessen christlichen Charakter sicherstellen.

Von einer solchen Prinzipialisierung der Eschatologie kann im Blick auf Tillich vielleicht auch gesprochen werden. Nicht wenig treffend hat der Religionsphilosoph Jacob Taubes 1954 bemerkt, im Werk Tillichs hätten eigentlich alle theologischen Aussagen eschatologischen Charakter.[6] Allerdings drückt sich der zentrale Charakter der Eschatologie für sein Werk auf andere Weise aus als bei Barth. Zunächst unterstreicht Tillich den „leidenschaftlichen" Charakter des eschatologischen Anliegens. Offenbar geht es in der Eschatologie um zentrale Themenbestände der menschlichen Selbstdeutung, die erst durch die politischen und kulturellen Krisen auf neue Art in ihrer Bedeutung bewusst werden. Im Blick auf die Erfahrungen des Schreckens des Ersten Weltkriegs, an dem Tillich als Feldprediger teilnahm, konnte er im November 1916 in einem Brief an Maria Klein mitteilen: „[I]ch bin reinster Eschatolog, nicht daß ich kindliche Weltuntergangsphantasien hätte, sondern daß ich den tatsächlichen Weltuntergang dieser Zeit miterlebe. Fast ausschließlich predige ich das ‚Ende'."[7] Bereits hier wird deutlich, dass Tillich in den eschatologischen Bildern eine Möglichkeit sieht, eine bestimmte Dimension des Lebens zu reflektieren – hier die Dimension des abgründigen Schreckens, der Erschütterung durch Gewalt und massenhaften Tod, die Tillich als ‚Ende' charakterisiert.

---

20. Jahrhundert, in: Lucian Hölscher (Hg.), Das Jenseits. Facetten eines religiösen Begriffs in der Neuzeit, Göttingen 2007, 152–178.
3 Christoph Schwöbel, Die letzten Dinge zuerst. Das Jahrhundert der Eschatologie im Rückblick, in: ders., Gott in Beziehung. Studien zur Dogmatik, Tübingen 2002, 437–468.
4 Karl Barth, Der Römerbrief. Zweite Auflage 1922. 11. Aufl. Zürich 1976, 298.
5 Hans-Joachim Birkner, Eschatologie und Erfahrung, in: Hayo Gerdes (Hg.), Wahrheit und Glaube. Festschrift für Emanuel Hirsch zu seinem 75. Geburtstag, Itzehoe 1963, 31–41, hier 35.
6 Vgl. Jacob Taubes, On the Nature of Theological Method. Some Reflections on the Methodological Principles of Paul Tillich's Theology, in: The Journal of Religion 34 (1954), 12–25.
7 Paul Tillich an Maria Klein, 27. November 1916, EW V 118f. 119.

Was genau es mit der Dimension des ‚Endes' auf sich hat, wird aber erst in der Entwicklung dieses Themas im Denken Tillichs deutlich. In der Eschatologie der späten *Systematischen Theologie* geht es um die Antwort auf „die Frage nach dem Sinn der Geschichte" (vgl. III 398–411).[8] Die Eschatologie bildet aber nicht deshalb den letzten Teil des Systems, weil hier das zeitlich Letzte, oder auch „letzte Dinge" oder „Ereignisse" in einem gegenständlichen Sinn behandelt würden. Weder „Weltuntergangsphantasien" noch apokalyptische Visionen werden dargestellt. Vielmehr „entmythologisiert" die theologische Eschatologie die apokalyptische Bildsprache der christlichen Tradition (III 446).[9] Es handelt sich nicht um eine Eschatologie im traditionellen Sinn,[10] sondern um denjenigen Bestandteil des Systems, der ein zentrales Problem theologischer Methodik reflektiert. Was das bedeutet, soll im Folgenden deutlicher werden.

Paul Tillichs Eschatologie bildet – das unterliegt werkgeschichtlich keiner grundlegenden Veränderung – einen integralen Bestandteil seiner Geschichtsphilosophie. Der Eschatologie im engeren Sinn hat er sich ausdrücklich erst in den 1920er Jahren zugewandt. Eschatologie ist „Sinndeutung der Geschichte"[11] lautet die Formulierung der Aufgabe des abschließenden Teils des theologischen Systems in der zuerst in Marburg, dann in Dresden gehaltenen *Dogmatik-Vorlesung* von 1925–1927. Allerdings enthält diese Vorlesung selbst keine ausgeführte Eschatologie – zu dieser scheint Tillich aus Zeitgründen nicht gelangt zu sein. Allerdings liegt uns ein Text von 1927 vor, der auf einen Vortrag Tillichs auf der Gießener Konferenz der „Freunde der christlichen Welt" zurückgeht. Dieser Beitrag trägt den Titel *Eschatologie und Geschichte*[12] und entfaltet in komprimierter Form diejenige Problemstellung, die für Tillichs Eschatologie bestimmend bleiben wird. Hier wird nicht nur das Reich Gottes als zentrales eschatologisches Symbol eingeführt, sondern zugleich eine grundlegende Besinnung zum Thema und zur Sprachform der Eschatologie im Rahmen der Theologie entfaltet. Die Sinnthe-

---

8 Vgl. den Kommentar zur Stelle.
9 Diese Referenz an Rudolf Bultmann darf nicht dazu verleiten, beider Konzeptionen ineins zu blenden. Vgl. zu Bultmann (mit einigen Bezugnahmen auf Tillich): Folkart Wittekind, Eschatologie zwischen Religion und Geschichte. Zur Genese der Theologie Rudolf Bultmanns, in: Ulrich H. J. Körtner (Hg.), Die Gegenwart der Zukunft. Geschichte und Eschatologie, Neukirchen-Vluyn 2008, 55–84
10 „Gibt es eine Eschatologie in Paul Tillich's Werk?" konnte daher die Fragestellung des 1990 in Frankfurt abgehaltenen Internationalen Tillich-Symposiums lauten. Vgl. die Beiträge in Gert Hummel (Hg.), New Creation or Eternal Now: Is there an Eschatology in Paul Tillich's Work? Contributions Made to the III. International Paul Tillich Symposium Held in Frankfurt/Main 1990, Berlin/New York 1991.
11 Paul Tillich, Dogmatik-Vorlesung (Dresden 1925–1927), EW XIV.
12 Paul Tillich, Eschatologie und Geschichte, GW VI 72–82.

matik ist auch hier von entscheidender Bedeutung. Die Art und Weise, in der Tillich die Eschatologie hier thematisiert ist auch für das Verständnis der Abschnitte II und III des fünften Teils der *Systematischen Theologie*, die als Entfaltung des Symbols *Reich Gottes innerhalb der Geschichte* sowie als *Ziel der Geschichte* angelegt sind, grundlegend.

Bevor wir uns dieser systematisch entscheidenden Werkphase Tillichs zuwenden, soll allerdings ein Blick in Tillichs früheste Schaffensperiode geworfen werden, die insbesondere durch die Auseinandersetzung mit der Philosophie Friedrich Wilhelm Joseph von Schellings geprägt ist. Denn auch hier ist das Thema der Geschichte – auch im Blick auf ihr ‚Ziel' – bereits präsent und es finden sich Anklänge daran, was späterhin Thema der Eschatologie sein wird.

Werkgeschichtlicher Kontext

1 Frühe Schriften

Ein intensiveres Interesse Tillichs an der theologischen Eschatologie – sowohl ihrem Begriff wie auch ihrem Thema – entsteht erst in den 1920er Jahren. Allerdings hat auch dieses Interesse seine funktionalen Vorläufer. Tillichs philosophische Dissertation, die Abhandlung zur *religionsgeschichtlichen Konstruktion in Schellings positiver Philosophie*[13] von 1910 etwa enthält Verweise auf die Kategorie des „Übergeschichtlichen", die Schelling mit der Bedeutung von „transzendent" gleichsetze und in den Rahmen einer trinitarischen Geschichte einzeichne.[14] Der Begriff des Übergeschichtlichen wird in Tillichs späterer Eschatologie eine Rolle spielen. Und auch die *Systematische Theologie von 1913*[15] enthält Grundzüge einer Eschatologie. Deren Spezifizität möchte ich zunächst herausstellen. Dieser früheste Entwurf Tillichs zu einem theologischen System zeichnet die Theologie, besonders die Dogmatik, in den Rahmen eines spekulativen Wissenschaftssystems ein. Dieses lebt von der Voraussetzung, dass das Denken die systematische Erschließung der geistigen Phänomene in der Welt zur Aufgabe habe. Hierzu gehören Kultur, Sittlichkeit und Religion. Dabei geht das Denken einerseits kategorial vor; andererseits ist es gebunden an die räumlich-zeitliche Verfasstheit der Welt und

---

13 Paul Tillich, Die religionsgeschichtliche Konstruktion in Schellings positiver Philosophie, ihre Voraussetzungen und Prinzipien, EW IX 156–272.
14 Vgl. EW IX 264–268.
15 Paul Tillich, Systematische Theologie von 1913, EW IX 278–434. Vgl. einführend und zum Überblick Gert Hummel, Das früheste System Paul Tillichs. Die „Systematische Theologie von 1913", in: NZSTh 35 (1995) 115–132.

entfaltet sich daher zugleich als Theorie der Geschichte. Seine Vollendung erreicht das Denken dort, wo eine vollständige Systematik des Geistes erreicht ist. Hier kommen begriffliche Entfaltung und Totalität des Geschichtlichen zusammen. Die Vollendung des Systems ist korreliert mit der Vollendung der Geschichte. Gerade die Vollendung der Geschichte ist in besonderer Weise Thema der Religion. So ist im § 14 des dreiteiligen Entwurfs, *Die absolute Religion*, die Rede vom „Idealreich" als dem „Ende des Geschichtsprozesses" (EW IX 303). Dabei handelt es sich nach Tillich um einen „absoluten Zustand" (EW IX 304), der allerdings ein Konstrukt darstellt, das dazu dient, die vollständige Bestimmung des Geschichtsbegriffs zu ermöglichen und damit das Wissenschaftssystem zu seinem Abschluss zu führen.

Reflektiert wird das Thema der Religion in der Theologie. Methodisch leitend ist dabei das „theologische Prinzip", das die genuin theologische Denkbewegung in ihren unterschiedlichen Momenten strukturieren soll. Theologisches Denken ist dialektisch. Das theologische Prinzip beschreibt den dialektischen Vollzug. Die Momente, die die Vermittlung des Geistes zwischen Abstraktem und Konkretem – oder auch zwischen Denken und Glauben (vgl. EW IX 317) – beschreiben, sind angelehnt an die theologische Vorstellung einer trinitarischen Struktur der Geschichte. Im Hintergrund steht dabei der Gedanke, dass begriffliches Denken in der Theologie die Selbstentfaltung Gottes in seiner Offenbarung als Geschichte [!] nachvollziehen müsse: Die (abstrakte) Einheit Gottes (Judentum), dessen (konkretes) Aus-sich-heraus-Treten (Christentum) und seine Wiederkehr zu sich selbst als Absolutem (Kirchen- und Weltgeschichte). Das „eschatologische Moment" am theologischen Prinzip stellt denjenigen Aspekt der theologischen Denkbewegung dar, den Tillich als „Rückkehr zum Absoluten" (EW IX 328) bezeichnet. Eschatologie ist hier ein Bewegungs- und Vollzugsbegriff, es geht um die „Aufhebung" des Gegensatzes „als geschehende" (EW IX 317). In diesem ersten Gesamtentwurf zur Systematischen Theologie wird demnach die Eschatologie zu einem bestimmten Vollzugsmoment des Denkens, das sich auf dessen andere Momente, das „abstrakte" wie das „konkrete" bezieht und diese synthetisiert. „Für die theologische Methode ergibt sich aus diesem [sc. dem eschatologischen] Moment des theologischen Prinzips die Bestimmung, bei allen Seiten des Reflexionsstandpunktes ihre Aufhebung in den absoluten Standpunkt zu betrachten." (EW IX 328) Gegenstand des dogmatischen Denkens ist demnach nicht nur die Dogmen- und ‚Heils'- sondern auch die Weltgeschichte – unter einem eschatologischen Aspekt.

An diese Bestimmung anschließend führt Tillich das „theologische Prinzip" an den materialen Gegenständen der Dogmatik durch. So ist das „eschatologische" Moment an der Gotteslehre „Die allmächtige Liebe Gottes (Vorsehung)" (EW IX 336). In der Christologie ist es die Predigt Jesu vom Reiche Gottes, die Tillich als bestimmend für sein Gesamtwirken ansieht und begriffslogisch als die Gewissheit interpretiert, „daß das Relative im Begriff ist, aufgehoben zu werden vom Absoluten" (EW IX 354). Thematisch wird das absolute Moment auch in der Lehre von Kreuz und Auferstehung, die die Botschaft dieser Predigt für die Anschauung beschreiben (vgl. EW IX 360–364). Weiteren Ausdruck findet das „eschatologische" Moment des theologischen Prinzips in Tillichs Bestimmung des Verhältnisses von „Kirchengeschichte und Weltgeschichte" (EW IX 369–371), das zugleich den genuinen Gegenstandsbereich der theologischen Ethik bildet. Aus dieser Perspektive beschreibt Tillich die Dynamik von Kirchengeschichte und Weltgeschichte als Ineinander von synthetischen und analytischen Momenten. Die letzteren tendieren, in der Perspektive (synthetischen) theologischen Denkens, dazu, „mit immer größerer Tiefe die in ihr [sc. der Weltgeschichte] liegenden absoluten Momente" (EW IX 369 f.) zu enthüllen, die auf ein „Ziel" (EW IX 370) hin orientiert seien – ein Ziel, das keinesfalls mit einem „Ende" (ebd.) der Geschichte in einem zeitlichen Sinn gleichgesetzt werden dürfe. Das „Ziel" hat damit für das Denken eine regulative Funktion, ist aber kein reiner Grenzbegriff im kantischen Sinn. Diese Bestimmung kehrt später in Tillichs Konzeption des Reiches Gottes in der Geschichte wieder.

Neben dem eschatologischen Moment des theologischen Prinzips wird von Tillich auch die traditionelle Eschatologie – als *locus* der Dogmatik – in drei Paragraphen entfaltet. Zunächst, in § 17, als „Aufhebung des Standes der Sündhaftigkeit", der die „Rückkehr" der gesamten Natur zu Gott zum Gegenstand hat. Tillich denkt bereits hier ein universales Sterben aller Lebewesen, das aber nicht als endgültiger Tod gedacht ist: „Das einzelne kehrt zu dem zurück, was es wesentlich ist, in Ewigkeit in Gott ist und nie aufgehört hat zu sein, ein Moment in dem ewigen Prozeß des göttlichen Lebens." (EW IX 372) Hier ist ein Gedanke vorgezeichnet, der in der späten *Systematischen Theologie* unter dem Titel der ‚Essentifikation' entfaltet werden und von großer Wichtigkeit dafür sein wird, Tillichs Entfaltung einer Allversöhnungslehre richtig einzuordnen.

In diesem Zusammenhang haben die apokalyptischen Vorstellungsgehalte allerdings keinen eigenen Erschließungsgehalt: „Das biblische Vorstellungsmaterial über das Ende der Welt gehört zum biblischen, zeitlich bedingten Weltbild, nicht zum theologischen Prinzip, und hat darum keine Bedeutung für die Dogmatik." (ebd.) In einer späteren Randbemerkung ist notiert, dass es sich hierbei um „Himmel, Hölle, dreiteiliges Weltbild" (ebd. Anm. 293) handeln möchte. Diese Einschätzung wird sich so nicht vollständig durchhalten, wie sich später zeigen wird.

Im Folgeparagraphen entfaltet Tillich die individuelle Eschatologie: „Auferstehung und Gericht". Hier geht es um die besonderen Schicksale der Menschen als Individuen. Der personale Mensch wird im Tod vollendet, wie es bereits in der Auferstehung Christi zum Ausdruck gekommen ist und kehrt, wie die Natur, zurück zu seinem ewigen Wesen in Gott. Für den Wesensbegriff ist allerdings kein abstrakter Identitätsgedanke leitend. Individuelle Differenzen, die auf natürliche und geschichtliche Faktoren wie auf die jeweils persönliche Realisierung von Freiheit zurückzuführen sind, verlieren gerade nicht an Wert. Hierfür steht der Begriff des Gerichts:

> Das Maß der Vollendung des einzelnen ist abhängig von dem Maß seiner Erhebung über die Sündhaftigkeit, d. h. von dem Maß, in dem das Positive in ihm über das Negative Herr geworden ist. Die Vollendung richtet sich also nach der Stellung des einzelnen in der Sphäre der Gerechtigkeit oder Relativität. (EW IX 374)

Allerdings möchte Tillich an dieser Stelle auch keine ewige Verdammnis denken. Seine Betonung des bleibenden Werts individueller Differenzen erfolgt unter der Voraussetzung, dass dennoch keinem Menschen ein „ewiger Widerstand gegen den göttlichen Geist" (EW IX 375) zugeschrieben werden kann.

Die abschließende Behandlung des „ewigen Lebens" erfolgt im § 19, der den Titelzusatz „(Trinität)" trägt. Dies ist der gedankliche und geschichtliche Ort des „absoluten Zustands", der schon in den religionsphilosophischen Prolegomena begegnete und den Tillich nun anhand der traditionellen Vorstellungen der immanenten trinitarischen Relationen als „Reich Gottes" beschreibt. Bleibend wichtig ist die Vorstellung, dass die eschatische Gemeinschaft des Einzelnen mit Gott die individuelle Bestimmtheit nicht aufhebt. Gegen die Vorstellung der Restitution einer ursprünglichen unmittelbaren Einheit steht hier das Bild einer für den geschichtlichen Menschen bleibend zukünftigen „Gemeinschaft", die die Negativität der individuellen Selbstbehauptung in sich aufgenommen hat: „Das ist der Sinn des Weltprozesses, der Sünde und des Sterbens und der Erlösung, daß aus der Einheit Gemeinschaft werde, aus dem Leben Gottes Reich Gottes." (EW IX 376) In genau dieser spannungsvollen Bestimmtheit, als Ziel- und Grenzbegriff zugleich, wird das Reich Gottes auch in der späten *Systematischen Theologie* wieder auftauchen.

Der dritte Abschnitt der *Systematischen Theologie von 1913* hat es mit der Vermittlung von Absolutheit und Relativität in der Geschichte zu tun: Tillich entfaltet seine Ethik als Ekklesiologie. Die Lehre von der Kirche wird in diesem Zusammenhang zu einer paradigmatischen Theorie des Aufbaus von Gemeinschaft. Auf der Ebene des Einzelnen vermittelt die „Mystik" eine „Vorwegnahme des ewigen Lebens mitten in der Zeit" (EW IX 385 f.), auf der Ebene des Kollektivs ist es das „Ziel" der Kirche, „vollkommene Gemeinschaft" (EW IX 379) zu werden, was in der Wortverkündigung seinen Ausdruck findet. In individueller wie sozialer Perspektive handelt es sich bei „ewigem Leben" und „vollkommener Gemeinschaft" um dynamische Normbegriffe, deren Realisierung unter den Bedingungen der Geschichte nie vollumfänglich möglich ist. Exemplarisch werden unter dieser

Vorgabe im Folgenden unterschiedliche Formen der Vergemeinschaftung auf die Realisierung des Normbegriffs von Sozialität hin befragt. Denn der ethische Leitbegriff der „konkreten Gemeinschaften" ist, wie Tillich ausführt, das eschatologische „Reich Gottes, in dem weder das eigne noch das fremde Ich Absolutheit hat, sondern Gott und die Fülle seines Lebens, von dem jeder einzelne ein Moment ist" (EW IX 400). Im Reich Gottes werden die relative Selbständigkeit und die relative Identität der einzelnen auf einander bezogen und miteinander vermittelt in dem Begriff eines Dritten, der darin, dass er den Gegensatz in sich beschlossen hat, die Einheit der konkreten Gegensätze ist. Das Kollektiv als Ganzes und die es konstituierenden Einzelnen sind gegeneinander begrenzt. Unter dieser Vorgabe werden Familie, Staat, „Gesellschaft", nochmals die Kirche, die Freundschaft und abschließend die Ehe als „vollkommene Gemeinschaft" (vgl. EW IX 410–413) als Realisierungstypen von Sozialität in ihren Grundstrukturen dargestellt. Besonders deutlich hat letztere – mit der Forderung der wechselseitigen absoluten Bejahung im Angesicht eines dritten – einen ‚eschatologischen' Charakter.

Wie aus den dargestellten frühen Gedanken Tillichs deutlich wird, ist der Begriff der Eschatologie für ihn zu dieser Zeit in einer etwas schillernden Weise bestimmt. Prominent ist (1) der ‚methodische' Gebrauch, den Tillich von ihm macht. Eschatologie ist ein Bestandteil der Geschichtsphilosophie, insofern sie die Mannigfaltigkeit und Gegensätzlichkeit dessen, was ist, auf eine transzendente, ‚absolute' Einheit bezieht. ‚Eschatologisch' ist demnach ein Moment am Vollzug des Denkens, das die in sich differenzierte Einheit des Geistigen zum Gegenstand hat. Vor diesem Hintergrund interpretiert Tillich nun zugleich (2) die gesamte materiale Dogmatik – wie auch (3) die traditionellen *eschata*. An jedem *locus* der materialen Dogmatik findet sich ein eschatologisches Moment. Zugleich stellen die *eschata* selbst normative Vorstellungen über die Struktur des Geschichtlichen bereit, bedeuten aber nicht selbst geschichtliche Gegenstände oder Größen. Die *eschata* sind Grenz- und Zielbegriffe der Geschichte. Damit hat die Eschatologie (4) auch ethische Relevanz. Denn jene Grenzbegriffe bilden zugleich den Hintergrund jeglicher normativer Perspektivierung der Geschichte. Besonders dem ‚Reich Gottes' kommt hier eine – konstruktive wie kritische – sozialethische Leitfunktion zu. Was anfänglich von der ‚Prinzipialisierung' der Eschatologie bei Tillich gesagt wurde, erhält hier ein deutlicheres Gesicht: ‚Eschatologisch' ist die ganze Systematische Theologie insofern, als hier die Normativität theologischer Aussagen in ihren unterschiedlichen Funktionen und Momenten reflektiert wird.

Es wird sich zeigen, dass die Grundgedanken der späteren Eschatologie Tillichs bereits in diesem frühen Systementwurf vorliegen. Allerdings werden sie in einigen wichtigen Hinsichten konkretisiert, ergänzt und in ihrem systematischen Zusammenhang zum Teil auch neu lokalisiert. Von besonderem Gewicht werden dabei zwei Entwicklungen sein, die das Denken Tillichs in den 1920er Jahren prägen. Diese betreffen einerseits die Einschätzung der Geschichte, andererseits Überlegungen über den Charakter und den theologischen Wert der traditionellen religiösen Vorstellungen.

2 Die 1920er und 1930er Jahre: Symboltheorie und Gegenwartsdiagnostik

Entscheidend für Tillichs intensivere Hinwendung zur Eschatologie dürften die persönlichen Erfahrungen des Ersten Weltkriegs gewesen sein – die zudem auf ein kulturelles Krisenbewusstsein trafen, das sich gesellschaftsweit in apokalyptischen Bildern und Denkfiguren äußerte.[16] Nicht nur die Gegenwart des Kriegsalltags, sondern auch die späteren revolutionären Wirren der Weimarer Republik verlangten für Tillich nach einer Deutung, die sich mit den fortschrittsorientierten Kategorien der Aufklärungsphilosophie nicht mehr zufriedengeben konnte. Die Eschatologie bildet fortan eine spezifische, auf den absoluten Sinn der Ereignisse bezogene Dimension der Deutung der Gegenwart. Bekannte Begriffe der Theologie und Religionsphilosophie Tillichs wurden in diesem Zusammenhang in ihrer Bedeutung geprägt – etwa derjenige des „*kairos*"[17] oder auch der des „Dämonischen".[18] Bezeichnet werden mit diesen Aspekte gegenwärtige Ereignisse von letztgültiger Qualität, die zu Wendungen im Geschichtsverlauf führen (können). Auch Tillichs mehr theoretische als praktische Hinwendung zum (religiösen) Sozialismus[19] ist in diesem Kontext zu verorten. Zahlreiche Rekurse auf die pro-

---

[16] Vgl. exemplarisch Gunther Wenz, Eschatologie als Zeitdiagnostik. Paul Tillichs Studie zur religiösen Lage der Gegenwart von 1926 im Kontext ausgewählter Krisenliteratur der Weimarer Ära, in: ders., Tillich im Kontext. Theologiegeschichtliche Perspektiven, Münster 2000, 45–103.
[17] Vgl. Alf Christophersen, Kairos. Protestantische Zeitdeutungskämpfe in der Weimarer Republik, Tübingen 2008, 68–126; ders., „Wenn aber die vulkanischen Kräfte aufwachen …". Paul Tillichs Kairos und die „Revolution von Rechts", in: Ethics and Eschatology. International Yearbook for Tillich Research, Vol. 10, Berlin/Boston 2015, 167–190.
[18] Vgl. Paul Tillich, Das Dämonische. Ein Beitrag zur Sinndeutung der Geschichte, GW VI 42–71. Zum Begriff des Dämonischen bei Tillich vgl. Christian Danz, Das Göttliche und das Dämonische. Paul Tillichs Deutung von Geschichte und Kultur, in: Interpretation of History. International Yearbook for Tillich-Research, Vol. 8, Berlin/Boston 2013, 1–14; Werner Schüßler, „Form der Form-Widrigkeit". Zu Paul Tillichs Begriff des Dämonischen, in: ders./Christine Görgen, Gott und die Frage nach dem Bösen. Philosophische Spurensuche: Augustin – Scheler – Jaspers – Jonas – Tillich – Frankl, Berlin 2011, 119–134.
[19] Vgl. August Rathmann, Tillich als religiöser Sozialist, GW XIII 564–568; Thomas Ulrich, Ontologie, Theologie, Gesellschaftliche Praxis. Studien zum religiösen Sozialismus Paul Tillichs und Carl Mennickes, Zürich 1971; Klaus Kreppel, Kairos und Sozialismus. Fragen an die Geschichtstheologie Paul Tillichs, in: Richard Faber (Hg.), Sozialismus in Geschichte und Gegenwart, Würzburg 1994, 199–214.

phetische Tradition[20] sowie seine durchweg kritische Auseinandersetzung mit dem Begriff der Utopie[21] unterstützen diesen Eindruck. Es geht Tillich zentral um eine „Deutung der Zeit", die „die Zeit von der Ewigkeit her erschüttert und umwendet".[22]

Der gegenwartsdiagnostische und handlungsorientierende Anspruch der geschichtsphilosophischen Einlassungen Tillichs aus jener Zeit verdeutlicht deren ethischen Anspruch. Problemgeschichtlich stellt sich Tillich damit in eine Tradition, die bei Immanuel Kant begründet und von Albrecht Ritschl in ihrer für das 20. Jahrhundert entscheidenden Form formuliert wurde.[23] Die Gehalte der christlichen Religion können nach dieser Deutungstradition ihre öffentliche Relevanz erst dann entfalten, wenn sie handlungsorientierendes Wissen bereitstellen. Gewonnen wird dieses Wissen vor dem Hintergrund einer Vorstellung der Geschichte, deren Zentralbegriff derjenige des ‚Reiches Gottes' ist. Das Reich Gottes wird hier als zugleich individuell wie kollektiv relevanter Zielbegriff des Handelns verstanden, als eine bestimmte Qualifikation des Geistes des Einzelnen wie als paradigmatisches Modell der Vergemeinschaftung. Das Reich Gottes ist dann das Ziel der Geschichte, das jede Deutung und jedes Handeln in der Gegenwart normativ prägt. Ziel ist es (jedenfalls bei Kant) nicht im Sinne des Endpunkts eines Verlaufs sondern als regulative Idee. Diese Spannung zwischen Gegenwartsrelevanz und geschichtlicher Zielvorstellung macht für Tillich den Charakter des Reiches Gottes als religiösem *Symbol* aus. „Reich Gottes" ist das Symbol für „die ideale Einheit von Persönlichkeit und Gemeinschaft" im Sinne eines „Normbegriff[s]".[24]

Nicht nur das Reich Gottes, sondern auch die anderen traditionellen Inhalte und Gegenstände der Eschatologie werden von Tillich in diesem Sinne nun als Symbole gedeutet: Als bildhafte Darstellungen derjenigen Zusammenhänge, die die Struktur der Ausbildung und des Vollzugs des menschlichen Geistes bedingen

---

20 Vgl. Gotthold Müller, Religion zwischen Metaphysik und Prophetie. Anmerkungen zum Religionsbegriff bei K. Barth, P. Tillich und D. Bonhoeffer, in: NZSTh 20 (1978), 203–225.
21 Vgl. Theodor Mahlmann, Eschatologie und Utopie im geschichtsphilosophischen Denken Paul Tillichs, in: NZSTh 7 (1965), 339–370; Erdmann Sturm, Von der Erwartung zur Utopie. Tillichs Geschichtsdeutung zwischen Anthropologie und Eschatologie, in: Ethics and Eschatology. International Yearbook for Tillich Research, Vol. 10, Berlin/Boston 2015, 57–79.
22 Paul Tillich, Kairos II. Ideen zur Geisteslage der Gegenwart, GW VI 29–41.
23 Vgl. Christian Danz, „Ethik des ‚Reiches Gottes'". Moralität und Eschatologie bei Paul Tillich, in: Ethics and Eschatology. International Yearbook for Tillich Research, Vol. 10, Berlin/Boston 2015, 1–17.
24 Paul Tillich, Das System der Wissenschaften nach Gegenständen und Methoden, GW I 111–293, hier 267.

und prägen.²⁵ In dieser Konzeption des Symbols erhält die Spannung zwischen geschichtlichem Ziel und absoluter Norm, die den frühen Reich-Gottes-Gedanken Tillichs prägte, einen angemessenen Explikationszusammenhang. In den eschatologischen Symbolen geht es speziell um diese Spannung, deren Reflexion auf die Frage danach abzielt, wie *normative* theologische Aussagen überhaupt möglich sind.

Tillichs ansonsten ergiebige *Dogmatik-Vorlesung* aus den Jahren 1925–27 enthält, wie gesagt, keine ausgeführte Eschatologie. Zwar wird an unterschiedlichen Stellen erwähnt, dass die Eschatologie eine bestimmte Dimension der Dogmatik (der „Wissenschaft vom dogmatischen Symbol" [EW XIV 86]) bezeichnet. In der Eschatologie geht es um das „Ziel" der Geschichte – womit eine „Seinsqualität des Seienden" bezeichnet werden soll, die die „Einheit von Geist und Unmittelbarkeit" bezeichnet – sowie „zugleich aber den Gesolltheitscharakter dieser Einheit" (EW XIV 113). Mit diesem schwierigen Gedanken weist Tillich darauf hin, dass es hier um ein Reflexivwerden des Selbstverhältnisses des (menschlichen) Geistes geht. Das Thema der Eschatologie ist die Selbstdurchsichtigkeit des Geistes, der sich auf seine geschichtlichen Möglichkeiten als seine Bestimmung hin transparent wird. Zugleich aber ist die Erfüllung dieser Möglichkeiten ihm nicht vollständig anheimgegeben. Das unmittelbare Selbstinnesein wird aufgenommen in die komplexere Struktur des Geistigen – aber beider Einheit hat ihren Grund nicht im Geistigen selbst.

Der Eschatologie demnach kommt die Aufgabe zu, die Einheit der das geschichtliche ‚positive' Sein bestimmenden Elemente zu thematisieren. Das „Ziel" der Geschichte ist weder ein zeitlicher oder räumlicher Ort, sondern das normative Moment des konkreten geschichtlichen Verlaufs. In der Theologie muss die Vermittlung „von Idee, Existenz und Eschaton" (EW XIV 174) erfolgen. Das abstrakt

---

25 Diese Interpretation des Symbolbegriffs stützt sich auf Folkart Wittekind, Zwischen Deutung und Wirklichkeit. Überlegungen zum Bildcharakter eschatologischer Aussagen, in: Ulrich H. J. Körtner (Hg.), Die Gegenwart der Zukunft. Geschichte und Eschatologie, Neukirchen-Vluyn 2008, 29–54; ders., Gottesdienst als Handlungsraum. Zur symboltheoretischen Konstruktion des Kultes in Paul Tillichs Religionsphilosophie, in: Das Symbol als Sprache der Religion. International Yearbook for Tillich Research, Vol. 2, Wien 2007, 77–100; ferner: Christian Danz, Symbolische Form und die Erfassung des Geistes im Gottesverhältnis. Anmerkungen zur Genese des Symbolbegriffs von Paul Tillich, in: Das Symbol als Sprache der Religion. International Yearbook for Tillich Research, Vol. 2, Wien 2007, 59–75; ders., Der Begriff des Symbols bei Paul Tillich und Ernst Cassirer, in: Dietrich Korsch/Enno Rudolph (Hg.), Die Prägnanz der Religion in der Kultur. Ernst Cassirer und die Theologie, Tübingen 2000, 201–228. An dieser wie an anderen Stellen orientiere ich mich in meiner Interpretation grundlegend an der in Christian Danz, Religion als Freiheitsbewußtsein. Eine Studie zur Theologie als Theorie der Konstitutionsbedingungen individueller Subjektivität bei Paul Tillich, Berlin/New York 2000, entfalteten Deutungsrichtung.

Denkbare muss sich, insofern es für die geschichtliche Wirklichkeit fruchtbar sein soll, auf seinen normativen Charakter hin befragen lassen. Nur im Durchgang durch die konkrete geschichtliche Realität kann das Ideale sich realisieren. Im Blick auf das *eschaton* kann sich seine Kritik entfalten.

Das ‚Eschaton' ist der Leitbegriff der Eschatologie Tillichs. Es stellt einen besonderen Fall des früheren Begriffs des ‚Übergeschichtlichen' dar. Auch vom ‚Ewigen' kann Tillich in diesem Zusammenhang sprechen. Mit dem Singular, der an die Stelle der traditionellen *eschata* tritt, ist eine für das 20. Jahrhundert charakteristische Wendung in der protestantischen Theologie markiert.[26] Bei Tillich weist die Einzahl darauf hin, dass mit dem *eschaton* der Gedanke einer transzendenten Einheit angesprochen ist, der gegenüber die einzelnen *eschata* sich als unterschiedliche Entfaltungsformen verständlich machen lassen – oder auch als ‚Symbole' des *eschaton*. In der theologischen Eschatologie wird dieser Zusammenhang reflektiert und auf seine Bedeutung für die menschliche Selbsterfassung als Geist hin befragt. Diese Bedeutung liegt nicht allein in der bildlichen Darstellung eines Zustands, sondern zugleich in der Offenlegung seiner Beziehung zu seinem ‚Ziel': Nicht nur ein ‚Ist', insbesondere auch ein ‚Soll' wird hier anschaulich.

Als eine Theorie normativer Symbolik des Geistes handelt die Eschatologie von der „Aufhebung der Existenz [...] in der Transcendenz" (EW XIV 344), von der „Aufhebung der Kreatürlichkeit" (EW XIV 174) in das Wesen. Das ‚Ziel' der Geschichte ist damit nicht einfach die Einheit des Mannigfaltigen sondern die Überwindung der Zweideutigkeiten des geschichtlichen Lebens. Dafür steht der Begriff des ‚Sinns'. Sinn ist keine objektiv ausweisbare Dimension von Ereignissen, sondern Resultat eines Interpretationsvorgangs, der etwas, „das dem Werden gegenüber neu" ist, in einem Geschehen entdeckt und daher dieses „als für ihn unbedingt sinnhaft, als ihn unbedingt angehend deutet" (EW XIV 372).[27] Sinn ist folglich dort realisiert, wo in den geschichtlichen Vorgängen eine unbedingte Bedeutungsdimension transparent gemacht wird, wo ihr eschatologisches ‚Ziel'

---

[26] Vgl. Sigurd Hjelde, Das Eschaton und die Eschata. Eine Studie über Sprachgebrauch und Sprachverwirrung in protestantischer Theologie von der Orthodoxie bis zur Gegenwart, München 1987, 469–499.

[27] Vgl. insbesondere Ulrich Barth, Die sinntheoretischen Grundlagen des Religionsbegriffs. Problemgeschichtliche Hintergründe zum frühen Tillich, in: ders., Religion in der Moderne, Tübingen 2003, 89–123; ders., Religion und Sinn, in: Christian Danz/Werner Schüßler (Hg.), Religion – Kultur – Gesellschaft. Der frühe Tillich im Spiegel neuer Texte (1919–1920), Wien 2008, 197–213. Zu den geschichtsphilosophischen Implikationen des Sinnbegriffs vgl. Folkart Wittekind, ‚Sinndeutung der Geschichte'. Zur Entwicklung und Bedeutung von Tillichs Geschichtsphilosophie, in: Christian Danz (Hg.), Theologie als Religionsphilosophie. Studien zu den problemgeschichtlichen und systematischen Voraussetzungen der Theologie Paul Tillichs, Wien 2004, 135–172.

an und in ihnen sichtbar wird.[28] Das ist nicht in jedem Vorgang der Fall. Das schlechthin Neue, das hier thematisch ist, muss als Resultat einer schöpferischen Handlung und als Realisierung von etwas Gültigem verständlich werden können – oder mit anderen Worten: als Kultur. Damit wird noch einmal deutlich, dass Tillich mit der Eschatologie zugleich eine Konzeption der Geschichte im Sinn hat, die diese nicht einfach als ‚Durchgangsstadium' der Realisierung des Absoluten versteht. Insbesondere in der eschatologischen Aufladung des Kulturbegriffs wird erkenntlich, dass er dem menschlichen Denken und Handeln absoluten Wert beimisst.

Der genauere Zusammenhang der zitierten Aussagen wird deutlich in Tillichs programmatischer Schrift *Eschatologie und Geschichte* von 1927. Die Eschatologie thematisiert den „transzendenten Ort" (GW VI 76) alles solchen Geschehens, das als sinnhaft verstanden werden kann. Die zeitliche Dimension der eschatologischen Bildsprache bezeichnet damit nicht einen zukünftigen Zeitpunkt, sondern den Richtungssinn der Produktivität des Geistes. Die Schöpfungstheologie symbolisiert im Modus der Vergangenheit den „transzendente[n] Ort des Seienden, sofern es ist" (GW VI 78), dessen Grund und Abgrund; die Soteriologie im Modus der Gegenwart den Geschehenscharakter der Sinnverwirklichung – und die Eschatologie im Modus der Zukunft die Unbedingtheitsdimension des „Seiende [n], sofern es im Geschehen steht" (GW VI 75). Die Zukünftigkeit der einzelnen *eschata* steht damit für die Möglichkeit der Vollendung, der Realisierung von „unbedingte[m] Geschehenssinn" (GW VI 76) in der Geschichte.

Die unterschiedlichen eschatologischen Symbole werden so als Erklärungsoptionen für die Struktur des Geistes ansichtig, die auf dessen Vollendungsmöglichkeiten verweisen. Dafür stehen im Zusammenhang dieses Textes die Begriffe „Erfüllung" und „Entscheidung". Das Eschaton ist das „unbedingte Erfüllte" (GW VI 79), insofern es die normative Dimension kultureller Tätigkeit bezeichnet. Und es ist „das Entschiedene" (ebd.), insofern es die Unterscheidung, die Kritik und Wandelbarkeit von kulturellen Schöpfungen ermöglicht. Es sind besonders zwei eschatologische Symbole, denen Tillich eine besondere Bedeutung zu-

---

28 Diese Zusammenhänge werden sehr deutlich in Tillichs früherem Vortrag *Das Unbedingte und die Geschichte* (1923) (EW X 335 – 350). Hier entfaltet Tillich seine Sinntheorie vor dem Hintergrund einer Geschichtsmetaphysik. Im „Geistproceß" kommt der „Seinsproceß" zu seiner „Erfüllung" (EW X 335). In jedem geistigen Akt wird in die Wirklichkeit nicht Sinn gleichsam eingeschrieben, sondern das Wirkliche auf seinen Sinn hin bestimmt. Allen solchen sinnerfüllenden Akten liegt ein „*unbedingter Sinn*" (EW X 336) zu Grunde. Dieser wird in der Religion thematisch und in der Theologie reflexiv: „Die Erfüllung gibt die Geistgeschichte und die Darstellung der erfüllten Kategorien das System, das wir Theologie nennen" (EW X 339). Der Bereich der Theologie, in dem der absolute Sinn selbst zum Gegenstand wird, ist die Eschatologie.

spricht: dem Reich Gottes (Erfüllung) und dem Gericht (Entscheidung). Das Reich Gottes symbolisiert die Unbedingtheitsdimension des Geistes wie er sich in den einzelnen aber auch in sozialen Institutionen als (fragmentarisch) realisiert darstellen kann. Das Gericht symbolisiert die Kritik alles Geschehens und aller Kultur.

Die hier gestellten Weichen prägen die weitere Entwicklung der Eschatologiekonzeption Tillichs bis zur *Systematischen Theologie*. In seiner Frankfurter *Vorlesung über Geschichtsphilosophie*[29] von 1929/30 widmet Tillich umfangreiche Ausführungen seinem eschatologisch erschlossenen Kulturbegriff. „Kultur ist wesensmäßig eschatologisch" (EW XV 88), heißt es nun dort. Daher sei „es unmöglich, Eschatologie und Geschichte resp. Kultur in Gegensatz zu stellen. Sie stehen in der strengsten Korrelation" (EW XV 89). Nicht aus der Erfahrung zieht die Theologie daher ihren normativen Impetus, sondern aus der menschlichen Erwartung. Menschliche Kultur ist Sinnstiftung innerhalb der Geschichte. Auch die Verbindung von Eschatologie und Ethik (bzw. normativer Kulturtheorie) wird an dieser Stelle deutlicher. Denn die Sinn realisierende Kulturtätigkeit ergibt sich nicht *per se* aus der Erwartung. Der Entdeckungszusammenhang der normativen ‚Forderung' nach Sinnsetzung ist die soziale Interaktion. Das Bewusstsein um die soziale Dimension des Lebens bildet den Anstoß für die ‚Entdeckung' von Transzendenz. In Kollektiven sind die Menschen immer schon ‚über sich hinaus', weil sie hier gemeinsame Themen bearbeiten, die nach einer kollektiven Zukunftsorientierung verlangen, danach, das Gegebene Kulturelle und Soziale zu „transcendieren" (EW XV 91). Die Religion selbst ist dann derjenige der geschichtlichen (kulturellen) Faktoren, in denen die Selbsttranzendenz der Gruppe reflexiv wird. Die ganze Religion ist „eschatologisch" da in ihr der kulturell realisierte Sinn „bezogen wird auf das Eschaton, auf die Beziehung der Gruppe zu ihrer eigenen historischen Zeit" (EW XV 251).

Sehr deutlich kommt der Zusammenhang von Symbol- und Sinntheorie in der Eschatologie Tillichs in dem Vortrag *The Kingdom of God and History*[30] zum Ausdruck. Diesen Vortrag hielt Tillich 1936 in Oxford und in ihm wird zugleich der ethische Sinn dieser Eschatologie berücksichtigt. Man kann diesen Vortrag zugleich nur richtig einordnen, wenn man seinen Zusammenhang mit einer Vorlesungsreihe kennt, die Tillich 1936–1938 unter dem Titel *Advanced Problems in Systematic Theology*[31] am Union Theological Seminary hielt. Diese jüngst edierte

---

29 Paul Tillich, Frankfurter Vorlesungen über Geschichtsphilosophie und Sozialpädagogik, EW XV.
30 Paul Tillich, Reich Gottes und Geschichte (Typoskript 1936), EW XIX 207–242; The Kingdom of God and History (October 1936), EW XIX 243–280; The Kingdom of God and History, EW XIX 281–316.
31 Paul Tillich, Advanced Problems in Systematic Theology (1936–1938), EW XIX.

Vorlesung bildet die Grundlage, auf der die späte *Systematische Theologie* in ihrer abschließenden Gestalt formuliert wurde. Bevor wir zu jener übergehen, soll ein Blick in diesen programmatischen Vortrag erfolgen.

Der Vortrag *The Kingdom of God and History* bildet einen Teil der Vorlesungsreihe *Advanced Problems in Systematic Theology*. Tillich hat ihn erst im zweiten Studienjahr 1937/38 des zweijährigen Zyklus gelesen (vgl. EW XIX, XXIIf.). Erstaunlich ist, dass dieser Vorlesungsteil in den folgenden Studienjahren wieder entfiel und auch kein Vorlesungsmanuskript erhalten ist (vgl. EW XIX, XXV). Ob dies aus zeitlichen oder anderen Gründen geschah, mag an dieser Stelle dahingestellt bleiben. Da Tillich sich jedoch im Rahmen des Universal Christian Council for Life and Work zwischen 1936 und 1937 ausführlich mit dem Thema beschäftigt hat, ist es gerechtfertigt anzunehmen, dass er den genannten Vortrag als Grundlage für seine Vorlesung benutzt hat (vgl. ebd.). Erstveröffentlicht wurde der Vortrag sogar als offizielles Dokument der Weltkirchenkonferenz.[32]

Im Typoskript dieses Vortrags, das auf Deutsch vorliegt, behandelt Tillich zum einen das Problem der Geschichtsphilosophie aus der Perspektive der Eschatologie. Es geht um die normative Dimension der geschichtlichen Existenz des Menschen, dasjenige, „was uns Hoffnung gibt, das zu werden, was wir sein sollen" (EW XIX 4 f.). Nicht allein die menschliche Erfahrung, sondern ganz besonders das Denken verlangt nach der Bestimmung eines „Ziels" der Geschichte, wenn überhaupt die Behauptung von „Sinn" gerechtfertigt werden soll (vgl. EW XIX 215 f.). Sinn und Ziel der Geschichte werden im Symbol des Reiches Gottes anschaulich (vgl. EW XIX 219). In dieser Aussage findet sich wiederum die genannte Spannung zwischen regulativer und teleologischer Funktion des Symbols ‚Reich Gottes', die die Eigentümlichkeit des Argumentationsgangs Tillichs ausmacht. Damit ist die normative Dimension menschlicher Kulturtätigkeit angesprochen. Denn Geschichte ist das Geschehen der Sinnverwirklichung – aber auch der Sinnverkehrung. Dieser Gegensatz drückt sich in der Gegenüberstellung von göttlichem und dämonischem Reich aus (vgl. EW XIX 216). Das Kriterium dieser Unterscheidung wird anhand der Christologie verdeutlicht (vgl. EW XIX 219). Das Reich Gottes ist folglich ein Symbol, das innergeschichtliche Bedeutung hat – ihm

---

32 Paul Tillich, The Kingdom of God and History, in: Herbert George Wood, The Kingdom of God and History (The Official Oxford Conference Books 3), Chicago/New York 1938, 107–141. Vgl. auch ders., Frühe Vorlesungen im Exil (1934–1935), EW XVII, LI. Bezeichnenderweise erhält der spätere dritte Band der *Systematischen Theologie* den englischen Originaltitel *History and the Kingdom of God*. Diese Umstellung der Begriffe verweist nicht unbedingt auf eine Umstellung der Argumentationslogik. In den *Advanced Problems* beginnt Tillich 1936 mit einer im Vergleich zur *Systematischen Theologie* umgekehrten ‚Korrelationsmethode' (vgl. dazu den Kommentar zur Stelle): 1936 ging die „Antwort" der „Frage" voran (vgl. EW XIX, XVI).

eignet eine ethische Dimension. Die traditionelle Unterscheidung von Welt- und Heilsgeschichte (vgl. EW XIX 225–227) hat damit nur insofern normative Bedeutung, als sie die Differenz zwischen Sinnverwirklichung und Sinnverkehrung anzeigt. Die Heilsgeschichte wird in der Weltgeschichte realisiert – und die Kirchengeschichte ist derjenige Teil dieser Geschichte, innerhalb dessen diese Unterscheidung selbst thematisch wird, der aber vor Sinnverkehrungen nicht *per se* geschützt ist (vgl. EW XIX 222–224).

Diese Ausführungen Tillichs münden in einem nicht zu vernachlässigenden Abschnitt, der noch einmal explizit die Gegenwartsrelevanz des Symbols ‚Reich Gottes' hervorhebt. Die Eschatologie hat es wesentlich mit der Deutung der Gegenwart zu tun. Ihre kritische Funktion besteht darin, gegenwärtige „Dämonieen" (vgl. EW XIX 232–236) aufzudecken. Als solche wertet Tillich hier Kapitalismus, Nationalismus und Tyrannis. Dies sind solche kulturelle Gestalten, die Partikulares für Absolutes nehmen und gleichsam ‚widergöttliche' Schöpfungen darstellen. Neben der kritischen hat die Eschatologie als Gegenwartsdeutung aber auch eine konstruktive Funktion. Diese besteht darin, die Gegenwart als „kairos" zu begreifen, als Handlungsherausforderung und konkrete Felder des individuellen wie kirchlichen Handelns zu benennen (vgl. EW XIX 237–242).

Die beschriebene Struktur wiederholt sich in den vorliegenden englischsprachigen Versionen (dem Oxforder Vortrag sowie der danach veröffentlichten schriftlichen Version) des Arguments. Damit tauchen in *The Kingdom of God and History* einerseits alle diejenigen Elemente der Eschatologie Tillichs auf, die aus seinen früheren Arbeiten bekannt sind. Andererseits zeigt deren systematische Anordnung, die hier zum ersten Mal ausführlich vorgenommen wird, bereits diejenige Struktur, die Tillichs Eschatologie in der *Systematischen Theologie* erhalten wird. Hinzu kommen später noch Abschnitte zur individuellen Eschatologie sowie eine Reflexion auf den eschatologischen Aspekt des Gottesgedankens (vgl. unten Kommentarteil B und C). Wir haben es folglich bei diesem Vortrag mit einem entscheidenden Punkt nicht der Kristallisierung, wohl aber der Systematisierung der Grundgedanken Tillichs zur Eschatologie zu tun, der als genuine Vorform der Eschatologie der *Systematischen Theologie* gelten kann.

Kommentar

Der zweite und dritte Abschnitt des fünften Teils der *Systematischen Theologie* (*Die Geschichte und das Reich Gottes*) bieten die ‚Antwort' auf die im ersten Abschnitt dargestellte „Frage nach dem Reich Gottes", die sich aus dem Problem der Geschichtsdeutung ergab.[33] Hier wurde das Reich Gottes als zentrales Symbol der Eschatologie eingeführt, aber noch nicht systematisch entfaltet. Diese Entfaltung leisten die hier zu thematisierenden Folgeabschnitte, die Aspekte umfassen, die traditionell sowohl der Ekklesiologie als auch der Eschatologie zugeordnet werden. Die Kirche bzw. die Geistgemeinschaft kommt hier allerdings (zusätzlich zu den Ausführungen im vierten Teil, im Abschnitt II B [III 165–190] und III A [III 191–281])[34] nur hinsichtlich ihrer Unbedingtheitsdimension (und damit „eschatologisch") in den Blick.

II Das Reich Gottes innerhalb der Geschichte (III 402–445)

Im Abschnitt *Das Reich Gottes innerhalb der Geschichte* (III 402–445) wird das Problem behandelt, in welcher Weise die Gegenwartsbedeutung des Sinns der Geschichte deutungspraktisch aber auch institutionell wirksam wird. Tillich hatte bereits vorgängig festgestellt, „daß das Symbol ‚Reich Gottes' die Möglichkeit hat, zugleich immanente und transzendente Elemente zum Ausdruck zu bringen" (III 411). Es hat eine ethische sowie eine sinntheoretische Dimension. In ethischer Hinsicht liefert das ‚Reich Gottes' eine normative Folie für den Aufbau und die Kritik sozialer Institutionen, die in der Lehre von der Kirche nur noch exemplifiziert wird. In sinntheoretischer Hinsicht entfaltet Tillich im Abschnitt *III. Das Reich Gottes als das Ziel der Geschichte* (III 446–477) eine Geschichtsmetaphysik, die die „Beziehung des Zeitlichen zum Ewigen" (III 447) als die Unbedingtheitsdimension der Bestimmung des Menschen als Geist im Licht der eschatologischen Bildsprache erschließt. Tillich nennt drei zentrale Bedeutungsdimensionen des Symbols ‚Reich Gottes', die politische, die soziale und die personale (vgl. III 408 f.). Alle diese Hinsichten hat die Eschatologie zu entfalten. Insofern auch die Ekklesiologie unter eschatologischem Vorzeichen behandelt wird, nimmt Tillich das gegenwartsdiagnostische Anliegen seiner frühen Eschatologie auf. Zugleich werden die sinntheoretischen Bestimmungen weitergeführt und entfaltet, die aus der Dresdener Dogmatikvorlesung, aus *Eschatologie und Geschichte* sowie den *Advanced Problems of Systematic Theology* bekannt sind.

> Auf diese Art wird das *eschaton* zu einem Anliegen der gegenwärtigen Erfahrung, ohne die Dimension der Zukunft zu verlieren: wir stehen *jetzt* im Angesicht des Ewigen, aber nur indem

---

33 Vgl. den Kommentar zur Stelle.
34 Vgl. den Kommentar zur Stelle.

wir vorausblicken auf das Ende der Geschichte, auf das Ende alles dessen, was zeitlich ist innerhalb des Ewigen. (III 448)

A Die Dynamik der Geschichte und das Neue Sein (III 412– 425)

Abschnitt *Die Dynamik der Geschichte und das Neue Sein* (III 412–425) bietet eine kritische Auseinandersetzung mit der Vorstellung einer ‚Heilsgeschichte'. Das Heil kann nach Tillich weder in bestimmten Ereignissen noch Institutionen lokalisiert werden. Zwar gibt es „Manifestationen des Reiches Gottes in der Geschichte" (III 414). Diese sind aber nicht selbst das Heil. In ihnen kommt allein die „sich selbst transzendierende Dynamik der Geschichte, ihr Streben nach Erfüllung" (III 413) zum Ausdruck. Paradigmatisch realisiert ist dieses in der Erscheinung des Christus – der ‚Mitte' der Geschichte. Nur hier ist sich der Geist in seiner Struktur vollumfänglich selbst transparent und zugleich das normative Prinzip der Geschichte realisiert. Hier wird „die Geschichte sich ihrer selbst und ihres Sinnes bewußt" (III 419). Die christliche Tradition unterscheidet sich von anderen – nationalen und religiösen – Geschichtsdeutungen darin, dass die von ihr behauptete ‚Mitte' der Geschichte nach Tillich ein tatsächlich universales Prinzip ist: die Eröffnung einer neuen Dimension menschlicher Selbstdeutung.

Diese Mitte ist auch das Kriterium für die Identifikation der Realisierung von Heil in der Geschichte. Vor diesem Hintergrund unterzieht Tillich den aus seinem Frühwerk bestens bekannten Begriff des *Kairos* einer erneuten Deutung. Als „qualitativer" Begriff steht dieser nicht für die Struktur sondern für die „Dynamik der Geschichte" (III 420) und bezeichnet „einen Augenblick der Reife in einer besonderen religiösen oder kulturellen Entwicklung" (ebd.). Die Erscheinung des Christus, das Einbrechen des Reiches Gottes in die Geschichte, ist für Tillich derjenige Kairos, an dem kriterial alle anderen *kairoi* gemessen werden müssen: Etwa das Aufbrechen des schöpferischen prophetischen Geistes inner- oder außerhalb der Kirchen, der zu reformerischen Dynamiken führt. Allerdings kann ein *kairos* nicht rational bestimmt oder gar vorhergesagt werden. Gerade deswegen ist das christologische Kriterium so wichtig: um „dämonischer Entstellung" (wie im Nationalsozialismus)[35] und „falscher Beurteilung" (III 422) geschichtlicher Situationen zu wehren. Auch Zeiten, in denen keine kairotischen Erfahrungen ge-

---

35 Im Hintergrund dieses Verweises steht der Bruch der Freundschaft Tillichs mit Emanuel Hirsch, dessen politische Option sich terminologisch aus dem gleichen Schatz bedienen konnte, wie diejenige Tillichs. Vgl. dazu A. James Reimer, Emanuel Hirsch und Paul Tillich. Theologie und Politik in einer Zeit der Krise, Berlin/New York 1995.

macht werden (können), müssen ertragen werden. Zwar ist das Reich Gottes das „Ziel der geschichtlichen Vorsehung" (III 423). Das impliziert aber keinen Determinismus. Die Geschichte bleibt offen. Nur die Überwindung des Negativen und Destruktiven, die sich immer wieder kairotisch manifestiert, sie allein ist gewiss.

B Das Reich Gottes und die Kirchen (III 426–433)

Welche Bedeutung haben diese Ausführungen für die Ausbildung sozialer Institutionen – insbesondere für die Kirchen? Unter dem Titel *Das Reich Gottes und die Kirchen* erläutert der Abschnitt B (III 426–433) das Verhältnis von Reich Gottes und religiösen Gruppen bzw. Institutionen. So deutlich für den Protestanten Tillich der Gedanke unterstrichen werden muss, dass keine konkrete Institution mit dem Reich Gottes identifiziert werden kann – so bezeichnet er die Kirchen doch als „Repräsentanten des Reiches Gottes in der Geschichte" (III 426). Wie ist dieses Repräsentationsverhältnis bestimmt? Zunächst, wie alles geschichtliche, in zweideutiger Weise. Die Kirchen „offenbaren und verhüllen zugleich" (ebd.). Die Unbedingtheitsdimension des menschlichen Geistes reflektiert sich in den Kirchen in deren Kampf gegen „Dämonisierung und Profanisierung" – gegen Sinnverzerrung und Sinnentleerung. Beidem gegenüber sind sie selbst allerdings nicht immun. Gleichwohl, so Tillich besteht gerade in den Kirchen je und je neu der Anspruch, Zeugen des Reiches zu sein. Sie sind derjenige gesellschaftliche Ort, an dem immer wieder neu „auf das Wesen der geschichtlichen Zeit [...] und auf das Ziel, dem die Geschichte zustrebt" (III 427) hingewiesen wird. Hier wird deutlich, dass Tillich zwischen einer unsichtbaren Kirche im weiteren Sinn (der ‚Geistgemeinschaft') und ihrer sichtbaren institutionellen Gestalt unterscheidet. Die Geistgemeinschaft inner- wie außerhalb der konkreten Kirchen ist der soziale Zusammenhang, innerhalb dessen die Erinnerung an die Möglichkeit der vollständigen Erschlossenheit des Geistigen im Symbol des Christus lebendig bewahrt werden und auf dessen Realisierung innerhalb der Geschichte hingestrebt werden soll. Die Glieder der Geistgemeinschaft sind „Streiter für das Reich Gottes [...], führende Mächte in dem Streben nach der Erfüllung der Geschichte" (ebd.). Damit ist aber gerade nicht gesagt, dass Tillich hier konkrete soziale Reformvorhaben oder politische Aktionen im Blick hätte. Anders, als er noch in den 1920er Jahren den ‚religiösen Sozialismus' als Trägergruppe sozialer Reformen im Blick hatte (wenngleich sein eigenes Verhältnis zu dieser Bewegung dennoch eher intellektueller Natur war), soll hier die ‚Geistgemeinschaft' als eine Reflexionsavantgarde fungieren.

Ihr symbolisches Gegenstück findet die hier geforderte Reflexivität in den sakramentalen Handlungen der Kirchen. Deren Bedeutung liegt nicht in diesen selbst und auch nicht in ihrem sinnenfälligen Charakter, sondern in der (impliziten) Anstiftung zur Reflexion auf die „Gegenwart des Unbedingt-Wirklichen in allen Dingen" (III 428). Diese Aufgabe ist in der Geschichte der Kirchen zu unterschiedlichen Zeiten in unterschiedlichem Maß erfüllt worden. Die Pluralität kirchlicher Gruppen entspricht der inneren Differenziertheit des Reiches Gottes, das in keiner wirklichen Gemeinschaft jemals vollständig realisiert werden kann. Das hat nicht nur mit den unterschiedlichen Verfalls- und Verzerrungsmöglichkeiten der ursprünglichen Aufgabe zu tun, sondern auch mit dem dynamischen Charakter des Reiches Gottes. Die Kirchengeschichte hat „in sich selbst des letzte Kriterium gegen sich selbst – das Neue Sein in Jesus als dem Christus" (III 433). Die nicht konkret festlegbare Geistgemeinschaft ist damit das normative Kriterium der Ekklesiologie: Der einzigartige vollständige Durchbruch der Erschlossenheit des Geistes ist nicht nur Grund und Ziel der weit gefassten Kirchengeschichte, sondern auch deren beständige Kritik und damit Ansporn zu stets neuen Bildungen religiöser Kultur. Die Kirchen dürfen als nichts anderes denn als „Repräsentanten der Geistgemeinschaft" (III 440) gelten.

C Das Reich Gottes und die Weltgeschichte (III 434 – 445)

Wenn das Reich Gottes als Eröffnung einer neuen Selbstdeutungsmöglichkeit des Menschen verstanden wird, die auf die Überwindung der Zweideutigkeiten der Geschichte in einzelnen Menschen wie in kulturellen Formationen und sozialen Gruppen zielt, dann kann die Möglichkeit seiner fragmentarischen Aktualisierung nicht auf den Bereich der Kirchen im engeren Sinne beschränkt werden. Der Abschnitt *Das Reich Gottes und die Weltgeschichte* (III 434 – 445) verdeutlicht diesen Gedanken. Tillich greift dafür auf den vierten Teil seiner *Systematischen Theologie* zurück, in dessen erstem Abschnitt (insbesondere I. B [III 42 – 130] und C [III 130 – 133])[36] er die Zweideutigkeiten, die das geschichtliche Leben prägen, auf dessen basale dynamische Funktionen bezieht: die „Selbst-Integration", das „Sich-Schaffen" und die „Selbst-Transzendierung". Bereits hier tauchen die eschatologischen Symbole „Reich Gottes" und „ewiges Leben" innerhalb der Vorbereitung der Pneumatologie als Symbole des „unzweideutigen Lebens" (III 132f.) auf.

Die mit dem Leben verbundenen Zweideutigkeiten betreffen selbstverständlich auch die Kirchen. Besonders an diesen ist allein ihre Aufgabe, den „Widerstand" gegen sowie den „fragmentarische[n] Sieg" (III 435) über diese Zweideu-

---

36 Vgl. dazu den Kommentar zur Stelle.

tigkeiten symbolisch zu verkörpern – als „ständige Mahnung an das Reich Gottes" (III 436). Allerdings kann diese Aufgabe nur dann wenigstens ansatzweise erfüllt sein, wenn eine Überlappung zwischen aktueller Kirche und ‚Geistgemeinschaft' besteht. Zudem steht diese symbolische Kultur nicht isoliert in der Geschichte. Wenn die „Kirchengeschichte [...] die Weltgeschichte [richtet], indem sie sich selbst richtet" (III 435), dann muss sie zu den konkreten sozialen und politischen Entwicklungen auch konkret Stellung beziehen können. Hier wird die bereits bekannte ethische und zeitdiagnostische Dimension des Reich-Gottes-Gedankens konkret.

Tillich erläutert diese Ethik des Reiches Gottes (die er an anderer Stelle[37] ausführlicher darlegt) an Beispielen aus dem politischen Leben wie auch dem Leben der Einzelnen. Die Argumentation ist stufenweise aufgebaut. Die Selbst-Integration des Lebens hat es im Bereich des Politischen zunächst mit der Frage nach der Institutionalisierung von Macht zu tun. Diese muss zwischen den Extremen der nationalistischen oder ethnischen „Zentralisation" auf der einen Seite und des universalistischen „Imperiums" auf der anderen ausbalanciert werden. Insofern diese Extreme im Reich Gottes als überwunden angesehen werden müssen, bietet dieser Gedanke „das Kriterium, nach dem die Kirchen politische Handlungen und Theorien beurteilen müssen" (III 438). Die Demokratie scheint dabei eine gute – aber nicht die einzige mögliche – Form darzustellen. Auch im Blick auf die „Weltgeschichte" darf keine Identifikation bestimmter institutioneller Formen mit dem Reich Gottes stattfinden. Das gilt auch für die Form konkreter politischer Prozesse zwischen politischen Gebilden. Weder Pazifismus noch Militarismus stellen je für sich den Königsweg in zwischenstaatlichen Konflikten dar. Stärker noch als für die Demokratie votiert Tillich hier für den Pazifismus. Dieser sei zwar nicht direkt „der Weg des Reiches Gottes in der Geschichte" (III 440). Denn es kann etwa „gerechte" Kriege in solchen Fällen geben, in denen militärische Interventionen unabdingbar für die Schaffung gerechterer Strukturen sind. Doch ist der Pazifismus „der Weg der Kirchen als Repräsentanten der Geistgemeinschaft". Als solche müssen sie „symbolisch den ‚Frieden des Reiches Gottes' vertreten" (ebd.).

Eine ähnliche vermittelnde Position vertritt Tillich im Blick auf den Gegensatz von „Revolution" und „Tradition", die das geschichtliche „Sich-Schaffen" begleiten. Auch hier bilden die Überwindung des Gegensatzes und die Schaffung gerechter Strukturen das Kriterium der ethischen Option. Unverkennbar ist jedoch

---

[37] Vgl. Paul Tillich, Liebe, Macht, Gerechtigkeit, GW XI 141–225; ders., Das religiöse Fundament des moralischen Handelns, GW III 13–70. Die Ausführungen der *Systematischen Theologie* bauen, wie im Rückblick deutlich wird, an dieser Stelle nahezu wortgetreu auf der Vorlage des Vortrags von 1936 auf.

Tillichs Tendenz zur Revolution, die er als unabdingbares Element der schöpferischen „Dynamik der Geschichte" (III 442) versteht. Am undeutlichsten bleibt vielleicht die Vermittlung zwischen Aktualität und Erwartung des ausstehenden Reiches Gottes. Die geschichtliche Selbst-Transzendierung bringt die Gefahren dämonischer Aktualitätsbehauptung und resignativen Utopismus' mit sich. Der Hinweis auf die Notwendigkeit als „Einheit im Zustand der lebendigen Spannung" (III 443) zu existieren, betont einmal mehr die große reflexive Kraft, die Tillich seiner Geistgemeinschaft abverlangt. Die beschriebene Spannung versteht er zugleich als diejenige zwischen Individualismus und Kollektivismus. Nur dort, wo eine solche Vermittlung von Einzelnem und Gemeinschaft existiert, die weder die Individualität des Menschen in kollektive Allgemeinheit auflöst, noch das Kollektiv in individuierte Fragmente zerfallen lässt, kann von einer ansatzweisen Realisierung des Reiches Gottes die Rede sein. Und nur dort, wo das Ziel des Einzelnen als kollektives Ziel erkannt wird, kann auch das einzelne Leben von Sinnerfüllung geprägt sein, indem es sich seiner unhintergehbaren Sozialität wie auch seiner unverbrüchlichen Bedeutung für das Ganze bewusst wird.

III Das Reich Gottes als Ziel der Geschichte (III 446–477)

Diesen stärker ethisch ausgerichteten Ausführungen über die eschatologische Dimension der (religiösen) Vergemeinschaftung folgt mit dem letzten größeren Abschnitt des fünften Teils der *Systematischen Theologie* die Behandlung der eschatologischen Symbole im engeren (traditionelleren) Sinn: *Das Reich Gottes als Ziel der Geschichte*.

Hier behandelt Tillich zunächst (A) das „ewige Leben" als eigentliches Ziel der Geschichte. Daran anschließend wird (B) die individuelle Eschatologie zum Thema. Abschließend kommt es (C) zu einer letzten Erörterung des Symbols des Reiches Gottes im Blick auf das Verhältnis von „Zeit und Ewigkeit".

A Das Ziel der Geschichte oder das Ewige Leben (III 446–459)

Tillich beginnt mit einer Erörterung des Status' eschatologischer Rede. Die theologische Eschatologie „entmythologisiert" die apokalyptische Bildsprache der christlichen Tradition. „Ende" oder „Ziel" der Geschichte bedeuten eine Bestimmtheit der Geschichte selbst – keinen parallelen metaphysischen Ort „über" der Geschichte (III 446). Thema der Eschatologie ist „das *eschaton*", der „symbolische Ausdruck für [...] den ‚Übergang' vom Zeitlichen zum Ewigen" (III 447). Diese Ausführung ist bezeichnend. Zwar hatte Tillich bereits 1936 den dynamischen Charakter des Reiches Gottes betont – und 1927 auf den Geschehenscharakter dessen verwiesen, was sich auf das Eschaton bezieht. Gleichwohl erfolgt hier eine nochmals deutlichere Betonung des prozessualen Charakters des Gegenstands der eschatologischen Symbole.

Der temporale Modus, die Zukunftsbezogenheit eschatologischer Aussagen verweist auf die Dimension der „Erfüllung der geschöpflichen Existenz im Ewigen" (ebd.) – und nicht auf eine Zukunft im „physikalischen oder biologischen Sinn" (III 446). Mit der Wiederaufnahme dieser bereits 1927 und 1936 formulierten Grundgedanken will Tillich letzte Klarheit über sein Aussageanliegen schaffen. Thematisch wird in der Eschatologie in symbolischer oder auch „metaphorischer Sprache" (III 454) eine spezifische Dimension der Geschichte und damit des Geistes, deren Behandlung am Ende des Systems keinen chronologischen, sondern einen kategorialen Grund hat. Es geht um die Tiefendimension der Geschichte, um ihre letztgültige Bestimmtheit, die als Richtung eines Prozesses oder als intentionaler Gehalt des Bewusstseins, nicht aber als Gegenstand oder Ziel in einem objektiven physischen oder metaphysischen Sinn zu verstehen ist.

In einer ersten Hinsicht wird die letztgültige Bestimmtheit der Geschichte thematisch im Symbol des „ewigen Lebens" als der „transzendenten Seite des Reiches Gottes" (ebd.). Dabei handelt es sich weder um ein unerklärliches Mysterium, noch darf die Theologie der Versuchung ‚supranaturalistischer' Projektion von Inhalten der Geschichte „auf das Reich des Transzendenten" (III 449) erliegen. Das Symbol des ewigen Lebens steht vielmehr für die Erhebung des „positiven Inhalt[s] der Geschichte in die Ewigkeit" (III 449 f.) unter Ausschluss ihrer negativen Elemente und in der Erfüllung ihrer „Potentialitäten" (III 450). Das, was in der Geschichte geschieht, hat damit Ewigkeitsbedeutung – aber nur insofern es „positiv" ist. Das bedeutet, dass das Geistig-Schöpferische von seinen „negativen" Zweideutigkeiten befreit und in restloser Selbstdurchsichtigkeit, das ‚ewig', d. h. zeitlos und bleibend Gültige ist. Positivität bedeutet eine bestimmte Gerichtetheit des geistigen Prozesses, die eine Selbstabschottung ausschließt. Tillichs Anliegen ist es hier deutlich, trotz aller Betonung der Wichtigkeit von Ziel und regulativ, dem geschichtlichen Geschehen bleibende Bedeutung zuzusprechen. „Was sich in Raum und Zeit ereignet, in dem kleinsten Stück Materie wie in der größten Persönlichkeit, ist von Wichtigkeit für das Ewige Leben." (ebd.)

Es ist nun von äußerster Wichtigkeit, Tillichs anschließenden Hinweis auf die „Teilhabe am göttlichen Leben" (ebd.) genau zu verstehen. Hierbei geht es nicht um ein platonisches Partizipationsverhältnis. Vielmehr steht der Begriff der „Teilhabe" für eine strukturelle Analogie der Selbsterschlossenheit des Geistes zu seinem Begriff – unter Absehung von denjenigen zweideutigen Elementen und

Strukturen, die die geschichtliche Existenz bestimmen. Der Mensch wird sich als Geist seiner eigenen Abständigkeit zu seiner Bestimmung bewusst. In all seiner Ambivalenz ist dieses Bewusstsein dennoch von der Einsicht darein geprägt, dass das Ziel der Bestimmung das gegenwärtige Geschehen bereits durchgängig prägt – oder prägen kann.

Tillich verdeutlicht sein Anliegen anhand des Symbols des „Jüngsten Gerichts":

> [H]ier und jetzt, in dem dauernden Übergang vom Zeitlichen zum Ewigen wird das Negative vernichtet mit seinem Anspruch, ein Positives zu sein, einem Anspruch, den es geltend macht, indem es sich des Positiven bedient und sich auf zweideutige Weise mit ihm mischt. (III 451)

Beispiele für solche zu vernichtende Negativität finden sich zuhauf in der *Systematischen Theologie* und Tillich nennt zur Illustration die Beispiele von „Krankheit, Tod, Lüge, Zerstörung, Mord" (ebd.). Es handelt sich, in ontologischer Sprache, um die Vermischung des Seins mit dem Nichtsein, seine Entstellung und Verzerrung durch dieses, die nur unter den Bedingungen von Zeit und Raum ihre scheinbare Positivität entfalten kann. Ihrer entkleidet wird sie nicht zu einem fernen Zeitpunkt in der Zukunft, sondern beständig dort, wo Erfahrungen der Selbsterschlossenheit des Geistes im Blick auf seine letztgültige Bestimmung stattfinden. Und nicht nur dort, auch für das nicht bewusste Endliche gilt, dass das „Ewige" in ihm als „innere[s] Ziel" (III 452) gegenwärtig ist. Um diesen Vorgang weiter zu klären zieht Tillich einen Begriff Schellings heran: den der „Essentifikation". Damit ist in diesem Zusammenhang gemeint, dass sich das Wesens- oder Bestimmungsgemäße eines Dings oder Lebewesens gleichsam ,durchsetzt'. Es ist die Vollendung der jeweiligen Existenz, das, was von ihr im Ewigen bewahrt bleibt. Allerdings bedeutet dies nicht, dass das, was ohnehin schon ist, auf sein ursprüngliches Wesen gleichsam zurückgeführt wird. Denn das ,Neue', das in der Zeit entsteht, ist nach Tillich tatsächlich eine Hinzufügung. Bildhaft spricht er von einer „,Anreicherung' des göttlichen Lebens durch die geschichtlichen Prozesse" (III 453). Die damit beschriebene Kopräsenz von Ewigem und Zeitlichem, Essenz und Existenz[38] kann Tillich in einer „kühnen Metapher" auch als „ewige Erinnerung" (III 452) bezeichnen. „Ewige Erinnerung" ist ein Bild für den Bestand dessen, „was wahre Realität hat" in Absehung von seiner zeitlichen, zweideutigen Bestimmtheit. Die geschichtlichen Vorgänge werden durch den Verweis auf das

---

[38] Vgl. Anjuta Horstmann-Schneider, Sein und menschliche Existenz. Zu Tillichs philosophischer Anthropologie im Horizont von Theologie und Humanwissenschaften, Würzburg 1995, 173 f.; Danz, Religion als Freiheitsbewußtsein, 400 f.

eschaton gerade nicht gleichgültig. Vielmehr muss demjenigen, was in der Geschichte positiv entsteht, ein Ewigkeitswert, „unendliches Gewicht" (ebd.) zugesprochen werden.

Was bedeuten diese Ausführungen für den Gedanken der Vollendung der Geschichte konkret? Wie bereits im Blick auf die Kirchen im Verhältnis zur Geistgemeinschaft kehrt Tillich nun auch hier wieder zu den „Zweideutigkeiten des Lebens" zurück – allerdings nicht hinsichtlich der fragmentarischen, sondern im Blick auf deren „endgültige Überwindung". Tillich behandelt dieses Thema als Auslegung der Metapher des „Ewigen Lebens". Auch ewiges Leben, so Tillich, partizipiert in negativer Form an diesen Zweideutigkeiten, als deren Überwindung zwar, aber nicht als deren Auflösung. Entsprechend den drei dynamischen Funktionen des Lebens nennt Tillich je eine zugehörige „Polarität in der Seinsstruktur": Der Selbst-Integration entspricht unter den Bedingungen der Geschichte die „Polarität von Individualität und Partizipation", dem Sich-Schaffen die „Polarität von Dynamik und Form" (III 454), der Selbst-Transzendierung schließlich die „Polarität von Freiheit und Schicksal" (III 455). Jede dieser Polaritäten gilt im „Ewigen Leben" als insofern überwunden, als beide Pole sich hier in einem vollständigen Gleichgewicht befinden. Ähnliches gilt für die grundlegenden Funktionen des menschlichen Geistes: Das ewige Leben ist das Ende von Moralität, Kultur und Religion, insofern diese auf die Differenzen der Geschichte bezogen sind. Damit ist die Beschreibung einer Struktur des Bewusstseins gegeben, die traditionell als „ewige Seligkeit" bezeichnet wird. Diese hat allerdings einen „paradoxen Charakter" (III 456). Denn hier muss die vollständige Überwindung derjenigen Negativität gedacht werden, die doch Ausschlag gebend für den Begriff des Lebens, wie den der Seligkeit ist. Kann es aber Negativität in Gott geben? Tillichs Antwort enthält ein doppeltes Argument. Einerseits muss Gottes Identität als in sich differenziert gedacht werden. Tillich kann hier wieder auf die Grundgedanken Schellings (und anderer idealistischer Philosophen zurückgreifen): Identität kann den Einschluss von Elementen der Nichtidentität zulassen. Dieser Gedanke korreliert mit den Ausführungen über die „Essentifikation": So, wie alles zeitlich Positive (auch das ‚Neue') seinem Wesen nach Ewigkeitsbedeutung haben kann, so muss es auch als Bestandteil des göttlichen Lebens gedacht werden können. „Ewige Seligkeit" kann demnach „negative" Elemente in Gott selbst beinhalten, die entweder auf seine Selbstdifferenzierung oder aber auf das zeitlich Positive zurückzuführen sind. Ausdruck findet dieser Gedanke im eschatologischen Bild von der Schaffung eines neuen Himmels und einer neuen Erde.

B Der Einzelne und sein ewiges Schicksal (III 459–473)

Der folgende Abschnitt *Der Einzelne und sein ewiges Schicksal* (III 459–473) behandelt die Themen der individuellen Eschatologie. Anders als es bei Dingen oder nichtmenschlichen Lebewesen der Fall ist, zeichnet sich der Mensch – als „Träger des Geistes" (III 459) – durch Freiheit aus. Diese beinhaltet insbesondere auch die Fähigkeit zur Sünde, das heißt zur Abwendung von seiner Bestimmung. Für die endliche Freiheit des Menschen ist es charakteristisch, dass sie nie vollständig frei von der Sünde ist. Daher wird hier die Essentifikation „dialektisch" (ebd.). Es ist möglich, dass, wenn das Negative als negativ enthüllt wird, nicht viel Positives übrigbleibt. Tillich spricht daher von „Graden der Essentifikation" (III 460). Allerdings ist es für ihn ausgeschlossen, dass überhaupt nichts Positives an einem Menschen sein könnte. Die Idee, dass ein Mensch vollständig böse sein könnte, widerspricht nach Tillich der protestantischen Interpretation der Rechtfertigungslehre. Deutlich lehnt Tillich daher den Gedanken einer doppelten Prädestination mit seiner polarisierenden Symbolik von „,verdammt oder gerettet sein', ,Hölle oder Himmel'" ab und vertritt demgegenüber eine abgewandelte Form der Allerlösungslehre. Nur vor einem solchen Hintergrund könne auch ein „Sinn entstellter Lebensformen" (III 462) gedacht werden, der, blickte man allein auf deren Individualität, ansonsten unkenntlich bliebe.

Ist einmal das ewige Leben als eine spezifische Dimension des geschichtlichen Seins verstanden, wird auch deutlicher, was die Symbole der ,Unsterblichkeit' und der ,Auferstehung' bedeuten. Nicht die dualistische Vorstellung einer ewigen Fortexistenz der Seele, die sich im Tod vom Körper trennte, kann nach Tillich eine sinnvolle Interpretation dieser Symbolik sein. Vielmehr geht es auch bei der Unsterblichkeit um die Transzendenz des Zeitlichen als ewiger Bestimmtheit der Geschichte. Nur die Fehleinschätzung, bei diesem „Symbol" handle es sich um einen „Begriff" (III 464) (nach Tillich ein grundsätzliches Missverständnis der Eigentümlichkeit religiöser Sprache), habe eine dualistisch-realistische Lesart ermöglicht. Auch die „Auferstehung des Leibes" ist anhand des paulinischen Symbols des „geistlichen Leibs" nicht-dualistisch zu interpretieren. Denn dieses lässt nach Tillich weder eine spiritualistische noch eine materialistische Lesart zu. „,Auferstehung' bedeutet in erster Linie, daß das Reich Gottes alle Dimensionen des Seins umfaßt" (III 466). Das ist mit dem Begriff des Leibes gemeint, der nicht nur „das psychologische" sondern auch „das geistige und das soziale Sein des Menschen" (ebd.) in sich begreift. Insbesondere hier wird „die entschiedene Betonung des ewigen Wertes, den die individuelle Person in ihrer Einmaligkeit darstellt" (ebd.) deutlich. Denn es ist nicht der Mensch als Exemplar einer Gattung, sondern dieser selbst einschließlich der Determinanten seiner Individualität, der an der Erfüllung des Reiches Gottes partizipiert.

Wie aber steht es um das individuelle Selbstbewusstsein? Dieses ist in seiner Struktur durch die Zeitlichkeit geprägt. Zwar kann, so Tillich, keine Erfüllung gedacht werden, in der entweder die Selbstbezüglichkeit oder die Bezogenheit auf anderes einfach aufgehoben wären. Aber es dürfe auch keine „endlose Fortdauer eines besonderen Bewußtseinsstroms" (III 467) behauptet werden. Begrifflich kann daher nur die Aussage getroffen werden, „daß das seiner selbst bewußte Selbst im Ewigen Leben nicht das gleiche ist wie im zeitlichen Leben" (III 468). Weitergehende Bestimmungen sind nicht möglich. Das gilt auch für die entgegengesetzte Symbolik, die nicht ein ewiges Leben, sondern einen ewigen Tod oder auch verschiedenartige Zwischenzustände zum Thema hat. Diese reflektiert die Unvereinbarkeit des Gedankens einer überzeitlichen Erfüllung des Individuums mit der Gebrochenheit der erfahrungsmäßigen Realität. Auch hier darf die Erfüllung nicht einseitig nach der Seite des Lebens oder der des Todes aufgelöst werden, wenn anders der Gedanke des unendlichen Gewichts geschichtlicher (und das heißt auch: vom Tode bedrohter) Individualität nicht unterlaufen werden soll. Vielmehr muss erneut auf den graduellen Charakter der Essentifikation verwiesen werden, der die „objektive Grundlage der [Symbole der] Seligkeit und der Verzweiflung" (III 472) darstellt.

C Das Reich Gottes: Zeit und Ewigkeit (III 473–477)

In einer Art Konklusion kommt Tillich zum Abschluss seiner *Systematischen Theologie* noch einmal auf deren Prinzip zurück, das hier, aus der Perspektive der Eschatologie, in besonderer Weise in den Blick gerät: *Das Reich Gottes: Zeit und Ewigkeit* (III 473–477).

Das „Reich Gottes als Ziel der Geschichte" (III 474) zu denken, hat Implikationen auch für den Gottesbegriff. Die Erhebung des Zeitlichen ins Ewige und die Partizipation alles positiven Seins an Gott mündet in den Gedanken eines „eschatologischen Pan-en-theismus'" (III 475). In dieser Vorstellung fallen das Symbol des lebendigen Gottes und dasjenige des ewigen Lebens als inneres Ziel des geschöpflichen Seins zusammen. Tillich entfaltet dieses Bild als den Gedanken eines in sich unendlich differenzierten Absoluten. Alle Dimensionen der *Systematischen Theologie* sind in dieser Vorstellung umfasst: Der Gedanke des „schöpferischen Ursprungs" alles Seienden „im göttlichen Grund des Seins", die Vorstellung der „ontologischen Abhängigkeit" des geschichtlich Seienden von der „immerwährenden göttlichen Schöpferkraft" sowie die Idee der „endgültigen Erfüllung, des Zustandes der Essentifikation aller Geschöpfe" (ebd.). Der Gottesgedanke wird hier folglich so expliziert, dass seine innere Differenziertheit zugleich als ontologische Struktur der Existenz in Raum und Zeit sichtbar wird, die sich im Menschen als Geist erfasst. Die innere dynamische Logik des Gottesgedankens, der „Rhythmus des göttlichen Lebens", bildet sich ontologisch als „Weg von der Essenz über die existentielle Entfremdung zur Essentifikation" (ebd.) im Leben der Geschöpfe ab. Aufgrund dieser Korrelation wird nicht nur abschließend deutlich, dass „der Weltprozeß für Gott Bedeutung" hat – sondern darüber hinaus, dass „die ewige Dimension dessen, was im Universum geschieht, [...] das göttliche Leben selbst" (III 476) ist. In diesem abschließenden Bild des Reiches Gottes symbolisiert sich das religiöse Bewusstsein die Tiefendimension nicht nur seiner Selbsterfassung, sondern zugleich des kosmischen Zusammenhangs, in dem diese steht.

Literatur

Christian Danz, Religion als Freiheitsbewußtsein. Eine Studie zur Theologie als Theorie der Konstitutionsbedingungen individueller Subjektivität bei Paul Tillich, Berlin/New York 2000.

Christian Danz/Marc Dumas/Werner Schüßler/Mary Ann Stenger/Erdmann Sturm (Hg.), Ethics and Eschatology. International Yearbook for Tillich Research, Vol. 10, Berlin/Boston 2015.

Hans-Joachim Gerhards, Utopie als innergeschichtlicher Aspekt der Eschatologie. Die konkrete Utopie Ernst Blochs unter dem eschatologischen Vorbehalt der Theologie Paul Tillichs, Gütersloh 1973.

Sigurd Hjelde, Das Eschaton und die Eschata. Eine Studie über Sprachgebrauch und Sprachverwirrung in protestantischer Theologie von der Orthodoxie bis zur Gegenwart, München 1987.

Gert Hummel (Hg.), New Creation or Eternal Now: Is there an Eschatology in Paul Tillich's Work? Contributions Made to the III. International Paul Tillich Symposium Held in Frankfurt/Main 1990, Berlin/New York 1991.

Theodor Mahlmann, Eschatologie und Utopie im geschichtsphilosophischen Denken Paul Tillichs, NZSTh 7 (1965), 339–370.

Ulrich Samse, Der Zusammenhang von Eschatologie und Ethik bei Paul Tillich, Diss. Bonn, 1980.

Paul A. Wee, Space and time: The relationship between ontology and eschatology in the philosophical theology of Paul Tillich, Diss. Berlin 1975.

Gunther Wenz, Eschatologie als Zeitdiagnostik. Paul Tillichs Studie zur religiösen Lage der Gegenwart von 1926 im Kontext ausgewählter Krisenliteratur der Weimarer Ära, in: ders., Tillich im Kontext. Theologiegeschichtliche Perspektiven, Münster 2000, 45–103.

Folkart Wittekind, Zwischen Deutung und Wirklichkeit. Überlegungen zum Bildcharakter eschatologischer Aussagen, in: Ulrich H. J. Körtner (Hg.), Die Gegenwart der Zukunft. Geschichte und Eschatologie, Neukirchen-Vluyn 2008, 29–54.

Literaturverzeichnis

Primärliteratur

Gesammelte Werke. Bd. I–XIV, hg. v. Renate Albrecht, Stuttgart 1959–1975.
Bd. I: Frühe Hauptwerke, Stuttgart 1959.
Bd. II: Christentum und soziale Gestaltung. Frühe Schriften zum religiösen Sozialismus, Stuttgart 1962.
Bd. III: Das religiöse Fundament des moralischen Handelns. Schriften zur Ethik und zum Menschenbild, Stuttgart 1965.
Bd. IV: Philosophie und Schicksal. Schriften zur Erkenntnislehre und Existenzphilosophie, Stuttgart 1961.
Bd. V: Die Frage nach dem Unbedingten. Schriften zur Religionsphilosophie, Stuttgart 1964.
Bd. VI: Der Widerstreit von Raum und Zeit. Schriften zur Geschichtsphilosophie, Stuttgart 1963.
Bd. VII: Der Protestantismus als Kritik und Gestaltung. Schriften zur Theologie I, Stuttgart 1962.
Bd. VIII: Offenbarung und Glaube. Schriften zur Theologie II, Stuttgart 1970.
Bd. IX: Die religiöse Substanz der Kultur. Schriften zur Theologie der Kultur, Stuttgart 1967.
Bd. X: Die religiöse Deutung der Gegenwart. Schriften zur Zeitkritik, Stuttgart 1968.
Bd. XI: Sein und Sinn. Zwei Schriften zur Ontologie, Stuttgart 1969.
Bd. XII: Begegnungen. Paul Tillich über sich selbst und andere, Stuttgart 1971.
Bd. XIII: Impressionen und Reflexionen. Ein Lebensbild in Aufsätzen, Reden und Stellungnahmen, Stuttgart 1975.
Bd. XIV: Register, Bibliographie und Textgeschichte zu den Gesammelten Werken von Paul Tillich, Stuttgart 1975. 2., überarbeitete Aufl. hg. v. Renate Albrecht/Werner Schüßler, Berlin/New York 1988.

Ergänzungs- und Nachlaßbände zu den Gesammelten Werken, Stuttgart, dann Berlin 1971ff.
Bd. I: Vorlesungen über die Geschichte des christlichen Denkens. Teil I: Urchristentum bis Nachreformation, hg. v. Ingeborg C. Henel, Stuttgart 1971.
Bd. II: Vorlesungen über die Geschichte des christlichen Denkens. Teil II: Aspekte des Protestantismus im 19. und 20. Jahrhundert, hg. v. Ingeborg C. Henel, Stuttgart 1972.
Bd. III: An meine deutschen Freunde. Die politischen Reden Paul Tillichs während des Zweiten Weltkriegs über die „Stimme Amerikas", hg. v. Karin Schäfer-Kretzler, Stuttgart 1973.
Bd. IV: Korrelationen. Die Antworten der Religion auf die Fragen der Zeit, hg. v. Ingeborg C. Henel, Stuttgart 1975.
Bd. V: Ein Lebensbild in Dokumenten. Briefe, Tagebuch-Auszüge, Berichte, hg. v. Renate Albrecht/Margot Hahl, Stuttgart/Frankfurt a. M. 1980.
Bd. VI: Briefwechsel und Streitschriften. Theologische, philosophische und politische Stellungnahmen und Gespräche, hg. v. Renate Albrecht/René Trautmann, Frankfurt a. M. 1983.
Bd. VII: Frühe Predigten (1909–1918), hg. v. Erdmann Sturm, Berlin/New York 1994.
Bd. VIII: Vorlesung über Hegel (Frankfurt 1931/32), hg. v. Erdmann Sturm, Berlin/New York 1995.

Bd. IX: Frühe Werke, hg. v. Gert Hummel/Doris Lax, Berlin/New York 1998.
Bd. X: Religion, Kultur, Gesellschaft. Unveröffentlichte Texte aus der deutschen Zeit (1908–1933). Erster Teil, hg. v. Erdmann Sturm, Berlin/New York 1999.
Bd. XI: Religion, Kultur, Gesellschaft. Unveröffentlichte Texte aus der deutschen Zeit (1908–1933). Zweiter Teil, hg. v. Erdmann Sturm, Berlin/New York 1999.
Bd. XII: Berliner Vorlesungen I (1919–1920), hg. v. Erdmann Sturm, Berlin/New York 2001.
Bd. XIII: Berliner Vorlesungen II (1920–1924), hg. v. Erdmann Sturm, Berlin/New York 2003.
Bd. XIV: Dogmatik-Vorlesung (Dresden 1925–1927), hg. v. Werner Schüßler/Erdmann Sturm, Berlin/New York 2005.
Bd. XV: Vorlesungen über Geschichtsphilosophie und Sozialpädagogik (Frankfurt 1929/30), hg. v. Erdmann Sturm, Berlin/New York 2007.
Bd. XVI: Berliner Vorlesungen III (1951–1958), hg. v. Erdmann Sturm, Berlin/New York 2009.
Bd. XVII: Frühe Vorlesungen im Exil (1934–1935), hg. v. Erdmann Sturm, Berlin/Boston 2012.
Bd. XVIII: Frankfurter Vorlesungen (1930–1933), hg. v. Erdmann Sturm, Berlin/Boston 2013.
Bd. XIX: Advanced Problems in Systematic Theology. Courses at Union Theological Seminary, New York, 1936–1938, hg. v. Erdmann Sturm, Berlin/Boston 2016.

Main Works/Hauptwerke. Bd. I–VI, hg. v. Carl Heinz Ratschow, Berlin/New York 1987–1998.
Vol./Bd. I: Philosophical Writings/Philosophische Schriften, ed. b./hg. v. Gunther Wenz, Berlin/New York 1989.
Vol./Bd. II: Writings in the Philosophy of Culture/Kulturphilosophische Schriften, ed. b./hg. v. Michael Palmer, Berlin/New York 1990.
Vol./Bd. III: Writings in Social Philosophy and Ethics/Sozialphilosophische und ethische Schriften, ed. b./hg. v. Erdmann Sturm, Berlin/New York 1998.
Vol./Bd. IV: Writings in the Philosophy of Religion/Religionsphilosophische Schriften, ed. b./hg. v. John P. Clayton, Berlin/New York 1987.
Vol./Bd. V: Writings on Religion/Religiöse Schriften, ed. b./hg. v. Robert P. Scharlemann, Berlin/New York 1988.
Vol./Bd. VI: Theological Writings/Theologische Schriften, ed. b./hg. v. Gert Hummel, Berlin/New York 1992.

Die religionsgeschichtliche Konstruktion in Schellings positiver Philosophie, ihre Voraussetzungen und Prinzipien, Breslau 1910.
Der Begriff des Übernatürlichen, sein dialektischer Charakter und das Princip der Identität, dargestellt an der supranaturalistischen Theologie vor Schleiermacher, Königsberg Nm. 1915.
Die Theologie als Wissenschaft, in: Vossische Zeitung Nr. 512 (1921), 2. 14.
Religiöse Verwirklichung, Berlin 1930.
Der Protestantismus. Prinzip und Wirklichkeit, Stuttgart 1950.
Der Mut zum Sein, Stuttgart ²1954.
Systematic Theology, Vol. I–III, Chicago 1951–1963.
Systematic Theology, Vol. I–III, Welwyn 1953, 1957, 1964.
Systematic Theology, Vol. I–III, London 1978.
Systematische Theologie, Bd. I, Stuttgart 1955. ²1956.
Systematische Theologie, Bd. II, Stuttgart 1958.
Systematische Theologie, Bd. III, Stuttgart 1966.

Systematic Theology, Three Volume in One, Chicago/New York/Evanston 1967.
Emanuel Hirsch – Paul Tillich, Briefwechsel 1917–1918, hg. v. Hans-Walter Schütte, Neumünster 1973.
Dogmatik. Marburger Vorlesung von 1925, hg. v. Werner Schüßler, Düsseldorf 1986.
Ausgewählte Texte, hg. v. Christian Danz/Werner Schüßler/Erdmann Sturm, Berlin/New York 2008.
Der Mut zum Sein. Mit einem Vorwort von Christian Danz, 2. Auf. Berlin/München/Boston 2015.

Sekundärliteratur

Amelung, Eberhard, Die Gestalt der Liebe. Paul Tillichs Theologie der Kultur, Gütersloh 1972.
Annala, Pauli, Transparency of Time. The Structure of Time-Consciousness in the Theology of Paul Tillich, Helsinki 1982.
Anzenberger, Hans, Der Mensch im Horizont von Sein und Sinn. Die Anthropologie Paul Tillichs im Dialog mit Humanwissenschaften (Rupert Riedl, Erich Fromm und Victor E. Frankl), St. Ottilien 1998.
Arias Porras, Nery, Die soziale Gestaltung als normatives Prinzip bei Paul Tillich angesichts der Krise der Moderne: Die theonome Gesellschaft als Aufhebung des Gegensatzes von Autonomie und Heteronomie, Diss. Berlin 1994.
Aubrey, Edwin E., The Religious Symbol, in: Journal of Religion 2 (1941), 201–202.
Bader, Claudia, Das „Wort Gottes" in der Theologie Paul Tillichs, in: NZSTh 11 (1969), 219–244.
Barth, Ulrich, Religion und Sinn. Betrachtungen zum frühen Tillich, in: ders., Kritischer Religionsdiskurs, Tübingen 2014, 452–468.
Barth, Ulrich, Protestantismus und Kultur. Systematische und werkbiographische Erwägungen zum Denken Paul Tillichs, in: Christian Danz/Werner Schüßler (Hg.), Paul Tillichs Theologie der Kultur. Aspekte – Probleme – Perspektiven, Berlin/Boston 2011, 13–37.
Barth, Ulrich, Die sinntheoretischen Grundlagen des Religionsbegriffs. Problemgeschichtliche Hintergründe zum frühen Tillich, in: ders., Religion in der Moderne, Tübingen 2003, 89–123.
Bayer, Oswald, Theologie. Handbuch Systematische Theologie, Bd. 1, hg. v. Carl Heinz Ratschow, Gütersloh 1994.
Benktson, Benkt-Erik, Christus und die Religion. Der Religionsbegriff bei Barth, Bonhoeffer und Tillich, Stuttgart 1967.
Bernet-Strahm, Anton, Die Vermittlung des Christlichen. Eine theologiegeschichtliche Untersuchung zu Paul Tillichs Anfängen des Theologisierens und seiner christologischen Auseinandersetzung mit philosophischen Einsichten des deutschen Idealismus. Mit Erstpublikationen dreier früher Werke des jungen Paul Tillich, Bern/Frankfurt a. M. 1982.
Brandt, Hermann, Konstanz und Wandel in der Theologie Paul Tillichs im Licht der wiedergefundenen Thesen zu seiner Lizentiaten-Dissertation, in: ZThK 75 (1978), 361–374.
Brenner, Hans-Beatus, Das Prinzip der Moralität in der Theologie Paul Tillichs, Diss. Bonn 1977.

Brügmann, Veit, Die Durchführung der Methode der Korrelation in den religiösen Reden Paul Tillichs, Hamburg 1969.
Büchsel, Friedrich, Die Stellung der Theologie im System der Wissenschaften. Eine Auseinandersetzung mit Paul Tillichs System der Wissenschaften, in: ZSTh 1 (1923), 399–411.
Buchter, Jochen, Die Kriterien der Theologie im Werke Paul Tillichs, Bonn 1975.
Cameron, Bruce J. R., The Hegelian Christology of Paul Tillich, in: Scottish Journal of Theology 29 (1976), 27–48.
Christophersen, Alf, „Wenn aber die vulkanischen Kräfte aufwachen …". Paul Tillichs Kairos und die „Revolution von Rechts", in: Ethics and Eschatology. International Yearbook for Tillich Research, Vol. 10, Berlin/Boston 2015, 167–190.
Christophersen, Alf, Kairos. Protestantische Zeitdeutungskämpfe in der Weimarer Republik, Tübingen 2008.
Christophersen, Alf, „Das Jenseits ist die Kraft des Diesseits". Zur Entwicklung protestantisch-theologischer Transzendenzdeutungen im späten 19. und frühen 20. Jahrhundert, in: Lucian Hölscher (Hg.), Das Jenseits. Facetten eines religiösen Begriffs in der Neuzeit, Göttingen 2007, 152–178.
Clarke, Bowman L., God and the symbolic in Tillich, in: Anglican Theol. Review 43 (1961), 302–311.
Clayton, John P., Art.: Tillich, Paul (1886–1965), in: TRE, Bd. 32, Berlin/New York 2002, 553–565.
Clayton, John P., Paul Tillich – ein „verjüngter Troeltsch" oder noch „ein Apfel vom Baume Kierkegaards", in: Umstrittene Moderne. Die Zukunft der Neuzeit im Urteil der Epoche Ernst Troeltschs. Troeltsch-Studien, Bd. 4, hg. v. Horst Renz/Friedrich Wilhelm Graf, Gütersloh 1987, 259–284.
Clayton, John P., The Concept of Correlation. Paul Tillich and the Possibility of a Mediating Theology, Berlin 1980.
Clayton, John P., Dialektik und Apologie in der theologischen Entwicklung Paul Tillichs, in: ZThK (1978), 213–232.
Clayton, John P., Was heißt ‚Korrelation' bei Paul Tillich, in: NZSTh 20 (1978), 175–191.
Clayton, John P., Was ist falsch in der Korrelationstheologie, in: NZSTh 16 (1974), 93–111.
Clayton, John P., Is Jesus Necessary for for Christology?: An Antinomy in Tillich's Theological Method, in: Stephen W. Sykes/ders. (Ed.), Christ, Faith and History. Cambridge Studies in Christology, Cambridge 1972, 147–163.
Clift, Wallace B., Symbols and wholeness in Tillich and Jung, in: International Journal of Symbology 7 (1976), 45–52.
Cobb, Kelton, Reconsidering the status of popular culture in Tillich's theology of culture, in: Journal of the American Academy of Religion 63 (1995), 53–84.
Crossman, Richard C., Paul Tillich. A Comprehensive Bibliography and Keyword Index of Primary and Secondary Writings in English, New York/London 1983.
Cruz, Eduardo R., On the Relevance of Paul Tillich's Concept of Ontological Life and its Ambiguity, in: Frederick J. Parrella (Ed.), Paul Tillich's Theological Legacy: Spirit and Community, Berlin/New York 1995, 118–124.
Danz, Christian, Freiheit als Autonomie. Anmerkungen zur Fichte-Rezeption Paul Tillichs im Anschluss an Fritz Medicus, in: Michael Hackl/ders. (Hg.), Die klassische Deutsche Philosophie und ihre Folgen, Göttingen 2017 (im Druck).

Danz, Christian, „Ethik des ‚Reiches Gottes'". Moralität und Eschatologie bei Paul Tillich, in: Ethics and Eschatology. International Yearbook for Tillich Research, Vol. 10, Berlin/Boston 2015, 1–17.

Danz, Christian, Der Mut zum Sein. Ein werkgeschichtlicher Prospekt, in: Paul Tillich, Der Mut zum Sein. Mit einem Vorwort von Christian Danz, Berlin/Boston ²2015, 1–14.

Danz, Christian, Freedom as Autonomy. Observations on Paul Tillich's Reception of Fichte, in: Bulletin of the NAPTS 41 (2015), Nr. 1, 15–19.

Danz, Christian, Geschichte und Utopie. Geschichtsphilosophie bei Paul Tillich und Max Horkheimer, in: Gerhard Schreiber/Heiko Schulz (Hg.), Kritische Theologie. Paul Tillich in Frankfurt (1929–1933), Berlin/Boston 2015, 307–322.

Danz, Christian, Birth of an Idea: Tillich's Budding Understanding of History against the Backdrop of his Reception of Schelling, in: Marc Dumas/Martin Leiner/Jean Richard (Hg.), Paul Tillich – interprète de l'histoire, Münster 2013, 23–33.

Danz, Christian, Paul Tillich (1886–1965), in: Gregor Maria Hoff/Ulrich H. J. Körtner (Hg.), Arbeitsbuch Theologiegeschichte, Bd. 2: 16. Jahrhundert bis zur Gegenwart, Stuttgart u. a. 2012, 285–301.

Danz, Christian, Christologie als Selbstbeschreibung des Glaubens. Zur Neubestimmung der Christologie bei Karl Barth und Paul Tillich, in: KuD 58 (2012), 132–146.

Danz, Christian, Das Reich Gottes als Ziel der Geschichte. Eschatologie und Geschichtsreflexion bei Paul Tillich, in: Lucie Kaennel/Bernard Reymond (Hg.), Les peurs, la mort, l'esperance: autour de Paul Tillich. Actes du XVIIe colloque international Paul Tillich, Fribourg (Suisse) 2007, Berlin 2009, 195–208.

Danz, Christian, Jesus Christus als Mitte der Geschichte. Die geschichtsphilosophischen Grundlagen von Paul Tillichs Christologie, in: Peter Haigis/Gert Hummel/Doris Lax (Hg.), Christus Jesus – „Mitte der Geschichte"!? Beiträge des X. Internationalen Paul-Tillich-Symposions Frankfurt/Main 2004, Berlin 2007, 142–154.

Danz, Christian, Geschichtliche Offenbarung. Die Trinitätslehre Paul Tillichs, in: ders., Gott und die menschliche Freiheit. Studien zum Gottesbegriff in der Neuzeit, Neukirchen-Vluyn 2005, 102–128.

Danz, Christian, Die Krise der Subjektivität und deren geschichtsphilosophische Überwindung. Überlegungen zu Paul Tillichs frühem religiösen Sozialismus, in: Ingolf U. Dalferth/Philipp Stoellger (Hg.), Krisen der Subjektivität. Problemfelder eines strittigen Paradigmas, Tübingen 2005, 157–174.

Danz, Christian, Theologie als normative Religionsphilosophie. Voraussetzungen und Implikationen des Theologiebegriffs Paul Tillichs, in: ders. (Hg.), Theologie als Religionsphilosophie. Studien zu den problemgeschichtlichen und systematischen Voraussetzungen der Theologie Paul Tillichs, Wien 2004, 73–106.

Danz, Christian, Religion als Freiheitsbewußtsein. Eine Studie zur Theologie als Theorie der Konstitutionsbedingungen individueller Subjektivität bei Paul Tillich, Berlin/New York 2000.

Danz, Christian, Der Begriff des Symbols bei Paul Tillich und Ernst Cassirer, in: Die Prägnanz der Religion in der Kultur. Ernst Cassirer und die Theologie, hg. v. Dietrich Korsch/Enno Rudolph, Tübingen 2000, 201–228.

Danz, Christian (Hg.), Theologie als Religionsphilosophie. Studien zu den problemgeschichtlichen und systematischen Voraussetzungen der Theologie Paul Tillichs, Wien 2004.

Danz, Christian/Schüßler, Werner (Hg.), Paul Tillichs Theologie der Kultur. Aspekte – Probleme – Perspektiven, Berlin/Boston 2011.
Danz, Christian/Schüßler, Werner (Hg.), Religion – Kultur – Gesellschaft. Der frühe Tillich im Spiegel neuer Texte (1919–1920), Wien 2008.
Danz, Christian/Dumas, Marc/Schüßler, Werner/Stenger, Mary Ann/Sturm, Erdmann (Ed.), Faith in Post-Modernity. International Yearbook for Tillich Research, Vol. 11, Berlin/Boston 2016.
Danz, Christian/Dumas, Marc/Schüßler, Werner/Stenger, Mary Ann/Sturm, Erdmann (Ed.), Ethics and Eschatology. International Yearbook for Tillich Research Vol. 10, Berlin/Boston 2015.
Danz, Christian/Dumas, Marc/Schüßler, Werner/Stenger, Mary Ann/Sturm, Erdmann (Ed.), Justice, Power, and Love. International Yearbook for Tillich Research, Vol. 9, Berlin/Boston 2014.
Danz, Christian/Dumas, Marc/Schüßler, Werner/Stenger, Mary Ann/Sturm, Erdmann (Ed.), Interpretation of History. International Yearbook of Tillich Research, Vol. 8, Berlin/Boston 2013.
Danz, Christian/Dumas, Marc/Schüßler, Werner/Stenger, Mary Ann/Sturm, Erdmann (Ed.), Theology and Natural Science. International Yearbook for Tillich Research, Vol. 7, Berlin/Boston 2012.
Danz, Christian/Dumas, Marc/Schüßler, Werner/Stenger, Mary Ann/Sturm, Erdmann (Ed.), Jesus of Nazareth and the New Being in History. International Yearbook for Tillich Research, Vol. 6, Berlin/Boston 2011.
Danz, Christian/Schüßler, Werner/Sturm, Erdmann (Ed.), Religionstheologie und interreligiöser Dialog. International Yearbook for Tillich Research, Vol. 5, Wien 2010.
Danz, Christian/Schüßler, Werner/Sturm, Erdmann (Ed.), Religion und Politik. International Yearbook for Tillich Research, Vol. 4, Wien 2009.
Danz, Christian/Schüßler, Werner/Sturm, Erdmann (Ed.), Tillich und Nietzsche. International Yearbook for Tillich Research, Vol. 3, Wien 2008.
Danz, Christian/Schüßler, Werner/Sturm, Erdmann (Ed.), Das Symbol als Sprache der Religion. International Yearbook for Tillich Research, Vol. 2, Wien 2007.
Danz, Christian/Schüßler, Werner/Sturm, Erdmann (Ed.), Wie viel Vernunft braucht der Glaube? International Yearbook for Tillich Research, Vol. 1, Wien 2005.
Daubney, Robert H., Some Structural Concepts in Tillich's Thought and the Pattern of the Liturgy, in: Charles W. Kegley (Ed.), The Theology of Paul Tillich, New York [2]1982, 304–327.
Decker, Kerstin, Theonomie: Geschichtsphilosophie als Kompensation ihres Endes. Die Retheologisierung des Historischen im Werk Paul Tillichs und Theodor W. Adornos, Diss. Berlin 1994.
Dee, Helmut, Die Christologie in Paul Tillichs „Systematischer Theologie", in: EvTh 18 (1958), 89–96.
Dell, August, Der Charakter der Theologie in Tillichs System der Wissenschaften, in: ThBl 2 (1923), Sp. 235–245.
Dicken, Thomas M., The Biblical Picture of Jesus as the Christ in Tillich's Theology, in: The Journal of Religious Thought 25 (1968), 27–41.
Dienstbeck, Stefan, Transzendentale Strukturtheorie. Stadien der Systembildung Paul Tillichs, Göttingen 2011.

Dierken, Jörg, Zweifel und Gewissheit. Zur religiösen Bedeutung skeptischer Reflexion bei Paul Tillich, in: ders., Selbstbewußtsein individueller Freiheit. Religionstheoretische Erkundungen in protestantischer Perspektive, Tübingen 2005, 299–323.

Doerne, Martin, Die Idee des Protestantismus bei Tillich, in: ZThK 11 (1930), 206–225.

Dourley, John P., The Problem of Essentialism: Tillich's Anthropology versus His Christology, in: Frederick J. Parrella (Ed.), Paul Tillich's Theological Legacy: Spirit and Community. International Paul Tillich Conference, New Harmony, 17–20 June 1993, Berlin/New York 1995, 125–141.

Dreier, Ralf, Die Geschichte und das Reich Gottes. Zur Rechtstheologie Paul Tillichs, in: Okko Behrends/ders. (Hg.), Gerechtigkeit und Geschichte. Beiträge eines Symposions zum 65. Geburtstag von Malte Dießelhorst, Göttingen 1996, 46–57.

Dreisbach, Donald F., Essence, Existence, and the Fall. Paul Tillich's Analysis of Existence, in: The Harvard Theological Review 73 (1980), 521–538.

Dumas, Marc, Die theologische Deutung der Erfahrung des Nichts im deutschen Werk Paul Tillichs (1919–1930), Frankfurt a. M. 1993.

Dumas, Marc/Leiner, Martin/Richard, Jean (Hg.), Paul Tillich – Interprète de l'histoire, Berlin 2013.

Eberhardt, Hermann, Der Reich-Gottes-Begriff im Denken Paul Tillichs. Eine Studie zur Grundlegung der (Sozial) Ethik, Diss. Münster 1969.

Eickhoff, Jörg, Theodizee. Die theologische Antwort Paul Tillichs im Kontext der philosophischen Fragestellung, Frankfurt a. M./Berlin/Bern u. a. 1997.

Eliade, Mircea, Paul Tillich and the History of Religions, in: Jerald C. Brauer (Ed.), The Future of Religions, New York 1966, 31–36

Elsässer, Helmut, Paul Tillichs Lehre vom Menschen im Gespräch mit der Tiefenpsychologie, Diss. Marburg a. d. Lahn 1973.

Emmet, Dorothy M., Epistemology and the Idea of Revelation, in: Ch. W. Kegley (Ed.), The Theology of Paul Tillich, New York ²1982, 234–250.

Emmet, Dorothy, ‚The Ground of Being', in: Journal of Theological Studies 15 (1964), 280–292.

Evangelische Akademie Bad Boll, Was ist der Mensch? Paul Tillichs theologische Anthropologie im Dialog mit zeitgenössischen Fragen nach dem Wesen des Menschen, Protokolldienst 16/99 der Evangelischen Akademie, Bad Boll 1999.

Eymann, Hugo S., Zum Verhältnis von Offenbarung und Sein bei Paul Tillich, in: NZSTh 17 (1975), 76–88.

Fenton, John Y., Being-Itself and Religious Symbolism, in: Journal of Religion 45 (1965), 73–86.

Ferell, Donald R., Logos and Existence. The Relationship of Philosophie and Theology in the Thought of Paul Tillich, Frankfurt a. M. 1992.

Ferré, Nels F. S., Tillich's View of the Church, in: Charles W. Kegley (Ed.), The Theology of Paul Tillich, New York ²1982, 284–301.

Fischer, Hermann, Tillichs Verhältnisbestimmung von Glaube und Vernunft in theologiegeschichtlicher Perspektive, in: Wie viel Vernunft braucht der Glaube? International Yearbook for Tillich Research, Vol. 1, Wien 2005, 17–36.

Fischer, Hermann, Die Christologie als Mitte des Systems, in: ders. (Hg.), Paul Tillich. Studien zu einer Theologie der Moderne, Frankfurt a. M. 1989, 207–229.

Fischer, Hermann, Theologie des positiven und kritischen Paradoxes. Paul Tillich und Karl Barth im Streit um die Wirklichkeit, in: NZSTh 31 (1989), 195–212.

Fischer, Hermann (Hg.), Paul Tillich. Studien zu einer Theologie der Moderne, Frankfurt a. M. 1989.
Ford, Lewis S., The Three Strands of Tillich's Theory of Religious Symbols, in: The Journal of Religion 44 (1966), 104–130.
Fritz, Martin, Mut und Schwermut der Kreatur. ‚Schöpfung' nach Tillich, in: Erleben und Deuten. Dogmatische Reflexionen im Anschluss an Ulrich Barth, hg. v. Roderich Barth/Andreas Kubik/Arnulf von Scheliha, Tübingen 2015, 79–106.
Galles, Paul, Situation und Botschaft. Die soteriologische Vermittlung von Anthropologie und Christologie in den offenen Denkformen von Paul Tillich und Walter Kasper, Berlin/Boston 2012.
Gerhards, Hans-Joachim, Utopie als innergeschichtlicher Aspekt der Eschatologie. Die konkrete Utopie Ernst Blochs unter dem eschatologischen Vorbehalt der Theologie Paul Tillichs, Gütersloh 1973.
Glöckner, Konrad, Personsein als Telos der Schöpfung. Eine Darstellung der Theologie Paul Tillichs aus der Perspektive seines Verständnisses des Menschen als Person, Münster 2004.
Glöckner, Reinhard, Religiöse Verantwortung. Über Paul Tillich, in: Theologische Versuche 18 (1993), 133–144.
Goeze-Wegner, Ilse, Paul Tillich – Martin Heidegger. Philosophische Theologie im Horizont neuzeitlicher Metaphysik. Ein kritischer Versuch über Tillichs Theologie in ihrer Beziehung zu Heideggers Philosophie, Diss. Tübingen 1973.
Graf, Friedrich Wilhelm, Zur Publikationsgeschichte von Paul Tillichs „Systematic Theology". Teil 1, in: ZNThG 30 (2016), 192–217; Teil 2, in: ZNThG 31 (2017).
Graf, Friedrich Wilhelm, „Kierkegaards junge Herren". Troeltschs Kritik der „geistigen Revolution" im frühen zwanzigsten Jahrhundert, in: ders., Der heilige Zeitgeist. Studien zur Ideengeschichte der protestantischen Theologie in der Weimarer Republik, Tübingen 2011, 139–160.
Graf, Friedrich Wilhelm, „Old harmony"? Über einige Kontinuitätselemente in „Paulus" Tillichs Theologie der „Allversöhnung", in: ders., Der heilige Zeitgeist. Studien zur Ideengeschichte der protestantischen Theologie in der Weimarer Republik, Tübingen 2011, 343–380.
Graf, Friedrich Wilhelm/Christophersen, Alf, Neukantianismus, Fichte- und Schellingrenaissance. Paul Tillich und sein philosophischer Lehrer Fritz Medicus, in: ZNThG 11 (2004), 52–78.
Grigg, Richard, Symbol and Empowerment. Paul Tillich's Post-Theistic System, Macon 1985.
Grube, Dirk-Martin, Unbegründbarkeit Gottes? Tillichs und Barths Erkenntnistheorien im Horizont der gegenwärtigen Philosophie, Marburg 1998.
Grube, Dirk-Martin, Kontextinvariante Wahrheit in geschichtlicher Vermittlung? Eine Analyse von Tillichs Methode der Korrelation, in: Gert Hummel (Ed./Hg.), Truth and History – a Dialogue with Paul Tillich/Wahrheit und Geschichte – ein Dialog mit Paul Tillich. Proceedings of the VI. International Symposium held in Frankfurt/Main 1996/Beiträge des VI. internationalen Paul-Tillich-Symposions in Frankfurt/Main 1996, Berlin/New York 1998, 49–68.
Grube, Dirk-Martin, A Critical Reconstruction of Paul Tillich's Epistemology, in: Religious Studies 33 (1997), 67–80.

Haigis, Peter/Hummel, Gert/Lax, Doris (Hg.), Christus Jesus – Mitte der Geschichte!?/Christ Jesus – the Center of History!? Beiträge des X. Internationalen Paul Tillich-Symposions Frankfurt/Main 2004/Proceedings of the X. International Paul Tillich-Symposion Frankfurt/Main 2004, Berlin 2007.

Haigis, Peter, Welche Vernunft braucht der Glaube nach Tillich?, in: Wie viel Vernunft braucht der Glaube? International Yearbook for Tillich Research, Vol. 1, Wien 2005, 37–63.

Haigis, Peter, Im Horizont der Zeit. Paul Tillichs Projekt einer Theologie der Kultur, Marburg 1998.

Hammer, Gerhard, Profanisierung. Eine Untersuchung zur Frage der Säkularisierung in der Theologie Paul Tillichs, Innsbruck 1973.

Hammond, Guy B., Tillich on the Personal God, in: The Journal of Religion 44 (1964), 289–293.

Hartshorne, Charles, Tillich's Doctrine of God, in: Charles W. Kegley (Ed.), The Theology of Paul Tillich, New York ^{2}1982, 198–232.

Hayword, J. F., The Theology and Philosophy of Mythical Symbolism. A Study of the Function and Validity of Noncognitive Symbols with special Reference to the Writings of Paul Tillich and Alfred North Whitehead, Diss. Chicago 1949.

Hedinger, Ulrich, Der Freiheitsbegriff bei Paul Tillich und Karl Barth, in: ThZ 19 (1963), 42–49.

Heinemann, Lars, Sinn – Geist – Symbol. Eine systematisch-genetische Rekonstruktion der frühen Symboltheorie Paul Tillichs, Berlin/Boston 2017.

Heinrichs, Joachim, Der Ort der Metaphysik im System der Wissenschaften bei Paul Tillich, in: ZKTh 92 (1970), 249–286.

Henel, Ingeborg C., Philosophie und Theologie im Werk Paul Tillichs, Frankfurt a. M./Stuttgart 1981.

Henel, Ingeborg C., Paul Tillichs Begriff der Essentifikation und seine Bedeutung für die Ethik, in: NZSTh 10 (1968), 1–17.

Henel, Ingeborg C., Schleiermacher und Tillich, in: Religion des konkreten Geistes. Friedrich Schleiermacher. Vorlesung von Paul Tillich, hg. v. dies., Stuttgart 1968, 37–60.

Herberger, Kurt, Historismus und Kairos. Die Überwindung des Historismus bei Ernst Troeltsch und Paul Tillich, in: ThBl 1935, Sp. 129–141. 161–175.

Herrigel, Hermann, Die philosophische Theologie Paul Tillichs, in: Die Sammlung 13 (1958), 234–241.

Hertel, Wolf, Existentieller Glaube. Eine Studie über den Glaubensbegriff von Karl Jaspers und Paul Tillich, Meisenheim am Glan 1971.

Hirsch, Emanuel, Rez.: Paul Tillich, Religionsphilosophie, in: ThLZ 51 (1926), Sp. 97–103.

Hjelde, Sigurd, Das Eschaton und die Eschata. Eine Studie über Sprachgebrauch und Sprachverwirrung in protestantischer Theologie von der Orthodoxie bis zur Gegenwart, München 1987.

Hook, Sidney (Ed.), Religious Experience and Truth. A Symposium, New York 1961.

Horn, Axel, Verantwortung heute. Eine philosophische und theologische Auseinandersetzung mit dem Denken Martin Heideggers, Jean-Paul Sartres und Paul Tillichs zur Frage nach Verantwortung und Verantwortlichkeit des Menschen, Diss. Würzburg 1980.

Horstmann-Schneider, Anjuta, Sein und menschliche Existenz. Zu Tillichs philosophischer Anthropologie im Horizont von Theologie und Humanwissenschaft, Würzburg 1995.

Hummel, Gert, Das früheste System Paul Tillichs. „Die Systematische Theologie von 1913", in: NZSTh 35 (1993), 115–131.

Hummel, Gert (Ed./Hg.), Truth and History – a Dialogue with Paul Tillich/Wahrheit und Geschichte – ein Dialog mit Paul Tillich. Proceedings of the VI. International Symposium held in Frankfurt/Main 1996/Beiträge des VI. internationalen Paul-Tillich-Symposions in Frankfurt/Main 1996, Berlin/New York 1998.

Hummel, Gert (Ed./Hg.), The Theological Paradox/Das theologische Paradox. Interdisciplinary Reflections on the Centre of Paul Tillich's Thought/Interdisziplinäre Reflexionen zur Mitte von Paul Tillichs Denken. Proceedings of the V. International Paul Tillich Symposium held in Frankfurt/Main 1994/Beiträge des V. Internationalen Paul-Tillich-Symposions in Frankfurt/Main 1994, Berlin/New York 1995.

Hummel, Gert (Ed./Hg.), Natural Theology versus Theology of Nature?/Natürliche Theologie versus Theologie der Natur? Tillich's Thinking as Impetus for a Discourse among Theology, Philosophy and Natural Sciences/Tillichs Denken als Anstoss zum Gespräch zwischen Theologie, Philosophie und Naturwissenschaft, Proceedings of the IV. International Paul Tillich Symposium held in Frankfurt/Main 1992/Beiträge des IV. Internationalen Paul-Tillich-Symposions in Frankfurt/Main 1992, Berlin/New York 1994.

Hummel, Gert (Ed./Hg.), New Creation or Eternal Now/Neue Schöpfung oder Ewiges Jetzt. Hat Paul Tillich eine Eschatologie? Beiträge des III. Internationalen Paul-Tillich-Symposiums, Frankfurt/Main 1990, Berlin/New York 1991.

Hummel, Gert (Ed./Hg.), God and Being/Gott und Sein. The Problem of Ontology in the Philosophical Theology of Paul Tillich/Das Problem der Ontologie in der philosophischen Theologie Paul Tillichs. Contributions made to the II. International Paul Tillich Symposium held in Frankfurt 1988/Beiträge des II. Internationalen Paul-Tillich-Symposions in Frankfurt 1988, Berlin/New York 1989.

Jahr, Hannelore, Tillichs Theologie der Natur als Theologie der Versöhnung von Geist und Natur, in: Gert Hummel (Ed./Hg.), Natural Theology versus Theology of Nature?/Natürliche Theologie versus Theologie der Natur? Tillich's Thinking as Impetus for a Discourse among Theology, Philosophy and Natural Sciences/Tillichs Denken als Anstoss zum Gespräch zwischen Theologie, Philosophie und Naturwissenschaft, Proceedings of the IV. International Paul Tillich Symposium held in Frankfurt/Main 1992/Beiträge des IV. Internationalen Paul-Tillich-Symposions in Frankfurt/Main 1992, Berlin/New York 1994, 156–-183.

Jahr, Hannelore, Theologie als Gestaltmetaphysik. Die Vermittlung von Gott und Welt im Frühwerk P. Tillichs, Berlin/New York 1989.

Jahr, Hannelore, Der Begriff der „Gestalt" als Schlüssel zur Metaphysik im Frühwerk Paul Tillichs, in: Gert Hummel (Ed./Hg.), God and Being/Gott und Sein. The Problem of Ontology in the Philosophical Theology of Paul Tillich/Das Problem der Ontologie in der philosophischen Theologie Paul Tillichs. Contributions made to the II. International Paul Tillich Symposium held in Frankfurt 1988/Beiträge des II. Internationalen Paul-Tillich-Symposions in Frankfurt 1988, Berlin/New York 1989, 108–125.

Kasch, Wilhelm Friedrich, Die Lehre von der Inkarnation in der Theologie Paul Tillichs, in ZThK 58 (1961), S. 86–103.

Kay, Warren A., Paul Tillich's Hermeneutics of Religious Symbols. A Theological-Philosophical Investigation, Diss. Zürich 1992.

Kegley, Charles W. (Ed.), The Theology of Paul Tillich, New York ²1982.

Keil, Günther, Der ontologische Gottesbeweis als Voraussetzung einer Theologie der Natur? Descartes und Tillich, in: Gert Hummel (Ed./Hg.), Natural Theology versus Theology of

Nature?/Natürliche Theologie versus Theologie der Natur? Tillich's Thinking as Impetus for a Discourse among Theology, Philosophy and Natural Sciences/Tillichs Denken als Anstoss zum Gespräch zwischen Theologie, Philosophie und Naturwissenschaft, Proceedings of the IV. International Paul Tillich Symposium held in Frankfurt/Main 1992/Beiträge des IV. Internationalen Paul-Tillich-Symposions in Frankfurt/Main 1992, Berlin/New York 1994, 65–75.

Keil, Günther, Wie ist eine Vorstellung von Tillichs „Gott über Gott" möglich?, in NZSTh 32 (1990), 338–342.

Kleffmann, Tom, Aufnahme des Dionysischen in die christliche Dogmatik. Evangelische Nietzsche-Rezeption der 20er Jahre am Beispiel Paul Tillichs, in: Tillich und Nietzsche. International Yearbook for Tillich Research, Vol. 3, Wien 2008, 35–50.

Kleffmann, Tom, Nietzsches Begriff des Lebens und die evangelische Theologie. Eine Interpretation Nietzsches und Untersuchungen zu seiner Rezeption bei Schweitzer, Tillich und Barth, Tübingen 2003.

Koch, Traugott, Gott: Die Macht des Seins im Mut zum Sein. Tillichs Gottesverständnis in seiner „Systematischen Theologie", in: Hermann Fischer (Hg.), Paul Tillich. Studien zu einer Theologie der Moderne, Frankfurt a. M. 1989, 169–206.

Kodalle, Klaus-Michael, Auf der Grenze? Paul Tillichs Verhältnis zum Existentialismus, in: Hermann Fischer (Hg.), Paul Tillich. Studien zu einer Theologie der Moderne, Frankfurt a. M. 1989, 301–334.

Kramer, Rolf, Die Wiedervereinigung des Getrennten. Paul Tillichs Ethik als „protestantische Gestaltung", in: Elke Axmacher/Klaus Schwarzwäller (Hg.), Belehrter Glaube. Festschrift für Johannes Wirsching zum 65. Geburtstag, Frankfurt a. M. 1994, 155–174.

Kreppel, Klaus, Kairos und Sozialismus. Fragen an die Geschichtstheologie Paul Tillichs, in: Richard Faber (Hg.), Sozialismus in Geschichte und Gegenwart, Würzburg 1994, 199–214.

Kress, Christine, Gottes Allmacht angesichts von Leiden. Zur Interpretation der Gotteslehre in den systematisch-theologischen Entwürfen von Paul Althaus, Paul Tillich und Karl Barth, Neukirchen-Vluyn 1999.

Kriegstein, Michael von, Paul Tillichs Methode der Korrelation und Symbolbegriff, Hamburg 1975.

Kuhlmann, Gerhardt, Brunstäd und Tillich. Zum Problem einer Theonomie der Kultur, Tübingen 1928.

Küppers, Erica, Zur Religionsphilosophie Paul Tillichs, in: Zwischen den Zeiten 9 (1931), 123–154.

Langer, Jens, Paul Tillichs Gotteslehre im Rahmen seiner Symboltheorie. Diss. Rostock 1969.

Lax, Doris, Rechtfertigung des Denkens und ihre kulturelle Gestaltung. Grundzüge der Genese von Paul Tillichs Denken dargestellt und erläutert an vier Schriften aus den Jahren 1911–1913, Göttingen 2006.

Leese, Kurt, Das System der Wissenschaften, in: ChW 40 (1926), Sp. 317–325. 371–375.

Leiner, Martin, Kein Gott, der den Menschen Fragen stellt? Jüdische und literarische Anfragen zur theologischen Methode und zur Gotteslehre Paul Tillichs, in: Karin Grau/Peter Haigis/Ilona Nord (Hg.), Tillich Preview, Bd. 1, Berlin 2007, 3–20.

Lerch, Karl-Heinz, Die Gestalt der Gnade und das sakramentale Denken in der Theologie Paul Tillichs, in: NZSTh 26 (1984), 71–86.

Lohff, Wenzel, Dogmatische Grundlegung zwischen Positivismus und Selbstverständnis. Ein Bericht, in: KuD 5 (1959), 42–81.

Loof, Hans, Der Symbolbegriff in der neueren Religionsphilosophie und Theologie, in: Kant-Studien Erg.-H. 69 (1955).

Loomer, Bernhard M., Tillich's Theology of Correlation, in: The Journal of Religion 36 (1956), 150–156.

Mader, Josef, Kirche innerhalb und Kirche außerhalb der Kirchen. Der Kirchenbegriff in der Theologie Paul Tillichs, St. Ottilien 1987.

Mahlmann, Theodor, Eschatologie und Utopie im geschichtsphilosophischen Denken Paul Tillichs, in: NZSTh 7 (1965), 339–370.

Marck, Siegfried, Paul Tillich. Zum 70. Geburtstag – 20. August 1956, in: Kant-Studien 48 (1956), 473–484.

Marsch, Wolf-Dieter, Rez.: Paul Tillich, Frühe Hauptwerke, Stuttgart 1959/Paul Tillich, Wesen und Wandel des Glaubens. Weltperspektiven, Berlin 1961, in: ZdZ 15 (1961), 395–396.

Marsch, Wolf-Dieter, Gott inmitten der Wirklichkeit. Zur „Systematischen Theologie" Paul Tillichs, in: Wege zum Menschen 11 (1959), 155–168.

Maurer, Bernhard, Paul Tillichs Religionskritik, in: ThZ 39 (1983), 321–348.

McKelway, Alexander J., The Systematic Theology of Paul Tillich. A Review and Analyses, Richmond 1964.

Möckel, Christian, Paul Tillichs existenzphilosophische Kultur- und Modernekritik, in: Berliner Debatte INITIAL 6 (1994), 72–80.

Mödlhammer, Johann W., Kirche und Welt bei Paul Tillich, Wien 1971.

Mokrosch, Reinhold, Theologische Freiheitsphilosophie. Metaphysik, Freiheit und Ethik in der philosophischen Entwicklung Schellings und in den Anfängen Tillichs, Frankfurt a. M. 1976.

Mollegen, Albert T., Christology and Biblical Criticism in Tillich, in: Charles W. Kegley (Ed.), The Theology of Paul Tillich, New York ²1982, 266–281.

Moritz, Hans, Sein, Sinn und Geschichte beim frühen Tillich, Diss. Leipzig 1960.

Moxter, Michael, Kultur als Lebenswelt. Studien zum Problem einer Kulturtheologie, Tübingen 2000.

Mugerauer, Roland, Versöhnung als Überwindung der Entfremdung. Die Konzeption der Entfremdung und ihre Überwindung bei Paul Tillich in der Auseinandersetzung mit anderen Konzeptionen, Marburg 1996.

Müller, Gotthold, Religion zwischen Metaphysik und Prophetie. Anmerkungen zum Religionsbegriff bei Karl Barth, Paul Tillich und Dietrich Bonhoeffer, in: NZSTh 20 (1978), 203–225.

Müller, Wolfgang W., Das Symbol in der dogmatischen Theologie. Eine symboltheologische Studie anhand der Theorien bei Karl Rahner, Paul Tillich, Paul Ricoeur und Jaques Lacan, Frankfurt a. M./Bern/New York/Paris 1990.

Murmann, Ulrike, Freiheit und Entfremdung. Paul Tillichs Theorie der Sünde, Stuttgart/Berlin/Köln 2000.

Murrmann-Kahl, Michael, Falk Wagners Tillich-Interpretation als Schlüssel zum Verständnis seines Werks, in: Christian Danz/ders. (Hg.), Spekulative Theologie und gelebte Religion. Falk Wagner und die Diskurse der Moderne, Tübingen 2015, 227–250.

Murrmann-Kahl, Michael, „Tillichs Traum" – Paul Tillich liest Ernst Troeltschs Historismusband, in: Ulrich Barth/Christian Danz/Wilhelm Gräb/Friedrich Wilhelm Graf (Hg.), Aufgeklärte Religion und ihre Probleme. Schleiermacher – Troeltsch – Tillich, Berlin/Boston 2013, 193–212.

Murrmann-Kahl, Michael, Christus ohne Jesus? – Die „Fragwürdigkeit des Empirischen" als Konstruktionsmoment in Paul Tillichs Christologie, in: Jesus of Nazareth and the New Being in History. International Yearbook for Tillich Research, Vol. 6, Berlin/Boston 2011, 23–46.

Murrmann-Kahl, Michael, Theologisches Prinzip und Modernitätserfahrung in *Das Christentum und die Gesellschaftsprobleme der Gegenwart*, in: Christian Danz/Werner Schüßler (Hg.), Religion – Kultur – Gesellschaft. Der frühe Tillich im Spiegel neuer Texte (1919–1920), Wien/Berlin 2008, 137–154.

Murrmann-Kahl, Michael, „Aporiefixierung". Zum Methodenproblem von Paul Tillichs Systematischer Theologie, in: Christian Danz (Hg.), Theologie als Religionsphilosophie. Studien zu den problemgeschichtlichen und systematischen Voraussetzungen der Theologie Paul Tillichs, Wien 2004, 175–195.

Murrmann-Kahl, Michael, Faszination der Zeit, in: Gott und die Moderne. Theologisches Denken im Anschluß an Falk Wagner, hg. v. Martin Berger/Matthias Geist/Ingrid Tschank, Wien 1994, 31–38.

Nessan, Craig L., The Fall from Dreaming Innocence: What Tillich Said Philosophically in Light of Evolutionary Science, in: Frederick J. Parrella (Ed.), Paul Tillich's Legacy: Spirit and Community. International Paul Tillich Conference, New Harmony, 17–20 June 1993, Berlin/New York 1995, 104–117.

Neugebauer, Georg, Paul Tillich und die Dialektik der Aufklärung, in: Ulrich Barth/Christian Danz/Wilhelm Gräb/Friedrich Wilhelm Graf (Hg.), Aufgeklärte Religion und ihre Probleme. Schleiermacher – Troeltsch – Tillich, Berlin/Boston 2013, 477–512.

Neugebauer, Georg, Tillichs frühe Christologie. Eine Untersuchung zu Offenbarung und Geschichte bei Tillich vor dem Hintergrund seiner Schellingrezeption, Berlin/New York 2007.

Neugebauer, Matthias, Auf der Grenze. Der Lebensbegriff Paul Tillichs und die Grenze zur Naturwissenschaft, in: Theology and Natural Science. International Yearbook for Tillich Research, Vol. 7, Berlin/Boston 2012, 123–149.

Niebuhr, Reinhold, Biblical Thought and Ontological Speculation in Tillich's Theology, in: Charles W. Kegley (Ed.), The Theology of Paul Tillich, New York ²1982, 252–263.

Nörenberg, Klaus-Dieter, Analogia Imaginis. Der Symbolbegriff in der Theologie Paul Tillichs. Gütersloh 1966.

O'Hanlon, Daniel J., The Influence of Schelling on the Thought of Paul Tillich, Rom 1957.

Pannenberg, Wolfhart, Systematic Theology. Volume III, by Tillich. Chicago 1963, in: Dialog 4 (1965), 229 ff.

Parrella, Frederick J. (Ed.), Paul Tillich's Legacy: Spirit and Community. International Paul Tillich Conference, New Harmony, 17–20 June 1993, Berlin/New York 1995.

Peters, Eugene H., Tillich's Doctrine of Essence, Existence, and the Christ, in: The Journal of Religion 43 (1963), 295–302.

Petit, Jean-Claude, Tillichs Religionsphilosophie und der Anspruch der neuen Politischen Theologie, in: NZSTh 19 (1977), 150–171.

Pryor, Adam, Tillichian Teleodynamics: An Examination of the Multidimensional Unity of Emergent Life, in: Zygon 46 (2011), 835–856.

Raatz, Georg, Kulturwissenschaft oder Sinnlehre? Zur Genese von Paul Tillichs wissenschaftssystematischem Begriff der Theologie zwischen 1917 und 1923, in: Tillich und Nietzsche. International Yearbook for Tillich Research, Vol. 3, Wien 2008, 141–173.

Randall, Jr., John H., The Ontology of Paul Tillich, in: Charles W. Kegley (Ed.), The Theology of Paul Tillich, New York ²1982, 166–195.
Rathbun, John W./Burwick, Fred, Paul Tillich and the Philosophy of Schelling, in: International Philosophical Quarterly 4 (1964), 373–393.
Ratschow, Carl Heinz, Die Religionen. Handbuch Systematischer Theologie, Bd. 16, hg. v. ders., Gütersloh 1979, 45–59.
Re Manning, Russell (Ed.), The Cambridge Companion to Paul Tillich, Cambridge 2009.
Reetz, Ulrich, Das Sakramentale in der Theologie Paul Tillichs, Stuttgart 1974.
Reeves, M. Francis, God and History in the Thought of Paul Tillich, Diss. Boston University 1967.
Reijnen, Anne Marie, Tillich's Christology, in: Russell Re Manning (Ed.), The Cambridge Companion to Paul Tillich, Cambridge 2009, 56–73.
Reimer, A. James, Emanuel Hirsch und Paul Tillich: Theologie und Politik in einer Zeit der Krise, Berlin/New York 1995.
Rendtorff, Trutz, In Richtung auf das Unbedingte. Religionsphilosophie der Postmoderne, in: Hermann Fischer (Hg.), Paul Tillich. Studien zu einer Theologie der Moderne, Frankfurt a. M. 1989, 335–356.
Repp, Martin, Die Transzendierung des Theismus in der Religionsphilosophie Paul Tillichs, Frankfurt a. M. 1986.
Repp, Martin, Zum Hintergrund von Paul Tillichs Korrelationsmethode, in: NZSTh 24 (1982), 206–215.
Reymond, Bernard, Symbol und Erkenntnis bei Tillich und Sabatier, in: NZSTh 22 (1980), 211–221.
Rhein, Christoph, Art.: Paul Tillich, in: Die Religion in Geschichte und Gegenwart, Bd. VI, Tübingen ³1962, Sp. 900–901.
Rhein, Christoph, Paul Tillich. Philosoph und Theologe. Eine Einführung in sein Denken, Stuttgart 1957.
Ringleben, Joachim, Sprachloses Wort? Zur Kritik an Barths und Tillichs Worttheologie – von der Sprache her, Göttingen 2015.
Ringleben, Joachim, Der Gott der Vernunft und der Offenbarung. Zum Verhältnis von Sprache und Geschichte bei Paul Tillich, in: Jörg Lauster/Bernd Oberdorfer (Hg.), Der Gott der Vernunft. Protestantismus und vernünftiger Gottesgedanke, Tübingen 2009, 301–318.
Ringleben, Joachim, Gott denken. Studien zur Theologie Paul Tillichs, Münster 2003.
Ringleben, Joachim, Die Macht des Negativen. Paul Tillichs Ontologie und Theologie des Lebendigen, in: Gert Hummel (Ed./Hg.), Natural Theology versus Theology of Nature?/Natürliche Theologie versus Theologie der Natur? Tillich's Thinking as Impetus for a Discourse among Theology, Philosophy and Natural Sciences/Tillichs Denken als Anstoss zum Gespräch zwischen Theologie, Philosophie und Naturwissenschaft, Proceedings of the IV. International Paul Tillich Symposium held in Frankfurt/Main 1992/Beiträge des IV. Internationalen Paul-Tillich-Symposions in Frankfurt/Main 1992, Berlin/New York 1994, 212–234.
Ringleben, Joachim, Der Geist und die Geschichte (Systematische Theologie Bd. III), in: Hermann Fischer (Hg.), Paul Tillich. Studien zu einer Theologie der Moderne, Frankfurt a. M. 1989, 230–255.
Ringleben, Joachim, Symbol und göttliches Sein, in: Gert Hummel (Ed./Hg.), God and Being/Gott und Sein. The Problem of Ontology in the Philosophical Theology of Paul

Tillich/Das Problem der Ontologie in der philosophischen Theologie Paul Tillichs. Contributions made to the II. International Paul Tillich Symposium held in Frankfurt 1988/Beiträge des II. Internationalen Paul-Tillich-Symposions in Frankfurt 1988, Berlin/New York 1989, 165–181.

Ringleben, Joachim, Die Macht des Geistes in der Geschichte, in: Wolfgang Greive (Hg.), Die Macht der Religion in der Politik. Der Beitrag Paul Tillichs zur Machtfrage im Verhältnis zwischen christlicher Religion und Politik, Loccum 1988, 55–79.

Ringleben, Joachim, Paul Tillich's Theologie der Methode, in: NZSTh 17 (1975), 246–268.

Roberts, David E., Tillich's Doctrine of Man, in: Charles W. Kegley (Ed.), The Theology of Paul Tillich, New York ²1982, 142–164.

Rolinck, Eberhardt, Geschichte und Reich Gottes. Philosophie und Theologie der Geschichte bei Paul Tillich, München/Paderborn/Wien 1976.

Rosenau, Hartmut, Das Reich Gottes als Sinn der Geschichte. Grundzüge der Geschichtstheologie Tillichs, in: Marburger Jahrbuch Theologie 11 (1999), 63–83.

Rosenthal, Klaus, Das Problem des Personalismus in der Gotteslehre Paul Tillichs, in: EvTh 19 (1959), 431–438.

Rowe, William L., Tillich's Theory of Signs and Symbols, in: The Monist 50 (1966), 593–610.

Rowe, William L., The Meaning of „God" in Tillich's Theology, in: The Journal of Theology 42 (1962), 274 ff.

Ruddies, Hartmut, Ernst Troeltsch und Paul Tillich. Eine theologische Skizze, in: Wilhelm-Ludwig Federlin/Edmund Weber (Hg.), Unterwegs für die Volkskirche. Festschrift für Dieter Stoodt, zum 60. Geburtstag, Frankfurt a.M. 1987, 409–422.

Russell, John M., Paul Tillich's Implicite Ontological Argument, in: Sophia 32 (1993) H. ., 1–16.

Samse, Ulrich, Der Zusammenhang von Eschatologie und Ethik bei Paul Tillich, Diss. Bonn 1980.

Sanderson, Jr., John W., Historical Fact or Symbol? The Philosophies of History of Paul Tillich and Reinhold Niebuhr, in: The Westminster Theological Journal 20 (1958), 158–169 und 21 (1958), 58–74.

Scharf, Uwe C., The Paradoxical Breakthrough of Revelation. Interpreting the Divine-Human Interplay in Tillich's Work 1913–1964, Berlin/New York 1999.

Scharf, Uwe C., The Concept of the Breakthrough of Revelation in Tillich's Dogmatik, in: NZSTh 36 (1994), 99–116.

Scharlemann, Robert P., Ontologie: Zur Begriffsbestimmung bei Tillich in den zwanziger Jahren, in: Gert Hummel (Ed./Hg.), God and Being/Gott und Sein. The Problem of Ontology in the Philosophical Theology of Paul Tillich/Das Problem der Ontologie in der philosophischen Theologie Paul Tillichs. Contributions made to the II. International Paul Tillich Symposium held in Frankfurt 1988/Beiträge des II. Internationalen Paul-Tillich-Symposions in Frankfurt 1988, Berlin/New York 1989, 100–107.

Scharlemann, Robert P., Religiöses und kritisches Bewußtsein: Erwägungen zur Wahrheitsfrage in der Religionsphilosophie, in: NZSTh 18 (1976), 259–276.

Scharlemann, Robert P., Tillich on Schelling and the Principle of Identity, in: Journal of Religion 56 (1976), 105–112.

Scharlemann, Robert P., Tillich's Method of Correlation: Two Proposed Revisions, in: The Journal of Religion 46 (1966), 92–103.

Scharlemann, Robert P., Der Begriff der Systematik bei Paul Tillich, in: NZSTh 8 (1966), 244–254.

Scharlemann, Robert P., Seinsstruktur und Seinstiefe in der Tillichschen Methode der Korrelation, in: KuD 11 (1965), 245–255.
Schepers, Gerhard, Schöpfung und allgemeine Sündigkeit. Die Auffassung Paul Tillichs im Kontext der heutigen Diskussion, Essen 1974.
Schiewek, Werner/Wagener, Ulrike (Hg.), Theologie auf der Grenze. Annäherungen an die Systematische Theologie Paul Tillichs, Münster/Hamburg 1991.
Schmitz, Josef, Die apologetische Theologie Paul Tillichs, Mainz 1966.
Schneider-Flume, Gunda, „Entsprechungsdenken" und Sündenerkenntnis. Die Auswirkung der Methode der Korrelation auf das Südenverständnis in der Systematischen Theologie Paul Tillichs, in: ZThK 76 (1979), 489–513.
Schneider-Flume, Gunda, Kritische Theologie contra theologisch-politischen Offenbarungsglauben. Eine vergleichende Strukturanalyse der politischen Theologie Paul Tillichs, Emanuel Hirschs und Richard Shaulls, in: EvTh 33 (1973), 114–137.
Schnübbe, Otto, Paul Tillich und seine Bedeutung für den Protestantismus heute. Das Prinzip der Rechtfertigung im theologischen, philosophischen und politischen Denken Paul Tillichs, Hannover 1985.
Schreiber, Gerhard/Schulz, Heiko (Hg.), Kritische Theologie. Paul Tillich in Frankfurt (1929–1933), Berlin/Boston 2015.
Schrey, Heinz-Horst, Entwurf der Theologie aus dem Geist der Spekulation, in: PhR 1 (1953/54), 160–166.
Schröer, Henning, Die Denkform der Paradoxalität als theologisches Problem. Eine Untersuchung zu Kierkegaard und der neueren Theologie als Beitrag zur theologischen Logik, Göttingen 1960.
Schüßler, Werner, „Healing Power." Zum Verhältnis von Heil und Heilen im Denken Paul Tillichs, in: ders., „Was uns unbedingt angeht". Studien zur Theologie und Philosophie Paul Tillichs, Münster ⁴2015, 383–418.
Schüßler, Werner, Der Mensch und die Philosophie. Zur existenzphilosophischen und anthropologischen Wende Paul Tillichs in seiner Frankfurter Zeit, in: Gerhard Schreiber/Heiko Schulz (Hg.), Kritische Theologie. Paul Tillich in Frankfurt (1929–1933), Berlin/Boston 2015, 215–249.
Schüßler, Werner, „My very highly esteemed friend Rudolf Otto." Die Bedeutung Rudolf Ottos für das religionsphilosophische Denken Paul Tillichs, in: Interpretation of History. International Yearbook for Tillich Research, Vol. 8, Berlin/Boston 2013, 153–174.
Schüßler, Werner, Philosophischer und religiöser Glaube. Karl Jaspers im Gespräch mit Paul Tillich, in: ThZ 69 (2013), 24–52.
Schüßler, Werner, „Form der Form-Widrigkeit". Zu Paul Tillichs Begriff des Dämonischen, in: ders./Christine Görgen, Gott und die Frage nach dem Bösen. Philosophische Spurensuche: Augustin – Scheler – Jaspers – Jonas – Tillich – Frankl, Berlin 2011, 119–134.
Schüßler, Werner, Existentielle Wahrheit – ein Grundthema des Denkens von Karl Jaspers und Paul Tillich, in Gert Hummel (Ed./Hg.), Truth and History – a Dialogue with Paul Tillich/Wahrheit und Geschichte – ein Dialog mit Paul Tillich. Proceedings of the VI. International Symposium held in Frankfurt/Main 1996/Beiträge des VI. internationalen Paul-Tillich-Symposions in Frankfurt/Main 1996, Berlin/New York 1998, 255–268.
Schüßler, Werner, Paul Tillich, München 1997.

Schüßler, Werner, Metaphysik und Theologie. Zu Paul Tillichs „Umwendung" der Metaphysik in der „Dogmatik" von 1925, in: ZKTh 117 (1995), 192–202.
Schüßler, Werner, Das Fortwirken des christologischen Paradoxes in der Religionsphilosophie und Religionstheologie Paul Tillichs, in: Gert Hummel (Ed./Hg.), Natural Theology versus Theology of Nature?/Natürliche Theologie versus Theologie der Natur? Tillich's Thinking as Impetus for a Discourse among Theology, Philosophy and Natural Sciences/Tillichs Denken als Anstoss zum Gespräch zwischen Theologie, Philosophie und Naturwissenschaft, Proceedings of the IV. International Paul Tillich Symposium held in Frankfurt/Main 1992/Beiträge des IV. Internationalen Paul-Tillich-Symposions in Frankfurt/Main 1992, Berlin/New York 1994, 20–31.
Schüßler, Werner, Jenseits von Religion und Nicht-Religion. Der Religionsbegriff im Werk Paul Tillichs, Frankfurt a. M. 1989.
Schüßler, Werner, Ontologie der Macht. Zur philosophischen Bedeutung der Macht im Denken Paul Tillichs, in: Wolfgang Greive (Hg.), Die Macht der Religion in der Politik. Der Beitrag Paul Tillichs zur Machtfrage im Verhältnis zwischen christlicher Religion und Politik, Loccum 1988, 23–54.
Schüßler, Werner, Der philosophische Gottesgedanke im Frühwerk Paul Tillichs (1910–1933), Würzburg 1986.
Schüßler, Werner/Sturm, Erdmann, Paul Tillich. Leben – Werk – Wirkung, Darmstadt 2007.
Schwanz, Peter, Analogia Imaginis. Ein Beitrag zur kritischen Auseinandersetzung mit der philosophischen Theologie Paul Tillichs. Zugleich der Versuch einer Hinführung zu dem Ansatz eines Systems als christologisch-anthropologischem Modell, Göttingen 1980.
Schwanz, Peter, Zur neueren deutschsprachigen Literatur über Paul Tillich, in: Verkündigung und Forschung. Beihefte zur Evangelischen Theologie 24 (1979), 55–86.
Schwanz, Peter, Das für Tillichs „Methode der Korrelation" grundlegende Problem der Vermittlung, in: NZSTh 15 (1973), 254–271.
Schwöbel, Christoph, Glaube und Kultur. Gedanken zur Idee einer Theologie der Kultur, in: NZSTh 38 (1996), 137–154.
Schwöbel, Christoph, Tendenzen der Tillich-Forschung (1967–1983), in: ThR 51 (1986), 166–223.
Seigfried, Adam, Das Neue Sein. Der Zentralbegriff der ‚ontologischen' Theologie Paul Tillichs in katholischer Sicht, München 1974.
Seils, Martin, Glaube. Handbuch Systematischer Theologie, Bd. 13, hg. v. Carl Heinz Ratschow, Gütersloh 1996, 241–295.
Seils, Martin, Zur Problematik von Sein und Wort in der Theologie Paul Tillichs, in: ThLZ 85 (1960), Sp. 867–870.
Simpson, Michael, Paul Tillich: Symbolism and Objektivity, in: The Heythrop Journal 8 (1967), 293–309.
Sinnet, M. W., The primacy of relation in Paul Tillich's theology of correlation. A reply to the critique of Charles Hartshorne, in: Religious Studies 27 (1991), 541–557.
Slater, Peter, Tillich on Fall and the Temptation of Goodness, in: The Journal of Religion 65 (1985), 196–207.
Smith, Jr., D. Moody, The Historical Jesus in Paul Tillich's Christology, in The Journal of Religion 46 (1966), 131–147.
Sommer, Günter Friedrich, The Significance of the late Philosophy of Schelling for the Formation and Interpretation of the Thought of Paul Tillich, Duke University 1960.

Spiegel, Yorick, Paradox und Dialektik – Paul Tillich und die Lebensphilosophie, in: Gert Hummel (Ed./Hg.), The Theological Paradox/Das theologische Paradox. Interdisciplinary Reflections on the Centre of Paul Tillich's Thought/Interdisziplinäre Reflexionen zur Mitte von Paul Tillichs Denken. Proceedings of the V. International Paul Tillich Symposium held in Frankfurt/Main 1994/Beiträge des V. Internationalen Paul-Tillich-Symposions in Frankfurt/Main 1994, Berlin/New York 1995, 63–76.

Steinacker, Peter, Paul Tillich: Der Mut zum Sein, in: Josef Speck (Hg.), Grundprobleme der großen Philosophen. Philosophie der Gegenwart VI, Göttingen ²1992, 158–190.

Steinacker, Peter, Die Bedeutung der Philosophie Schellings für die Theologie Paul Tillichs, in: Hermann Fischer (Hg.), Paul Tillich. Studien zu einer Theologie der Moderne, Frankfurt a. M. 1989, 37–61.

Steinacker, Peter, Passion und Paradox – Der Expressionismus als Verstehenshintergrund der theologischen Anfänge Paul Tillichs. Ein Versuch, in: Gert Hummel (Ed./Hg.), God and Being/Gott und Sein. The Problem of Ontology in the Philosophical Theology of Paul Tillich/Das Problem der Ontologie in der philosophischen Theologie Paul Tillichs. Contributions made to the II. International Paul Tillich Symposium held in Frankfurt 1988/Beiträge des II. Internationalen Paul-Tillich-Symposions in Frankfurt 1988, Berlin/New York 1989, 59–99.

Stenger, Mary Ann, Christus Jesus – Center of History for Whom? Exploring Tillich's Christology for Developing a Critical Pluralism, in: Peter Haigis/Gert Hummel/Doris Lax (Hg.), Christus Jesus – Mitte der Geschichte!?/Christ Jesus – the Center of History!? Beiträge des X. Internationalen Paul-Tillich-Symposions Frankfurt/Main 2004, Berlin 2007, 257–269.

Stock, Konrad, Tillichs Frage nach der Partizipation von Mensch und Natur, in: EvTh 37 (1977), 20–32.

Stoker, Wessel, The Paradox of Complementarity in Tillich' Doctrine of God, in: Gert Hummel (Ed./Hg.), The Theological Paradox/Das theologische Paradox. Interdisciplinary Reflections on the Centre of Paul Tillich's Thought/Interdisziplinäre Reflexionen zur Mitte von Paul Tillichs Denken. Proceedings of the V. International Paul Tillich Symposium held in Frankfurt/Main 1994/Beiträge des V. Internationalen Paul-Tillich-Symposions in Frankfurt/Main 1994, Berlin/New York 1995, 104–121.

Stöve, Eckehart, Das Unbedingte und das Bedingte. Zur Problematik ihrer Vermittlung bei Paul Tillich, Diss. Heidelberg 1971.

Sturm, Erdmann, Von der Erwartung zur Utopie. Tillichs Geschichtsdeutung zwischen Anthropologie und Eschatologie, in: Ethics and Eschatology. International Yearbook for Tillich Research, Vol. 10, Berlin/Boston 2015, 57–79.

Sturm, Erdmann, Geschichte und Geschichtsphilosophie bei Paul Tillich und Karl Löwith, in: Gert Hummel Truth and History – a Dialogue with Paul Tillich/Wahrheit und Geschichte – ein Dialog mit Paul Tillich. Proceedings of the VI. International Symposium held in Frankfurt/Main 1996/Beiträge des VI. internationalen Paul-Tillich-Symposions in Frankfurt/Main 1996, Berlin/New York 1998, 239–254.

Sturm, Erdmann (Hg.), Theodor W. Adorno contra Paul Tillich. Eine bisher unveröffentlichte Tillich-Kritik Adornos aus dem Jahr 1944, in: ZNThG 3 (1996), 259–277

Sturm, Erdmann, Das absolute Paradox als Prinzip der Theologie und Kultur in Paul Tillichs „Rechtfertigung und Zweifel" von 1919, in: Gert Hummel (Ed./Hg.), The Theological Paradox/Das theologische Paradox. Interdisciplinary Reflections on the Centre of Paul Tillich's Thought/Interdisziplinäre Reflexionen zur Mitte von Paul Tillichs Denken.

Proceedings of the V. International Paul Tillich Symposium held in Frankfurt/Main 1994/Beiträge des V. Internationalen Paul-Tillich-Symposions in Frankfurt/Main 1994, Berlin/New York 1995, 32–45.
Sturm, Erdmann (Hg.), Paul Tillich und Max Horkheimer im Dialog. Drei bisher unveröffentlichte Texte (1942/45), in: ZNThG 1 (1994), 275–304.
Sturm, Erdmann, Sein oder Werden? Paul Tillich und die Prozeßphilosophie, in: Gert Hummel (Ed./Hg.), Natural Theology versus Theology of Nature?/Natürliche Theologie versus Theologie der Natur? Tillich's Thinking as Impetus for a Discourse among Theology, Philosophy and Natural Sciences/Tillichs Denken als Anstoss zum Gespräch zwischen Theologie, Philosophie und Naturwissenschaft, Proceedings of the IV. International Paul Tillich Symposium held in Frankfurt/Main 1992/Beiträge des IV. Internationalen Paul-Tillich-Symposions in Frankfurt/Main 1992, Berlin/New York 1994, 184–211.
Tamaru, Noriyoshi, Motive und Struktur der Theologie Paul Tillichs, in: NZSTh 3 (1961), 1–38.
Taubes, Jacob, Über die Eigenart der theologischen Methode: Überlegungen zu den methodischen Prinzipien der Theologie Paul Tillichs, in: ders., Vom Kult zur Kultur. Bausteine zu einer Kritik der historischen Vernunft. Gesammelte Aufsätze zur Religions- und Geistesgeschichte, hg. v. Aleida Assmann/Jan Assmann/Wolf-Daniel Hartwich/Winfried Menninghaus, München 1996, 230–248.
Tavard, Georges H., Paul Tillich and the Christian Message, New York 1962.
Thatcher, Adrian, The Ontologie of Paul Tillich, Oxford 1978.
Thompson, Ian E., Being and Meaning. Paul Tillich's Theory of Meaning, Truth and Logic, Edinburgh 1981.
Track, Joachim, Paul Tillich und die Dialektische Theologie, in: Hermann Fischer (Hg.), Paul Tillich. Studien zu einer Theologie der Moderne, Frankfurt a. M. 1989, 138–166.
Track, Joachim, Der theologische Ansatz Paul Tillichs. Eine wissenschaftstheoretische Untersuchung seiner „Systematischen Theologie", Göttingen 1975.
Trillhaas, Wolfgang, Paul Tillich im Lichte seiner Wirkungsgeschichte. Eine Bilanz, in: ZThK 75 (1975), 82–98.
Ulrich, Thomas, Ontologie, Theologie, gesellschaftliche Praxis. Studien zum religiösen Sozialismus Paul Tillichs und Carl Mennickes, Zürich 1971.
Urban, Wilbur M., A Critique of Professor Tillich's Theory of the Religious Symbol, in: The Journal of Liberal Religion 2 (1940), 34–36.
Urban, Wilbur M., Symbolism as a Theological Principle, in: The Journal of Religion 1 (1939), 1–32.
Vogt, Stefan, Nationaler Sozialismus und Soziale Demokratie, Bonn 2006.
Voigt, Friedemann, Historische und dogmatische Methode der Theologie, in: Ulrich Barth/Christian Danz/Wilhelm Gräb/Friedrich Wilhelm Graf (Hg.), Aufgeklärte Religion und ihre Probleme. Schleiermacher – Troeltsch – Tillich, Berlin/Boston 2013, 213–228.
Wagner, Falk, Christus und die Weltverantwortung als Thema der Pneumatologie Paul Tillichs, in: Hans-Dieter Klein/Johann Reikerstorfer (Hg.), Philosophia perennis. Festschrift für Erich Heintel zum 80. Geburtstag, Teil 2, Frankfurt a. M. 1993, 235–252.
Wagner, Falk, Absolute Positivität – Das Grundthema der Theologie Paul Tillichs, in: ders., Was ist Theologie? Studien zu ihrem Begriff und Thema in der Neuzeit, Gütersloh 1989, 126–144.

Wagner, Falk, Religion zwischen Positivität des Unbedingten und bedingter Erfahrung, in: ders., Was ist Religion? Studien zu ihrem Begriff und Thema in Geschichte und Gegenwart, Gütersloh 1986, 379–385.

Wagoner, Byran, Religious Socialism as Critical Theory. Tillich and the *Institute* in Frankfurt, in: Gerhard Schreiber/Heiko Schulz (Hg.), Kritische Theologie. Paul Tillich in Frankfurt (1929–1933), Berlin/Boston 2015, 323–342.

Wariboko, Nimi/Young, Amos (Ed.), Paul Tillich and Pentecostal Theology. Spiritual Presence and Spiritual Power, Bloomington/Indianapolis 2015.

Wee, Paul A., Space and Time: The Relationship between Ontology and Eschatology in the Philosophical Theology of Paul Tillich, Diss. Berlin 1975.

Weischedel, Wilhelm, Der Gott der Philosophen. Grundlegung einer Philosophischen Theologie im Zeitalter des Nihilismus, 2 Bde., München ²1985.

Weiß, Thomas, Religio vera? Zur religionsphilosophischen Lösung der Wahrheitsproblematik im deutschen Werk Paul Tillichs, Weimar 2000.

Wenz, Gunther, Rechtfertigung und Zweifel, in: Christian Danz/Werner Schüßler (Hg.), Religion – Kultur – Gesellschaft. Der frühe Tillich im Spiegel neuer Texte (1919–1920), Wien/Berlin 2008, 85–116.

Wenz, Gunther, Metaphysischer Empirismus. Der späte Schelling und die Anfänge der Tillich'schen Christologie, in: Peter Haigis/Gert Hummel/Doris Lax (Hg.), Christus Jesus – Mitte der Geschichte!? Beiträge des X. Internationalen Paul-Tillich-Symposions Frankfurt/Main 2004, Berlin 2007, 11–32.

Wenz, Gunther, Tillich im Kontext. Theologiegeschichtliche Perspektiven, Münster 2000.

Wenz, Gunther, Eschatologie als Zeitdiagnostik. Paul Tillichs Studie zur religiösen Lage der Gegenwart von 1926 im Kontext ausgewählter Krisenliteratur der Weimarer Ära, in: ders., Tillich im Kontext. Theologiegeschichtliche Perspektiven, Münster 2000, 45–103.

Wenz, Gunther, De Causa Peccati. Die Lehre vom Urfaktum der Sünde in Paul Tillichs Systematischer Theologie, in: ders., Tillich im Kontext. Theologiegeschichtliche Perspektiven, Münster 2000, 265–286.

Wenz, Gunther, Die reformatorische Perspektive: Der Einfluß Martin Kählers auf Tillich, in: Hermann Fischer (Hg.), Paul Tillich. Studien zu einer Theologie der Moderne, Frankfurt a. M. 1989, 62–89.

Wenz, Gunther, Tillichs Kritik des Supranaturalismus, in: Gert Hummel (Ed./Hg.), God and Being/Gott und Sein. The Problem of Ontology in the Philosophical Theology of Paul Tillich/Das Problem der Ontologie in der philosophischen Theologie Paul Tillichs. Contributions made to the II. International Paul Tillich Symposium held in Frankfurt 1988/Beiträge des II. Internationalen Paul-Tillich-Symposions in Frankfurt 1988, Berlin/New York 1989, 3–29.

Wenz, Gunther, Theologie ohne Jesus? Anmerkungen zu Paul Tillich, in: KuD 26 (1980), 128–139.

Wenz, Gunther, Subjekt und Sein. Die Entwicklung der Theologie Paul Tillichs, München 1979.

Wernsdörfer, Thietmar, Die entfremdete Welt. Eine Untersuchung zur Theologie Paul Tillichs, Zürich 1968.

Westphal, Merold, Hegel, Tillich, and the Secular, in: The Journal of Religion 52 (1972), 223–239.

Wiesner, Werner, Die Gottesfrage in der Theologie Paul Tillichs, in: Kirche in der Zeit 20 (1965), 292–297.

Winter, Gerhard, Zur Geschichtsauffassung Paul Tillichs, Diss. Berlin 1967.
Wittekind, Folkart, Grund- und Heilsoffenbarung. Zur Ausformung der Christologie Tillichs in der Auseinandersetzung mit Karl Barth, in: Jesus of Nazareth and the New Being in History. International Yearbook for Tillich Research Vol. 6, Berlin/Boston 2011, 89–119.
Wittekind, Folkart, „Allein durch den Glauben". Tillichs sinntheoretische Umformulierung des Rechtfertigungsverständnisses 1919, in: Christian Danz/Werner Schüßler (Hg.), Religion – Kultur – Gesellschaft. Der frühe Tillich im Spiegel neuer Texte (1919–1920), Wien 2008, 39–65.
Wittekind, Folkart, Gottesdienst als Handlungsraum. Zur symboltheoretischen Konstruktion des Kultes in Tillichs Religionsphilosophie, in: Das Symbol als Sprache der Religion. International Yearbook for Tillich Research, Vol. 2, Wien 2007, 77–100
Wittekind, Folkart, Die Vernunft des Christusglaubens. Zu den philosophischen Hintergründen der Christologie der Marburger Dogmatik, in: Wie viel Vernunft braucht der Glaube? International Yearbook for Tillich Research, Vol. 1, Wien 2005, 133–157.
Wittekind, Folkart, ‚Sinndeutung der Geschichte'. Zur Entwicklung und Bedeutung von Tillichs Geschichtsphilosophie, in: Christian Danz (Hg.), Theologie als Religionsphilosophie. Studien zu den problemgeschichtlichen und systematischen Voraussetzungen der Theologie Paul Tillichs, Wien 2004, 135–172.
Wittschier, Sturm, Paul Tillich. Seine Pneuma-Theologie. Ein Beitrag zum Problem Gott und Mensch, Nürnberg 1975.
Wolff, Otto, Paul Tillichs Christologie des „Neuen Seins", in: NZSTh 3 (1961), 129–140.
Wrege, Wolf Reinhard, Rechtstheorie und christliche Rationalität. Annäherungen aus der Perspektive Paul Tillichs, in: Ztschr. f. Ev. Ethik 41 (1997), 24–33.
Wrege, Wolf Reinhard, Die Rechtstheologie Paul Tillichs, Tübingen 1996.
Zabala, Albert J., Myth and Symbol. An Analysis of Myth and Symbol in Paul Tillich. Diss. Institute Catholique des Paris 1959.
Ziche, Paul, Orientierungssuche im logischen Raum der Wissenschaften. Paul Tillichs *System der Wissenschaften* und die Wissenschaftssystematik um 1900, in: Christian Danz (Hg.), Theologie als Religionsphilosophie. Studien zu den problemgeschichtlichen und systematischen Voraussetzungen der Theologie Paul Tillichs, Wien 2004, 49–68.

Namenregister

Abaelard, Pierre 194
Adam 98, 163
Adorno, Theodor W. 146–148
Albrecht, Renate 13
Aquin, Thomas von 47
Aristoteles 47, 59
Assmann, Jan 264

Barth, Karl 6, 15f., 19, 22f., 25f., 30, 67f., 71f., 75, 122, 255, 278
Becker, Carl Heinrich 5
Benjamin, Walter 146
Bergson, Henri 206
Böhme, Jakob 201
Brunner, Emil 22, 68, 75
Büchsel, Friedrich 176
Bultmann, Rudolf 22, 25f., 46, 84, 151

Canterbury, Anselm von 194

Danz, Christian 33
Descartes, René 40, 125
Dewey, John 61
Dillenberger, John 9
Dilthey, Wilhelm 206

Eckhart, Meister 88
Eicher, Peter 65
Ernst, Norbert 45f.

Fichte, Johann Gottlieb 3, 66, 121f.
Freud, Sigmund 165

Gogarten, Friedrich 5f., 68
Graf, Friedrich Wilhelm 33

Harnack, Adolf von 5, 186, 255
Hartmann, Nicolai 40
Hegel, Georg Wilhelm Friedrich 41, 43, 49, 66f., 121f., 136, 151, 209, 259, 268f.
Heidegger, Martin 24, 48, 111, 260
Henel, Ingeborg 13
Herder, Johann Gottfried von 66
Herrmann, Wilhelm 173f., 183

Hirsch, Emanuel 125f.
Horkheimer, Max 9, 37f., 42, 146–149
Hume, David 40
Husserl, Edmund 18

James, William 61
Jaspers, Karl 35, 62
Jesus Christus 6, 27, 30f., 67, 74, 81–84, 86, 88–90, 131, 143, 145, 154f., 162f., 168, 172–174, 176, 178f., 182, 184–189, 191–193, 242, 246f., 259, 262f., 269

Kähler, Martin 121, 173, 179
Kant, Immanuel 23, 40, 47–49, 52, 71, 172, 175, 286
Kierkegaard, Søren 158
Klein, Maria 278
Kues, Nikolaus von/Cusanus 47f.

Leibniz, Gottfried Wilhelm 36, 61
Lessing, Gotthold Ephraim 66, 74
Loew, Cornelius 9
Loofs, Friedrich 255
Lowe, Adolph (Adolf Löwe) 9
Luther, Martin 130, 239, 249

Marheineke, Philipp 67
Marsch, Wolf-Dieter 181
Marx, Karl 55
Medicus, Fritz 3

Niebuhr, Reinhold 16, 23
Niebuhr, Richard 16, 23
Nietzsche, Friedrich Wilhelm 2, 19, 55, 63, 165, 201, 203, 206f., 219, 266

Origenes 101, 194

Pannenberg, Wolfhart 15, 67
Parmenides 38, 41, 43
Pascal, Blaise 44
Peirce, Charles Sanders 61
Petrus 81
Plato 46, 52, 59f., 88

Ratschow, Carl Heinz 13
Ritschl, Albrecht 286
Roberts, David 9
Rothe, Richard 65

Scheler, Max 46
Schelling, Friedrich Wilhelm Joseph 3f., 17, 66f., 88, 95, 121f., 136, 161, 201f., 207, 229, 231, 259, 280, 300f.
Schleiermacher, Friedrich Daniel Ernst 15, 19, 23, 30, 65, 70, 97, 119–121, 137, 172, 255
Schweitzer, Albert 179

Simmel, Georg 204, 206
Sokrates 52
Spinoza, Baruch de 61, 125, 131
Sturm, Erdmann 32, 145

Taubes, Jacob 278
Troeltsch, Ernst 2, 19–21, 29, 97, 173f., 259f.

Wagner, Falk 33
Welsch, Wolfgang 63f.
Wenz, Gunther 33, 156
Wust, Peter 46

Sachregister

Absolute, das   4, 17, 23, 66 f., 86, 94 f., 102 f., 106 f., 113, 118, 121 f., 124, 127, 133 f., 175, 201 f., 230 f., 259, 281
Altprotestantismus   119, 121, 156, 240
Analogie   20, 182
- analogia entis   134, 182
- analogia imaginis   182 f.
Angst   100, 111, 113–115, 137, 139, 158–160, 166, 212
Anthropologie   16, 44, 144, 146, 148, 157 f., 177, 200, 211
Apologetik   3, 17, 27, 174, 229 f.
Aseität   121, 125, 128
Auferstehung   101, 172, 190 f., 282, 302
Aufklärung   43, 65, 120 f., 172, 285
Autonomie   19, 50 f., 72, 85 f., 102, 252
Axiologie   126 f., 130, 141

Begierde, Konkupiszenz   107, 164 f.
Bewusstsein   5, 31, 66, 94, 96–98, 106 f., 112, 120, 124, 137, 157–159, 233–235, 238, 243, 300 f.
- intentionales   121, 123, 299
- religiöses   67, 109, 118, 176, 189 f., 209, 278, 304
Bibel   25, 30, 89, 240 f.
Bild   58, 83, 93, 101, 129, 168, 172, 182–186, 188–191, 246, 285–289, 300 f., 304
- Realbild   183, 246
Botschaft und Situation   10, 21, 26

Christologie   4, 6–8, 12, 28, 31 f., 82–84, 105, 108 f., 143–145, 163, 168, 171–195, 211, 231 f., 281, 291
- altkirchliche   188
- Bildchristologie   6, 25, 83, 86, 171, 179, 181–183, 190, 246
- Christologisches Dogma   135, 185 f.
- Geist-Christologie   16, 28, 246
- Logos-Christologie   89, 175 f.
- Stellvertretungschristologie   194
creatio ex nihilo   136 f., 150

Dämonisches   74, 130, 202, 205, 208, 223, 270, 285
- Dämonisierung und Profanisierung   185, 246, 249, 251, 295
Denken und Sein   18, 38, 94, 122
Dialektische Theologie   67, 72

Ebenbildlichkeit   71, 96, 101, 137, 139
Ekklesiologie   4, 200, 257, 283, 293, 296
Emotionalismus   50, 53, 85, 87
Endlichkeit   24, 30 f., 47–49, 78 f., 82 f., 97–100, 109–114, 117–120, 133–137, 139, 150, 157, 165 f., 255, 266
- Endlichkeitserfahrung   110, 118
- Endlichkeitsreflexion   97, 110, 112, 114, 119
Entfremdung   31 f., 81, 83, 99, 151 f., 159, 162–168, 179, 190, 193, 199, 203, 217, 220 f., 304
Entscheidung   55, 87, 159 f., 289 f.
Erhaltung   97, 105, 107 f., 115, 125, 137
Erinnerung, ewige   300
Erkenntnisakt   42, 44, 60, 74
Erkenntnistheorie   40, 42, 48, 56, 222
Erlösung   74, 85, 87, 93, 108 f., 124, 144, 167 f., 188, 192–194, 283
Eschatologie   4, 8, 101, 117, 154, 231, 277–282, 284–193, 298 f.
- individuelle   282, 292, 298, 302
Eschaton   287–290, 293, 298 f., 301
Essentifikation   138, 282, 300–304
Essenz und Existenz   11 f., 114, 145, 149, 163, 199, 216, 300
- Differenz   98, 110, 111 f., 133, 136
- Einheit   31 f., 187
Ethik   3, 46, 98, 102 f., 107, 117, 139, 231 f., 283, 290, 297
Ewige, das   166, 215, 288, 293 f., 299 f., 303
Existenz (Begriff)   63, 144, 150, 162
- geschichtliche   271, 291, 300
- geschöpfliche bzw. kreatürliche   137 f., 299
Existenzanalyse, Existentialanalyse   16, 22, 29 f., 178, 184

Existenzphilosophie, Existentialismus 21, 44, 52, 55, 58, 62, 87, 127, 149, 151f., 211
Expressionismus 54, 205, 222

Faktizität 67, 155, 162, 178f.
– Kontrafaktizität 126f., 132, 137f.
Form, endliche 18f., 114, 249
Form und Gehalt 19, 22, 44, 50, 54, 72f., 233
Form, symbolische 73, 189, 241, 250
Formalismus 50, 53f., 85, 87
Freiheit (Begriff) 3, 112, 121f., 160
– endliche 16, 29, 31, 110, 133, 136f., 148, 156f., 159, 161, 302
– erregte 156–159, 167
– Freiheit und Schicksal 112, 135, 157–161, 163f., 166, 253, 301

Gebet 129, 250
Geist (Begriff) 3, 144, 176, 203, 206, 219, 228, 231–235, 238f.
– absoluter 66, 78, 122, 124
– Geistdimension 204f., 210, 214f., 218–223, 233, 236–238, 241–243, 248, 253f., 265, 267
– Geistgemeinschaft 245–251, 293, 295–298, 301
– Geistlehre, paulinische 72
– Geistphilosophie 37, 102, 209, 220, 229, 232, 236
– Geiststruktur 41, 43, 233, 235, 242, 287, 289
– göttlicher 12, 198, 220, 227f., 231, 236–248, 251–254, 257, 269, 272, 283
– Heiliger 24, 71, 114, 227, 229, 234, 236
– menschlicher 27, 41, 48, 66f., 125, 234, 236–245, 252f., 267, 272, 286f., 295, 301
Geltung 126, 189, 254
– Genesis und Geltung 172
Gerechtigkeit 45, 54, 63, 130, 214, 253, 269, 273, 283
– göttliche 108, 139f.
Gericht 84, 154, 190, 282f., 290, 300

Geschichte (Begriff) 171f., 177, 218, 224, 263f., 281
– Geschichte und Reich Gottes 257, 259, 273
– Geschichtsdeutung 6, 177, 260–262, 264, 268f., 271f., 274, 294
– Geschichtsmetaphysik 260f., 273, 289, 293
– Kirchengeschichte und Weltgeschichte 261, 281f., 292, 297
– Mitte der 176, 235, 258, 262f., 269, 274, 294
Gesetz 50, 54f., 87, 112, 221, 253f., 267f.
Glaube (Begriff) 243f.
– Glaube und Geschichte 174
– Glaubensakt 243, 245, 251, 256
Gott (Begriff) 70, 73, 128, 174, 208, 251, 303
– Erkennbarkeit 96
– Gott über Gott 90, 113
– Gott und Welt 4, 74, 76, 83, 120f., 133
– Gottesbeweis 22, 30, 46f., 49, 66, 114, 118
– Gotteserfahrung 68f.
– Gotteserkenntnis 67, 76, 82
– Gottesgedanke 97, 104, 117, 191, 121f., 140, 174, 182, 187, 194, 292, 303f.
– Gottesidee 8, 129f., 255
– Gotteslehre 6, 11f., 28, 88, 95, 99, 105f., 108–111, 113–115, 117–121, 127–129, 136, 138, 144, 150, 281
– Gott-Mensch-Einheit 171, 185, 187
– Wesen bzw. Eigenschaften 99, 105, 115, 138
Grund des Seins 41, 56, 76, 78–80, 83–86, 88–90, 114, 133, 137, 162, 166, 255, 303
Grund und Abgrund 22, 78f., 90, 130f., 133, 233f., 242, 289

Heil 74, 85, 100, 284
– Heilsgeschichte 105, 153, 281, 292, 284
– Heilsmittel, media salutis 239
– Heilsordnung, ordo salutis 194, 231, 243, 251
Heilige, das 129–131, 223f., 252, 270
Heiligung 144, 153, 194, 251

Heteronomie 50 f., 85 f., 252
historische Methode 20 f., 174, 180
Historismus 2, 20–22, 32, 39, 172
hybris 164–166

Idealismus 2, 40, 44, 52, 56, 66, 100, 112, 202, 205, 218, 222, 259, 261
Individualität 60, 159, 298, 301–303
Individuation 135, 158, 166
Inkarnation 178, 187
Inspiration 65, 72 f., 78 f., 119, 239

Kairos 21, 32 f., 148, 177, 207, 285, 292, 294
Kategorien 47 f., 80, 99 f., 102 f., 110 f., 113–115, 124, 166, 260, 266 f.
Kirche (Begriff) 248
– sichtbare und verborgene 249, 295
Korrelation (Methode) 10, 15, 19–33, 117, 143 f., 167
Kreuz 82 f., 172, 176 f., 190 f., 282
Kritik 20, 124, 180
– historische 15, 25, 173 f., 179, 189, 239
– prophetische 128, 130
Kritizismus, kritische Methode 18 f., 52, 56, 120
Kultur (Begriff) 204, 289 f.
– Kulturbewusstsein 252
– kulturelles Gedächtnis 264
– Kulturgeschichte 6, 15, 27, 270
– Kulturhermeneutik 98
– Kulturtheologie 21, 27–29, 202, 218, 220, 231
– Kulturtheorie 290
– moderne 2, 128
Kunst 54, 102 f., 205, 222

Leben (Begriff) 110, 144, 197–209, 301, 211–217, 219, 224, 268
– emotionales 41
– ewiges 224, 272, 283, 296, 299, 301, 303
– geistiges bzw. mentales 70, 123–125, 213
– göttliches 89, 110, 135, 138, 180, 202, 214 f., 244, 256, 282, 299–301, 304
– unzweideutiges 214 f., 220, 224 f., 238, 241–245, 253, 296

Leben-Jesu-Forschung 172 f., 179 f.
Lebensphilosophie 52, 58, 198, 201, 204, 206 f., 217, 225, 258, 265, 271, 273
Leib 302
– Leib-Geist-Dualismus 219
liberale Theologie 16, 30, 179, 187
Liebe 44–46, 52–54, 57, 67, 87, 139 f., 194, 241–244
Logik 18, 38, 59, 105, 110
– formale 53
Logos 36–39, 41–44, 60, 84, 89 f., 135
– des Seins 30
– spermatikos 75

metalogische Methode 18
Moderne 28, 51, 97 f., 119, 121 f., 192, 206, 212, 225, 239, 264
Monotheismus 130–132
Mut 90, 100, 126, 137, 139, 212, 272
– Mut und Schwermut 105–107, 111, 113
Mysterium, Geheimnis 76–82, 88, 90, 200
Mystik 39, 129, 167, 283
Mythos 46 f., 189, 264

Natur und Geist 98, 101, 157
Natur und Mensch 107, 161
Natur, göttliche 187
Naturphilosophie 110, 136, 201
Neoorthodoxie 16, 87, 144
Neues Sein 7, 16, 30 f., 81, 99, 109, 145, 167 f., 171 f., 177–185, 187–194, 245, 251
Neukantianismus 18, 31, 40, 52, 111
Nichtsein 27, 78–80, 98–100, 113–115, 117 f., 126 f., 133, 137 f., 150, 162, 300
– absolutes 136, 150
– relatives 150 f.

Offenbarung (Begriff) 5 f., 65–68, 77, 85, 128, 176, 194
– aktuelle bzw. letztgültige 77, 82–90, 131, 140
– geschichtliche 9, 69 f., 75
– Grundoffenbarung 73 f., 93, 169
– mittelbare und unmittelbare 65
– natürliche bzw. allgemeine 65, 67, 80
– normgebende 77, 82, 86, 90

- Offenbarungsgeschichte 67–69, 74 f., 84 f., 175, 235, 247, 269
- Offenbarungsmedium 80–83
- Offenbarungstheologie 19, 22 f., 68 f.
- Offenbarungsträger 72
- Offenbarungswirklichkeit 81, 89
- originale und abhängige 81
- Selbstoffenbarung 29, 66, 77, 88 f.
- übernatürliche bzw. besondere 65
- vollkommene 6, 73 f., 77, 107, 128, 179, 184, 235

Ontologie 10 f., 16, 40, 94, 112, 127, 141, 177, 198, 212 f., 260, 264 f., 267–269
- ontologischer Schock 78 f.

Ontotheologie 133 f., 139

Panentheismus 303
Pantheismus 96, 119, 131
Paradox 3 f., 6, 23, 72, 86, 102, 105, 125, 168, 176, 184, 200, 215, 229–231
Partizipation, Teilhabe 57, 61 f., 112, 122, 129, 132, 134 f., 138, 151, 166, 179, 181, 183, 220, 245, 255, 299, 301, 303
Phänomenologie 18 f., 77, 139, 141
Pneumatologie, Geistlehre 4, 8, 11, 28 f., 95, 144, 200, 211, 227–229, 231 f., 234–237, 244, 246, 248, 254
Polytheismus 131
Positivismus 42, 52, 56
- logischer 52, 59 f.
- Rechtspositivismus 52
Prädestination, doppelte 138, 140, 302
Prinzip der Theologie 3 f., 102, 229–232, 259, 281 f.
Prophetie 131, 273
- christliche 262
Psychologie 58, 60, 82, 192, 221
- Tiefenpsychologie 212

Rechtfertigung 102, 140, 194, 251
- Rechtfertigungslehre 17, 28, 302
Reflexion 3, 101–103, 145, 149, 152
- Reflexionsgeschehen 5, 238 f., 241, 244, 252, 163, 176, 230
- Reflexionsstandpunkt 102–104, 106–108, 111, 146, 229–231, 281
Reformation 248, 250, 255

Relativismus 51 f., 85–87
Relativität 49, 103, 146, 283
Religion (Begriff) 27, 71, 174, 205
- absolute 66, 71, 281
- Religionsgeschichte 69, 71, 75, 108, 129–131, 240, 246, 269 f., 274
- Religionskritik 22, 223

Sakrament 239 f.
Schöpfungslehre 6, 95–97, 99–109, 111, 114 f., 136 f., 114, 154, 158
Schriftlehre 10, 15
Schriftprinzip, protestantisches 239
Schuld 104, 106, 152, 160 f., 163 f., 233
Sein (Begriff) 126 f., 144
- des Seienden 46, 106, 132
- essentielles 24, 49, 155 f., 165, 198 f., 216, 242, 244, 255
- existentielles 49, 199, 216, 242, 255
- Gottes 96 f.
- Sein-Selbst 45 f., 88, 95, 113 f., 119, 122, 127, 132–134, 139, 144, 150, 162, 165
- Seinsgeheimnis 79 f., 82, 86, 88–90
- Seinsgrund 41, 56, 76, 78–80, 83–86, 88–90, 114, 133, 137, 162, 166, 255, 303
- Seinslehre 95, 97–99, 108 f., 111, 114
- Seinsmächtigkeit 88 f., 96, 100, 113, 118, 122, 125, 127, 133, 139, 150
- wahres 59, 162
Selbst und Welt 87, 111, 120, 124, 135, 140, 165 f.
Selbst-Aktualisierung 210, 219 f.
Selbstdeutung 103, 177, 240, 245, 278, 294
Selbsterfassung 105 f., 228, 230, 234 f., 237–240, 245, 252
Selbst-Identität 51, 208, 219, 268
Selbstliebe 107, 139
Selbst-Transzendierung 223–225, 238, 242 f., 245, 250, 271, 296, 298, 301
Sinn (Begriff) 126 f., 203–205, 208, 260 f., 268
- der Geschichte 260, 262 f., 272, 279
- des Seins 27, 95, 132
- Sinnerfüllung bzw. -verwirklichung 203, 205, 223, 233, 289, 291–293
- Sinnform 19, 72, 233
- Sinngehalt, unbedingter 18 f., 72

- Sinngrund 22, 76, 79f., 114, 206
- Sinnlosigkeit 100, 166, 202f., 272
- Sinnstiftung 263, 272, 290
- Sinntheorie 51, 204, 220, 290
- Sinnverlust 137, 223
Soteriologie 108, 188f., 193, 289
Sozialismus 103, 208
- Nationalsozialismus 51, 294
- religiöser 32, 55, 261, 268, 285, 295
Subjektivität 57, 121f., 127, 222, 264
Sünde (Begriff) 105, 157, 162f.
- Sündenfall 96, 98, 101f., 136f., 152–157, 160–163, 165
- Sündenlehre, Hamartiologie 6, 11, 28, 31, 95, 103, 109, 115, 144, 152, 154, 156, 158f., 161
Supranaturalismus 70f.
Symbol (Begriff) 134, 143, 172, 189
- christologisches 180, 186, 189–191
- des Christus 31, 171, 178, 295
- des Kreuzes 176
- eschatologisches 279, 287, 289, 296, 298f.
- trinitarisches 128, 254–256

Theodizee 138
theologia crucis 90, 177
Theologie, natürliche 22f., 27, 30, 46–48, 68f.
Theologie, supranaturalistische 69f.
Theonomie 19, 32f., 50f., 86, 143, 252
Trinitätslehre 121, 124, 236, 254–256, 283
- innere bzw. immanente 119, 121
- Trinitätsdogma 135

Übergeschichtliche, das 280, 288
Unbedingte, das 5, 18f., 27f., 47f., 71–74, 76, 81, 90, 117, 121, 124, 128, 130f., 135, 139, 141, 165, 181, 200, 203f., 206, 223, 233f., 238, 243, 249, 252, 260, 289f., 293, 295
- Richtung auf 18f., 223, 225, 234, 242
Unmittelbarkeit 101f., 163, 204, 211, 287
Unschuld, träumende 137, 146, 153, 156–159, 167
Urstand 96, 110, 136, 154, 156

Vereinigung, Wiedervereinigung 56–58, 60, 62, 85, 93, 138f., 192, 242, 244
Verifikation 58–63
Vernunft (Begriff) 35–38, 41f.
- autonome 49–51, 86
- Ekstase der 28, 39, 78f.
- heteronome 49, 86
- instrumentelle 38, 42
- klassische 39, 41f.
- subjektive und objektive 43, 45, 60
- theonome 87
- Tiefe der 45–47, 49f.
- transversale 63f.
- Vernunft und Offenbarung 24, 28, 32, 43, 70, 74f., 85
- Vernunftkritik 63
- Vernunftreligion 71
Versöhnung 33, 122, 137, 149, 153, 163, 193f.
- Allversöhnung 138, 140, 282, 302
Verzweiflung 31, 76, 114, 167, 203, 303
Vollendung 71, 74, 139, 153, 263, 271, 173, 183, 189, 300f.
Vorsehung 97, 105, 109f., 137, 267, 274, 281, 295

Wahrheit 4f., 59f., 101, 124
- ewige 26
- geoffenbarte 30
- logische und ontologische 44, 59f.
- religiöse 62
- Wahrheit selbst 45f.
- Wahrheitsgedanke, absoluter 5, 229f.
Weltkrieg, Erster 1, 4f., 22, 93, 174, 202f., 222, 228, 232, 277f., 285
Weltkrieg, Zweiter 211, 213, 277
Werkgerechtigkeit 68
Wissen, aufnehmendes 57, 60–62
Wissen, Herrschafts- 53, 57f., 60–62
Wissenschaftssystem 18, 103, 280f.
- Denkwissenschaft 18
- Geisteswissenschaft 18, 97, 259
- Naturwissenschaft 18, 62, 82, 97f., 102, 111
- Seinswissenschaft 18, 260
Wort Gottes 67, 81, 89f., 240

Wort, inneres 80f., 241
Wunder 72f., 76, 78–80, 89, 147f.

Zeichen 134
Zirkel, theologischer 10, 25f., 82, 200
Zweifel 90, 100, 167, 230
Zweinaturenlehre 32f., 172, 186f.

www.ingramcontent.com/pod-product-compliance
Lightning Source LLC
Chambersburg PA
CBHW030116240426
43673CB00041B/1300